Turismo e Meio Ambiente no Brasil

Zysman Neiman e
Andréa Rabinovici
(Orgs.)

Turismo e Meio Ambiente no Brasil

Organizadores

Zysman Neiman

Doutor em Psicologia pela USP, Docente da UFSCar

Andréa Rabinovici

Doutora em Ambiente e Sociedade pela Unicamp, Docente da UFSCar

Manole

Este livro contempla as regras do Acordo Ortográfico da Língua Portuguesa de 1990, que entrou em vigor no Brasil.

Projeto gráfico e editoração eletrônica: Depto. editorial da Editora Manole

Dados Internacionais de Catalogação na Publicação (CIP)
(Câmara Brasileira do Livro, SP, Brasil)

Turismo e meio ambiente no Brasil / Zysman Neiman e Andréa Rabinovici (Orgs.). – Barueri, SP: Manole, 2010.

Vários colaboradores.
Bibliografia.
ISBN: 978-85-204-2709-5

1. Ecoturismo 2. Homem – Influência na natureza 3. Meio ambiente 4. Turismo 5. Turismo – Planejamento. I. Neiman, Zysman. II. Rabinovici, Andréa.

09-10683 CDD-363.7

Índices para catálogo sistemático:
1. Meio ambiente e turismo 363.7
2. Turismo e meio ambiente 363.7

1ª Edição – 2010

Direitos adquiridos pela:
Editora Manole Ltda.
Av. Ceci, 672 – Tamboré
06460-120 – Barueri – SP – Brasil
Fone: (11) 4196-6000
Fax: (11) 4196-6021
www.manole.com.br
info@manole.com.br

Impresso no Brasil.
Printed in Brazil.

Agradecimentos

Os organizadores e os autores deste livro agradecem coletivamente às pessoas e instituições que, em diversas etapas de suas vidas, foram fundamentais para que esta obra existisse.
Inicialmente, e como não poderia deixar de ser, a todos os nossos pais, origem de tudo o que somos e acreditamos, e a nossos familiares e amigos, com quem compartilhamos nossa jornada pela vida.
À Universidade Federal de São Carlos, *campus* Sorocaba, local onde nosso encontro se realizou e ambiente no qual encontramos o estímulo para nos aprofundarmos nos estudos sobre a relação do turismo com a sustentabilidade.
Aos professores, alunos e funcionários do Curso de Bacharelado em Turismo, com os quais amadurecemos cada palavra contida nesta obra, pela convivência acadêmica e pessoal.
À Editora Manole, que acreditou neste projeto e deu todas as condições para que ele se concretizasse.

Somos gratos!

Sumário

Sobre os autores

Organizadores

Zysman Neiman

Bacharel e licenciado em Biologia (IB-USP), mestre e doutor em Psicologia (IP-USP), é professor de Turismo, Meio Ambiente e Educação Ambiental da Universidade Federal de São Carlos (UFSCar), onde coordena o Laboratório de Ecoturismo, Percepção e Educação Ambiental (Lepea). Dentre os projetos de extensão, coordena o Clube Excursionista Universitário de Sorocaba. Foi um dos redatores do Tema Transversal "Meio Ambiente", dos Parâmetros Curriculares Nacionais (PCN) do MEC para o Ensino Fundamental. É autor e organizador de diversos livros na área de Educação e Meio Ambiente, tendo sido finalista do prêmio Jabuti em 2008. É editor-chefe da *Revista Brasileira de Ecoturismo* e membro da Sociedade Brasileira de Ecoturismo, além de colaborador de diversos periódicos acadêmicos e científicos. Atua voluntariamente como Diretor Presidente do Instituto Physis – Cultura & Ambiente. Tem experiência na área de Educação Ambiental, atuando principalmente nos seguintes temas: Processos de Aprendizagem, Percepção, Meio Ambiente, Unidades de Conservação, Terceiro Setor, Ambientalismo e Ecoturismo.

Andréa Rabinovici

Cientista Social (IFCH-Unicamp), pós-graduada em Turismo Ambiental (Senac-SP), mestre em Ciência Ambiental (Procam-USP) e doutora em Ambiente e Sociedade (Nepam-Unicamp). É professora das áreas de Ciências Sociais, Turismo e Meio Ambiente da Universidade Federal de São Carlos (UFSCar), *campus* Sorocaba, tendo lecionado em várias instituições de ensino superior. Na UFSCar, coordena o Grupo de Diálogo Socioambiental e outros projetos de extensão, como o Cine UFSCar. Escreve textos para livros, jornais e revistas sobre o tema da sustentabilidade no turismo, entre outros. Atua voluntariamente como Diretora de Projetos do Instituto Physis – Cultura & Ambiente. É co-editora executiva da *Revista Ambiente & Sociedade*. Tem experiência na área de Educação, Turismo e Meio Ambiente com ênfase em Educação Ambiental, atuando principalmente com os seguintes temas: ONGs, Ambientalismo, Comunidades e Conservação, Ecoturismo, Sustentabilidade Socioambiental, Educação Ambiental, Vivências na Natureza e Unidades de Conservação.

Colaboradores

Todos os co-autores dos capítulos deste livro (Aline Lopes Ramalho, Angela Teberga de Paula, Débora de Moura Mello Antunes, Gabriella Poles, Heloana Giraldella, Isabela Barbosa Frederico, Mara Aristeu Pessoa, Maria Carolina Ruas Vernalha, Mayara Roberta Martins, Patrícia Castello Bucioli, Poliana Bassi Silva, Raquel Formaggio Patricio, Regiane Avena Faco, Renata Fronza Saraceni, Simone Aparecida Rodrigues de Sá e Silva, Stefanie Geerdink e Tiago Juliano) participam do Grupo de Estudos em Turismo e Meio Ambiente, do Laboratório de Ecoturismo, Percepção e Educação Ambiental (Lepea), da Universidade Federal de São Carlos (UFSCar), *campus* Sorocaba, e escreveram seus textos durante a conclusão do Curso de Bacharelado em Turismo nesta universidade. A qualidade e profundidade atingidas pelos debates realizados pela equipe estimulou os coordenadores do Grupo a convidá-los para o desafio de elaborar esta obra.

Apresentação

Em uma época na qual o prefixo "eco-" é utilizado de forma indiscriminada por diversos segmentos do mercado na tentativa de tornar as mercadorias mais atraentes e convencer o consumidor de que são ambientalmente corretas para consumo, na atividade turística, torna-se imprescindível a preocupação com o valor e o significado reais desse prefixo e a avaliação sobre a existência de um processo de planejamento na criação e organização das localidades turísticas, com participação da comunidade local, respeito às culturas e identidades, e preocupação com a conscientização ambiental na experiência a ser vivida, entre tantas outras questões fundamentais referentes à transformação da marca "eco" em um conceito a ser implementado.

Há uma crescente tendência do mercado turístico em ofertar viagens e atividades que possibilitem aos clientes vivenciar experiências novas e diferentes, nas quais o que menos importa é o destino. A preocupação com o social e o ambiental é a tônica dessa tendência.

O desenvolvimento acelerado do chamado turismo de massa, ou convencional, desencadeou uma série de impactos nos destinos turísticos no mesmo momento em que movimentos ambientalistas explodiam e reivindicavam uma nova postura dos setores da economia. Esse novo contexto fez com que os setores produtivos criassem alternativas para atender às novas expectativas de desenvolvimento sustentável discutidas até então. Surgem daí novas modalidades de turismo que visam um menor impacto por meio do uso sustentável dos recursos, todas genericamente denominadas Turismo Sustentável.

O turismo, desde que incorporou o conceito "sustentável", propõe-se a buscar um novo posicionamento em relação às atividades econômicas e às tecnologias, ou seja, alternativas ao modelo de turismo convencional de massa em direção a novos estilos de vida e ao maior envolvimento e preocupação com as questões ambientais. Nasce, pois, como nova maneira de relacionar o ser humano ao seu *oikos*, minimizando os impactos negativos tão indesejados à natureza e à cultura.

A partir do surgimento dessa modalidade, começaram a aparecer os conflitos em torno da sua conceituação e, apesar da maioria delas estar embasada em pressupostos se não próximos, idênticos à multiplicidade de olhares e atores envolvidos em sua execução, torna-se cada vez mais prudente um maior diálogo sobre o assunto, a fim de que haja uma ligação entre os pontos.

Apesar dessa necessidade, os referenciais bibliográficos, principalmente com preocupações didáticas que auxiliem estudantes de graduação a conhecerem os princípios básicos do Turismo Sustentável, ainda são escassos em nosso país.

Para contribuir com os debates e como uma tentativa de preencher essa lacuna, o Curso de Bacharelado em Turismo da Universidade Federal de São Carlos – *campus* Sorocaba (UFSCar) desenvolveu um projeto inovador: sob a coordenação da Profa. Andréa Rabinovici e do Prof. Zysman Neiman, 17 alunos de graduação em fase de conclusão do curso foram selecionados para escrever um livro didático que tem por objetivo servir de material básico para os cursos de turismo de todo o país. Trata-se de um marco inicial no sentido de expor o estado da arte e os questionamentos relativos ao tema e assim avançar na qualificação do debate entre os interessados, especialmente aqueles que estão iniciando seus estudos e pesquisas, com a interface entre o turismo e o meio ambiente, permeado pelo debate sobre a sustentabilidade. Este livro é o resultado desse projeto.

Já na Introdução são apontadas algumas questões relacionadas aos cursos de graduação, exigindo-se que estes possuam uma postura diferenciada no que se refere aos conteúdos e métodos de ensino, sendo função do professor assumir o papel de orientador do processo de aprendizagem. Dessa forma, o esforço para a sensibilização dos profissionais e demais atores da sociedade para o turismo sustentável é, portanto, fator fundamental para a construção de novos paradigmas de desenvolvimento turístico, sendo necessário que os cursos de formação acadêmica e profissional se comprometam com a construção de uma sociedade justa, harmoniosa e ciosa de suas obrigações para com o meio ambiente. Podem, assim, atuar de forma transparente, com responsabilidade social, promovendo o desenvolvimento sustentável, conservando o meio ambiente, buscando a convivência mútua entre empresas, órgãos governamentais e sociedade civil organizada, nas áreas urbanas e rurais, Unidades de Conservação, em conjunto com a melhoria da qualidade de vida.

A obra está dividida em 15 capítulos, sendo que cada um deles aborda temáticas relativas ao turismo e ao meio ambiente. Todos os capítulos buscam inserir as principais reflexões sobre o tema elaboradas por autores importantes da área, exemplificando nos boxes com experiências brasileiras significativas por sua abrangência, mérito ou pioneirismo – destaca-se que houve uma tentativa de selecionar casos de todo o território nacional. Por fim, são lançadas questões com intuito de provocar um debate entre os leitores.

No primeiro capítulo é iniciada uma discussão em torno do ambientalismo e da ligação do turismo com os dilemas do desenvolvimento, com ênfase nos movimentos sociais contraculturais, pontuando também os grandes marcos históricos do ambientalismo, o conceito de desenvolvimento sustentável e suas contradições, além de destacar a importância da atuação das Organizações Não Governamentais ambientalistas no turismo.

Essas questões são aprofundadas no capítulo seguinte, o qual aponta as relações do turismo com o contexto da sustentabilidade, explicitando os impactos provocados pelo turismo de massa e contrapondo-o ao turismo alternativo, que defende uma perspectiva nova, social e ecologicamente mais benéfica ao desenvolvimento do turismo.

Mais adiante, no capítulo 3, são apresentadas as definições conceituais e os segmentos do ecoturismo, buscando elucidar as diferenças entre cada um e seus princípios e práticas correspondentes (conservação ambiental, benefícios à comunidade receptiva e educação ambiental) discutidos em detalhes, em rico debate ilustrado por interessantes experiências emblemáticas do nosso país. As Unidades de Conservação brasileiras são apresentadas como possíveis destinos para o turismo, contrapondo-se às potencialidades e limitações dessa prática.

No capítulo 4, a educação ambiental, compreendida como uma das principais ferramentas e metodologias do turismo que se pretende sustentável, é abordada em suas três possibilidades mais comuns e consagradas: o estudo do meio, a interpretação ambiental e a sensibilização.

No capítulo 5, a questão da conservação dos recursos naturais é trabalhada na medida em que o turismo é justificado por sua prática menos impactante em relação às outras atividades geradoras de renda em áreas conservadas. Ressalta-se, porém, que pouco se avaliam os impactos ambientais decorrentes da sua implementação. De fato, poucas pesquisas e instrumentos existem para quantificar e pensar a questão. Serão as Unidades de Conservação capazes de receber e estimular a prática de um turismo sustentável? O que pode ser feito para potencializar o alcance das ações de turismo e educação ambiental?

O capítulo 6 discorre sobre a inserção comunitária nas ações de turismo. A participação das comunidades locais, bem como a melhoria da qualidade de vida de seus membros, estão previstas na definição de turismo sustentável. No entanto, há uma série de questionamentos a serem realizados em relação às poucas experiências participativas existentes, bem como à tipologia e à compreensão do que é participação em todos os seus níveis e escalas.

No capítulo 7, dialoga-se sobre planejamento e gestão e suas principais ferramentas existentes até o momento da redação deste livro: instrumentos de mensuração de impactos e estabelecimento de capacidade de carga, zoneamento, planejamento ambiental, participativo e planos de manejo, entre outros.

A infraestrutura sustentável é o tema do capítulo 8, no qual são apresentados com destaque as novidades referentes ao planejamento e manejo de trilhas, os ecolodges e as ecopousadas, as ecotécnicas mais conhecidas e os princípios da permacultura aplicáveis ao turismo.

No capítulo 9 são apresentadas as principais políticas públicas existentes no Brasil, especialmente a partir da década de 1970, e que tratam de ecoturismo em áreas protegidas, regulamentação, certificação e financiamento.

O capítulo 10 aborda um dos mais questionáveis aspectos do turismo: a responsabilidade empresarial com todas as suas contradições, questões éticas, de marketing, de geração de renda para e entre todos os atores envolvidos na atividade.

O capítulo 11 foi escrito em função de uma tendência crescente de tratar comunidades supostamente tradicionais ou pré-capitalistas como atrativo turístico. Assim, discorre-se sobre os principais aspectos e debates

Introdução: A Questão da Qualidade na Formação dos Profissionais para o Turismo Sustentável[1]

Zysman Neiman
Andréa Rabinovici
Mayara Roberta Martins

O debate em torno das questões ambientais cresceu e ganhou dimensoes nacionais, principalmente após a Conferência Rio-92. Devido as suas proporções, essas questões deveriam ser tratadas de forma interdisciplinar. Entretanto, há uma carência muito grande, principalmente em nosso país, de profissionais com este perfil que possam dar conta de equacionar os problemas e propor soluções.

No caso da área do turismo, a sustentabilidade

> depende de uma concepção estratégica e duradoura de desenvolvimento, apoiada numa interpretação interdisciplinar e integral da dinâmica regional, resultado de uma sinergia mutante, apoiada na

1 Esta Introdução inclui trechos do artigo "A questão da qualidade na formação dos profissionais para o turismo sustentável", de autoria de Zysman Neiman & Mayara Roberta Martins, publicado originalmente no *Caderno Virtual de Turismo* (UFRJ), v. 9, p. 128-147, 2009.

noção de "espaço" material e imaterial, lugar concreto e abstrato, cenário de interações, conflitos e transformações, ponto de contato simbólico entre local e global. (Irving et al., 2005, p. 2)

Para que esses pressupostos possam estar claros aos profissionais e pesquisadores do turismo, é preciso que os cursos de graduação nesta área tenham um caráter interdisciplinar, visando romper com a interpretação fragmentada da realidade, tão presente no mundo de hoje. A formação dos alunos desses cursos deve procurar destruir a visão de uma natureza objetiva e exterior ao ser humano, que pressupõe uma ideia de homem não natural e fora da natureza, cristalizada com a civilização industrial inaugurada pelo capitalismo. As ciências da natureza não podem ser separadas das ciências do ser humano; deve-se evitar a criação de um abismo colossal entre uma e outra.

No entanto, a realidade a que assistimos no cenário acadêmico brasileiro, infelizmente, parece ser outra. Em que medida a formação dos profissionais de turismo pode contribuir para a aproximação entre conceitos e práticas relativos à sustentabilidade socioambiental, impedindo que estas sejam preteridas em função das "tendências naturais do mercado"? Quais seriam os conceitos mais universais relativos ao desenvolvimento sustentável e até que ponto pode-se continuar na expectativa de que os princípios defendidos pelos estudiosos da área não se percam, uma vez que a sua prática vem sendo realizada sem muito aprofundamento conceitual? Qual o papel das instituições de ensino que formam os profissionais de turismo, nesta aproximação?

Com a expansão natural do turismo e a má compreensão dos princípios do desenvolvimento sustentável por alguns profissionais recém-ingressos no mercado, urge que seja realizado um movimento acadêmico que vá em direção ao resgate desse conceito e o diferencie daquele de sociedades sustentáveis. Hoje, é fundamental retomar este debate sobre as várias concepções no que elas têm de mais interessante, conflitante e complementar, sem entrar no mérito de qual ou quais conceitos sejam os definitivos. Essa é a função precípua das instituições formadoras de mão de obra para o setor.

A gestão ambiental do turismo consolida-se, assim, como uma carreira primordial, responsável pelo desenvolvimento de projetos e o exercício de atividades de monitoramento para impedir ou diminuir a poluição e a deterioração das águas, da mata, do solo e do ambiente urbano produzidas direta ou indiretamente pela atividade turística.

No entanto, Neiman (2005) defende que as instituições brasileiras voltadas para a organização e a execução das atividades turísticas possuem um caráter estritamente empresarial. Sendo assim, funcionam dentro da lógica do mercado e priorizam os aspectos voltados à prestação de serviços e ao retorno econômico em detrimento das prioridades conservacionistas e educacionais.

Apesar de haver um discurso ecológico que legitima a realização de esportes em cachoeiras, cavernas, trilhas e montanhas, sem muito questionamento, permeando sua prática com nuanças românticas e utilizando termos como "harmonização" ou "integração com a natureza" e outros, presencia-se "uma situação que revela que o caráter inofensivo dos mesmos não se mostra sustentável" (Bruhns, 2000, p. 27).

O ensino de turismo e o tema da sustentabilidade

Vários são os autores que, por meio de seus estudos, demonstram existir sérios equívocos no que tange às práticas, ao planejamento e às atitudes vivenciadas em atividades realizadas em áreas naturais. Estes vêm buscando refletir e apontar novas perspectivas de uma lógica pautada em possibilidades de superação do lazer "mercadológico" e mal planejado, em direção a uma conscientização ambiental.

Trabalhar essas questões nos cursos de graduação exige uma postura diferenciada no que se refere aos conteúdos e métodos de ensino, sendo função do professor assumir o papel de orientador do processo de aprendizagem.

Para Catramby e Costa (2005), a qualidade dos serviços prestados pelo turismo está diretamente ligada à qualidade da formação de recursos humanos para o setor. Hoje, no entanto, os cursos de turismo no Brasil passam por uma crise de identidade. Segundo Cooper et al. (2001, p. 46), no que tange aos "problemas associados à educação em turismo, pode-se notar que ele está se aproximando de sua 'crise de meia-idade'. Não é mais matéria jovem, mas também não atingiu a maturidade". A crise está ligada, em muitos casos, ao salto de qualidade almejado pelo segmento. As instituições que se ocupavam exclusivamente com a formação técnica (que hoje ninguém sabe exatamente o que é) aos poucos foram ganhando repertório universitário acadêmico, quando passaram a abrir uma pluralidade de cursos novos, e isso trouxe ambiguidades que são extremamente interessantes. Para os autores, a disciplina está se empenhando cada vez mais para ser reconhecida no âmbito acadêmico, e esta tendência tem se refletido principalmente pelo crescente número de jornais acadêmicos, livros e sociedades da área, que vêm se estabelecendo em virtude da crescente prática de turismo. No entanto, quando comparado a outras áreas, as publicações ainda são escassas.

As instituições precisam optar por serem mais técnicas ou mais acadêmicas. Esta segurança, num mundo de inseguranças, já é um enorme diferencial. O mercado necessariamente ruma para ações pontuais, uma vez que o trabalho costuma tender para a simplicidade operacional, e normalmente se fecha à lógica e à razão sempre que reduz "conceito" a "produto". Se as instituições de ensino superior (IES) assumirem o debate exclusivamente sob o ponto de vista desse mercado, elas correm o risco de serem igualmente reducionistas.

Quanto às questões didáticas, Catramby e Costa (2005, p. 24) defendem que o ensino do turismo, em seus diferentes níveis, precisaria de muito mais que um mero profissional habilitado a lecionar, mas sim de um educador com formação estruturada para tal fim, "tendo plena consciência da multidisciplinaridade, interdisciplinaridade e transdisciplinaridade necessária no entendimento deste fenômeno". Afinal, é quase consenso entre os especialistas que a questão ambiental é multi e interdisciplinar.

Como consequência, é importante afirmar que cabe aos educadores, juntamente da discussão sobre os conceitos de sustentabilidade, o dever de rever o objetivo das universidades e centros de pesquisa em turismo na formação de profissionais de qualquer nível, e em particular na graduação e pós-graduação. Segundo Jafari e Ritche (1981), a pesquisa deveria ser priorizada, garantindo assim uma maior integração entre os conteúdos ministrados pelas disciplinas e a facilitação de uma evolução bem planejada, incluindo educadores, estudantes, pesquisadores e o próprio mercado. A interdisciplinaridade, conforme a argumentação de Dencker (2002), surgiu frente a um panorama reducionista com distorções no conhecimento como um todo em decorrência da especialização e fragmentação de disciplinas.

Trata-se, portanto, de enfrentar os reducionismos que o mercado sugere. Isso, é claro, sem correr o risco de deixar de olhar para as questões de mercado, pois seria ilusório, pueril e descuidado não observar que existe uma demanda por certos tipos de serviço. Se as instituições que qualificam a mão de obra não adequarem os seus currículos para aprofundar sua qualidade, não haverá sistema de certificação algum que garanta a qualidade dos serviços; o país continuará com a "triste realidade de termos postos de trabalho no setor, porém, sem a oferta de profissionais habilitados para preenchê-los" (Catramby e Costa, 2004, p. 33).

Infelizmente, além da falta de articulação e envolvimento de comunidades locais residentes em áreas onde são implantados projetos de turismo, nota-se uma preocupação crescente quanto aos aspectos relacionados com o uso da natureza como mercadoria e a consequente degradação ambiental. Muitos dos erros cometidos no modelo econômico vivido na sociedade – lucro, ganância, depredação, crimes – estão sendo cometidos no turismo, diminuindo sua credibilidade (Menezes e Coriolano, 2002).

Para Silva (2005), a relação do mercado com as questões ambientais vem ganhando corpo ano após ano e sua eficácia depende intensamente da prestação de serviços com uma qualidade agregada. Sendo assim, o autor acredita ser de extrema importância a capacitação profissional altamente especializada como fator preponderante da qualidade nos serviços, sobretudo no plano operacional, objetivando a atuação no mercado, aprimoramento da formação dos atores responsáveis pela concepção, implantação, gestão e monitoramento de projetos integrados que garantam a sustentabilidade ambiental.

O esforço em sensibilizar a sociedade para o Turismo Sustentável é, portanto, essencial para a construção de novos paradigmas de desenvolvimento turístico. Para isso, temas relacionados à educação, cultura e formas de organização social devem estar incorporados à discussão, de maneira que as comunidades de destino possam se organizar e se qualificar para a gestão do turismo (Irving et al., 2005). Os conteúdos programáticos devem ser desenvolvidos com o objetivo de transformar uma visão que coloca o saber como algo distante, aproximando o indivíduo da realidade que está sendo estudada, buscando uma interação entre a sensibilidade e a razão do sujeito e o meio que o cerca. Para isso, devem trabalhar com textos, softwares, vivências, debates, estágios, resolução de problemas práticos buscando uma nova significação a respeito dos problemas ambientais e da atuação de cada indivíduo sobre eles. Mas, é nessa direção que estão estruturados os cursos de graduação em turismo de nosso país?

Uma pesquisa realizada por Neiman e Martins (2009), por meio da análise dos websites de 27 IES públicas que oferecem a graduação no curso de turismo, verificou uma crescente preocupação com o desenvolvimento sustentável das práticas turísticas nas grades curriculares, principalmente a partir de existência de disciplinas correlacionadas a esse tema ou a menções no projeto pedagógico. No entanto, os autores concluíram que há ainda uma carência de abordagem adequada sobre a temática da sustentabilidade. O mais comum foi encontrar grades curriculares formatadas apenas com a preocupação de meramente atender as necessidades de formação para o mercado convencional de turismo e de outros setores correlacionados. Existem poucas instituições com ênfase clara em ações que envolvam, por meio de pesquisas e ações, a melhoria do bem-estar humano, com alternativas sustentáveis para um melhor aproveitamento dos recursos naturais e culturais. O estudo, no entanto, também detectou uma tendência de fomentação a projetos e análise de questões que envolvam aspectos socioeconômicos e ambientais, principalmente nos cursos recém-criados. A temática de sustentabilidade vem ganhando mais força a cada ano e está promovendo maiores discussões dentro do meio acadêmico. Na área de turismo, esse debate tende a ganhar cada vez mais espaço, já que sua realização depende diretamente de atrativos naturais, culturais, históricos ou sociais.

Os cursos precisam se preocupar com a formação de profissionais competentes, comprometidos com a construção de uma sociedade justa e harmoniosa, para atuarem de forma transparente, com responsabilidade social, promovendo o desenvolvimento sustentável, respeitando a preservação do meio ambiente, buscando a convivência mútua dos três setores da economia, nas áreas conservadas, rurais e urbanas, em conjunto com o crescimento social. A sociedade atual necessita de profissionais com espírito empreendedor, visão proativa adequada ao apoio ao gerenciamento de empresas, competentes e hábeis na área empreendedora e que possam atuar no processo de planejamento, seja na área de assistência, seja na área executiva.

Organizar um curso de turismo com uma preocupação ambiental vai ao encontro de uma demanda global por coerência. A sociedade não suporta mais tanta destruição de princípios, tanto questionamento de valores, tanta mobilidade de referenciais comunitários, culturais e políticos. Ninguém aguenta mais o achatamento de tantos *fast foods*, pois, na verdade, os turistas exigentes estão em busca de outros cheiros e sabores, e isso é uma definição ética.

Rejowski e Carneiro (2003) afirmam que, por conta das mudanças e tendências à universalização da informação, a educação deve ter o propósito de reavaliar sua própria constituição, apresentando estruturas curriculares mais flexíveis, abordagens de conteúdo interdisciplinares e enfoque pedagógico que contemplem uma visão global de mundo que sustente sua cultura original.

Discutir a sustentabilidade é uma demanda ligada não exclusivamente aos temas do turismo, do ambientalismo ou da Educação Ambiental, mas é uma questão da contemporaneidade. Essa é a função das instituições formadoras de profissionais de turismo: dotar o aluno de capacidade de reflexão (esta é a verdadeira missão das universidades), fazendo permanente crítica às questões ambientais, enquanto exercita sua recriação. Esses são os dois eixos fundamentais para a renovação dos cursos existentes no Brasil. Os alunos devem desenvolver seu lado criativo, sem esquecer-se de certa quantidade de ações voltadas para o mercado. Esse é o diferencial que fará os profissionais sobreviverem e obter retornos nunca antes imaginados. Se as IES puderem congregar essa formação conceitual com a habilidade para a criação, elas estarão fornecendo ao mercado um profissional capacitado, que pode mais e, ao mesmo tempo, pode menos. Quanto mais o aluno consegue pensar, mais ele atende as próprias demandas de mercado, pois este necessita do seu contraditório, ou seja, uma revisão contínua dele mesmo.

Afinal, de onde mais poderá emergir o profissional de turismo que, mais do que executar normas, seja capaz de produzir o novo? As universidades devem assumir esse compromisso, elaborando cursos que discutam as razões das normas que paramentam o turismo, que rotulam algo como "ambientalmente correto" ou não, sempre problematizando essa dualidade, para poder oferecer aos alunos, na leitura das normas, todo campo de crítica e de recriação das mesmas. Um novo mercado emergirá naturalmente desta postura.

Referências

BRUHNS, H.T. Esporte e natureza: o aprendizado da experimentação. In: SERRANO, C. (Org). **A educação pela pedra: ecoturismo e educação ambiental.** São Paulo: Chronos, 2000, p.25-46.

CATRAMBY T.C.V.; COSTA, S.R.R. da. Estudo de caso sobre a capacitação docente na área de turismo no estado do Rio de Janeiro. **Caderno Virtual de Turismo**, v.5, n.2, p.11-28, 2005.

COOPER. C; SHEPHERD. R; WESTLAKE, J. **Educando educadores em turismo: manual de educação em turismo e hospitalidade**. São Paulo: Roca, 2001.

DENCKER, A.F.M. Pesquisa e interdisciplinaridade no ensino superior: uma experiência no curso de turismo. São Paulo ; Aleph, 2002. 111p.

IRVING, M. de A.; BURSZTYN, I.; SANCHO A.P. et al. Revisitando significados em sustentabilidade no planejamento turístico. **Caderno Virtual de Turismo**, v.5, n.4, p.1-8, 2005.

JAFARI, J.; RITCHIE, J. Towards a Framework for Tourism Education. **Annals of Tourism Research**, v.7, p.13–34,1981.

MENEZES, L.N.; CORIOLANO, T. O ecoturismo e os hóspedes da natureza. In: BARRETO, M.; TAMANINI, E. (Orgs.). **Redescobrindo a ecologia no turismo**. Caxias do Sul: Educs, 2002.

NEIMAN, Z. Natureza e cultura brasileiras: matérias primas do ecoturismo. In: NEIMAN Z.; MENDONÇA, R. (Orgs.). **Ecoturismo no Brasil**. Barueri: Manole, 2005, p.17-40.

NEIMAN, Z.; MARTINS, M.R. A questão da qualidade na formação dos profissionais para o turismo sustentável. **Caderno Virtual de Turismo**, v.9, p.128-149, 2009.

REJOWSKI, M.; CARNEIRO, J.B. Formação e capacitação de recursos humanos em turismo: ações inovadoras e estratégias. In: REJOWSKI, M.; COSTA, B.K. (2003). **Turismo contemporâneo: desenvolvimento, estratégia e gestão**. São Paulo: Atlas, 2003, p.203-225.

SILVA, M.E.M. Qualidade como alavanca para o desenvolvimento do turismo. **Caderno Virtual de Turismo**, v.5, n.1, p.46-53, 2005.

1 O ambientalismo, o turismo e os dilemas do desenvolvimento sustentável

Gabriella Poles
Andréa Rabinovici

Introdução

A preocupação com as questões ambientais surge por conta da crise ocasionada pela escassez dos recursos naturais, decorrente do uso descontrolado, incessante e irracional destes, que, por sua vez, é motivado pelo ritmo desenfreado e frenético do crescimento global. A biodiversidade torna-se alvo de interesses e intervenções, caracterizando-se como uma moeda de troca, porém sua importância e significados são ignorados, muitas vezes em prol de um suposto progresso e desenvolvimento tecnológico e científico das nações. Passa-se a falar de uma crise ambiental associada à chamada crise civilizatória, bem como de uma sociedade de risco. Isso nos impele a resgatar os primórdios do pensamento conservacionista brasileiro, uma vez que sua identidade e enraizamento constituem a manifestação de um novo movimento social, que acompanha e determina os dilemas e estratégias deste para com a questão ambiental.

Em sua origem, o conservacionismo, mais precisamente o ambientalismo brasileiro, caracterizou-se sobretudo por apresentar uma preocupação estritamente política e social, de modo distinto do que se verificou no mesmo período histórico em países como os Estados Unidos, cuja formação do movimento adquiriu maior destaque por meio do viés ético e estético (Padua, 1997). Partindo do pressuposto de que o ambientalismo possui, como característica primordial, a conservação do meio ambiente, o uso sustentável dos recursos naturais e a melhoria da qualidade de vida, no Brasil essa corrente funcionava, inicialmente, como uma alternativa de reestruturação social a fim de modificar o regime de trabalho exploratório e predatório. Objetivando uma nova organização política e social, no período colonial o país já apresentava uma forte tendência à adesão aos movimentos conservacionistas, sem considerar, contudo, a sustentabilidade ou a minimização de impactos sobre o meio ambiente. Para Padua (1997), tal fato contradiz o discurso de que a corrente ambientalista foi importada e que não possui raízes na identidade do país, mostrando que a preocupação ambiental acompanha o Brasil desde sua formação, uma vez que surgiu como reação ao colonialismo, tentando romper com o sistema vigente.

Esse contexto histórico permite concluir que o ambientalismo mais consistente e profundo surge nas áreas ditas marginalizadas, tropicais, coloniais, de forma que se pode afirmar com clareza que "a questão ambientalista transferiu-se da periferia para o centro, das áreas tropicais coloniais para os Estados Unidos e a Europa Ocidental" (Padua, 1997, p. 14).

Considera-se que o ambientalismo brasileiro do início do século XXI é resultante das modificações ocorridas em seu passado, principalmente da década de 1980, quando houve grande influência do debate deflagrado por outros movimentos sociais que contavam com forte organização e representação política. Ferreira (1997) afirma que essa herança política e cultural deixada ao movimento contribuiu para aprofundar dilemas e dificultar sua atuação política. Com caráter excludente e discriminatório, criaram-se barreiras entre militantes e opinião pública, que há muito se confrontam, acerca do que a autora afirma ser uma falsa polêmica entre qualidade ambiental e bem-estar social:

> Em um país onde as carências relativas à pobreza em áreas urbano-industriais ocupam o espaço preferencial de constituição do universo da cidadania, in-

> vadindo ora a retórica oficial, ora a agenda dos movimentos reivindicatórios, a degradação ambiental que caracteriza o território nacional aparece perante a opinião pública como reivindicação de forte conteúdo ideológico, como se o bem-estar do cidadão representasse a antítese da conservação dos sistemas naturais [...]. Em uma autofagia singular, a sobrevivência de um fator de equação – qualidade ambiental e bem-estar social – só seria possível com o consumo inexorável do outro. (Ferreira, 1997, p. 42-43)

Apesar de originalmente possuir uma preocupação política, social e/ ou ambiental, o movimento ambientalista também se expressa em diversas formas de pensamentos e correntes sociais, as quais foram denominadas por Padua (1997) como: "ambientalismo estético" – aquele que provém da criação artística e da preocupação em estabelecer uma relação com a natureza por meio da valorização da arte e cultura; o "ambientalismo" – inserido nas ciências naturais ou sociais (visão biocêntrica ou antropocêntrica) por meio da reflexão científica; e, por fim, o "ambientalismo ético" – que investiga a compreensão existente entre sociedade humana e mundo não humano.

Padua (1997) divide o ambientalismo em duas vertentes: a primeira tem uma *visão antropocêntrica*, a qual preocupa-se com um meio ambiente saudável para o ser humano, e a segunda, conhecida como *biocêntrica ou preservacionista*, busca atribuir direitos iguais ao ser humano, aos animais, às plantas e à paisagem. A biocêntrica não se expressou tão fortemente na política ambiental quanto a antropocêntrica, fato que pode ser explicado devido ao histórico da organização social e política do Brasil. O autor afirma que o ambientalismo brasileiro tem uma grande tendência para o desenvolvimentismo e para o social, e tal constatação revela-se verdadeira uma vez que retoma o ambientalismo de 1820 a 1920, no qual o movimento era principalmente intelectual, visionário. Questões como o destino da sociedade brasileira eram consideradas antropocêntricas, enquanto, por exemplo, nos Estados Unidos, a questão ética e o direito dos seres não humanos eram o foco das preocupações. No Brasil, argumentava-se que a destruição ambiental não era o preço do progresso, mas sim uma herança de seu passado colonial.

Drummond (1997) apresenta uma divisao em dois eixos no que diz respeito à questão ambiental brasileira: os movimentos sociais e sua relação com o Estado e a emergência de uma consciência ambiental. Nas décadas compreendidas entre 1920 e 1970, houve uma desmobilização dos cidadãos e seus movimentos por conta de uma série de iniciativas governamentais, tais como a organização de leis e a criação de instituições diversas para tratar dos problemas ambientais. O segundo eixo manifesta a preocupação em defender a natureza a partir da percepção da escassez de paisagens naturais ou de recursos, tanto no que diz respeito ao seu sentido cético quanto economicista. Dessa forma, o autor conclui que a emergência de tal consciência é problemática, pois a escassez de recursos geralmente pode ser resolvida por meio da descoberta da disponibilidade de novos, constituindo uma tensão entre o desenvolvimento econômico e a opinião pública.

Perante a atuação e a inserção da problemática ambiental na política, Ferreira (1997) complementa o pensamento de Drummond (1997) e afirma que o ambientalismo passa a ser considerado como o primeiro movimento social de alcance geral e, justamente por isso, o primeiro a reestabelecer o elo rompido entre agentes políticos e atores sociais.

> Isso significa reintroduzir, no sistema político, as esperanças e os receios de uma sociedade ampliada às dimensões da comunidade humana. Alguns já tentaram, o que não nos impede de conseguir. (Ferreira, 1997, p. 47)

Os grandes marcos históricos do ambientalismo

No início do século XIX (e, para muitos, até os dias de hoje), a natureza era encarada como um empecilho ao desenvolvimento da sociedade. Assim, era preciso ultrapassar os limites da natureza para ocorrer o processo de urbanização e desenvolvimento da nação. Quando foi criado, em 1872, o primeiro parque de proteção ambiental, o Yellowstone, nos Estados Unidos, o pensamento conservacionista estava se difundindo, defendendo a conservação do patrimônio natural. Após a Segunda Guerra Mundial, no século XX, ocorreu a reconstrução mundial que favoreceu o aparecimento de diversas entidades voltadas à conservação do meio ambiente, entre elas a União Mundial para a Natureza (IUCN), reunindo política e ciência em prol da conservação ambiental. No Brasil, o período entre 1920 e 1970 foi marcado pela adoção de medidas que contribuíram para a emergência de uma consciência ambiental, profundamente marcada pelo processo internacional preservacionista, que apostava na criação de parques sem moradores, como a maior das estratégias para a conservação (Diegues, 1994; Padua, 1997; Drummond, 1997; Boeira, s/d; Jacobi, 2003).

Em decorrência do acelerado e não racional processo de desenvolvimento e da desconsideração da proteção do meio ambiente e do uso sustentável de seus recursos, nos anos de 1970 o mundo deparou-se com uma crise ambiental causada pelos efeitos da poluição e da consciência da escassez dos recursos naturais. Ocorreram nesse período debates internacionais, como a 1ª Conferência das Nações Unidas para o Meio Ambiente e Desenvolvimento (Estocolmo, 1972), a qual foi de extrema importância e contou com a participação brasileira, que reclamou para si o direito de poluir para desenvolver. Nessa mesma conferência foi aprovada a *Declaração de Estocolmo*, introduzindo na política internacional a dimensão ambiental como fator importante no modelo de desenvolvimento e crescimento econômico (Boeira, s/d; Jacobi, 2003). O ambientalismo moderno aparece como um movimento social contracultural e marginalizado, uma vez que aqueles que defendiam a causa eram malvistos. Surgem, no Brasil, entidades e instituições internacionais como a WWF, o Greenpeace, a Conservation Internacional (CI), a The Nature Conservancy (TNC), dentre outras. No Brasil, a difusão da consciência ambientalista é prejudicada pelos altos e baixos da democratização do país e pela desmobilização da cidadania gerada pela ditadura iniciada em 1964, resultando no que Drummond (1997, p. 25) chama de uma "atuação estatal tímida e particularmente voltada para a preservação do chamado ambientalismo geográfico, naturalista".

Se, por um lado, a década de 1980 é lembrada por uma estagnação econômica mundial, para o movimento ambientalista brasileiro o período foi marcado pelo crescimento da consciência ambiental e pela importância da questão social para a conservação da natureza. Como afirma Viola et al. (1997), ao contrário dos outros países, em que épocas de crise econômica apresentam também uma retração do avanço da consciência, da legislação e das políticas de proteção ambiental, no Brasil ocorreu um crescimento da consciência, dos movimentos ambientalistas e surgiram personalidades engajadas com a causa, como Chico Mendes. Esse amazônida, seringueiro e ambientalista representou um marco importante para a denúncia da exploração dos recursos naturais e do trabalho, influenciando, dessa forma, tanto a causa ambiental como a social, ao promover o diálogo entre as camadas trabalhistas excluídas da sociedade com um projeto civilizatório mais global (Gonçalves, 2001).

No período que compreende as décadas de 1980 e 1990, ocorreu a divisão de conceitos e práticas de conservacionismo e preservacionismo. De um lado estavam os preservacionistas na defesa de que a única forma de proteção à natureza seria evitando o contato humano, culminando no que Diegues (1994) denominou *Mito Moderno da Natureza Intocada*. De acordo com o autor, somente por meio do reconhecimento da natureza pelo ser humano e o uso dos recursos naturais de forma consciente, como o fazem as populações tradicionais, será possível valorizar o patrimônio natural e, como consequência, mantê-lo.

Jacobi (2003) pontua como principais marcos do ambientalismo brasileiro desse período as ações de educação ambiental, os trabalhos de proteção a ambientes ameaçados e de proteção e recuperação de ambientes degradados, marcos estes que atingem o grau de repercussão nacional devido ao desmatamento da Amazônia em 1978, aos movimentos contra a inundação de Sete Quedas no Rio Paraná (1979-1983), à luta contra a construção de usinas nucleares (1977-1985), e à aprovação de leis de controle ao uso intensivo de agrotóxicos (1982 – 1985). Além disso, a volta dos ativistas políticos após a anistia também contribuiu para o fortalecimento do movimento ambientalista brasileiro.

Viola et al. (1997) destaca cinco grandes transformações desse período:

- início da globalização ocasionada pela reforma econômica e pela abertura para a economia mundial;
- impacto do movimento ambientalista sobre a sociedade: o crescimento da importância da problemática ambiental para a opinião pública não caracterizou grandes transformações nos comportamentos individuais e/ou empresariais e até mesmo nas políticas públicas, comparado às décadas de 1970 e 1980, porém, o movimento repercutiu um crescimento contínuo do impacto das questões ambientais para a opinião pública;
- mudança organizacional do ambientalismo. Surgem grupos sociais e pessoas preocupados com o meio ambiente, dentro da organização federal e estadual, organizações não governamentais (ONGs) e partidos políticos ambientalistas. O pensamento ambientalista invade universidades, mídia, empresas, arte, entre outros setores;
- o ambientalismo atinge a relação entre esfera nacional e internacional, de forma que se constitui como um sistema global no qual as sociedades são subunidades da sociedade planetária;
- início do processo de horizontalização e democratização da sociedade brasileira em diversos níveis, que, embora tenha implicado um extraordinário progresso, sobredimensiona a retórica da participação popular.

Dessa forma, pode-se dizer que a reforma econômica, a abertura para a economia mundial e o processo de globalização marcam a década de 1990 até este início de século XXI. O ambientalismo passa a ser inserido em um contexto multissetorial e policêntrico: fala-se constantemente em responsabilidade socioambiental e uso sustentável dos recursos, de forma que o ambientalismo se vê cada vez mais como um componente dentro do setor privado e da indústria do consumo (Alexandre, 2000; Boeira, s/d; Jacobi, 2003). Um exemplo é o ocorrido na Conferência do Rio de Janeiro (Rio-92), na qual todo o foco da discussão sobre a problemática ambiental foi direcionado para a questão do desenvolvimento sustentável (Jacobi, 2003). É nesse período que o turismo passa a ser aceito como alternativa de conservação.

No século XXI, o ambientalismo se depara com o desafio de conciliar uma participação efetiva na governabilidade dos problemas socioambientais e na busca por respostas fundamentadas em sustentabilidade, necessitando ampliar o alvo de sua atuação por meio de parcerias estratégicas que promovam seu reconhecimento na sociedade e estimulem o envolvimento de novos atores sociais. Nesse momento, a questão ambiental, antes vista como um conflito de interesses, passa a assumir para si a busca por um caminho sustentável como um novo paradigma de desenvolvimento entre os mais diversos atores políticos e sociais (Jacobi, 2003).

O ambientalismo como movimento social contracultural

Um passo à frente e você não está mais no mesmo lugar (Chico Science)

Os movimentos sociais e de associativismo civil, segundo Scherer-Warren (2001), são caracterizados como uma das formas de participação dos sujeitos na vida pública, possibilitando a formação de identidades coletivas e ideários comuns, pré-requisitos para a demanda coletiva de direitos e para a criação de novos valores à vida societária. Esses novos movimentos sociais procuram representar a sociedade, o que a autora denomina como uma multiplicidade de novos sujeitos com especificidades diversas, que se fortalecem por meio de inovadoras formas de participação na esfera pública, provocando uma reflexão sobre sua expressão e importância na atualidade.

O ambientalismo enquanto movimento social contracultural surge com as lutas que transcendem as reivindicações específicas de cada associação e o tempo, permitindo a compreensão do momento histórico no qual a sociedade encontra-se e construindo uma identidade na memória e na ação coletiva. Assim, o ambientalismo constitui-se como um conjunto de práticas e valores de forma que

> os sujeitos coletivos poderão começar a minar as tradicionais estruturas de dominação com seus respectivos modelos de desenvolvimento, de exclusão social, de discriminação sociocultural; e estabelecer novos rumos de civilidade para a nossa sociedade e com vistas às gerações futuras. (Scherer-Warren, 2001, p. 45)

Entre os anos de 1970 e 1980, o movimento ambientalista teve suas bases estendidas para a classe média intelectualizada dos grandes centros urbanos. Esse movimento, cujo projeto buscava obter a aceitação das suas ideias e identidade enquanto grupo social distinto, foi considerado um ator social capaz de modificar a sociedade, como uma forma de corrente de pensamento crítico com parâmetros e propósitos transformadores. Porém, o que levou um grupo fundamentado no ambientalismo a ser considerado como um movimento de expressão social?

Para ser considerado social, um movimento precisa ser constituído pela definição do ator social, de seu adversário e do campo de disputa no qual se desenrolam os conflitos. Além disso, deve-se ter um projeto que reúna interesses, expectativas e valores comuns, capazes de mobilizar a coletividade para reestruturar a sociedade e a vida política em questão. Mesmo quando compreende todas essas características, o ambientalismo nem sempre pode ser considerado inteiramente inserido como um movimento social contemporâneo, já que se torna cada vez mais representativo, seja na política do país, seja por sua influência na sociedade, de forma que essa constante exibição pública de sua imagem adquire um ar genérico e multissetorial, adentrando em outras áreas e dinâmicas organizacionais (Ferreira, 1997, 2001; Viola et al., 1997; Alexandre, 2000).

Leis (1997) afirma que o papel das mudanças ambientalistas refere-se mais a transformações na sociedade do que no próprio meio ambiente, uma vez que é a sociedade a causa dos problemas ambientais, projetando mais a atenção para a condição humana e para um modelo alternativo de sociedade. Isso faz com que o pensamento ambientalista possa ser caracterizado como um movimento social, decorrente da possibilidade de catástrofes e mudanças de cenário que a vida da sociedade moderna faz emergir:

> É nesse quadro que a emergência e a dinâmica do movimento ambientalista podem ser entendidas como tendo uma de suas bases as situações de risco que ele mesmo procura definir na tentativa de evitá-las. Individualmente, os homens se vêem imersos em situações de perigo ambiental provocadas por decisões tomadas e/ou concebidas exteriormente a eles. O movimento ambientalista emerge – e aqui está completamente fora de questão julgar a qualidade dos resultados ou a maneira concreta como o fazem – num esforço de entrar na luta pela definição de escolhas que influenciarão as características do futuro, para fazer do futuro o resultado de decisões pelas quais também se tem responsabilidade, deixando de ser um mero espectador passivo diante dos perigos a que a probabilidade/improbabilidade de situações futuras lhe impingem. Tanto conservacionistas, como preservacionistas, ecologistas do bem-estar humano, ativistas do movimento de liberação animal, além de ecocêntricos, procuram definir, a sua maneira, e de acordo com suas principais preocupações, o que vem a ser situaçoes de risco. (Tavolaro, 2001, p. 127)

Tais situações de risco têm orientado campanhas e mobilizações sociais, incluindo-se aí o trabalho feito pelos grupos de pressão e diversas ONGs em torno das questões socioambientais, bem como têm servido de mote para a atuação de grupos econômicos, em suas atividades classificadas como de responsabilidade socioambiental, conhecidas por muitos como marketing verde.

Dessa forma, compreende-se que os esforços na área ambiental sejam em sua maioria desorientados, supérfluos e banalizados, uma vez que o marketing da indústria de vida saudável transforma a problemática ambiental em mensagens publicitárias, tais como os conceitos de "qualidade de vida", "desenvolvimento sustentável", "educação ambiental", "sociedade de risco" entre outros. Essa banalização é preocupante e pode colocar em questão a radicalidade do movimento ambientalista brasileiro, uma vez que pode surgir certo descaso pelos problemas ambientais, levando à desmobilização e a uma divisão dos atores sociais envolvidos (Leis, 1997; Alexandre, 2000).

Em função dessa nova característica e possível desvio de identidade, Alexandre (2000) caracteriza o ambientalismo como um movimento radical que perdeu sua radicalidade, primeiro em decorrência da tomada do discurso pela mídia e pelo governo e, segundo, pelo fato de que esses dois setores vêm mostrando que a problemática socioambiental é de simples equacionamento.

> Como resultado, por ter cedido às pressões do sistema político e do mercado, o movimento ambientalista brasileiro é hoje um movimento de pouca importância. Ele não é mais um movimento social. É um adesivo num carro importado que usa catalisador para proteger o meio ambiente. (Alexandre, 2000, p. 104)

Ao contrário do que afirma Alexandre (2000), Viola et al. (1997) e Ferreira (1997; 1999; 2001) compartilham uma visão diferente ao dizer que a tensão entre crise e mudança social não constitui, de fato, o fim do movimento ambientalista e de sua identidade, mas é considerado um reflexo de uma etapa específica da constituição brasileira decorrente de seu passado histórico, uma vez que o movimento social, enraizado na causa ambientalista, surgiu como alternativa de reorganização e reestruturação política e social. Como os movimentos ambientalistas brasileiros são fundamentalmente decorrentes de sua estrutura social e política, a chamada crise dos anos de 1990 comprovou sua fragilidade enquanto movimento social, a partir do momento em que houve um redirecionamento das instituições e popularização da preocupação com a causa ambiental. Assim, por se constituir muito mais como um grupo de interesse, fundamentado na sociedade em questão, do que nos próprios problemas ambientais, o enfraquecimento do movimento ambientalista culminou em sua institucionalização com o fortalecimento das ONGs, demonstrando que a própria banalização e enfraquecimento da causa ambiental é fruto desse mesmo movimento. No entanto, segundo Ferreira (1997, p. 44-47):

> Se essa herança política e cultural deixada ao ambientalismo aprofundou dilemas e dificultou sua atuação política, curiosamente foi ela também quem retirou militantes do diálogo autocentrado para acenar-lhes uma meta mais audaciosa: sua constituição como projeto de sociedade, com ares de universalidade. [...] Essa aproximação evidentemente provocou inicialmente uma reação esperada de fortalecimento de identidades e divergências [...].
>
> Sob essa ótica, a meu ver, o ambientalismo não padece de uma crise de identidade por constituir-se hoje como um movimento multissetorial, que congrega inúmeras tendências e propostas. A crise parece muito mais ser resultado de um momento específico de nossa constituição, cuja característica principal é a pluralidade dos papéis desempenhados por ambientalistas, não importa sua filiação.

Ferreira (1999) descreve o ambientalismo como um movimento com manifestações sociais apáticas, sem a concepção inicial do próprio movimento:

> Assim, as lutas sociais atuais ressurgem revestidas de um significado esquecido, abandonado por longo tempo, a angústia do devir histórico, cuja manifestação mais visível é o processo consensual em nome da vida, dos direitos de sujeitos históricos individuais e coletivos. Com isto, reafirmo que esta postura de autoavaliação impregnada de um sentimento de emancipação não é casual. É tampouco um privilégio ambientalista. Mas, sem sombra de dúvida, somente aqueles que a levarem às últimas conseqüências estarão afinados com as angústias contemporâneas e com o esboço do futuro. (Ferreira, 1999, p. 35-36)

Com o surgimento das ONGs assumindo o posto dos movimentos ambientalistas, buscando realizar mudanças no cenário social, político e ambiental do país, e com um discurso embasado na busca da sustentabilidade, não é difícil compreender como e por que diferentes expressões culturais do ambientalismo podem ser adotadas por diversos grupos sociais, de forma que se tenha esperança de encontrar ali a manifestação de um movimento social (Ferreira, 1999).

ONGs, ambientalismo e turismo

Oriundo e popularizado a partir do movimento ambientalista, da visibilidade de alguns de seus protagonistas, dos amantes da natureza e das ONGs em suas estratégias conservacionistas, o ecoturismo surgiu como um segmento turístico preocupado com os recursos culturais e naturais, com a localidade, a participação e uma série de estratégias que visam aumentar os impactos positivos do turismo sobre a natureza e a conservação ambiental.

As ONGs ambientalistas passaram a incorporar o turismo em suas estratégias de conservação. Para as ONGs com orientação conservacionista, o turismo é a mais aceitável das atividades, sendo, inclusive, justificativa para a criação de Unidades de Conservação (UCs) (Rabinovici, 2009).

Os diversos eventos sobre o meio ambiente, especialmente a Rio-92, popularizaram a importância das ONGs e desafiaram-nas a conseguir sobreviver de forma alternativa dentro do sistema capitalista. Os projetos com turismo apareceram nesse momento como solução possível para que as ONGs prestassem serviços, fossem coerentes com a proposta conservacionista e sobrevivessem enquanto instituições. Dessa forma, surgiram os primeiros projetos de turismo feitos por ONGs, tal como o *Polo Ecoturístico do Lagamar* (SOS Mata Atlântica) (Box 1.1) e outros com menor visibilidade. Muitas ONGs declararam ser o turismo uma de suas atividades, conforme consta nos diversos levantamentos feitos a partir da década de 1990, como o realizado pelo Programa de Apoio às ONGs (Proaong), da Secretaria Estadual de Meio Ambiente (São Paulo, 1998).

Box 1.1 – A proteção do litoral de São Paulo, a constituição do ambientalismo e o turismo como consequência

Para uma parcela considerável de ambientalistas, o processo de criação da Estação Ecológica Jureia Itatins (Eeji) destaca-se como um marco na história ambiental do país. Foi o início ou a construção de muitas causas, carreiras e instituições, além da organização política ambientalista, conforme se observa nas carreiras e desdobramentos de seus principais protagonistas. Muitas ONGs se constituíram ou fortaleceram-se para cuidar da região, entre elas podem-se citar: Movimento Pró-Jureia e Grupo de Defesa da Jureia, que posteriormente se tornaram Associação em Defesa da Jureia (Pró-Jureia), a SOS Mata Atlântica, e, mais recentemente, em 2002, o Mongue – Proteção ao Sistema Costeiro.

A grande vocação econômica da região é, sem dúvidas, o turismo, tanto o de sol e praia, como o ecoturismo. Nesse sentido, as entidades atuantes e preocupadas com a conservação da Mata Atlântica, da restinga e dos mangues da região batalharam pela criação de UCs que previssem o turismo como uma de suas atividades, tendo em vista que ele já ocorria em toda a região, em grande escala e sem muitos cuidados. O Polo Ecoturístico do Lagamar foi um dos projetos de turismo pioneiros, realizado em parceria com ONGs diversas, capitaneado pela Fundação SOS Mata Atlântica.

Polo Ecoturístico do Lagamar

Buscando viabilizar o desenvolvimento do ecoturismo como mais uma alternativa econômica sustentável na porção paulista do Estuário Lagunar Iguape-Paranaguá, que compreende os municípios de Cananeia, Pariquera-Açu, Ilha Comprida e Iguape, a Fundação SOS Mata Atlântica, com o patrocínio da Embratur, desenvolveu o Projeto Polo Ecoturístico do

Lagamar. O projeto foi um exemplo pioneiro de planejamento ecoturístico e visava fomentar práticas sustentáveis da atividade, nos quatro municípios citados.

No Lagamar, a opção pelo ecoturismo surgiu como uma resposta viável ao impasse entre a conservação ambiental e o desenvolvimento da região. O Polo Ecoturístico do Lagamar priorizou a geração de emprego e renda, buscando, desta forma, o desenvolvimento do turismo em bases sustentáveis, promovendo a capacitação profissional e imprimindo qualidade aos serviços prestados. Também buscou conscientizar os envolvidos, inclusive o poder público, sobre a importância da conservação dos locais visitados e a valorização do patrimônio natural e histórico-cultural da região.

Os critérios norteadores do projeto Polo Ecoturístico do Lagamar podem ser assim entendidos:

- a adoção de estratégias para um planejamento sustentável, considerando os aspectos ambientais, sociais e econômicos;
- o envolvimento dos atores locais, buscando gerar emprego, renda e melhoria da qualidade de vida, privilegiando sua capacitação profissional;
- a utilização das infraestruturas físicas já existentes, adaptando de maneira gradual os meios de hospedagem, meios de transporte, restaurantes, trilhas e demais serviços turísticos existentes nos municípios às exigências do mercado consumidor;
- o incentivo às práticas associativistas, envolvendo o poder público (prefeituras, unidades de conservação), a iniciativa privada (hoteleiros, agenciadores, operadores de serviços) e as organizações civis (ONGs, sindicatos, clubes);
- o estímulo à gestão empresarial responsável, priorizando a informação ao consumidor, a segurança dos visitantes e a qualidade dos serviços turísticos;
- a percepção de que as práticas de atividades ecoturísticas podem contribuir para a educação ambiental do turista, do empresário, do administrador público e da comunidade local.

Como medida prática, o projeto criou uma rede de 26 agentes emissivos baseados na capital de São Paulo que intermediavam e/ou operavam roteiros ecoturísticos em parceria com os agentes receptivos do Lagamar previamente cadastrados.

Os roteiros ecoturísticos colocados à disposição do público procuravam sempre a integração dos destinos como forma de atrair a permanência do turista, não só em um único município, mas em toda a região do Polo Lagamar. Pacotes ecoturísticos estrategicamente distribuídos e desenvolvidos de forma sequencial foram formatados, contemplando atividades como caminhadas, passeios de caiaque, trilhas para bicicletas, observação de fauna, adequadas aos diversos públicos: estudantes de ensino médio, famílias, grupos de terceira idade e de turismo e aventura.

A capacitação profissional foi um dos componentes mais importantes do Projeto e envolveu tanto os agentes emissivos como os operadores receptivos. Foram entregues aproximadamente 500 certificados de participação nos cursos, palestras e seminários.

O Centro de Interpretação Ambiental e Informação Turística, implantado na sede da SOS Mata Atlântica em Iguape, tornou-se referência para a operacionalização do ecoturismo e para as atividades de educação ambiental na região.

Fonte: Adaptado de http://www.sosribeira.org.br/projetos/lagamarointro.htm.

A incorporação do conceito de sustentabilidade no turismo, em suas diversas dimensões (ambiental, social, econômica, cultural, política, filosófica etc.), passa a servir de guia às muitas entidades que optaram por tê-lo em suas estratégias, especialmente na década de 1980, quando ONGs e órgãos de proteção à natureza, cientes da necessidade de novos modos para a conservação, passam a aceitar o turismo como a menos impactante das alternativas econômicas nos ambientes naturais protegidos por lei.

A busca da sustentabilidade aprofunda a prática e a reflexão sobre o fazer turístico, tanto de planejadores como de seus usuários em geral, que se identificam com a prática e desejam ambientes saudáveis.

A sustentabilidade é citada nos documentos norteadores da prática de ecoturismo, porém, até esta primeira década do século XXI, poucos são os exemplos concretos totalmente bem-sucedidos, coerentes e convincentes. No entanto, a potencial contribuição do segmento com a questão socioambiental ainda constitui mola propulsora capaz de influenciar mudanças importantes, inclusive a redefinição de modelos no turismo orientada para seu crescimento como uma indústria potencialmente "limpa", capaz de agregar conservação ambiental e lucros.

O governo brasileiro tem poucos programas e políticas públicas[1] para o ecoturismo, que, por não serem suficientes e não estarem devidamente implementados, geram um espaço a ser preenchido com iniciativas conduzidas por ONGs ambientalistas. Vários projetos de ecoturismo no Brasil articulam diversos atores sociais e políticos, tais como ONGs, comunidades locais, alguns níveis de governo e cooperação internacional, promovendo debates, articulações e diálogos que perpassam do local ao global, nos quais a sustentabilidade e seu forte cunho simbólico são tomados como referência.

> No turismo, a busca de sustentabilidade equivale à oportunidade de redimensionar espaços, paisagens, culturas e economias através de ações que qualificam o uso articulado de bens e serviços, gerando benefícios de ampla escala. (Irving e Camphora, 2005, p. 311)

Saindo do campo do simbólico, a aplicação prática do conceito de sustentabilidade requer que os envolvidos gerenciem impactos socioambientais, enfrentem os diversos problemas sociais, políticos e econômicos maiores, tais como o combate ao desemprego, entre outros, além dos cuidados com paisagens e lugares saudáveis e bem-conservados.

Para Irving et al. (2005, p. 6),

> pensar a sustentabilidade no turismo implica em idealismo e visão estratégica de longo prazo, mas também pragmatismo, a partir de experiências capazes de transformar utopia em possibilidade, discurso em prática cotidiana.

A participação comunitária é outro quesito imprescindível para a sustentabilidade do turismo. As ONGs passaram anos criando e testando metodologias e ferramentas para tentar dar conta de ampliar a gestão democrática dos diversos locais selecionados para as atividades de turismo e conservação.

Muito além da sobrevivência de ONGs, comunidades e biomas, o ecoturismo tem potencial e é muito utilizado como ferramenta de educação ambiental que visa mudança de valores, comportamentos e atitudes dos envolvidos. Permeiam as atividades o ideal transformador e emancipador dos envolvidos, geralmente exemplificados por investimentos em qualificação profissional, estratégias para a inserção no mundo global, acesso

---

1 Ver Capítulo 9 sobre políticas públicas.

a bens econômicos e culturais e o fortalecimento de identidades, entre outros, que seriam questões cruciais a serem atingidas concretamente. Assim, o simbólico e o utópico do ambientalismo se traduzem em práticas transformadoras.

São muitas as iniciativas de ONGs e comunidades com o objetivo de fazer do turismo uma fonte de sustentabilidade social, ambiental, cultural e econômica. Um caso emblemático é o do Instituto de Desenvolvimento Sustentável Mamirauá (IDSM) (Box 1.2).

Box 1.2 – RDS Mamirauá e o Instituto de Desenvolvimento Sustentável Mamirauá (AM)

Localizada no Rio Solimões, a Reserva de Desenvolvimento Sustentável (RDS) Mamirauá é uma área de conservação ambiental com o objetivo de proteger as várzeas da confluência dos Rios Solimões e Japurá. A RDS é uma das pioneiras em aliar o conceito de desenvolvimento sustentável ao de turismo e a ter esta última atividade sendo operada por comunidades, ONGs nacionais e transnacionais e governo, em uma coalizão de esforços globais para a conservação da região.

Anteriormente uma estação ecológica, a atual reserva busca incentivar os moradores a ficar no local como uma espécie de "guardiões", com a proposta de que a participação da comunidade local é fundamental para a conservação das áreas protegidas. Desta forma, a população é envolvida em atividades de pesquisa, extensão e manejo.

A área de conservação ambiental é um forte chamariz da região, tanto por seus atrativos naturais quanto pelas características que possui como unidade, tais como: manutenção da população local, manejo de fauna e flora, programas de valorização e melhoria na qualidade de vida da população local, o envolvimento com ONGs para um uso sustentável dos recursos naturais, entre outros.

Questionamentos diversos podem ser feitos ao modelo de conservação e de turismo de Mamirauá devido a suas condições atípicas: a) possuir apoio permanente de órgãos de financiamento de pesquisa; b) trânsito e projeção internacional da Amazônia e da reserva, o que lhe garante visibilidade; c) equipe permanente e pesquisadores independentes trabalhando constantemente na região; d) apoio governamental, com espaço dentro da Universidade Federal do Pará; e) pesquisadores engajados; entre outras características. Porém, suas iniciativas de sucesso são reconhecidas globalmente.

O Instituto de Desenvolvimento Sustentável Mamirauá (IDSM) origina-se do Projeto Mamirauá, elaborado por uma equipe de pesquisadores no final dos anos de 1980. O IDSM foi criado em maio de 1999 com o objetivo de dar continuidade aos trabalhos de implementação que já vinham sendo realizados pelo Projeto Mamirauá e, desde 2001, é uma das unidades de pesquisa do Ministério da Ciência e Tecnologia, com o qual tem um contrato de gestão com metas e indicadores preestabelecidos.

O IDSM realiza diversas atividades, dentre elas o Programa de Ecoturismo em Mamirauá (1998), que tem como objetivos principais constituir-se em uma das estratégias para a sustentabilidade do Instituto Mamirauá, uma fonte de renda para a população local e uma das alternativas econômicas ao uso tradicional de recursos naturais. Para atingir seus objetivos, o programa promove participação local nos processos decisórios, capacitação e utilização da mão de obra local, venda de artesanato e compra de produtos agrícolas.

O Programa de Ecoturismo possui a Pousada Uacari, cujos planejamento e desenvolvimento foram realizados pelas comunidades locais, pesquisadores e técnicos do Instituto, sendo que o lucro gerado pela Pousada é dividido entre o sistema comunitário de vigilância e as comunidades locais – que investem sua parte em projetos para a melhoria da qualidade de vida nas comunidades. Por seus méritos o Programa recebeu, em 2003, o prêmio de Melhor Destino de Ecoturismo (revista americana *Conde Nast Traveler*) e o prêmio de turismo sustentável na categoria conservação (Smithsonian Magazine, Traveleres Foundation e United States Tour Operators Association – Ustoa).

São sete as comunidades rurais que participam das atividades de ecoturismo, com a prestação de serviços de hotelaria e condução de visitantes, no gerenciamento da pousada, nos processos decisórios – por meio da Associação de Guias e Auxiliares de Ecoturismo (Aagemam), pessoa jurídica contratada para o trabalho na pousada – dividindo os excedentes gerados pela atividade, fornecendo produtos para a pousada, recepcionando turistas nas suas comunidades e vendendo artesanato.

Fonte: Mamirauá. Disponível em: http://www.mamiraua.org.br/. Portal Amazônia. Disponível em: http://portalamazonia.globo.com/artigo_amazonia_az.php?idAz=106.

Essas iniciativas, adotadas em nível local, tendem a expandir-se para o cenário internacional, já que muitos dos atores envolvidos, especialmente os ecoturistas, tendem a repercutir as iniciativas e as conquistas. O ecoturismo realizado por ONGs e comunidades assume um caráter revolucionário, transformador, completamente diferente da lógica que permeia o segmento de natureza operado por agências. Esse caráter assume valor potencial, pois em cenários de extrema beleza cênica, se bem aproveitado, pode ser muito sedutor. Nada como transformar comportamentos, realidades e amenizar diversos problemas socioambientais, estando em contato com a natureza! Conforme Drummond (1997, p. 18):

> Nós, brasileiros, ainda temos de discutir qual a orientação social que queremos para o país em termos de sustentabilidade e de justiça. Não será algo para nós, mas para as futuras gerações também. É preciso se desvencilhar de uma vez por todas da falsa visão de que o ambientalismo não é uma tradição enraizada na problemática brasileira. Sem enfrentar radicalmente a questão ambiental, não teremos nenhuma perspectiva de futuro para o Brasil.

O conceito de desenvolvimento sustentável e suas contradições[2]

O processo de desenvolvimento econômico, fundamentado no avanço técnico e científico e no acúmulo de bens e capitais, ao fazer uso indiscriminado dos recursos naturais, levou ao que Tavolaro (2001, p. 122) denominou hipoteticamente de "preocupação à perpetuação da espécie humana no globo terrestre", tendo em vista que cada vez mais esse suposto desenvolvimento econômico e industrial caminha para a exaustão dos recursos naturais e da capacidade regenerativa dos ecossistemas. Em meio a esse cenário de tensão surge o conceito de desenvolvimento sustentável (DS), que pode ser entendido, basicamente, como aquele que busca uma harmonia entre desenvolvimento econômico e conservação ambiental, fazendo uso consciente dos recursos naturais e com baixos impactos socioambientais. O DS e a conservação do meio natural não podem ser vistos isoladamente, pois são intrínsecos ao conceito de sustentabilidade.

Conforme publicado no texto de Malheiros et al. (2008), a sociedade possui condições suficientes para se desenvolver de forma sustentável, po-

---

2 Devido a sua importância, este mesmo conceito perpassa as discussões dos capítulos 2, 3 e 4 de maneira mais direta, e está presente de alguma forma em todo este livro.

rém, é necessário garantir as necessidades das gerações contemporâneas sem prejudicar as gerações futuras.

Segundo Sachs (1995), a sociedade está inserida em um contexto de "mal desenvolvimento" e afirma que, por mais que se confunda, crescimento e desenvolvimento não são sinônimos. O autor diz que

> enquanto persistirem enormes disparidades sociais, o crescimento permanecerá, com certeza, uma condição necessária, embora de modo algum suficiente, do desenvolvimento, cujos aspectos distributivos e qualitativos não podem ser negligenciados. É um erro dizer que os exorbitantes custos sociais e ecológicos de certas formas de crescimento econômico constituem os danos inelutáveis do progresso. (Sachs, 1995, p. 31-32)

Sachs (2004) afirma que há a necessidade de esclarecer que desenvolvimento e crescimento econômico são coisas distintas, tendo em vista que este configura apenas uma condição necessária e não suficiente. Assim, entende-se que crescimento foca somente o acúmulo de riquezas, enquanto o desenvolvimento também envolve a melhoria da qualidade de vida da população.

Sobre as contradições existentes a respeito do conceito de desenvolvimento, embora ressalte a importância de uma busca por novos paradigmas, Sachs (2004) também afirma que ele se configura como fator dependente da cultura, na medida em que ele implica a invenção de um projeto, não podendo limitar-se a sua base, unicamente nos aspectos sociais e econômicos, de forma que a sustentabilidade fica sujeita à capacidade humana de se submeter aos preceitos de prudência ecológica e bom uso dos recursos. Em razão do conceito de DS, Sachs (2004, p. 214-15) afirma que o termo deveria ser desmembrado em outros tais como "socialmente includente", "ambientalmente sustentável" e "economicamente sustentado" ao decorrer do tempo. O autor pontua também que é necessário enfrentar os abismos das desigualdades sociais entre nações e dentro dessas nações, e fazê-lo de maneira a não comprometer o destino das gerações futuras.

Para além do conceito de DS, bastante questionável, surge o conceito de sociedade sustentável (SS), o qual constitui base crítica ao primeiro e será abraçado por muitos ambientalistas como contraponto ao consagrado e difundido conceito de DS, que implicou, inclusive, a declaração da Organização das Nações Unidas para a Educação, a Ciência e a Cultura (Unesco) da "Década da Educação para o Desenvolvimento Sustentável (EDS)",

2005-2014, a qual educadores ambientais e ambientalistas tanto contestaram, como sendo uma educação dirigida ao capital e ao capitalismo.

O discurso de DS é globalizador, tem enfoque economicista neoliberal, soluções tecnológicas, racionais e cientificistas e enfatizam a sustentabilidade como produto das soluções locais, regionais, autônomas, políticas, das dinâmicas particularizadas e, se possível, transformadoras, revolucionárias e emancipadoras. Também se questiona o fato de o conceito ser adaptável e aceito por vários atores sociais, de diversos círculos e esferas de poder.

Já as SS priorizam a justiça ambiental, a inclusão social e a democracia, os indicadores de qualidade de vida, o conhecimento e a educação, ao contrário do DS, centrado na economia. Portanto, as principais diferenças entre os dois são as ênfases, conforme o Quadro 1.1.

Quadro 1.1 – Sustentabilidade

	Desenvolvimento sustentável	Sociedades sustentáveis
Origem	Comissão Mundial de Meio Ambiente e Desenvolvimento	Pacto de Ação Ecológica da América Latina
Discurso	Banco Mundial, FMI, Unesco	Movimentos sociais organizados, redes de organização social
Protagonismo	Empresas, tomadores de decisão e formadores de opinião (governança e multissetorialidade)	Comunidades participativas em diálogos abertos (movimentos sociais e cidadania)
Definição	Generalista, globalizante e indefinida	Particularizada, autônoma e política
Ênfase	Economia, sociedade e ambiente	Justiça ambiental, inclusão social e democracia
Indicadores de qualidade de vida	Linha de pobreza e Índice de Desenvolvimento Humano (IDH)	Linha de dignidade (qualitativo)
Problema central	Densidade demográfica e impactos ambientais	Exclusão social e impactos ambientais
Propostas	Tecnologias limpas, livre mercado e democracia formal	Políticas públicas, mercado regulado e democracia real

(continua)

(continuação)

	Desenvolvimento sustentável	Sociedades sustentáveis
Conhecimento	Técnico e científico	Múltiplos saberes
Educação	EDS por 10 anos	EA permanente

Fonte: Meira e Sato (2005).

O discurso das sociedades sustentáveis, em contraposição ao desenvolvimentista, é bem recebido pelos movimentos e redes sociais, porém, conforme Meira e Sato (2005, p. 12), a crítica é fundamental, mas a convergência e o diálogo são igualmente necessários:

> Nossa capacidade de vencer o itinerário dualista está na dependência do diálogo entre estas duas correntes. Seguramente não haverá um caminho certo e outro errado, e no marco do diálogo na diferença, talvez sejamos capazes de lançar mão das lutas identidárias acreditando em fraternidade, igualdade e liberdade. Porém se há liberdade, não pode haver igualdade.

Segundo os autores, ocorre uma mudança gradativa na interpretação e na assimilação dos conceitos pelos diversos atores influenciada pela crise do capitalismo e pela crítica ao neoliberalismo, a qual é visível nos eventos e documentos que tratam da temática ambiental:

> Diversos eventos vão revelando gradativa mudança nas orientações sobre a sustentabilidade, permitindo que a "Cúpula Mundial do Desenvolvimento Sustentável" ocorresse em Johannesburg, no ano de 2002, dez anos após a Rio-92. Tanto a Agenda 21 como a própria Carta da Terra curvaram-se à orientação desenvolvimentista, preconizando a década da Unesco. Se para alguns o evento poderia ser chamado de "Rio+10", para uma outra parcela, esta mudança foi retrocesso, configurando-se como "Rio-10". (Meira e Sato, 2005, p. 12)

Nesse contexto, no qual os conceitos e princípios da sustentabilidade, do desenvolvimento e das sociedades sustentáveis permeiam ações e discursos dos diversos atores sociais e políticos, o turismo emerge quase como um consenso, uma atividade alternativa capaz de aliar desenvolvimento econômico à conservação ambiental. Além disso, o turismo tem potencial de divulgar ambientes naturais de forma a valorizá-los e atrair a opinião pública simpática à conservação ambiental. Feito de forma adequada, o turismo pode transformar atitudes, comportamentos e, consequentemente, a realidade dos que o praticam[3].

Esses questionamentos, avanços e retrocessos permeiam os debates sobre o ecoturismo como alternativa econômica, educativa e conservadora dos patrimônios culturais e ambientais, sendo que a incorporação do discurso ambientalista ao turismo revestirá a atividade de um caráter salvador, imbuído de discurso e estratégias com a pretensão de solucionar grande parte dos problemas ambientais.

Questões para reflexão

1) O que faz com que o movimento conservacionista seja considerado um movimento social contracultural? Em que contexto está inserido?
2) Como você percebe a atuação do movimento ambientalista? Por que alguns autores, no texto, afirmam que o movimento perdeu sua radicalidade e encontra-se em crise? O que caracteriza o movimento ambientalista atualmente?
3) Quais são os principais marcos para o ambientalismo na década de 1990 e as principais causas para estar inserido dentro de um contexto multissetorial e policêntrico?
4) Quais os principais desafios que o ambientalismo enfrenta no século XXI?
5) Por que desenvolvimento sustentável e conservação do meio natural não podem ser vistos isoladamente?
6) Qual a importância do turismo para a sustentabilidade e o desenvolvimento sustentável?
7) De que forma as ONGs atuantes com o turismo podem contribuir para a conservação do patrimônio ambiental e cultural?

3 As formas de educação ambiental comuns no ecoturismo estão descritas no Capítulo 4.

Referências

ALEXANDRE, A.F. **A perda da radicalidade do movimento ambientalista brasileiro: uma contribuição à crítica do movimento.** Blumenau/Florianópolis: Edifurb/Editora da UFSC, 2000.

BOEIRA, S.L. Ambientalismo I. In: **Pensamento ecológico: ecologia e ecologismo no Brasil e no mundo desde 1978.** (s/d). Disponível em: http://hps.infolink.com.br/peco/boeira03.htm.

DIEGUES, A.C.S. **O mito moderno da natureza intocada.** São Paulo: Nupaub – USP, 1994, 163p.

DRUMMOND, J.A.L. A visão conservacionista (1920 a 1970). In: **Ambientalismo no Brasil: passado, presente e futuro.** São Paulo: SMA/ISA, 1997.

FERREIRA, L.C. Ambientalismo brasileiro nos anos 1990: crise e oportunidade de mudança social. In: SORRENTINO, M. (Org). **Ambientalismo e participação na contemporaneidade.** São Paulo: EDUFSC/Fapesp, 2001.

______. Conflitos sociais contemporâneos: considerações sobre o ambientalismo brasileiro. **Ambiente & Sociedade**, Campinas, v.5, n.2, p.35-54, 1999.

______. A trajetória do movimento ambientalista no Brasil: confronto e legitimação. In: SVIRSKY, E.; CAPOBIANCO, J.P.R. (Orgs.). **Ambientalismo no Brasil: passado, presente e futuro.** São Paulo: Instituto Socioambiental/SMA, 1997, p.38-49.

GONÇALVES, C.W.P. **Amazônia, Amazônias.** São Paulo: Contexto, 2001, 178p.

IRVING, M.A.; CAMPHORA, A.L. A sustentabilidade como tendência no discurso turístico do Estado do Rio de Janeiro e turista, o sujeito oculto da sustentabilidade. In: BARTHOLO, R; DELAMARO, M.; BADIN. L. (Orgs.). **Turismo e sustentabilidade no estado do Rio de Janeiro.** Rio de Janeiro: Faperj/ Garamond, 2005, p.309-328.

IRVING, M. de A.; BURSZTYN, I.; SANCHO A.P. et al. Revisitando significados em sustentabilidade no planejamento turístico. **Caderno Virtual de Turismo**, v.5, n.4, p.1-8, 2005.

JACOBI, P.R. Movimento ambientalista no Brasil: representação social e complexidade da articulação de práticas coletivas. In: RIBEIRO, W. (Org.) **Patrimônio Ambiental Brasileiro.** São Paulo: Edusp, v.1, p.519-543, 2003.

LEIS, H. A trajetória do movimento ambientalista no Brasil: confronto e legitimação. In: SVIRSKY, E.; CAPOBIANCO, J.P.R. (Orgs.). **Ambientalismo no Brasil: passado, presente e futuro**. São Paulo: Instituto Socioambiental/SMA, 1997, p.36-37.

MALHEIROS, T.F.; PHILIPPI Jr., A.; COUTINHO, S.M.V. Agenda 21 nacional e indicadores de desenvolvimento sustentável: contexto brasileiro. **Saúde e Sociedade**, São Paulo, v.17, mar.-abril, p.7-32, 2008.

MEIRA, P.; SATO, M. Só os peixes mortos não conseguem nadar contra a correnteza. **Revista de Educação Pública**, Cuiabá, v.14, n.25, p.17-35, 2005.

PADUA, J.A. **Natureza e projeto nacional: nascimento do ambientalismo brasileiro** (1820-1920). In: ISA. Ambientalismo no Brasil: passado, presente e futuro. São Paulo: SMA/ISA, 1997.

RABINOVICI, A. **Organizações não governamentais e turismo sustentável: trilhando os conceitos de participação e conflitos.** Campinas, 2009. Tese (Doutorado em Ambiente e Sociedade). Instituto de Filosofia e Ciências Humanas e Núcleo de Estudos e Pesquisas Ambientais da Unicamp.

SACHS, I. Desenvolvimento sustentável: desafio do século XXI. **Ambiente & Sociedade**, Campinas, v.7, n.2, dez. 2004.

______. Em busca de novas estratégias de desenvolvimento. **Estudos Avançados**, São Paulo, v.9, n.25, p.29-63, 1995.

SÃO PAULO. [SMA] Secretaria do Meio Ambiente. **Proaong: Programa Estadual de Apoio às ONGs – atividades 1995-1997**. São Paulo: SMA, 1998, 92p.

SCHERER-WARREN, I. Movimentos sociais e participação. In: SORRENTINO, M. (Org.). **Ambientalismo e participação na contemporaneidade.** São Paulo, Educ/Fapesp, 2001, p.41-56.

TAVOLARO, S.B.F. Movimento ambientalista: do perigo do futuro ao risco da decisão. In: TAVOLARO, S.B.F. **Movimento ambientalista e modernidade: sociabilidade, risco e moral**. São Paulo: Annablume/Fapesp, 2001, p.122-128.

VIOLA, E.; LEIS, H.R.; FERREIRA, L.C. Confronto e legitimação. In: SVIRSKY, E.; CAPOBIANCO, J.P. (Orgs.). **O ambientalismo no Brasil: passado, presente e futuro.** São Paulo: Instituto Socioambiental/Sema, 1997, p.27-49.

2 O turismo no contexto da sustentabilidade

Aline Lopes Ramalho
Poliana Bassi Silva
Andréa Rabinovici

Introdução

Desde o início da década de 1960, com o arrefecimento dos movimentos sociais, entre eles o ambientalista[1], as questões sobre desenvolvimento e globalização, espelhadas em modos ocidentais padronizados de ser e fazer, orientam como as pessoas devem realizar suas atividades, de maneira que obtenham a maior eficiência e lucro, gastando menos tempo, de acordo com elementos que o sistema capitalista exige e que concomitantemente não degradem ou destruam o meio ambiente. Essas questões exigem constante planejamento e ingerência.

---

1 Sobre o ambientalismo e sua influência no turismo, ver Capítulo 1.

Assim, a partir da intensificação das discussões sobre o futuro do planeta, especialmente com a *Conferência das Nações Unidas para o Meio Ambiente*, evento conhecido como Rio-92, a sustentabilidade passou a ser integrada às discussões sobre como os governos deveriam tratar o assunto da conservação ambiental e cultural. Também se debate, desde então, como as empresas poderiam contribuir para a implantação desse novo conceito. Alguns critérios de conservação ambiental e cultural de avaliação para determinadas certificações foram agregados, de modo a tornar a empresa competitiva. Foram criados sistemas internacionais de certificação da qualidade para as empresas que se comprometem a cuidar do meio ambiente[2], e para diversos outros atores sociais e políticos realmente interessados nessas questões, tais como as organizações não governamentais (ONGs).

Nesse contexto, todas as atividades e áreas do conhecimento que queiram envolver-se com o conceito de sustentabilidade, tornando-o prático e viável, devem entender e apropriar-se de todas as discussões decorrentes das melhores ações a serem postas em prática para que se supere o discurso, transformando-o em realidade.

O turismo por ser “um elaborado e complexo processo de decisão sobre o que visitar, onde, como e a que preço” (Beni, 2003, p. 37), possui poder de degradação dos recursos naturais, culturais, sociais e do patrimônio edificado, principalmente quando o nível de atratividade de determinado local é alto, ou seja, capaz de atrair muitas pessoas ao mesmo tempo. Esse poder é intensificado quando há inadequado planejamento de implantação da atividade turística e falta de interesse da parte gestora no que está além do lucro fácil proveniente do desenvolvimento desenfreado do turismo.

Considera-se que os princípios da sustentabilidade, quando aplicados ao turismo, podem transformá-lo em uma atividade completamente distinta da sua prática mais comum, a do turismo de massa. Há vários exemplos de formas de gerir o turismo que perseguem a sustentabilidade como um ideal, com os propósitos de crescimento pessoal e comunitário, em prol do bem-estar comum, pela conservação do meio ambiente.

Turismo de massa e seus impactos

De acordo com Cruz (2003, p. 6), o turismo de massa é

---

2 Como exemplo, tem-se a International Organization for Standardization (ISO).

> uma forma de organização do turismo que envolve o agenciamento da atividade bem como a interligação entre agenciamento, transporte, e hospedagem, de modo a proporcionar o barateamento dos custos da viagem e permitir, conseqüentemente, que um grande número de pessoas viaje.

Para Luchiari (1998, p. 3), o turismo de massa "induz a produção de atrações inventadas que valorizam mais a técnica da reprodução do que a própria autenticidade", ou seja, lugares e atrativos são criados meramente para o que Urry (1996) chamou de "olhar do turista". O marketing e o embelezamento do local se fazem imprescindíveis, o que pode ser notado, por exemplo, na segmentação do território em locais de "turistas" ou de "moradores".

Retomando-se a origem do turismo de massa, observa-se a deturpação de suas características originais que vieram do movimento esquerdista europeu: a ânsia de equiparação do direito ao tempo-livre, à educação, ao lazer e ao turismo de uma parte da sociedade que, até então, não possuía tais direitos.

Observando-se a trajetória do turismo, o elitismo e a imitação são características constantes e recorrentes. Os impactos sociais, econômicos e ambientais negativos advindos dessa atividade foram observados, estudados, apontados, mas ainda não foram eliminados.

Pode-se citar aqui alguns desdobramentos e características do turismo de massa, como: sazonalidade; contribuição para o desgaste dos recursos naturais; especulação de imóveis e terrenos; elevação do preço de produtos; pressão de corporações turísticas e corporações internacionais sobre as terras e a população; segmentação territorial; incentivo à prostituição; desrespeito à cultura local; desrespeito a locais sagrados; inchamento do trânsito nos destinos turísticos; desequilíbrio econômico; aumento da presença de corporações internacionais, neocolonialismo; espetacularização da cultura; interesses estritamente econômicos; e evasão de divisas.

Ao olhar atentamente para este termo, "turismo de massa", ele poderá se mostrar contraditório, pois a atividade turística continua excludente, já que, apesar de ter desenvolvido formas de envolvimento de uma parte da população mundial, ainda não representa toda essa população. Como a expressão pode utilizar o termo "massa" se as massas não vislumbram a atividade turística como algo presente em suas vidas?

Turismo alternativo: o que significa isso?

Os impactos derivados do turismo de massa refletiam o momento pelo qual a sociedade estava passando: consumo exacerbado, poluição, crescimento da frota de veículos, popularização cada vez mais acentuada de práticas antes relegadas às camadas mais abastadas.

Em meio a essas questões,

> a partir da década de 1970, as preocupações com o desenvolvimento econômico, a degradação do ambiente e as questões sociais alcançaram a atividade turística. Com a Conferência de Estocolmo, em 1972, e a Rio-92, ampliaram-se os debates que se transformaram nos pressupostos da Agenda 21 que abordam os processos de desenvolvimento enfocando temas como ecotecnologias, requalificação do trabalho humano, desenvolvimento técnico-científico e sustentabilidade. Nesse contexto, a Agenda aponta o Ecoturismo como uma prática conservacionista, comprometida com a natureza, com a responsabilidade social e com o desenvolvimento local. (Brasil, 2008, p. 15)

Nesse contexto, a sustentabilidade, também debatida pelo *Relatório Brundtland*[3] (1987), permeou as discussões em diversos âmbitos da sociedade e também no turismo.

A partir dos pressupostos do *Relatório Brundtland*, das lutas ambientalistas e dos movimentos de contracultura surgiu o turismo alternativo (TA), "que defendia uma alternativa nova, social e ecologicamente mais benéfica ao desenvolvimento do turismo de massa" (Fennell, 2002, p. 20). Essa modalidade de turismo tinha a pretensão de se diferenciar da atividade turística existente até aquele momento, massificada e em larga escala (em alusão ao modelo fordista de produção).

Por alternativo pode-se depreender "mudança" para uma forma mais desejável, menos impactante ou até mesmo mais positiva de realizar o turismo. Suas características advêm do conceito de sustentabilidade, que possui como premissa o atendimento das necessidades momentâneas sem o comprometimento das necessidades de gerações futuras e da possibilidade dessas gerações garantirem sua sobrevivência.

---

3 Elaborado pela Comissão Mundial sobre o Meio Ambiente e Desenvolvimento (CMMAD), em 1987, o documento *Our Common Future* [Nosso Futuro Comum] ou, como é bastante conhecido, *Relatório Brundtland*, aponta para a incompatibilidade entre desenvolvimento sustentável e os padrões de produção e consumo, trazendo à tona, mais uma vez, a necessidade de uma nova relação entre ser humano e meio ambiente. Ao mesmo tempo, esse modelo não sugere a estagnação do crescimento econômico, mas sim a conciliação com as questões ambientais e sociais.

Dessa maneira, o turismo alternativo possui certas características que o diferenciam da atividade turística praticada anteriormente, como participação da comunidade; pequena escala e âmbito local; promoção do contato entre turista e comunidade local; tentativa de diminuição dos impactos sociais e ambientais sobre a população receptora; geração de benefícios locais e incremento da economia local; melhoria da qualidade de vida da população; e distribuição mais equitativa da renda obtida por meio do turismo.

Pode-se inferir que o turismo alternativo é um

> movimento [...] ungido pela força de um ideal que se forjava no descontentamento e na mobilização das opiniões mais sensíveis e das camadas sociais atingidas pelo modelo predatório do Turismo de Massas, então no auge de sua vigência. (Pires, 2002, p. 81)

Para que esse turismo alternativo seja alcançado é preciso que se modifiquem as atitudes dos turistas, dos destinos e, principalmente, do *trade*, responsável pelo turismo encontrar-se centrado nos ganhos econômicos e em atender um número elevado de pessoas, ser formado por conglomerados internacionais e pela preocupação ínfima com os impactos ambientais e sociais. Esse *trade* não teria suas posturas modificadas facilmente para algo mais "sustentável".

O turismo de massa, apesar de destrutivo, por muito tempo foi (e ainda é) o modelo adotado, por exemplo, em destinos de sol e praia no Brasil, sendo o nordeste brasileiro um desses locais. Marcado pela presença das grandes bandeiras internacionais do *trade* turístico e pelo grande número de turistas estrangeiros que demandam qualidade nos serviços, o turismo de massa emprega mão de obra de outros locais nesses destinos, em detrimento da participação da comunidade local.

Esses destinos fornecem ao visitante um ambiente fictício, onde tudo é projetado para parecer perfeito aos seus olhos, para que ele não necessite sair dali e deparar-se com a "verdadeira beleza". Para Boyer (2003, p. 25), "os destinos de turismo de massa são vistos, fotografados com lentes cor-de-rosa", e nunca são pensados de modo a possibilitar uma mudança no rumo das atividades turísticas ali existentes.

O TA surge com uma nova visão: ser um turismo local, em menor escala, incentivar o desenvolvimento da localidade e não simplesmente copiar modelos estrangeiros de planejamento da atividade que não se adequam à realidade existente no Brasil. Dessa forma, o turismo começaria a ser realmente planejado, e não imposto, de forma comunitária, na qual as populações teriam voz e seus pensamentos fariam parte do conjunto do desenvolvimento sustentável do turismo.

Do turismo alternativo surgiram ainda outras expressões, tais como turismo ecológico, verde, sustentável, entre outras, porém o termo que se tornou mais utilizado e conhecido é o ecoturismo[4].

O ecoturismo como emblema do "turismo sustentável"

A busca pela sustentabilidade guia os passos de planejadores de turismo e ecoturistas rumo ao estabelecido nas diversas diretrizes e princípios para a área, dentre eles a promoção da diversidade, a integração harmônica entre povos e a sustentabilidade ambiental.

A difusão de práticas oriundas do debate entre desenvolvimento e sustentabilidade nas atividades turísticas, com o advento do ecoturismo, traz ao segmento a possibilidade de contribuir significativamente com a questão socioambiental, podendo influenciar uma mudança conceitual importante, dependendo da maneira como o debate é conduzido e das ações, colaborando para a redefinição de modelos no turismo, tornando-o capaz de conciliar conservação ambiental, respeito a sociodiversidade e culturas locais e lucros (Rabinovici, 2009).

Conceitos como "sustentabilidade" e "desenvolvimento sustentável" permeiam as reflexões feitas no turismo, porém sua prática ainda é incipiente e os bons resultados são quase inexistentes.

Para Irving et al. (2005), a promoção do turismo sustentável requer uma concepção estratégica e duradoura de desenvolvimento, amparada por um novo olhar sobre as questões sociais, culturais e ambientais dos destinos, aliadas e em interação com a economia globalizada. A sustentabilidade é tomada como referência e oportunidade para o redimensionamento de espaços, paisagens, culturas e economias que gerem benefícios em ampla escala (Irving e Camphora, 2005).

É fundamental considerar que a sustentabilidade no turismo tem potencial de transbordar para outros aspectos da cidadania sustentável. Sua prática pode influenciar o aprendizado de dinâmicas participativas, capacitação, planejamento e condução das atividades, organização e empoderamento dos atores sociais em outras esferas: econômica, social e política, além da turística. Segundo Irving et al. (2005, p. 7),

---

4 Toda a segmentação do turismo alternativo é apresentada no Capítulo 3.

nas estatísticas do turismo, não é possível a distinção entre o "sustentável" e o "insustentável". O discurso político tende a privilegiar o "sustentável", da mesma forma em que o pulveriza, em sentidos e significados diversos, capazes de banalizá-lo, transformando-o em utopia contemporânea. Mas existe uma direção possível que transcende os imediatismos políticos e busca consolidar a participação cidadã, em escalas local e global. É nesse movimento cidadão que o turismo poderá se consolidar como veículo de transformação social, que transcende fronteiras políticas e atinge o campo da ética global.

O novo turista: anseios e contradições do suposto ecoturista

As mudanças que o turismo alternativo pressupõe não afetam somente os prestadores de serviços que se comprometem com a prática desse turismo de baixo impacto, mas também os órgãos públicos, as comunidades locais e, de maneira singular, os turistas.

O turismo alternativo, como dito anteriormente, é uma nova abordagem das viagens de lazer e o ecoturismo é um de seus segmentos que possui visibilidade crescente. Um dos principais motivos para isso é a sua capacidade de ser reproduzido e replicado, devido à seriedade com que são abordadas questões relevantes ao desenvolvimento sustentável, ao mesmo tempo em que proporciona ao ecoturista um lazer saudável em meio natural, pois há vários destinos que se adaptaram aos conceitos dessa modalidade de turismo, trabalhando o que realmente interessa ao turismo alternativo.

Devido a essa mudança na concepção e na maneira de enxergar e trabalhar o turismo, aqueles turistas, cujos desejos e esperanças permanecem voltados para o modelo de turismo de massa, não ficam satisfeitos com o que encontram no ecoturismo, pois além dos destinos serem diferentes em suas características físicas, o modo como o turista se relaciona com a população local, com sua cultura, estrutura social e economia e com o próprio meio ambiente também muda.

Assim, devido às mudanças que ocorreram a partir da introdução dos princípios de sustentabilidade na atividade turística, o turista pôde perceber as necessidades reais de mudança e que as formas tradicionais de viagem, principalmente as de turismo de massa, não eram maneiras sustentáveis no que concerne aos âmbitos social, cultural e ambiental e que não visavam nada além do lucro.

Surge, então, um novo grupo de turistas, os ecoturistas, que buscam, além de experiências diferentes das convencionais no turismo, formas de lazer ambientalmente corretas, nas quais os recursos naturais sejam priorizados em vez de conforto e desejos consumistas dos seres humanos (Kerr, 1991). O comportamento desse tipo de turista pode ser melhor compreendido a partir de depoimentos, como o do Box 2.1.

Box 2.1 – Depoimento à imprensa de um visitante do município de Bonito (MS) no carnaval do ano de 2000

"Carnaval em Bonito. O dia amanhece e ao invés de se ouvir o poético gorjear dos pássaros, os visitantes ouvem as potentes caixas acústicas que vararam a noite com som distorcido no último volume dando boas-vindas ao ecoturista. Para completar, rios de água marrom, botes furados, visitantes descalços nas cavernas, polícia pelas ruas, brigas, sangue e bebedeira. Sem dúvida alguma, não é o cenário esperado para quem sai de São Paulo para conhecer Bonito, no Mato Grosso do Sul. Mas, infelizmente, foram estas as lembranças que muitos turistas levaram da cidade neste Carnaval (2000).

A má ideia de organização do carnaval deste ano gerou um conflito desnecessário entre dois tipos diferentes de visitantes. Um deles poderemos denominar de morcegos adolescentes do carnaval, que dormiam o dia todo, não conheciam nenhum passeio que a cidade oferece e varavam a madrugada bebendo pelas ruas. Outro de turistas zumbis que não dormiam direito à noite e que, ao amanhecer, se preparavam para fazer seu roteiro ecoturístico, planejado com antecedência, em busca de mergulhos, passeios de bote, cachoeiras, andar a cavalo e fazer trilhas.

Poderia haver o carnaval, mas não com os autofalantes na frente de alguns dos principais hotéis da cidade! Bonito não tem tradição de carnaval, mas pode fazê-lo. Apesar de não ter apresentado vocação para tal. Solução? Solução tem. Se a cidade quer continuar o carnaval dessa maneira é só avisar que quem quer sossego não vai para lá, escolhe outro destino. Pode-se fazer esta festa em outro espaço físico. Neste ano parece que a ideia foi somar o ganho de dois eventos diferentes: atrair o público para o ecoturismo e o público carnavalesco. Ano passado já fizeram isso. Este ano avisaram que não iam fazer e fizeram. Como confiar?

Este ano o movimento ecoturístico para a cidade foi menor. Não teria sido esta uma das causas? Quem esteve o ano passado não o recomendou. Parte do comércio que tanto quis o carnaval será que pensou sob esse ponto de vista, ou achou que no turismo tudo é matemática? Será que o perfil deste turista carnavalesco é o que o comerciante de *souvenirs*, material fotográfico, equipamentos, restaurantes e etc. deseja na cidade?

Para completar, o carnaval também foi ambientalmente incorreto. Garrafas quebradas pelo chão em que vimos pessoas cortarem os pés, lixeiras cheias até a boca sem ter como depositar lixo, latas por toda a rua, adolescentes bêbados, cheiro de urina pelas calçadas de manhã e carros com som no último volume. Nada a ver com a imagem ecológica que a cidade tenta passar pela mídia.

Falando em meio ambiente, foi uma surpresa para todos ver rios como o do Peixe e o Formoso com água totalmente marrom. No rio do Peixe a causa parece estar num desmatamento recente feito em uma fazenda na beira deste rio. A retirada das árvores destruiu toda a mata ciliar que protege as margens. Mesmo em outros lugares onde alguns fazendeiros tentam recuperar a vegetação ribeirinha há cerca de 12 anos, como no rio Formoso no seu encontro com o Miranda, a água estava cor de terra. Pelo processo erosivo de muitos anos ele tem ainda barrancas de terra nas margens e áreas sem proteção vegetal.

Mas o que é mais importante? Não somente a questão do produto ecoturístico, mas a alteração da qualidade ambiental que afeta os principais redutos exclusivos de fauna e flora existentes em Bonito. É o futuro de Bonito. É o que estaremos esperando como surpresas para os próximos feriados, para a semana da Páscoa? Talvez festas não tenham. Mas e a questão ambiental? Continuarão os problemas? O que será feito para saná-los?

O comprometimento da qualidade das águas cristalinas dos rios que encantam a todos que vão até lá são mais importantes que o turismo. Uma orientação correta, planejada e clara; objetivos e metas; estudos de capacidade de carga; avaliação de impacto ambiental etc., podem fazer Bonito crescer economicamente com o ecoturismo, garantindo a preservação da natureza e sossego local. Assim, Bonito pode ser conduzido, de forma ambientalmente responsável e empresarialmente inteligente, a entender que a natureza reservada é o seu sustento. Bonito pode ser transformado em um dos principais produtos ecoturísticos do mundo."

Fonte: adaptado de http://www.physis.org.br.

Os ecoturistas buscam conhecimento e experiência. Não estão interessados em passar o tempo em torno de uma piscina de hotel ou em participar de frenéticas visitas a pontos turísticos.

O ecoturista deseja visitar e manter relações de proximidade e cumplicidade com a natureza e a comunidade local. Assim, conquista o respeito das comunidades dos destinos para onde viaja, conhece e compreende o meio ambiente e o porquê de sua imprescindível conservação. Por meio de novas experiências ecoturísticas, pelo contato direto com os recursos naturais, sejam eles animais selvagens, vegetais silvestres, árvores, florestas, parques e qualquer outro tipo de elemento da natureza, pode, e essa é outra característica do ecoturismo, ter novos tipos de vivências, compartilhando-as com pessoas de interesses semelhantes. Ao mesmo tempo, o ecoturista tem a certeza de que os recursos financeiros gastos estarão contribuindo para o desenvolvimento da economia local de maneira que não venham a torná-la um espelho do modelo econômico globalizado, cujo padrão mundial ditado pelas potências capitalistas é obedecido, fazendo com que as características únicas, que simbolizam determinado destino de ecoturismo, sejam normatizadas e, consequentemente, sua identidade, cultura e sociedade sejam assimiladas por essa tendência de padronização. Segundo Eagles (1992, p. 12):

> As acomodações de luxo, a alimentação e a vida noturna são muito menos importantes para esse grupo do que vivenciar as condições locais, provar os costumes e os alimentos locais. Devido à sua "forte orientação científica" e seu foco sobre estudo e aprendizado, os ecoturistas buscam informações e esclarecimentos nas destinações visitadas.

De acordo com os comportamentos dos ecoturistas até aqui apresentados, é possível identificar algumas de suas características.

Os ecoturistas têm o discernimento necessário para entender que o meio ambiente clama por cuidados a fim de conservar espécies vegetais e animais, uma vez que, sem o controle adequado, tais como a redução da quantidade de resíduos sólidos despejados na natureza, as gerações futuras não terão os recursos naturais necessários. Além disso, o ser humano não é capaz de recriar a natureza após sua degradação, ou seja, os humanos destroem recursos naturais que são extremamente necessários e importantes a sua sobrevivência e não podem reproduzi-los depois. Esse tipo de turista, além de ter a boa vontade de não degradar o meio ambiente natural, deve possuir uma ética ambiental como a descrita por Mendonça e Neiman (2002, p. 15):

> Podemos saber tudo sobre a Natureza, mas isso não é suficiente para querermos preservá-la. Para preservarmos temos que ter com ela uma relação

afetiva, de amor, que gera o desejo de que ela continue existindo. O amor é o que dá um sentido maior às coisas. Mas isso é algo muito delicado de se introduzir nesse mundo objetivo, ou melhor, pretensamente objetivo.

Assim, a intenção do ecoturista é beneficiar a vida natural e não a si próprio com seus desejos que, muitas vezes, refletem a vivência em lugares extremamente urbanos.

Outra característica dos ecoturistas é que, além do interesse pela conservação dos recursos naturais, eles buscam uma vivência direta com a natureza para obter experiências de apreciação e educação; assim, desenvolve-se o afeto da pessoa pelo meio ambiente e intensifica-se a ligação do visitante com o local visitado, sentimentos que tanto diferenciam esse segmento do turismo.

Os turistas que optam pelo ecoturismo procuram o entrosamento com as comunidades locais dos destinos visitados, respeitando-as e, em muitos casos, entendendo-as. Por isso, prezam a cultura do local para o qual viajam, não questionando e não introduzindo costumes e tradições consumistas e urbanos. O valor de uma cultura tradicional, principalmente em populações não urbanizadas, é de inestimável riqueza e importância, e os ecoturistas conseguem entender esses bens imateriais mais do que os turistas convencionais. Por isso, buscam tocar, ver, ouvir, comer, enfim, sentir as diferenças existente na relação com as comunidades locais autênticas.

Os ecoturistas optam por viajar em grupos menores, para que o serviço, em vez de padronizado, seja especializado e personalizado; exigem atividades ao ar livre, em contato com a natureza; aceitam e se satisfazem com condições adversas às que vivenciam em suas residências. A procura no ecoturismo é pelo diferente, por experiências distintas das cotidianas, o que raramente acontece com os tipos tradicionais de turismo. Apesar da exigência pelo serviço personalizado de qualidade e com segurança, os ecoturistas não se interessam por hospedagens e alimentação luxuosos, nem pela vida noturna do local. Ao contrário, buscam o descanso e a fuga da cidade por meio de atividades diferenciadas das rotineiras, provando tradições, costumes, festas, danças, comida local, hospedagem em moradias típicas, prezando sempre o bem receber, ou seja, a hospitalidade presente nos destinos ecoturísticos.

Contradições que envolvem a sustentabilidade e o turismo

As viagens de lazer ocorrem principalmente no período de recesso escolar, quando os pais tiram suas férias para aproveitar momentos com os filhos. Por ser um momento de escape, os turistas supõem não precisar se preocupar com responsabilidades. Estar livre da rotina pode significar que conceitos e formas de agir e pensar, independentemente de onde se esteja, sejam esquecidos em nome do relaxamento, do descanso, da diversão e do conforto absoluto.

Se o turista não estiver convicto de suas intenções e compromissos com o meio ambiente, com as comunidades receptoras e consigo mesmo, ele pode entender suas férias como uma oportunidade de realizar todos os seus desejos e vontades sem nenhuma responsabilidade, inclusive em áreas que deveriam ser respeitadas, como as de proteção ambiental ou aquelas sagradas a determinadas crenças.

As atitudes e características sugeridas até o momento são as de um ecoturista ideal. Entretanto, o comportamento de algumas pessoas demonstra que mesmo aquelas que optam pelo ecoturismo fazem escolhas que não condizem com a filosofia desse segmento. Por exemplo: poucos são os ecoturistas que substituem seus carros particulares por transportes públicos; deixam de frequentar parques temáticos (geralmente são construídos em áreas que deveriam ser de proteção ambiental); escolhem hospedar-se em hotéis que praticam a sustentabilidade; aceitam a aproximação de moradores de comunidades tradicionais ou locais sem nenhum tipo de preconceito.

Em razão disso, Swarbrooke (2000a, p. 37) propõe uma classificação dos turistas em *gradações de verde* (Figura 2.1) pois os turistas, em sua maioria, escolhem valores e atitudes para que seu conforto não seja totalmente "desperdiçado com ações ecologicamente corretas e socialmente responsáveis". Esse comportamento contribui para que o ecoturismo seja apenas uma forma de entrar em contato com o meio ambiente e aproveitar o tempo livre, e não uma filosofia de viagem e de vida.

Para o ecoturismo o importante da viagem são as experiências na natureza, portanto o destino em si não deveria ser um fator de relevância acentuada, pois qualquer local onde haja condições e exigências mínimas para a sua prática seria ideal. Assim, o ecoturista não precisa, obrigatoriamente, conhecer várias destinações enquanto um destino já conhecido lhe trouxer a vivência e experiência com a natureza de que tanto precisa para seu lazer e sua vida. Mas esse preceito não é seguido, pois cada vez mais os ecoturistas procuram novos destinos, mais exóticos, e não se dão por satisfeitos enquanto não conhecerem muitos deles, como no turismo de massa, para contarem aos amigos e conhecidos, exibindo fotos e *souvenirs*. A única diferença é que os destinos são "ecoturísticos". A contradição existe e pelo

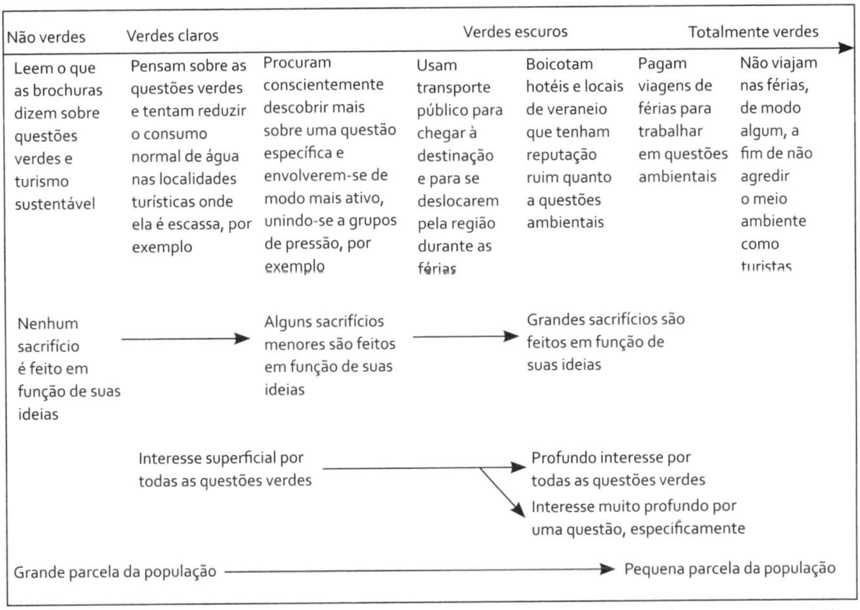

Figura 2.1 O turista "em gradações de verde" (Swarbrooke, 2000a, p. 38).

simples fato de viajar para alcançar *status* na sociedade à qual pertencem, esses ecoturistas põem em risco os ecossistemas mais frágeis. O ecoturista autêntico não deveria viajar por *status*, para ter vantagens sobre amigos.

As várias viagens que uma pessoa realiza durante sua vida não devem servir apenas para gerar histórias para contar. O *status* impera nas relações sociais, e voltar a um mesmo destino significa deixar de conhecer lugares inéditos e, consequentemente, deixar de "se gabar" com a viagem. Ora, sendo assim, o ecoturismo praticado em sua forma original, com todos os conceitos, preceitos e características próprias, não possui por objetivo agregar *status* aos ecoturistas e, menos ainda, tem a intenção de que seus praticantes ganhem importância aos olhos dos outros pelas viagens que realizam.

O ecoturista deve ser biocêntrico e não egocêntrico, pois é motivado pelo crescimento pessoal alcançado pelo contato com a natureza que o local pode oferecer por meio do turismo. O contrário seria capaz de tornar o ecoturismo tão maléfico quanto outros segmentos do turismo, principalmente o de massa, pois os locais seriam "descobertos" e, sem o devido respeito, transformados em atrações para obtenção de lucro, apenas. O fator agravante é que os ambientes naturais são mais frágeis e mais suscetíveis à degradação, o que faz do turismo um risco ao futuro dos ecossistemas e, consequentemente, do planeta.

Por fim, há uma contradição entre o que os ecoturistas praticam e o conceito da atividade, que prevê benefícios às comunidades locais: a omissão em exigir melhores condições de trabalho e salários compatíveis com os serviços realizados pelos trabalhadores do mercado turístico, principalmente nos hotéis. Os ecoturistas não procuram serviços de guiamento, hospedagem e alimentação, ações que valorizariam o trabalho da comunidade receptora.

Existem até moradores que se tornam empresários na localidade e se contaminam com as "maravilhas do lucro", utilizando o trabalho quase escravo de seus conterrâneos, esquecendo suas próprias origens. Mais do que a fiscalização oficial, os ecoturistas, ao denunciarem esse tipo de prática ou exigirem melhor tratamento aos trabalhadores, contribuiriam para a diminuição da exploração e, quiçá, sua extinção.

Anseios dos praticantes de ecoturismo

Apesar das contradições, os ecoturistas pretendem ter seus anseios satisfeitos e/ou entendidos quando realizam o ecoturismo.

Como já mencionado, esse segmento do turismo alternativo oferece serviços diferenciados e personalizados, principalmente por atender a grupos pequenos e porque os prestadores de serviço, na maioria das vezes – ou como deveria ser –, são moradores das comunidades locais. Isso faz com que, por trabalharem artesanalmente, não consigam atender a grandes demandas de uma única vez, tampouco possuem estrutura para isso.

Por todas essas razões, a prática do ecoturismo exige que o visitante tenha condições financeiras e esteja disposto a bancar essas atividades e serviços, que não são baratos, por serem personalizados e com características incomuns.

Poucas pessoas estão dispostas a pagar um valor mais elevado para ter um lazer diferenciado em meio natural, já que podem pagar um "pacote de massa" parcelado sem juros, com descontos, o que facilita a viagem de uma família inteira, por exemplo. Se escolhessem um destino de ecoturismo, provavelmente viajariam só os pais ou só os filhos, mesmo com toda a diferenciação no lazer e nos serviços prestados.

Bem se sabe que no Brasil apenas uma parcela ínfima da população tem condições financeiras e tempo livre, e mesmo assim, quando o têm, alguns trabalhadores fazem horas extras ou vendem suas férias. Por isso, poucas pessoas viajam e menos ainda praticam o ecoturismo.

Portanto, poucos turistas se interessariam ou teriam condições de pagar um preço mais alto para beneficiar econômica e socialmente a população de determinado destino, já que economizariam muito se realizassem uma viagem curta à praia mais próxima, por exemplo.

Os turistas são bombardeados com propagandas, lembretes, comerciais televisivos e rótulos de produtos que advertem sobre os problemas ambientais que certas atitudes podem causar. Porém, a educação e a conscientização dos turistas e de toda a sociedade em prol da preservação dos recursos naturais, das populações receptoras, da manutenção de suas culturas e a favor de políticas públicas que apoiem a forma sustentável de praticar o ecoturismo devem ser trabalhadas de maneira a não sufocá-los, por meio de estratégias mercadológicas que não atinjam seus direitos de consumidor. Torna-se ecoturista aquele que se sente à vontade com a filosofia que envolve a atividade, e não aquele que absorve toda essa propaganda, principalmente a de proteção ao meio ambiente, como uma obrigação "chata" a ser realizada nas viagens e no seu dia a dia.

Portanto, o mercado deve aceitar que os ecoturistas têm, além das responsabilidades, direitos que, quando violados, favorecem o não retorno ao local, ou até mesmo a preferência por outro tipo de turismo mais cômodo, como o de massa.

Ao mesmo tempo, destinos de ecoturismo devem ser promovidos por meio de atividades, acomodações, alimentação, festas tradicionais e outros elementos de viagem que sejam atraentes sem deixar de lado os princípios da sustentabilidade. Assim, as experiências em uma viagem de ecoturismo serão intensas, fazendo com que as pessoas prefiram ser ecoturistas e não se sintam "ecochatos".

Os ecoturistas devem sentir bem-estar em suas viagens à natureza e refletir espontaneamente sobre valores sociais e ambientais e sua postura diante deles, mesmo porque isso faria intensificar a qualidade de vida do próprio ecoturista e de suas gerações futuras.

Uma viagem de ecoturismo deve suprir as necessidades de descanso, relaxamento, fuga do cotidiano e estímulo mental, diferentemente do que o ecoturista recebe em sua residência e local de trabalho. Ao mesmo tempo, a comunidade receptora necessita vender produtos e serviços que ajudem os destinos a se sustentarem, pois só assim o local continuará com seu potencial ecoturístico, fazendo com que tenha capacidade de atração de turistas com vontade de mudança de paradigmas em suas viagens e, por consequência, em sua vida.

Enfim, "a menos que o turista comece a se interessar verdadeiramente e se comprometa com o ecoturismo, pouco será alcançado pela ação do governo ou pelas iniciativas da indústria" (Swarbrooke, 2000b, p. 89).

Haverá turismo sustentável?

O ecoturismo possui suas deficiências e contradições. Na sociedade brasileira, pode-se considerar que a atividade ecoturística tem um custo financeiro muito alto em relação às estatísticas de renda das famílias do país. Portanto, a prática do ecoturismo não é acessível a todos, mas sim a uma minoria "privilegiada" pela desigualdade social que assola o Brasil.

A relação entre turismo e sustentabilidade cada vez mais tem se estreitado. Há, porém, a necessidade de que todos os atores sociais envolvidos no turismo (turistas, comunidades locais, poder público, ONGs e mercado) estejam engajados em conservar o meio ambiente, respeitando-se mutuamente em benefício de todos, sem preconceitos. Segundo Rabinovici (2009, p.122-123):

> Para ser sustentável o turismo deve considerar como meta a manutenção da integridade dos processos ecológicos, biológicos, ambientais além de satisfazer as necessidades econômicas, culturais, éticas, estéticas das pessoas e dos ambientes envolvidos (dos visitados e dos visitantes). Como ainda não conhecemos nenhuma localidade onde estas variáveis tenham sido alcançadas, mesmo que parcialmente, a viabilidade da aplicação do conceito deve ser colocada, sob pena de cair em descrédito enquanto conceito e enquanto utopia.

A busca pela sustentabilidade é tarefa que deve ser assumida por todos os envolvidos na atividade, sejam eles do segmento ecoturístico ou de outros, cada qual com suas responsabilidades.

A grande questão que se coloca é: a partir do momento em que a reflexão e a crítica ao turismo de massa e a construção e implementação do conceito de sustentabilidade no turismo avançam, por que o turismo não sustentável não é extinto? Falar em um turismo sustentável implica admitir que os demais tipos de turismo não o são (Rabinovici, 2009). Será que a preferência que muitos turistas têm pelas viagens "não sustentáveis" constitui uma barreira intransponível? Quais seriam as formas de enfrentar essas questões, de modo a sair do discurso e traçar um caminho concreto rumo à sustentabilidade?

Questões para reflexão

1) O que você acha que deve ser mudado no comportamento dos turistas para que a sustentabilidade seja efetivamente alcançada?
2) Os preceitos de sustentabilidade adotados pela atividade turística significam a adoção de uma visão responsável em relação ao meio ambiente ou apenas uma ferramenta mercadológica? Por quê?
3) Como aliar o ecoturismo e seus preceitos a uma visão economicista que permeia a atividade turística desde sua origem?
4) Quais dos preceitos do ecoturismo inicialmente abordados neste capítulo você considera mais importantes? Por quê?
5) Você conhece casos de turismo realmente sustentáveis?

Referências

BENI, M.C. **Análise estrutural do turismo.** 8.ed. São Paulo: Senac, 2003.

BOYER, M. **História do turismo de massa.** Bauru: Edusc, 2003 (Coleção Turis).

BRASIL. [MTur] Ministério do Turismo. **Ecoturismo: orientações básicas**. Brasília: Mtur, 2008.

CRUZ, R.C.A. **Introdução à geografia do turismo.** 2.ed. São Paulo: Roca, 2003.

EAGLES, P.F. The motivation of canadian ecotourists. In: WEILER, B. (Ed.). **Ecotourism: incorporating the global classroom**. Camberra: Bureau of Tourism Research, 1992, p.12-17.

FENNELL, D.A. **Ecoturismo: uma introdução**. São Paulo: Contexto, 2002 (Coleção Turismo Contexto).

IRVING, M.A.; BURSZTYN, I.; SANCHO A.P. Revisitando significados em sustentabilidade no planejamento turístico. **Caderno Virtual de Turismo**, v.5, n.4, p.1-8, 2005.

IRVING, M.A.; CAMPHORA, A.L. A sustentabilidade como tendência no discurso turístico do Estado do Rio de Janeiro e turista, o sujeito oculto da sustentabilidade. In: BARTHOLO, R; DELAMARO, M.; BADIN. L. (Orgs.). **Turismo e sustentabilidade no estado do Rio de Janeiro.** Rio de Janeiro: Faperj/ Garamond, 2005, p.309-328.

KERR, J. **Making dollars and sense out of ecotourism/nature tourism.** Brisbane: First International Conference in Ecotourism, 1991.

LUCHIARI, M.T.D.P. Urbanização turística: um novo nexo entre o lugar e o mundo. In: LIMA, L.C. (Org.). **Da cidade ao campo: a diversidade do saber-fazer turístico.** Fortaleza: UECE, 1998.

MENDONÇA, R.; NEIMAN, Z. Ecoturismo: discurso, desejo e realidade. In: NEIMAN, Z. (Org.). **Meio ambiente, educação e ecoturismo.** Barueri: Manole, 2002, p.159-176.

PIRES, P. S. **Dimensões do ecoturismo.** São Paulo: Senac, 2002.

RABINOVICI, A. **Organizações não governamentais e turismo sustentável: trilhando os conceitos de participação e conflitos.** Campinas, 2009. Tese (Doutorado em Ambiente e Sociedade). Instituto de Filosofia e Ciências Humanas e Núcleo de Estudos e Pesquisas Ambientais da Unicamp.

SWARBROOKE, J. **Turismo sustentável: meio ambiente e economia.** v.2. São Paulo: Aleph, 2000a.

______. **Turismo sustentável: conceitos e impacto ambiental.** v.1. São Paulo: Aleph, 2000b.

URRY, J. **O olhar do turista: lazer e viagens nas sociedades contemporâneas.** São Paulo: Studio Nobel/SESC,1996 (Coleção Megalópolis).

Site consultado

[MTur] Ministério do turismo. Disponível em: http://200.189.169.141/site/br/dados_fatos/conteudo/lista_alfabeto.php?pagina=7&in_secao=387&busca=P. Acessado em: 6 fev. 2009.

3 A natureza do ecoturismo: conceitos e segmentação

Regiane Avena Faco
Zysman Neiman

Introdução

O rápido desenvolvimento da atividade turística, embora bem-vista pela iniciativa pública e privada, vem acarretando uma série de problemas de ordem social, econômica e ambiental, desencadeados principalmente pelo turismo de massa.

Como consequência do crescimento desse tipo de prática, que ocorreu no mesmo período histórico em que explodiam movimentos ambientalistas (décadas de 1970 e 1980), seus pressupostos foram colocados em xeque, ao mesmo tempo em que se buscava, com uma maneira menos impactante de conceber o desenvolvimento de ativi dades econômicas, a conservação da natureza e o respeito às culturas das sociedades[1]. Dentro desse contexto, iniciam-se novos padrões que servem como um contraponto às ameaças que as práticas predatórias do turismo representavam e surgem práticas como o turismo sustentável e o alternativo. De acordo com Wearing e Neil (2001, p. 4):

> Em seu sentido geral, o turismo alternativo pode ser definido como formas de turismo que demonstram ser coerentes com os valores natural, social e comunitário e que permitem que tanto hospedeiros quando hóspedes desfrutem uma interação positiva e conveniente, e compartilhem experiências.

O desenvolvimento sustentável foi proposto como meta para estimular uma mudança de atitudes na sociedade, operacionalizar um desenvolvimento não só baseado em questões econômicas, mas que também possibilitasse o "alcance das metas do presente sem comprometer a capacidade das gerações de satisfazer suas próprias necessidades" (Comissão Mundial de Meio Ambiente e Desenvolvimento, 1987, p. 43).

Na busca por tal propósito,

> algumas atividades econômicas puderam ser aprofundadas quanto a sua sustentabilidade. Neste contexto, como exemplo, encontram-se a agroecologia e o ecoturismo – segmentos específicos, dotados de critérios razoavelmente bem delineados quanto às temáticas sociais, ambientais e culturais, entre outras. (Dale, 2005, p. 3)

Sendo o ecoturismo uma prática (ou, ainda, uma filosofia) que se enquadra nessas novas metas, como conceituá-lo? Como entendê-lo? E o mais importante: como praticá-lo?

Como consequência de uma grande diversidade de entendimentos conceituais sobre seu significado, vários termos são utilizados para se referir à mesma atividade, como "turismo de natureza", "turismo responsável", "turismo verde", "turismo ecológico", "turismo ambiental", "turismo sustentável", entre outros, sendo que cada um desses apresenta aspectos, senão idênticos, bem próximos uns dos outros. Portanto, como definir um ponto de vista comum a todos?

Na falta de um consenso sobre o significado do conceito, o ecoturismo, por envolver grande quantidade de pessoas em sua execução, é visto sob uma multiplicidade de olhares. Para Dale (2005, p. 4),

---

1 Ver Capítulos 1 e 2.

definir Ecoturismo de forma produtiva passa a ser um exercício, então, de apresentar os "pontos", de integrá-los de forma a permitir a construção prática da atividade no cotidiano de todos os atores sociais que o fazem.

Entre todas as definições existentes para o termo "ecoturismo", três características estão sempre presentes no que constitui o chamado tripé da sustentabilidade dessa atividade:

1) garantia de conservação ambiental;
2) educação ambiental;
3) benefícios às comunidades receptoras.

O ecoturismo deve, portanto, garantir que a interação entre o ser humano e a natureza desencadeie, por meio de uma relação vivencial, a reflexão sobre a exploração dos recursos e a compreensão de que os mesmos devem ser utilizados de forma sustentável. Em se tratando de uma atividade atrelada à lógica do mercado, seria o ecoturismo apenas uma utopia? Para Farquarson (1992, p. 8),

> a palavra [ecoturismo] muda de cor como um camaleão. O que começou como um conceito desenhado por ecologistas para evitar previamente a destruição do meio ambiente, tornou-se expressão de marketing para empreendedores de turismo que querem mostrar praias limpas, mares cheios de peixes e um pouco de cultura, quando as queimaduras de sol começam a arder.

Os interesses dos diversos setores envolvidos com a atividade fazem com que ela englobe a interação de muitos atores sociais. Assim, o significado de ecoturismo é diferente para um morador da comunidade local e para um dono de pousada. Além destes, o turista ainda pode entendê-lo apenas como mais uma das possibilidades de lazer de férias que lhe confere um elevado status social por ser um turismo aparentemente "saudável", diferente do convencional. Integrar as diversas visões parece ser um caminho razoável para o consenso diante do conceito. Lindberg e Hawkins (1995, p. 27) afirmam que

> o ecoturismo é um fenômeno complexo e multidisciplinar. Muitos aspectos devem ser levados em conta a fim de que ele seja um empreendimento bem-sucedido para todos os envolvidos: consumidores, administradores, povos nativos e fornecedores.

O pioneiro a utilizar a terminologia ecoturismo foi Ceballos-Lascuráin, em 1983, definindo-o como uma forma de viagem na qual o ambiente natural é o fator fundamental, sendo, portanto, uma atividade muito importante para a conservação. Segundo o autor,

> ecoturismo implica uma aproximação científica, estética ou filosófica, embora o "ecoturista" não tenha que ser um cientista, um artista ou um filósofo profissional. O principal é que a pessoa que pratica o ecoturismo tenha a oportunidade de imergir na natureza de uma maneira que a maioria das pessoas não pode fazer na sua rotina urbana. Esta pessoa adquirirá, eventualmente, uma consciência e um conhecimento do ambiente natural, e dos aspectos culturais, que o converterá em alguém profundamente envolvido nas questões de conservação. (Ceballos-Lascuráin,1990, p. 8)

Posteriormente, vários outros autores se debruçaram sobre o estudo do ecoturismo. Para Wearing e Neil (2001, p.5),

> o Ecoturismo pode ser geralmente descrito como um turismo interpretativo, de mínimo impacto, discreto, em que se busca a conservação, o entendimento e a apreciação do meio ambiente e das culturas visitadas. Trata-se de uma área especializada do turismo que inclui viagens para áreas naturais, ou áreas onde a presença humana é mínima, em que o ecoturista envolvido na experiência externa a uma motivação explícita de satisfazer sua necessidade por educação e consciência ambiental, social e/ou cultural por meio da visita à área e a vivência nela.

Ou ainda, segundo Swarbrooke (2000, p.55), temos que

> em termos mais simples, "ecoturismo" significa simplesmente que a principal motivação para a viagem é o desejo de ver ecossistemas em seu estado natural, sua vida selvagem assim como sua população nativa. Contudo, muitas vezes se considera o ecoturismo como sendo mais do que isso. Seus defensores afirmam que ele se relaciona também a um desejo de ver os ecossistemas preservados e que a população local vive melhor por conta dos efeitos do turismo.

Goodwin (1996, p.288) sugere que

> o ecoturismo é o turismo de natureza, de baixo impacto, que contribui à manutenção de espécies e *habitats* diretamente, por meio de uma contribui-

ção à conservação e/ou indiretamente produzindo rendimentos para as comunidades locais, para que elas valorizem e, portanto, protejam suas áreas herdadas de vida selvagem como fonte de renda.

Com tantas definições, sintetizar conceitos torna-se uma tarefa difícil, uma vez que cada autor apresenta um enfoque diferente, de acordo com sua especialidade, produzindo-se assim um rol de entendimentos diversos. Porém, mesmo com as muitas visões, há um entrelaçamento entre as conceituações, já que a ideia central é a mesma, divergindo apenas na abordagem dos diversos autores e na prática dos vários atores sociais.

A prática que mais se observa pode ser definida como um turismo de destinos, no qual os atrativos são vendidos como produtos verdes. O desejável, no entanto, é que essa prática seja baseada em uma atividade vinculada à sustentabilidade, constituindo-se num turismo de valores e atitudes, no qual todo e qualquer envolvido teria uma postura mais concreta na busca dos preceitos que o definem. Neiman (2007) defende como desejável que o ecoturismo seja uma nova forma de fazer turismo.

Ecoturismo no contexto mundial

É perceptível, no ambiente global, que as questões sobre conservação e meio ambiente estão em efervescência e, portanto, presentes na opinião pública. O esgotamento dos recursos naturais ocasionado pelos impactos em florestas e espécies e o aquecimento global estimulam cada vez mais o debate conservacionista. Desse modo, não é surpresa que a ascensão do ecoturismo, representado agora pelo ecoturismo, tenha sido conveniente nesse momento de preocupação mundial.

Para a Sociedade Internacional de Ecoturismo – fundada em 1990, da qual fazem parte representantes de diversos países, totalizando noventa membros dos setores que idealizam a atividade – o crescimento do ecoturismo, no início da década de 1990, foi de 20 a 34% ao ano. Já em 2004, a atividade cresceu três vezes mais rápido do que a indústria do turismo como um todo.

De acordo com informações contidas nas *Diretrizes para uma Política Nacional de Ecoturismo*, os países desenvolvidos tiram ainda mais vantagem sobre a prática do ecoturismo. Nos Estados Unidos, que possuem um sistema de parques nacionais que constitui a maior atração de turismo natural do mundo, observam-se números elevadíssimos de visitação.

Para o caso da América Latina, o ecoturismo representa uma atividade de importância inquestionável, já que contribui com a promoção do desenvolvimento econômico e social das localidades. A diversidade de ecossistemas presentes, ainda pouco explorados, concede novas alternativas de melhorias tanto econômicas quanto sociais para as populações envolvidas.

Dessa forma, o ecoturismo é visto mundialmente como uma das grandes atividades em potencial crescimento, além de altamente lucrativa. A comprovação de tal crescimento por meio dos dados coletados por organizações da área demonstra que o desenvolvimento da atividade em vários locais tem sido motivo para que tanto a iniciativa pública quanto a privada criem diretrizes para estruturar e planejar melhor o andamento da atividade.

Ecoturismo no Brasil

A prática do ecoturismo no Brasil configura-se como uma atividade relativamente recente, e surge como uma proposta de contemplação e conservação do meio ambiente. Segundo Neiman (2005, p.18):

> O ecoturismo iniciou-se como atividade econômica no Brasil em meados da década de 1980, e desde então tem crescido em todas as regiões do país nas quais há belas paisagens naturais e os aspectos tradicionais da cultura são marcantes, sendo possível encontrar nessas localidades agências, hotéis e pousadas que oferecem pacotes turísticos.

Pires (2002) acredita que foi todo o processo global de discussão sobre a sustentabilidade realizado pelos ambientalistas que, no Brasil, contribuiu para o surgimento do ecoturismo, em um contexto de busca paradigmática por novas concepções sobre a relação entre sociedade e ambiente. No país, a biodiversidade e a cultura são das mais exuberantes do mundo, com patrimônios naturais e culturais que despertam o interesse de turistas estrangeiros ávidos por conhecer paisagens exóticas e culturas típicas, tendo estas então um significado estratégico para atrair uma demanda específica para esse tipo de prática. De acordo com Neiman (2005, p.20):

> O Brasil tem a maior biodiversidade do planeta, distribuída por diversos ecossistemas com características distintas, dos quais se destaca a Floresta Amazônica, a maior do mundo, ocupando praticamente 40% do território nacional. Além disso, em cada uma das regiões brasileiras, encontram-se populações que, por meio de seus costumes e tradições, preservam modos de vida bastante singulares e que podem servir de modelo para a busca de uma convivência harmônica com os recursos naturais, um dos anseios dos praticantes de ecoturismo.

Na década de 1980 houve também o aumento da criação de Unidades de Conservação (UCs), formatando a principal oferta de ecoturismo no Brasil. Em meados de 1992 a 1993, a então Empresa Brasileira de Turismo (Embratur) criou iniciativas para promover a atividade turística por meio de bancos de dados e informações sobre os produtos turísticos. Em 1994, um encontro entre o Ministério do Meio Ambiente e o Ministério da Indústria, Comércio e Turismo, juntamente de técnicos da Embratur e do Instituto Brasileiro de Meio Ambiente e dos Recursos Naturais Renováveis (Ibama), representantes de organizações não governamentais (ONGs) e outros atores sociais envolvidos com o setor, discutiu problemas do segmento e definiram-se algumas diretrizes para, enfim, chegarem ao documento *Diretrizes para uma Política Nacional de Ecoturismo*, que, segundo Pires (2002, p.246), estrutura-se nos seguintes tópicos:

- regulamentação do ecoturismo;
- fortalecimento e interação interinstitucional;
- formação e capacitação de recursos humanos;
- controle de qualidade do produto ecoturístico;
- gerenciamento de informações;
- incentivos ao desenvolvimento do ecoturismo;
- implantação e adequação de infraestrutura;
- conscientização e informação do turista;
- participação comunitária.

Em 1995, foi lançado o Programa Nacional de Ecoturismo, e já no ano seguinte observou-se um aumento no número de eventos relacionados ao ecoturismo, além desse tema começar a ser incluído em diversos outros meios de debate e produção, o que acaba por estimular cada vez mais os conceitos e formas de ter uma prática dentro dos moldes propostos.

No ano de 2001, dando continuidade ao programa, foi publicado o documento *Pólos de Ecoturismo: planejamento e gestão*, com subsídios provenientes de planejadores e envolvidos com ecoturismo. Para a elaboração desse documento, segundo Costa et al. (2002), foram visitados 26 estados brasileiros, a fim de estabelecer caminhos para possíveis discussões, informações e experiências. O documento é considerado um importante avanço nas políticas públicas do Brasil, pois contribuiu enormemente para a valorização do segmento no país (ver Capítulo 9).

Outro segmento importante dentro do panorama de desenvolvimento do ecoturismo no Brasil é composto por ONGs, que têm desenvolvido pesquisas e ações de forma a consolidar a atividade em uma prática mais próxima ao que o conceito expõe (ver Capítulo 2).

Apesar da contribuição dos diversos agentes, tanto públicos quanto privados, infelizmente o que se conclui é que no Brasil, mesmo considerando os avanços crescentes, a prática do ecoturismo ainda está longe da desejada. Neiman (2007, p. 48) defende que:

> Apesar do ecoturismo ser definido como um promissor campo de atuação para os educadores ambientais, a sua prática no Brasil, ainda está longe de atingir esse objetivo. As Diretrizes para uma Política Nacional de Ecoturismo prevêem, entre os seus objetivos, a promoção e o "aproveitamento do ecoturismo como veículo de Educação Ambiental para turistas, comunidades locais e empreendedores do setor", mas ainda são raros os profissionais que compreendem esse pressuposto e realizam-no a contento.

Desse modo, ainda há muito o que se discutir no sentido de aperfeiçoar o ecoturismo no Brasil, para que essa atividade possa evoluir e atingir os objetivos previstos em suas diretrizes, proporcionando maior benefício aos envolvidos, promovendo de forma mais eficaz a educação ambiental e conservando os recursos socioambientais.

Segmentação em ecoturismo

A busca pelo turismo alternativo, ou seja, aquele que expressa valores de cunho social, natural e cultural por meio de uma interação positiva e do compartilhamento de experiências promovendo a conservação e seguindo critérios de desenvolvimento sustentável, desencadeou uma série de ramificações no segmento, como pode-se verificar na Figura 3.1.

O turismo alternativo foi se dividindo de acordo com as motivações que levam os indivíduos a se deslocarem. Porém, todas as segmentações em questão se relacionam com o ecoturismo por terem características e finalidades em comum.

Turismo cultural

Segundo o Ministério do Turismo (Brasil, 2008a, p.16),

> turismo cultural compreende as atividades turísticas relacionadas à vivência do conjunto de elementos significativos do patrimônio histórico e cultural e dos eventos culturais, valorizando e promovendo os bens materiais e imateriais da cultura.

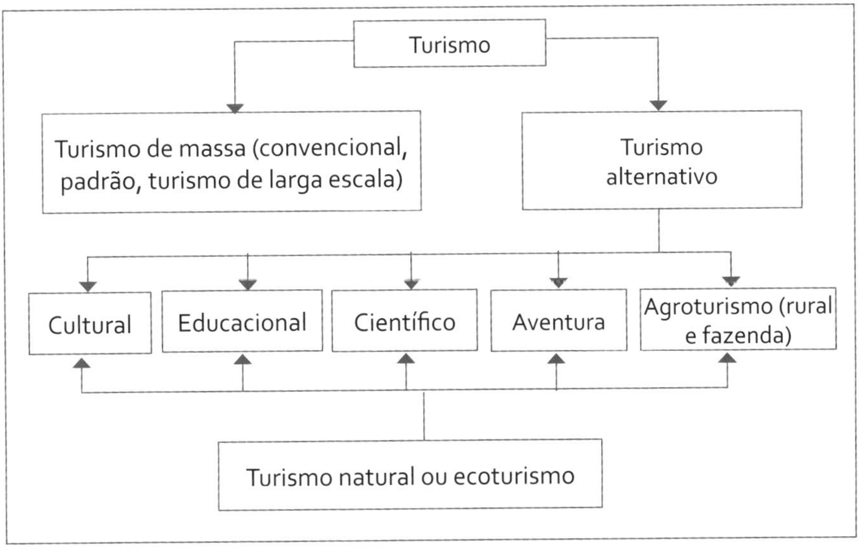

Figura 3.1 O turismo alternativo (Mieczkowski, 1995, p. 459).

Esse tipo de prática permite que o turismo seja um meio pelo qual se alcance a valorização do patrimônio de determinadas localidades, seja ele histórico, cultural ou ambos, destacando a cultura e a diversidade. Na maioria das vezes há uma confusão conceitual entre o turismo cultural e o turismo histórico, de modo que o termo turismo histórico-cultural também se consagrou como aquele que abrange tanto características culturais como históricas por meio do reconhecimento dos patrimônios materiais e imateriais.

O turismo cultural, histórico, ou ainda histórico-cultural se relaciona com o ecoturismo pelo fato de que este último tem, como um de seus pilares, a integração com as comunidades locais. Assim, além dos benefícios que a atividade proporciona, se bem planejada e executada, também promove a valorização de culturas tradicionais.

Um desdobramento do turismo cultural que merece ser mencionado é o turismo arqueológico ou, ainda, arqueoturismo. Para Manzato e Rejowski (2005, s/p), esse segmento

> consiste no processo decorrente do deslocamento e da permanência de visitantes a locais denominados sítios arqueológicos, onde são encontrados os vestígios remanescentes de antigas sociedades, sejam elas pré-históricas e/ou históricas, passíveis de visitação terrestre ou aquática.

Esse tipo de prática surge como um meio pelo qual se protege, divulga e potencializa o patrimônio não só cultural, mas também arqueológico, possibilitando que culturas e civilizações atuais e antigas se revelem ao visitante, promovendo o respeito à diversidade e propiciando a conservação, por meio do resgate do passado e dos costumes das sociedades precursoras das atuais.

Outra ramificação do turismo cultural é o turismo étnico, no qual o visitante conhece os costumes e a identidade de outras etnias, tais como indígenas[2] e agrupamentos quilombolas com heranças culturais e/ou históricas e características próprias que os distinguem dos demais. Para Cardozo (2005, p.53), essa segmentação pode ser definida como

> aquela relacionada às experiências turísticas cujo atrativo seja a cultura de uma comunidade que se construiu e se representa fora das culturas centrais ocidentais, independentemente de uma comunidade ser autóctone, ou transplantada.

Nesse tipo de prática, o turista, além de buscar uma relação intrínseca com a comunidade a ser visitada, pode também ter um contato com as tradições de seus antepassados, envolvendo-se mais com as pessoas e seus modos de vida.

Alguns cuidados devem ser tomados para que seja conservado o processo natural de mudanças das culturas que são visitadas. Para Moraes (2006, p.11),

> o turismo étnico é uma modalidade que pode ser muito positiva para as comunidades, mas o cuidado ao transformar comunidade em "ofertas turísticas" deve ser muito grande. Pois sempre haverá mudanças e, de preferência, que estas sejam positivas para as comunidades, tanto na preservação de sua cultura como também nos benefícios sociais e econômicos que o turismo possa trazer.

No turismo étnico deve-se redobrar a preocupação em não espetacularizar, folclorizar, congelar ou estereotipar as culturas e as tradições, lembrando que as mesmas, como toda e qualquer cultura, estão em processo dinâmico e contínuo de transformação.

---

2 Sobre turismo étnico em terras indígenas, ver Capítulo 11 deste livro.

O turismo étnico, assim como as outras modalidades aqui abordadas, deve ser compreendido em sua totalidade, e levar em consideração as necessidades de cada comunidade para que se execute a atividade de forma responsável e não predatória, o que exige conhecimento e planejamento de todos os envolvidos.

Turismo educacional

O turismo educacional, ou pedagógico, tem por objetivo executar viagens que promovam estudos do meio, ou seja, traçar uma ponte entre o conhecimento teórico discutido em sala de aula e uma experiência prática mais próxima da realidade. Parte do pressuposto de que os estudantes, quando colocados em contato com ambientes naturais, culturais ou sociais, reconhecem e assimilam novos conceitos, valores e modos de vida.

Esse tipo de prática visa relacionar lazer com conhecimento para que a diversidade seja reconhecida, justificando a relação desse segmento com o turismo sustentável e a proximidade com o ecoturismo, já que este também tem como um dos seus objetivos promover a educação ambiental e o reconhecimento de culturas diferentes.

Turismo científico

O turismo científico é, em geral, realizado individualmente ou ainda em pequenos grupos, para que não seja uma atividade predatória. Segundo Andrade (1992, p. 73):

> O autêntico turismo científico pode realizar-se tanto em locais e regiões desprovidas da suficiente estrutura urbana como regiões poupadas em sua natureza primitiva, ou em locais e regiões dotadas de maior nível de desenvolvimento turístico.

A motivação para esse tipo de prática reside no interesse ou necessidade de estudos e pesquisas científicas, sendo as viagens, em sua maioria, pesquisas de campo ou participações em eventos científicos. Nesse segmento, deve-se salientar que há uma grande preocupação na conservação do local, já que este vem a ser um objeto de estudo do praticante, e dessa forma é possível considerar o turismo científico como uma prática de turismo alternativo. A ligação com o ecoturismo se justifica pelo fato de que essa prática utiliza os mesmos ambientes e também tem uma preocupação com a conservação desses locais e com o bem-estar da comunidade.

Turismo de aventura

A procura por atrativos, assim como por uma gama maior de atividades a serem praticadas, revela a necessidade que o mercado tem de buscar novas formas economicamente viáveis de provocar nos turistas experiências únicas. Dentro desse contexto, surgiu o turismo de aventura, costumeiramente confundido com o ecoturismo. O que difere as duas práticas, de início, é o tipo de atividade que se deseja realizar, em termos mais simples, a motivação que leva o turista a procurar determinado serviço.

Dessa forma, o turismo de aventura é conceituado por Costa et al. (2002, p. 44) como o

> segmento do mercado turístico que promove a prática de atividades de aventura e esporte recreacional, em ambientes naturais e espaços urbanos ao ar livre, que envolvam técnicas e equipamentos específicos, a adoção de procedimentos para garantir a segurança pessoal e de terceiros e o respeito ao patrimônio ambiental e sociocultural.

Vários tipos de atividades estão relacionados à prática do turismo de aventura: *rafting*, rapel, *mountain bike*, *trekking*, arborismo, entre outros. Portanto, para sua execução, é necessária uma série de cuidados para com seus praticantes, tais como capacitação pessoal dos operadores, estabelecimento e cumprimento de padrões etc., já que a atividade é altamente especializada e deve prever uma operacionalização embasada em segurança e qualidade da prestação de serviços.

A confusão com o ecoturismo se dá quando as operadoras vendem pacotes desse tipo como sendo atividades ecoturísticas. É fato que as relações são próximas, mas o turismo de aventura utiliza-se da natureza como uma espécie de "cenário" onde as práticas ocorrem – seguindo essa lógica, esse tipo de prática também pode ocorrer em locais urbanos e/ou construídos –, enquanto para o ecoturismo a natureza é o "ator principal". O turismo de aventura também pode contribuir com a conservação (se realizado de maneira prudente), produzir benefícios à comunidade e provocar alguma mudança de postura no praticante com relação à valorização do ambiente, como consequência das emoções provocadas pela prática das diversas modalidades de esportes. Bruhns (2003, p. 42) afirma que

> a experiência sensível provocada por essa opção esportiva pode reverter-se num modo de conhecimento relacionado a determinadas emoções, fundidas

com os sentidos corporais, no contato com a natureza. Uma experiência de contemplação, filtrada por valores e concepções de vida pode emergir, bem como um sentimento de união pelo pertencimento a um cosmo comum, fundamentado numa ética de respeito e do redescobrimento.

No caso do ecoturismo, a natureza é valorizada por si só, sendo esta mesma a provocadora de uma possível mudança de postura, por meio da vivência e da simples relação entre o ser humano e a natureza.

Turismo rural

O turismo rural é uma prática em crescimento que acumula consigo o desenvolvimento social e econômico de diversas áreas rurais. O Ministério do Turismo definiu a atividade como

> conjunto de atividades turísticas desenvolvidas no meio rural, comprometidas com a produção agropecuária, agregando valor a produtos e serviços, resgatando e promovendo o patrimônio cultural e natural da comunidade. (Brasil, 2008b, p. 19)

Tal definição propõe que a atividade ofereça serviços, produtos e equipamentos, tais como hospedagem, transportes, alimentação e eventos, que utilizam o meio rural dotado de práticas agrícolas, cultura, biodiversidade, construções, entre outros. Além disso, a atividade deve gerar um resgate cultural e agregar valor aos produtos e serviços por meio do reconhecimento das relações culturais e sociais que os produzem.

Aos conceitos de turismo rural estão relacionadas outras nomenclaturas para atividades muito semelhantes, entre elas o agroturismo. Ambos se enquadram no turismo de espaço rural, mas diferem em suas especificidades. Considerando-o uma derivação de turismo rural, Silva et al. (1998, p. 21) definem o agroturismo como

> as atividades internas à propriedade que geram ocupações complementares às atividades agrícolas, as quais continuam a fazer parte do cotidiano da propriedade, em menor ou maior intensidade. Devem ser entendidas como parte de um processo de agregação de serviços e bens não materiais existentes nas propriedades rurais (paisagem, ar puro etc.) a partir do "tempo livre" das famílias agrícolas, com eventuais contratações de mão-de-obra externa.

Ou, ainda, segundo Pires (2002, p. 3),

> realiza-se em fazendas ou propriedades rurais. É um segmento do turismo em áreas rurais que se localiza em fazendas preferencialmente ativas, podendo o turista participar das diferentes atividades agropecuárias.

Dessa forma, entende-se que essa atividade compreende uma relação mais próxima do turista com o ambiente e, consequentemente, com as atividades agrícolas. Significa dizer que nesse tipo de prática há um vínculo com o que é produzido na terra, ou seja, com a produção agropecuária, assim como com todas as relações sociais desenvolvidas pelo turista durante a atividade. Esse fato desencadeia uma valorização dos ambientes, dos costumes, do artesanato, da arquitetura e dos aspectos culturais.

Sendo assim, a atividade turística no espaço rural não compreende benefícios somente de ordem econômica, mas a partir disso torna-se um meio de transformação social, reforçando o compromisso que o turismo tem a firmar com a sociedade.

Portanto, considerando todos os aspectos expostos, cabe aos operadores, ao comercializar esses tipos de pacotes, enfatizarem com maior relevância as culturas incluídas nesse ambiente, assim como, por meio delas, resgatar manifestações e costumes, além de propiciar a conservação do ambiente natural e valorizar as práticas rurais e todos os seus desdobramentos.

A segmentação do turismo e o mercado

Há uma grande diferença entre o ecoturismo conceituado até agora e o ecoturismo realizado pelas operadoras. A prática não está aliada ao conceito que a atividade pressupõe, sendo que se a ideia não for bem compreendida, a produção da indústria turística será insuficiente para que se atinjam os objetivos conservacionistas. Para Fennell (2002, p. 259-60),

> a verdadeira tarefa à nossa frente não está na descrição do ecoturismo (isso é muito fácil), mas na luta para dar mais clareza e significado ao conceito por meio de uma reestruturação fundamental. [...] O que determina, portanto, o sucesso das aventuras de ecoturismo? Gente ganhando dinheiro ou turistas ganhando experiências recompensadoras; ou de fato, ambos? Será que o mercado realmente reflete os números de ecoturistas registrados, ou trata-se simplesmente da indústria produzindo e embalando o produto em experiências do tipo ecoturismo para um público bastante devotado a essa forma de viagem?

Os questionamentos são diversos, uma vez que a relação entre conceito e prática é complexa e envolve muitos setores. O que esperar para o futuro? Um turismo realmente sustentável, alternativo em toda sua totalidade ou um turismo de massa, pintado de verde? Segundo Wearing e Neil (2001, p. 216-17),

> a efetividade do ecoturismo no futuro dependerá de quem ele irá beneficiar, além de onde, quando e como ele pode ser implantado de modo adequado: tudo isso depende de uma grande variedade de ações [...]. O desafio para os planejadores do ecoturismo será estabelecer regulamentações e incentivos, de modo que os benefícios socioeconômicos sejam gerados e distribuídos de maneira adequada, por atividades que sejam cultural e ecologicamente sustentáveis.

A segmentação torna ainda mais evidente a confusão de termos, já que são criadas várias nomenclaturas para práticas muito semelhantes (ou iguais). Ocorre, ainda, a criação de outras modalidades, como o cicloturismo (Box 3.1) e o turismo de observação de fauna, sendo o *bird watching* (observação de aves, Box 3.2) o mais comum. Há, ainda, outras modalidades que se aproveitam de notícias calamitosas, como o turismo que leva pessoas a conhecerem biomas ou atrativos naturais diversos, por exemplo geleiras, praias semidesertas etc., antes que eles acabem em função das mudanças climáticas.

Se a origem de todas as práticas debatidas aqui está no turismo alternativo, que em algum momento se relaciona com o ecoturismo, por que então segmentá-las dessa forma? Seria uma estratégia mercadológica para dividir a demanda de cada um desses tipos de turismo a fim de poder proporcionar uma oferta mais organizada e dirigida à preferência de cada um dos segmentos? Ou, ainda, organizar cada tipo de atividade conforme as motivações que levam o turista a procurá-la?

A segmentação confere uma evidente vantagem para as empresas turísticas: acirra a concorrência, direciona o marketing, e, logo, proporciona uma promoção mais efetiva dos destinos. A questão a ser equacionada é, de um lado, como as comunidades receptivas se preparam para o turismo, e, por outro, como o emissor, no caso as operadoras, desenvolve o comércio de pacotes e sua operacionalização. Essas são as facetas que devem caminhar juntas.

Box 3.1 – O cicloturismo é um jeito econômico e ecológico de conhecer lugares.

O Clube de Cicloturismo do Brasil (www.cicloturismo.org.br) constatou, por meio de pesquisa, que as mulheres ainda são minoria nesse ramo: representam cerca de 15% do total de cicloturistas. Para 39% dos entrevistados, o orçamento previsto para uma cicloviagem fica na faixa de R$ 30,00 a R$ 50,00 por dia; e para 31% custa entre R$ 50,00 e R$ 100,00. Já a hospedagem preferida são as pousadas e hotéis, seguidos do camping (16%) e albergues (11%).

Curiosamente, foi uma mulher que fundou o clube, a paulistana Eliana Britto Garcia, bióloga de 41 anos. Acabou abrindo também uma fábrica de acessórios para cicloturistas e, há seis anos, mudou-se da capital para Cristais Paulistas, cidade próxima a Franca, no interior paulista. "Aqui consigo usar a bike como meio de transporte, em São Paulo estava difícil." Pioneira na área, montou um núcleo de ciclistas já nos tempos em que cursava a faculdade. Fez sua primeira travessia com a bike em 1988, do Rio de Janeiro a Santos. Decretada a paixão, não parou mais. "Pensei que fosse curtir apenas as paisagens, mas adorei os contatos humanos."

Há mais de 20 anos, Eliana faz pelo menos uma viagem anual de bicicleta. Costuma seguir roteiros de 500 a 1.000 quilômetros. A maior travessia foi do sul do Chile, em Concepción, até São Paulo. "De bike, você vive mais o lugar, repara nos detalhes, sente a temperatura, para e conversa com as pessoas." Fundou o Clube do Cicloturismo em 2001, depois que percebeu o interesse causado por uma exposição de fotos de uma viagem ao redor do Lago Titicaca, na fronteira do Peru com a Bolívia. Com seu marido, o engenheiro elétrico Rodrigo Telles, criou o site e passou a receber mensagens de todo o Brasil. Em 2009, o clube já tinha mais de 10 mil cadastrados e 800 pessoas na lista de discussões. "O grande objetivo é divulgar o cicloturismo e mostrar as suas possibilidades."

Entre as proezas, está o circuito de cicloturismo que o casal mapeou no chamado Vale Europeu, em Santa Catarina – entre as fazendas da região, de forte influência alemã e italiana. "Estamos formatando outros roteiros porque nem todos gostam de ficar pesquisando as estradas", conta Eliana. O clube promove um encontro anual, com palestras e curso básico sobre mecânica de bike, e uma pedalada conjunta. "Está crescendo o número de ciclistas mulheres. Sempre incentivamos os homens a levarem as namoradas."

Há vários estilos de cicloturismo: trilhas de bike, ou seja, passeios de um dia, ou longas travessias. É imprescindível usar uma bermuda ou calça adequada, capacete, óculos e luva. Os alforjes – bolsas usadas como bagagem, que são acopladas à própria bike – devem ir apenas com o necessário. O bom condicionamento físico é outro requisito: o ideal é iniciar um treinamento com baixa quilometragem, aumentando à medida em que vai se adquirindo maior preparo.

Fonte: Caso (2009).

Box 3.2 – Fascínio das aves

Curtir o voo de um pássaro, ouvir seu cantar e se deleitar com suas cores. Mais do que isso: fotografar os passarinhos e, de álbum em punho, disputar as melhores fotos e os pássaros mais raros com amigos. Esse é um esporte que faz bem à alma e à natureza. Observar as diversas espécies de aves, sem interesse em caçá-las ou capturá-las, é uma forma de se encontrar harmoniosamente com o ambiente. Pois essa é uma atividade praticada por ingleses, norte-americanos, canadenses e japoneses desde a década de 1940 e tem atraído novos adeptos a cada ano. Os brasileiros também despertam para esse esporte. Muitos são biólogos ou possuem atividades paralelas à biologia. No entanto, a maioria dos *bird watchers* é formada por amadores, que com tempo e dedicação, aumentam os seus conhecimentos e informações com tanto entusiasmo.

A observação de aves, integrada ao turismo rural e ao ecoturismo, torna-se uma perfeita, empolgante e dinâmica atividade. O objetivo é direcionar corretamente as ações definidas pelo conceito do ecoturismo, procurando conciliar e harmonizar o uso dos recursos naturais e culturais, por meio de um contato íntimo com a natureza. Assim, além do prazer, essa atividade esportiva favorece a formação de uma consciência ecológica.

A observação de aves é considerada uma atividade de baixo impacto ambiental. Pode ser praticada isoladamente ou em pequenos grupos. É preciso silêncio, paciência, e sentidos aguçados para garantir o contato com a avifauna local; esses esforços são recompensados pela percepção dos cantos, cores das plumagens, variedades de ninhos e comportamento no ambiente em que vivem.

A Associação dos Observadores de Aves de Pernambuco (OAP), desde 1986, realiza o levantamento das espécies de aves presentes no estado, e promove o desenvolvimento e a popularização da ornitologia. Realizou centenas de saídas a campo e, utilizando binóculos, máquinas fotográficas, microcassetes e cadernetas para anotações, visitaram os mais diversificados ambientes, como engenhos, fazendas, reservas particulares e unidades de conservação, no litoral, na zona da mata, no agreste e no sertão.

De acordo com o presidente da Associação OAP, Gustavo Pacheco, "embora não haja estatísticas sobre a dimensão do mercado do ecoturismo, segmento de atividade recente na América Latina, existem estimativas de organizações internacionais, de que viagens orientadas para a natureza representam 10% das viagens dos americanos e europeus. Também grandes operadoras internacionais estimam que 4 a 6 milhões de americanos fazem turismo da natureza fora da América do Norte".

A biodiversidade do Brasil é riquíssima e sua avifauna é estimada em 1.678 espécies, 17% das aves do mundo [...].

Fonte: Gorgulho (2001).

Questões para reflexão

1) Com base em todos os aspectos conceituais sobre o ecoturismo, quais princípios você consideraria para chegar a uma definição?
2) Como você avalia as práticas de mercado? Elas são compatíveis com as definições de ecoturismo? Você conhece algum caso que exemplifique sua resposta?
3) Como você avalia as segmentações do turismo alternativo? De que maneira você acredita que elas possam entrar em conflito com a conceituação do turismo sustentável?
4) Seguindo os pressupostos do ecoturismo, o que você levaria em consideração no planejamento de suas viagens, ou no momento de contratar serviços de operadoras turísticas?

Referências

ANDRADE, J.V. **Turismo: Fundamentos e dimensões**. São Paulo: Editora Ática, 1992.

BRASIL. [MTur] Ministério do Turismo. **Turismo cultural: orientações básicas.** Brasilia: MTur, 2008a.

______. **Turismo rural: orientações básicas.** Brasilia: MTur, 2008b.

BRUHNS, H.T. No ritmo da Aventura: explorando sensações e emoções. In: MARINHO, A.; BRUHNS, H.T. (Orgs). **Turismo, lazer e natureza.** Barueri: Manole, 2003.

CEBALLOS-LASCURÁIN, H. **Tourism, ecotourism and protected areas.** 34th Working Session of the Comission of National Parks and Protected Areas. Perth: Australia, 1990.

CARDOZO, P. **Possibilidades e limitações do turismo étnico: a imigração árabe em Foz do Iguaçu.** Caxias do Sul, 2005. Dissertação (Mestrado em Turismo). Universidade de Caxias do Sul.

CASO. F. Companheira de viagem. **O Estado de S. Paulo**, Caderno Feminino, n. 2.986, p. 7-6, publicado em 22 fev. 2009.

[CMMAD] COMISSÃO Mundial de Meio Ambiente e Desenvolvimento. **Nosso futuro comum.** Rio de Janeiro: Editora da Fundação Getúlio Vargas, 1987.

COSTA, H.S.M; OLIVEIRA, A.M; RAMOS, M. População, turismo e urbanização: conflitos de uso e gestão ambiental. In: **Anais do XIII Encontro da Associação Brasileira de Estudos Populacionais.** Ouro Preto, 2002, p.21.

DALE, P. Definindo ecoturismo... Pra quê? Pra quem?. In: NEIMAN Z.; MENDONÇA, R. (Orgs.). **Ecoturismo no Brasil.** Barueri: Manole, 2005, p.2-16.

FARQUARSON, M. **Ecotourism: a dream diluted.** Business Mexico, v.2, n.6, p.8-11, 1992.

FENNELL, D.A. O desenvolvimento do ecoturismo: perspectivas internacionais, comunitárias e locais In: FENNELL, D.A. **Ecoturismo: uma introdução.** São Paulo: Contexto, 2002, p.195-231 (Coleção Turismo Contexto).

GOODWIN, H. In pursuit of ecotourism. **Biodiversity and Conservation**, v.5, n.3, p.277-291, 1996.

GORGULHO, S. Ecoturismo. **Jornal Folha do Meio Ambiente**. Brasília, out. 2001. Disponível em: http://www.oap.org.br/reportagens/fascinio.htm.

LINDBERG, K.; HAWKINS, D. (Eds.). **Ecoturismo: um guia para o planejamento e gestão.** São Paulo: Senac, 1995.

MANZATO, F.; REJOWSKI M. Turismo arqueológico no estado de São Paulo?. **Patrimônio, Lazer & Turismo**, v.4, 2005.

MIECZKOWSKI, Z. **Environmental issues of tourism and recreation.** Lantarn, Maryland: University Press of America, 1995.

MORAES, C.C. de A. Turismo pedagógico em quilombos: considerações sobre a formação de uma comunidade turística. Caxias do Sul, 2006. Dissertação (Mestrado em Turismo). In: **Anais do IV Seminário de Pesquisa em Turismo do Mercosul (SeminTUR).** Universidade de Caxias do Sul, 2006.

NEIMAN, Z. **A educação ambiental através do contato dirigido com a natureza.** São Paulo, 2007. Tese (Doutorado em Psicologia). Instituto de Psicologia da Universidade de São Paulo.

NEIMAN, Z. Natureza e cultura brasileiras: matérias primas do ecoturismo. In: NEIMAN Z.; MENDONÇA, R. (Orgs.). **Ecoturismo no Brasil.** Barueri: Manole, 2005, p.17-40.

PIRES, P. S. **Dimensões do ecoturismo.** São Paulo: Senac, 2002.

SILVA, J.G.; VILARINHO, C.; DALE, P.J. Turismo em áreas naturais: suas possibilidades e limitações no Brasil. In: ALMEIDA, J.A.; FRIEHLICH, M.; RIEDL, M. (Orgs.). **Turismo rural e desenvolvimento sustentável.** Santa Maria: Centro Gráfico, 1998, p.11-47.

SWARBROOKE, J. **Turismo sustentável: turismo cultural, ecoturismo e ética.** v.5. São Paulo: Aleph, 2000.

WEARING, S.; NEIL, J. **Ecoturismo: impactos, potencialidades e possibilidades.** Barueri: Manole, 2001.

4 A educação ambiental pelo turismo

Stefanie Geerdink
Zysman Neiman

Introdução

A conceituação de educação ambiental (EA) sofreu diversas transformações ao longo de sua história, acompanhando as mudanças ocorridas no mundo e uma melhor compreensão da relação entre sociedade e ambiente. A expressão surgiu na 1ª Conferência Mundial Sobre o Meio Ambiente Humano e Desenvolvimento (1972), em Estocolmo, na Suécia, e tornou-se um marco da inclusão de questões ambientais no planejamento e nas inter-relações entre os países desenvolvidos e em desenvolvimento e do questionamento acerca da visão de natureza como um meio e não como um fim em si. Ao longo do século XX, a civilização assistiu a episódios importantes que culminaram na proibição do armamento atômico e na condenação da discriminação racial (o colonialismo e o *apartheid*).

Em 1977, a 1ª Conferência Intergovernamental sobre Educação Ambiental, realizada em Tbilisi, na Geórgia, foi um marco histórico para a evolução da EA, pois na ocasião foram estabelecidos os seus princípios orientadores. Nessa reunião, enfatizou-se o caráter interdisciplinar da relação entre o ser humano e o meio ambiente, a pluralidade da sociedade e a inseparabilidade desses fatores, formulando um diálogo entre estes e outros aspectos da EA. Instituiu-se uma compreensão em relação aos problemas que afetam o meio ambiente; o seu caráter crítico e de formação de consciência, por meio da explicitação e do contato com informações e questionamentos sobre o ambiente; e também o seu caráter transformador, pela oportunidade de vivências e experiências, que possibilitam o que se pode chamar de insight, para que haja uma transformação na maneira de sentir, pensar e agir.

A EA e seus preceitos evoluíram ao longo do tempo, principalmente após a apresentação do *Relatório Brundtland* (1987), também intitulado Nosso Futuro Comum, que possuía uma visão crítica do modelo de desenvolvimento adotado pelos países industrializados e reproduzido pelas nações em desenvolvimento. Contrapondo-se ao uso excessivo dos recursos naturais e considerando a pequena capacidade de suporte dos ecossistemas em relação a essas intervenções no meio ambiente, esse documento propôs a implementação do chamado desenvolvimento sustentável, conceito que modificaria intensamente a forma como são vistos os recursos naturais, resguardando-os para as futuras gerações. Culminou também na crítica ao modelo de crescimento econômico e aos desequilíbrios por ele gerados, como a degradação ambiental e a poluição. O desenvolvimento sustentável, em suma, seria aquele que busca conciliar o crescimento econômico com a preservação do meio ambiente natural e social.

Na Conferência Rio-92, dois documentos relativos à EA foram produzidos: o Tratado de Educação Ambiental para as Sociedades Sutentáveis e Responsabilidade Global, elaborado pelo Fórum das ONGs, e a Carta Brasileira de Educação Ambiental, realizada pela Coordenação de Educação Ambiental no Brasil. Pode-se dizer que a Rio-92 foi um encontro necessário para a implementação dos acordos e discussões que norteariam as ações internacionais para o século XXI, dentre eles a Agenda 21, que possui como propósito a promoção de programas de educação permanente sobre meio ambiente e desenvolvimento, focando principalmente os problemas locais.

A partir desses e de outros eventos relacionados a movimentos ambientalistas, como fóruns e conferências, a dimensão e os conceitos da EA tornaram-se mais amplos e discutidos. Porém, há uma dificuldade em definir exatamente o que é a EA. Essa dificuldade deve-se exatamente ao fato de que essa expressão possui interpretações diversas: a educação e seus conceitos e possibilidades, o meio ambiente, a conservação dos recursos por meio de suas intervenções, os paradigmas da sustentabilidade e o ser humano e suas percepções e complexidades amarradas como em uma corrente. O Tratado de Educação Ambiental para as Sociedades Sustentáveis e Responsabilidade Global declara:

> Consideramos que a Educação Ambiental para uma sustentabilidade equitativa é um processo de aprendizagem permanente, baseado no respeito a todas as formas de vida. Tal educação afirma valores e ações que contribuem para a transformação humana e social e para a preservação ecológica. Ela estimula a formação de sociedades socialmente justas e ecologicamente equilibradas, que conservam entre si relação de interdependência e diversidade. Isto requer responsabilidade individual e coletiva em nível local, nacional e planetário. (Grupo de Trabalho de Educação Ambiental das Organizações Não Governamentais no Fórum Global, 1992, s/p)

Esse mesmo documento considera que a EA é entendida como um processo permanente, que desencadeia diversas possibilidades e estimula ações e atitudes relacionadas ao equilíbrio do indivíduo, da sociedade e do meio ambiente. Pode-se dizer que esse processo consiste em uma reflexão acerca dos comportamentos relacionados ao cotidiano frenético instituído pela lógica de consumo na qual a sociedade atual se insere. Dias (2004, p. 148) afirma que

> a educação ambiental é considerada um processo permanente pelo qual os indivíduos e a comunidade tomam consciência do seu meio ambiente e adquirem conhecimento, os valores, as habilidades, as experiências e a determinação que os tornam aptos a agir – individual e coletivamente – e resolver problemas ambientais presentes e futuros.

Para que o equilíbrio entre esses três fatores seja encontrado, é necessária, prioritariamente, uma mudança nos paradigmas atuais no que se refere à condição humana no contexto social, de modo a amenizar o condicionamento das lógicas do desperdício e do individualismo. Para isso, são necessários, por exemplo, contatos com outras realidades sociais e ambientais, com as futuras e assustadoras perspectivas projetadas, com o conhecimento acerca dos fatos e das possibilidades de ações para a transformação dos paradigmas individuais a respeito do comportamento, da atitude e, principalmente, dos hábitos.

Os problemas ambientais devem ser mostrados de modo a causar certo "incômodo" nas pessoas para que elas sejam estimuladas a contribuir, por meio da mudança de atitude em relação a si mesmas, aos outros indivíduos e, também, à natureza. Sobre isso, inclusive, vale citar que o mais recente debate sobre concepções paradigmáticas referentes à educação ambiental estabeleceu-se quando surgiram, na Organização das Nações Unidas para a Educação, a Ciência e a Cultura (Unesco), os primeiros sinais de que a expressão seria substituída por "educação para o desenvolvimento sustentável". Nesse processo, surgiram argumentos contra e a favor. Com a decisão de se comemorar o Decênio das Nações Unidas da Educação para o Desenvolvimento Sustentável (2005-2014), iniciou-se um antagonismo que se manifestou com força na 1ª Conferência Internacional sobre a Educação para o Desenvolvimento Sustentável, ocorrida em maio de 2004, em Braga (Portugal). Desde então, diversos autores começaram a contrapor os conceitos de desenvolvimento sustentável e sociedades sustentáveis. O primeiro é considerado por muitos como sendo uma mera tentativa de ajustar as sociedades ao modo de reprodução social capitalista, o que dificilmente evitaria a humanidade de caminhar para a crise ecológica global (Loureiro et al., 2003). A expressão, até hoje ambígua, encerra múltiplas interpretações e controvérsias no cenário mundial e, ainda que as ideologias fossem duvidosas, acabou consagrando-se para além do ambientalismo, estando presente em diversas outras áreas do conhecimento (Meira e Sato, 2005).

O dilema mais importante oriundo do conceito de desenvolvimento sustentável é o fato de ele se transformar em alternativa para o desenvolvimento dominante e o risco de contradizer os pressupostos ideológicos de setores de sua base político-social. Sinal disso é a sua rápida aceitação por diferentes perfis, tais como economistas, acadêmicos, ambientalistas, políticos etc., o que dá um caráter polissêmico ao conceito (Pedrini, 2006): a debilidade da educação ambiental é aproveitada para reforçar a importância de uma educação dirigida ao capital, retirando a autonomia e a liberdade da aprendizagem (Jickling, 1992, apud Meira e Sato, 2005).

Uma análise mais aprofundada da expressão desenvolvimento sustentável revela uma falta de consenso, não somente quanto ao adjetivo "sustentável", como também quanto ao desgastado conceito de "desenvolvimento". O seu uso recorrente nos discursos governamentais e nos preâmbulos de projetos de investimento a serem financiados por instituições bi e multilaterais transformou o termo numa “palavra mágica”, um fetiche para os mais diversos círculos e grupos sociais (Diegues, 1996).

O conceito de sociedades sustentáveis, por sua vez, talvez seja mais adequado que o de desenvolvimento sustentável, pois com ele é possível definir os padrões de produção, consumo e bem-estar derivados de sua cultura, crescimento histórico e ambiente natural. O conceito também subentende a existência de uma grande diversidade de modos e padrões de qualidade de vida, algumas vezes bem diferentes daqueles apregoados pelas sociedades industrializadas (Diegues, 1996).

O grande avanço ao se adotar o conceito de sociedades sustentáveis, conforme aparece citado nos princípios da Carta da Terra (Tratado de Educação Ambiental para Sociedades Sustentáveis e Responsabilidade Global[1]), é que ele implica o uso de indicadores de qualidade de vida (saúde, longevidade, maturidade psicológica, educação, ambiente limpo, espírito comunitário e lazer), além do índice de consumo material (Ferreira, 2005).

O maior desafio para que a sustentabilidade seja alcançada é romper com o paradigma dominante, que ainda é a educação para o desenvolvimento sustentável. Só a educação ambiental para as sociedades sustentáveis pode contribuir para o equilíbrio entre o ser humano e a natureza, desde que

> se construa uma ética ambiental que assegure uma educação sistematizada, vinculada ao contexto cultural da comunidade, considerando os aspectos políticos, econômicos, socioculturais, científicos, tecnológicos e éticos. (Pedrini, 2006, s/p)

A EA, ao não impor uma perspectiva na qual o desenvolvimento possui limites ecológicos e culturais de enorme envergadura, inadvertidamente, permitiu-se ser percebida como mero instrumento da gestão ambiental, com a promessa de solucionar todos os problemas ambientais (Meira e Sato, 2005).

Há uma grande controvérsia entre

> o campo do ambientalismo, compreendido como possibilidade de solucionar o problema através do mercado neoliberal; e o campo do ecologismo, cujo enfoque

---

1 Elaborada pela sociedade civil durante as atividades da Rio-92, na Jornada Internacional de Educação Ambiental.

> demanda uma mudança estrutural da sociedade como premissa para enfrentar a crise ambiental. (Caride e Meira, 2001, apud Meira e Sato, 2005, p. 22)

Uma vez que o ecoturismo se propõe a ser uma forma de turismo alternativo, de baixo impacto no meio ambiente, que visa o contato e a vivência entre ser humano e natureza com finalidade de lazer, esporte ou descanso, ele pode servir como instrumento para que a EA seja consumada de maneira efetiva. Sua prática favorece o contato com a natureza, o qual, por meio da observação da beleza, grandeza e importância do meio ambiente para o ser humano, permite reflexões acerca do papel de cada um na sua conservação. A experiência de turismo, pela vivência em meio ao mundo natural, ajuda a refletir sobre os comportamentos de cada indivíduo e a desenvolver um pensamento crítico em relação à sociedade na qual está inserido, com sua lógica de consumo e desperdício.

Ao analisar a EA e suas possibilidades, Dias (2004) propôs uma visão holística, considerando que a EA pretende desenvolver motivação, compreensão e conhecimento, para que possam ser adquiridos valores ou atitudes. Ainda, pode fazer com que aflorem inquietações pessoais, necessárias quando se lida com problemáticas ambientais, possibilitando, a partir de reflexões e discussões, chegar-se a soluções para o ambiente que sejam as mais sustentáveis possíveis.

Já para Mendonça (2005), as questões abordadas pela EA não são todas necessariamente de cunho ambiental, mas sim de uma mudança nos conceitos que cada indivíduo constrói, sendo consideradas questões filosóficas essenciais de cada ser humano e seu papel na sociedade e no ambiente no qual vive, como observado na seguinte passagem:

> se ela veio para alimentar a esperança de construir um mundo novo, mais harmônico e pacífico, ela precisa ajudar os indivíduos a compreender a realidade em suas múltiplas dimensões, preparando-os para terem a liberdade de criar caminhos realmente novos. (Mendonça, 2005, p. 162)

A autora considera a EA como um processo pelo qual é possível seguir novas direções, conquistar outros patamares de conhecimento e percepções, para que seja possível desvendar e "criar novos caminhos", entendidos como soluções e/ou alternativas às sociedades, no que se refere não somente à conservação da natureza, mas também à melhor qualidade de vida do ser humano, para que este encontre o lugar onde deve estar, ou seja, que o homem esteja de acordo com a sua consciência e, assim, possa acreditar e trabalhar naquilo em que acredita ser melhor para si e para aqueles ao seu redor.

Em meio às diversas considerações, tanto sobre o processo educacional quanto os valores ambientais e sociais que dizem respeito à EA, existem também os desafios que passam pelas mudanças de atitude e comportamento relacionadas às iniciativas da EA. Observa-se que, em contato com a natureza, os visitantes sentem-se pertencentes ao meio e possuem uma postura mais ambientalmente correta, porém, nem sempre essas ações expressam uma mudança verdadeira de comportamento, atitudes e na maneira de pensar dos indivíduos.

Para a autora, a educação ambiental visa promover uma mudança nos valores e ideais de cada indivíduo. No entanto, quando o processo educativo em questão fixa-se somente em transmitir conteúdos e procedimentos corretos, e não na vivência e experimentação que permitam, por meio do sentimento de pertença, gerar um comportamento ambientalmente correto, pode-se dizer que a EA não cumpriu o seu papel.

A educação ambiental, devido ao fato de estar inserida em um contexto de aprendizagem, possui como característica intrínseca a interdisciplinaridade, que considera a complexidade dos problemas ambientais e a multiplicidade dos fatores ligados a eles. É possível afirmar que a interdisciplinaridade da educação ambiental engloba questões pertinentes à educação como um todo, ou seja, ao tratar de biomas a serem estudados e preservados, as disciplinas se inter-relacionam de forma que, juntas, criam um novo saber que considera fatores sociais e vivenciais na sociedade; fatores de âmbito político, histórico e geográfico; e fatores biológico-ambientais, através das questões e das problemáticas do meio ambiente.

No que se refere ao turismo, existem três possibilidades mais consagradas para a realização de atividade de EA: o estudo do meio (mais voltado para a educação formal), a interpretação ambiental e a sensibilização. Isoladamente ou em conjunto essas atividades compõem um rol de metodologias que merecem ser detalhadas.

Estudos do meio

Algumas pesquisas realizadas nas últimas décadas vêm apontando o potencial educativo das visitas a áreas naturais, pois essas atividades otimizam a assimilação e a permanência de conteúdos conceituais e estimulam a curiosidade dos participantes. Neiman (2007a) demonstrou que, ao promover afetos especiais no contato com a natureza, o turismo pode gerar mudanças motivacionais significativas para a constituição de atitudes e valores pró-ambiente, bem como ser importante instrumento de aprendizagem e retenção de conceitos.

Nas escolas, públicas ou privadas, e nas universidades, a realização de estudos de campo tem sido popularizada a fim de que os alunos possam aprender sobre a realidade que os cerca, seja nas proximidades de onde a instituição de ensino se localiza, seja na realidade dos municípios onde os estudantes moram, ou mesmo sobre outras localidades, situações e realidades. Os estudos do meio possuem como intenção/função fazer com que o estudante descubra, pelo contato com a realidade fora da escola, seu entorno e que perceba por si os fatos. Dessa forma, cada aluno se situa no tempo e no espaço e pode adquirir um senso crítico a respeito do que observa.

Essas atividades de campo podem promover ganhos no que se refere ao aprendizado diferenciado que o aluno recebeu. Ao possuir informações suficientes a respeito da realidade, os estudantes podem pensar de modo crítico sobre fatos e decisões que lhes são informadas, ampliando sua consciência socioambiental e instigando neles a vontade de mudanças.

Os estudos do meio devem estar inclusos no projeto pedagógico das escolas como uma atividade que integra os conhecimentos, faz uma somatória dos aprendizados e permite ao aluno conhecer e amadurecer seus conceitos a respeito de questões e conteúdos trabalhados.

Uma problemática observada nos estudos do meio é o fato de a escola esperar que determinados conteúdos do projeto pedagógico de disciplinas como ciências, geografia e história sejam trabalhados durante a realização da saída a campo. No entanto, os princípios, ou as intenções, ao se realizar uma atividade desse porte devem ser, além de condensar diversos assuntos disciplinares e quebrar barreiras entre as disciplinas, desenvolver um trabalho de cunho pessoal, de autoconhecimento, de aprendizado sobre o outro, de percepção de outras culturas, outros ambientes, sentimento de pertença e alteridade. Entretanto, as saídas de estudos do meio são, em geral, de curta duração, ou seja, há pouco tempo para que todas as abordagens de conteúdo – questões de conhecimento pessoal e interação com o ambiente – sejam feitas, como observa Fernandes (2005, p. 183):

> Diante da tamanha diversidade de conteúdos adequados aos estudos do meio, desde conteúdos conceituais específicos de determinadas disciplinas até dife-

rentes conteúdos relativos à Educação Ambiental, passando por procedimentos, atitudes e valores, coloca-se a questão: como o estudo do meio pode dar conta de tudo isso, se as viagens são tão curtas?

Os estudos do meio possibilitam uma interação entre o que o aluno aprende na sala de aula e o que ele observa no ambiente externo, onde ele pode relacionar as questões culturais de determinada população local, seus modos de vida e tradições, com o meio natural que os cerca, observando a vegetação e a topografia, por exemplo. De acordo com Mendonça e Neiman (2003, p.45):

> Ao contrário da tentativa de isenção, os estudos do meio devem assumir que, além de um momento de conhecimento, podem se tornar um ato de inserção política. Se a realidade precisa ser transformada, é a partir de postura crítica, ações e engajamento que se caminha nessa direção. Se os alunos são transformados em pesquisadores críticos, eles podem vir a conduzir seu próprio processo de libertação da realidade opressiva, o objetivo da educação.

As saídas a campo possuem caráter formador, tanto no que se refere à formação pessoal de cada aluno, como também na formação de pensamento crítico por meio do conhecimento adquirido. As reflexões realizadas podem ser a base sobre a qual os educandos construirão seus conhecimentos específicos das matérias curriculares. Para ser efetivo nessa direção, o turismo deve contribuir para a derrocada do dualismo entre sujeito e objeto, construído pelo racionalismo positivista:

> Existe uma circularidade entre o eu e o mundo. A idéia de separação entre sujeito-objeto, que prevaleceu em nossas mentes nos últimos séculos, foi útil para ajudar na compreensão de alguns fenômenos da natureza e para criar condições tecnológicas de melhoria de nossa qualidade de vida. Mas atualmente podemos reconhecer que se trata de um artifício importante porém insuficiente para compreendermos tanto o mundo natural quanto aquele que criamos. É, portanto, insuficiente para melhorarmos nossas relações com estes mundos, que começam com nossas relações com o próximo. Reconhecer a ligação, a circularidade, a transacionalidade entre nós mesmos, seres humanos, e entre nós, seres vivos e não vivos é fundamental para o momento presente. É no reconhecimento dessa indissociabilidade entre cada unidade e cada totalidade, em infinitos níveis, é que vamos – e já estamos – criando

as bases para a formação de uma sociedade mais equilibrada. (Mendonça e Neiman, 2003, p. 106)

Interpretação ambiental

A interpretação ambiental é um processo de grande importância, uma vez que, juntamente da educação ambiental, constitui-se no diferencial do ecoturismo. A interpretação possui um foco especial na experiência do visitante, de modo a garantir maior integração deste com o meio ambiente, fazendo com que a vivência seja a mais completa e proveitosa possível.

A importância da vivência e da experiência do visitante em áreas naturais se dá em decorrência do enfoque da interpretação ambiental em determinados aspectos do ambiente e da promoção da interação entre ser humano e natureza, a fim de que a visita seja marcante e especial. Dessa forma, o indivíduo pode ser induzido a uma reflexão acerca das sensações que obterá por meio das atividades e à percepção de si mesmo e do outro. De acordo com Wearing e Neil (2001, p. 93),

> a interpretação orienta-se de acordo com o estado cognitivo e emocional do visitante, visando a ampliar a consciência, a intensificar o entendimento e, espera-se, a aclarar ou expandir a perspectiva e atitude de cada visitante. Assim, a interpretação é essencial para os objetivos da conservação.

Observa-se que, para os autores, as questões pertinentes às emoções dos participantes devem ser consideradas para que a compreensão sobre o local onde o indivíduo está inserido seja benéfica e que os temas referentes à conservação sejam mais difundidos.

Uma das possibilidades de interpretação ambiental é o aprendizado sequencial, concebido por Joseph Cornell (Box 4.1), para quem a interpretação baseia-se em atividades lúdicas realizadas em etapas para o melhor aproveitamento das mesmas por parte dos participantes. Essa metodologia trabalha a partir do chamado estado mental do grupo, ou seja, da heterogeneidade de comportamentos e expectativas do grupo. Realizam-se atividades para que as práticas de reflexão e percepção do ambiente sejam possíveis, a começar pela etapa de "despertar o entusiasmo dos participantes", fazer com que o grupo gaste energia e todos fiquem num estado semelhante de concentração e ânimo. Posteriormente são realizadas, em etapas, atividades lúdicas mais direcionadas, ou seja, que relacionam questões humanas e naturais, concomitantemente. Após essas fases, são feitas atividades de reflexão e compartilhamento da percepção, nas quais os participantes, após internalizarem sentimentos e sensações a respeito das atividades, têm a oportunidade de dividir o que sentiram com os outros do grupo, expressar o que acharam e como foram tocados pelas atividades, para que todos possam, juntos, encontrar um determinante comum de vivência social-natural, e compartilhar da mesma experiência.

Box 4.1 – Sharing Nature

"É uma fundação de origem norte-americana, dedicada ao desenvolvimento e difusão de atividades facilitadoras da interação dos indivíduos com a Natureza. Foi fundada pelo professor Joseph Cornell em 1979, que é também o autor das atividades e da proposta metodológica para o emprego destas atividades.

Sua sede fica na comunidade Ananda, localizada no município de Nevada City, Califórnia. A comunidade Ananda é voltada para o desenvolvimento da vida espiritual, e segue os ensinamentos do grande mestre indiano Paramahansa Yogananda. Estes ensinamentos permeiam profundamente toda a proposta da Sharing Nature, porém de forma sutil e respeitosa, buscando tocar na alma humana naquilo que ela tem de universal, indo além das identidades culturais e/ou religiosas.

O professor Cornell iniciou sua vida profissional como educador naturalista no início da década de 1970, em diversas instituições em seu país. Com sua prática, percebeu o quanto as atividades na Natureza podiam ser dinâmicas e eficazes. Começou a adaptar e a criar diversas atividades que pudessem ajudá-lo a manter o interesse de seus grupos pela Natureza, evitando a dispersão e melhorando o aproveitamento da visita. Preparando-se, as pessoas poderiam ter sua própria experiência direta com a Natureza.

Em 1979 lançou seu primeiro livro: *Sharing Nature with children*, que foi traduzido para o português em 1996. O lançamento desse livro obteve enorme aceitação por parte de pais e educadores em diversos países do mundo. Após o sucesso desse livro e o desenvolvimento de workshops em todo o mundo, o professor Cornell foi percebendo que a ordem em que utilizava as atividades era muito importante para conseguir a atenção, envolvimento e empatia dos participantes. Foi assim que ele criou a metodologia do Flow Learning que, em português, recebeu o nome de **Aprendizado Sequencial**. Esta metodologia está detalhada em seu livro *Sharing the Joy of Nature*, traduzido para o português em 1997 por *A Alegria de Aprender com a Natureza*.

A técnica consiste na proposição de dinâmicas e jogos organizados em uma sequência, conduzindo os participantes a um estado de concentração da atenção cada vez maior.

De forma sutil e divertida, a técnica promove experiências profundas para os participantes e é uma eficaz ferramenta de trabalho para o educador. Atua nos indivíduos a partir do nível de consciência em que estão, e gentilmente os conduz a uma experiência mais ampla, a um contato mais profundo com a Natureza.

Seus livros já venderam mais de 400.000 cópias e foram traduzidos para 15 línguas."

Fonte: http://www.institutoroma.com.br/sharing.htm. Acessado em: 9 jul. 2009.

Sensibilização

A busca por um pensamento responsável, que visa à consciência ambiental, é fator fundamental para a manutenção da qualidade de vida desta e das futuras gerações. A educação ambiental por meio da sensibilização pode iniciar a ampliação da percepção de que os atos da humanidade afetam diretamente o meio ambiente e da importância da preservação deste. Portanto, a mudança de alguns comportamentos simples, nascidos de uma nova relação com o espaço natural, torna possível a melhoria da qualidade ambiental e, consequentemente, da qualidade de vida (Neiman e Rabinovici, 2008a).

A sensibilização propõe transpor para a interação com a natureza o enfoque racional da prática educativa e a busca para se atingir as dimensões emotiva e espiritual da pessoa. Por meio da imaginação, nossos mitos e histórias tradicionais ganham liberdade e espaço. Sem ela, a sacralização da natureza e os manejos baseados em rituais mágicos jamais teriam sido possíveis. Assim, a imaginação tem papel de grande importância, na medida em que estimula a composição de imagens belas que superam a realidade restrita do percebido (Bachelard, 1993). Trata-se, basicamente, da busca permanente por uma nova espiritualidade.

A criação de áreas protegidas está atrelada à lógica utilitarista, atribuindo à biodiversidade um valor econômico para a criação de novos remédios, matérias-primas e até novos alimentos, tornando-a, inclusive, moeda corrente, como se vê hoje com o advento do conceito dos sumidouros de carbono, entre outros. Além de ser subjetiva a escolha das áreas, há que se lembrar que toda a discussão sobre o que é prioritário e sob quais pontos de vista é sempre carregada de ideologias. Toda área preservada é uma invenção humana, inclusive sua mácula (Diegues, 1996).

O ecoturismo pode ajudar a rever esses paradigmas da sociedade contemporânea e a compreender que, sendo uma atividade educativa, deve estar embasada numa postura participativa de integração, com alto envolvimento afetivo, que proporcione vivências únicas aos ecoturistas, para que, desta forma, possa influenciar o seu processo de transformação (Neiman e Rabinovici, 2008b).

A sensibilização pelo contato com a natureza possibilita uma reflexão sobre o próprio sentido existencial do ser humano, bem como sobre sua relação com o mundo, a partir do aguçamento das percepções. O fato de o ser humano perceber-se vivo e participante em meio à natureza pode contribuir plenamente para os objetivos da conservação. Além disso, esse contato oferece uma grande oportunidade para enfrentar as emoções, as diferenças e os mistérios, e promove o resgate de sentimentos pessoais que foram esquecidos ao longo do processo de desenvolvimento da sociedade. Cria-se um ambiente humano mais confortável, seguro e adequado, mas a ideia de que o ser humano é o mais importante ser do planeta prevalece. Uma visita a espaços naturais que proporcione a reflexão e o questionamento sobre essa lógica transforma o tradicional comportamento indiferente do ecoturista. A contemplação ajuda na assimilação dos ritmos e da essência da natureza, o que é raramente possível em ambientes urbanos (Neiman e Rabinovici, 2008b).

Usar a percepção sensorial, a consciência, a intuição e a elaboração dos sentimentos contribui com a determinação da relação que os visitantes têm com os outros, com o meio natural e com seu próprio mundo. A imaginação é um pré-requisito para qualquer criação humana, e toda criação reflete a imaginação e a inventividade de seu criador (Hissa, 2002).

Considerando a educação ambiental e suas possibilidades, dentre elas o envolvimento dos indivíduos em atividades que considerem o meio ambiente, o lúdico, o corpo e a mente, pode-se alcançar uma conectividade positiva entre prazer e convívio com a natureza. A partir desse processo, imagina-se que o indivíduo, quando pensar em natureza, irá remeter-se à questão do prazer e do lazer, e essa experiência provavelmente resultará em um novo modo de se relacionar com o mundo.

Magnani (2000) considera o lazer bom não somente para repor forças e energias após a estafa do trabalho, mas também para refletir acerca das dinâmicas e dos valores da sociedade, uma vez que ele está vinculado aos planos da vida social.

Merecem destaque algumas questões pertinentes à espiritualidade que podem ser promovidas pela prática do ecoturismo e de atividades de educação ambiental. Para muitos, a natureza é considerada um santuário e o contato com uma natureza "selvagem" é entendido como uma forma do ser humano sentir-se pertencente a algum lugar, um ato "purificador".

As velhas mitologias de natureza não foram abandonadas pela sociedade. Todos os indivíduos continuam a ser depositários de mitos, lembranças e obsessões que devem ser recuperados. Schama (1995) propõe um modo de olhar e redescobrir o que já possuímos mas que, de alguma forma, escapa ao reconhecimento e à apreciação. Seu objetivo é apresentar não mais uma explicação do que perdemos, mas sim uma exploração do que ainda podemos encontrar.

A beleza depende de referências pessoais, culturais e sociais ou, em oposição, é algo apreendido imediatamente sem que necessite de reflexão. Para Lynch (1998), os atributos do meio ambiente, seja ele natural ou construído, influenciam a percepção visual do indivíduo, formando imagens compartilhadas pela população. Segundo Neiman (2007b),

> o turismo, as caminhadas arriscadas no meio da mata, as artes, o romantismo provocado pela aproximação com a natureza (quase como um ato religioso), a liberdade e a ascensão do espírito estão sendo bastante valorizados atualmente [...] A natureza é mitificada e serve como escape, como compensação à vida complicada da cidade. Com tudo isso se inicia um período de mudança de sensibilidades, de reação contra a dominação da natureza, de exaltação da beleza selvagem (evidenciada por meio de artes, jardinagem, ecoturismo, entre outros)

Educação para a mudança de percepções

Frequentemente confundem-se os conceitos de percepção e representação, tidos como processos psicológicos similares nos estudos sobre a relação ser humano e natureza. A compreensão da maneira como o ambiente é percebido e representado é tão ou mais crucial que a compreensão da maneira como o ambiente está organizado pelo ser humano.

No que se refere à relação entre o meio ambiente e sua forma de representação, por parte dos vários atores sociais, o que mais importa é que o meio ambiente é percebido pelos indivíduos de forma múltipla e diferenciada, uma vez que a compreensão se dá sob uma perspectiva subjetiva apoiada numa realidade concreta.

Sendo o mundo que nos envolve mediado por representações sociais que se constituem em modalidade de conhecimento e revelam coisas sobre o real e os objetos que o constituem, essas representações permitem esclarecer as concepções dos sujeitos sobre o meio. A psicologia ambiental pode ser definida como o estudo das interações entre os indivíduos e os aspectos relevantes do seu ambiente.

A natureza "selvagem", admirada quase que de forma religiosa, vem sendo considerada indispensável e fonte de riquezas espirituais, símbolo da liberdade para uns e de alienação para outros (natureza como uma fuga do contato social). A natureza é, assim, elemento constitutivo das representações sobre o Brasil dos próprios brasileiros, fato que tem motivado, em nosso país, mais recentemente, o fenômeno das viagens aos "paraísos ecológicos".

Analisar as representações sociais dos seres humanos como produtos da sua condição sócio-histórica, apesar de revelar muito sobre seus condicionantes comportamentais e morais, não é suficiente para entender como eles se misturam ao mundo e como estão mergulhados nos fenômenos que vivenciam. Esse entendimento exige que se busque o humano em sua complexidade e que se resgate nele mais que reflexões morais sobre as tendências e quadros socioambientais que se configuram para as gerações futuras. É nessa direção que deve caminhar a educação ambiental por meio do ecoturismo.

A palavra "percepção" vem do latim *perceptio*, que significa ato de perceber, de formar mentalmente representações sobre objetos externos a partir dos dados sensoriais. O estudo de processos mentais relativos à percepção ambiental pode ser entendido "como um processo mental de interação do indivíduo com o meio ambiente que se dá através de mecanismos perceptivos propriamente ditos e, principalmente, cognitivos" (Del Rio e Oliveira, 1999, p. 3). A percepção é fruto do contato do indivíduo com elementos externos e internos da experiência.

Nesse contexto, a representação atua como um prolongamento da percepção, porque a introduz num sistema de significação representativo que envolve a diferenciação entre os significantes, que podem ser as formas de linguagem ou imagens, gestos ou desenhos, e os significados, que compreendem os espaços (Del Rio e Oliveira, 1999, p. 3). De acordo com Tuan (1980, p. 4 e 6), a percepção

> é tanto a resposta dos sentidos aos estímulos externos, como a atitude proposital, na qual certos fenômenos são claramente registrados, enquanto outros retrocedem para a sombra ou são bloqueados [...] Através de experiências as pessoas conhecem e constroem sua realidade: experienciar significa aprender, atuar sobre o dado, criar a partir dele, conhecer a realidade, construí-la a partir da experiência, criá-la pelo sentimento e pelo pensamento reflexivo.

De forma benéfica ou não, todos os ecossistemas sofreram alterações substanciais devido à interferência humana. Mesmo ambientes menos afetados pela nossa presença são projetados no intuito de parecerem intactos para a imaginação humana. De fato, os ecossistemas são como produtos elaborados pela nossa cultura, entre os quais o ambientalismo moderno identifica aqueles que devem ser preservados e sacralizados. Esses ambientes, nossos parques, frutos das necessidades e da imaginação do homem, sem exceção, são produtos da cultura humana, que os transformou em santuários, protegendo-os de nossa presença destrutiva. É nossa percepção transformadora que estabelece a diferença entre matéria bruta e paisagem (Schama, 1995). Para Bachelard (1993, p. 19),

> o espaço percebido pela imaginação não pode ser o espaço indiferente entregue à mensuração e à reflexão do geômetra. É um espaço vivido. É vivido não em sua positividade, mas com todas as parcialidades da imaginação.

Tuan (1980) discutiu aspectos de percepção, atitudes e valores do meio ambiente e introduziu o termo topofilia para designar o elo afetivo entre a pessoa e o lugar ou ambiente físico.

Para Simiqueli et al. (2007, s/p),

> fazer a interface entre a conservação da biodiversidade e a inserção social na problemática "conservação e uso público", através de estudos de percepção ambiental, torna-se de importância justificável para o direcionamento de um planejamento ambiental adequado tanto do local, quanto do fluxo turístico em acordo com o perfil de quem frequenta a área natural.

A educação ambiental exercida em Unidades de Conservação (UCs) propicia a inter-relação dos processos de aprendizagem, sensibilização, questionamento e conscientização e a utilização dos diversos meios e métodos educativos para transmitir o conhecimento sobre o ambiente e enfatizar, de modo adequado, atividades práticas e sociais (Guimarães, 1995).

Assim, o ecoturismo parece ser uma ótima oportunidade de discussão dos valores da sociedade para com o meio ambiente, uma vez que, se bem trabalhadas as percepções e construídas novas representações, tendo a natureza como inspiradora, a educação ambiental pode ser transformadora no sentido da sustentabilidade.

Box 4.2 – Ecoturismo deve incorporar educação ambiental

Falta de Educação Ambiental

O ecoturismo apresenta o maior crescimento entre as atividades turísticas em todo o mundo, mas seu desenvolvimento não vem sendo acompanhado pelo aumento da preocupação com a prática de uma educação ambiental.

A conclusão é de uma pesquisa da Escola Superior de Agricultura "Luiz de Queiroz" (Esalq), em Piracicaba (SP). O estudo do professor de turismo Hélio Hintze abordou a origem e contexto do ecoturismo a partir de suas relações com a cultura do consumo, que obedece à lógica da busca incessante pelo lucro.

O objetivo central do estudo foi averiguar a existência de uma preocupação com a educação ambiental nas atividades e pacotes ecoturísticos comercializados. Para tanto, foi feito um levantamento bibliográfico referente ao tema e, ao mesmo tempo, procurou mensurar a preocupação com a educação ambiental nas atividades desenvolvidas pelas operadoras de ecoturismo. A partir disso, foram entrevistados proprietários e gerentes de operadoras de ecoturismo da cidade de São Paulo, todas membros da Associação Brasileira de Turismo de Aventura (Abeta).

Mau uso do prefixo "eco-"

Segundo o pesquisador, a utilização do prefixo "eco-" funciona como um sedativo para a consciência das classes médias. "O uso mercadológico do eco atua como uma nova roupagem para o que ainda pode ser antigo.

Tudo agora é eco. Por exemplo, postos de gasolina ecológicos, ecoresorts, ecoempreendimentos, programas de ecoeficiência em empresas de diversos ramos utilizam-se desta estratégia de marketing. Ser ecologicamente correto está definitivamente na moda", destaca.

Muitas operadoras turísticas têm se utilizado do ambiente natural apenas como cenário para a realização das atividades e a busca pelo consumo da experiência no ecoturismo aproxima-o de seu par, o turismo convencional. "As semelhanças entre a prática do ecoturismo e a do turismo convencional merecem questionamento, pois obedecem aos ritmos que condicionam nosso tempo", lembra Hintze. A pesquisa foi orientada por Antonio Ribeiro de Almeida Júnior, professor do Departamento de Economia, Administração e Sociologia (LES) da Esalq.

Abordagem reducionista e insuficiente

Segundo o pesquisador, o ecoturismo busca ser uma alternativa ao turismo convencional, não será apenas por ser realizado em um ambiente natural ou por visitar casas de pessoas de uma comunidade tradicional que ele poderá obter tal chancela. "Quanto à questão do planejamento das atividades educacionais, pudemos perceber nas falas dos representantes das operadoras uma espécie de consenso sobre o não embasamento conceitual de tais atividades por eles praticadas", acrescenta.

De acordo com a pesquisa, existe explicitamente a crença de que através de manuais ou materiais impressos se faz educação ambiental por meio da transmissão de informações a respeito do destino e de sua complexidade. "Usar apenas tais materiais é uma forma reducionista que reforça a fragmentação pós-moderna da compreensão do meio ambiente e, obviamente, das complexas relações ambientais e socioambientais que o compõem", ressalta Hintze. "Este tipo de material pode ser utilizado se for associado a outras ações educativas".

Configuração mercadológica dos pacotes ecoturísticos

A pesquisa constatou que a produção deste tipo de material é uma prática espetacular. "Assumindo ares de defensoras do meio ambiente, as empresas interessadas na manutenção de sua área de exploração turística unem-se pela causa, produzindo apostilas para entregar a seus visitantes, agregando a causa ambiental ao seu logotipo, por exemplo", aponta o pesquisador. A configuração mercadológica dos pacotes ecoturísticos em ambientes naturais pode ser flagrada por obedecer o mesmo ritmo intenso da vida cotidiana dos ecoturistas e interferir de maneira nem sempre adequada nos destinos de viagens.

"A viagem acaba por obedecer aos mesmos ritmos da vida cotidiana dos ecoturistas. Inclusive pela inserção irônica do 'dia livre' em roteiros ecoturísticos", relata o pesquisador. "Se o ecoturismo é uma atividade praticada no tempo livre das pessoas, como é possível haver um 'dia livre' na programação? Para além da ironia, tal dia tem a função de período no qual se pode vender uma programação local não incluída no pacote original". Hintze conclui que para as comunidades receptoras, a imposição vem com a necessidade da adequação de seu modus vivendi e da adaptação de seu lugar de vida para o atendimento às demandas das operadoras e seus clientes.

Fonte: adaptado de Agência USP, 22/01/2009. Disponível em: http://www.inovacaotecnologica.com.br/noticias/noticia.php?artigo=ecoturismo-deve-incorporar-educacao-ambiental&id=010175090122.

Questões para reflexão

1) Você conhece alguma agência que proponha viagens de ecoturismo com a real preocupação em relação à educação ambiental e todos os preceitos que a envolvem?
2) É possível uma mudança de valores e atitudes a partir da experiência que o turismo proporciona? Como otimizar o processo de educação ambiental?

Referências

BACHELARD, G. **A poética do espaço.** São Paulo: Martins Fontes, 1993, 242p.

DEL RIO, V.; OLIVEIRA, L. **Percepção ambiental: a experiência brasileira.** 2.ed. São Paulo: Studio Nobel, 1999.

DIAS, G.F. **Educação ambiental: princípios e práticas.** 9.ed. São Paulo: Gaia, 2004.

DIEGUES, A.C.S. Desenvolvimento sustentável ou sociedades sustentáveis: da crítica dos modelos aos novos paradigmas. In: DIEGUES, A.C.S. **Ecologia humana e planejamento em águas costeiras.** São Paulo: Nupaub, 1996.

FERNANDES, J.A.B. Quando a escola sai da escola. In: MENDONÇA, R.; NEIMAN, Z. (Orgs.). **Ecoturismo no Brasil.** Barueri: Manole, 2005.

FERREIRA, L.C. Sustentabilidade: uma abordagem histórica da sustentabilidade. In: FERRARO JR., L.A. **Encontros e caminhos: formação de educadores (as) ambientais e coletivos educadores.** Brasília: MMA/DEA, 2005.

GRUPO de Trabalho de Educação Ambiental das Organizações Não governamentais no Fórum Global. **Tratado de educação ambiental para sociedades sustentáveis e responsabilidade global.** Rio de Janeiro, 1992. Jornada de Educação Ambiental, Fórum Internacional da ONGs – Rio/92.

GUIMARÃES, M. **A dimensão ambiental na educação.** Campinas: Papirus, 1995.

HISSA, C.E.V. **A mobilidade das fronteiras: inserções da geografia na crise da modernidade.** Belo Horizonte: EdUFMG, 2002.

LOUREIRO, C.F.B.; AZAZIEL, M.; FRANCA, N. **Educação ambiental e gestão participativa em unidades de conservação.** Rio de Janeiro: Ibama/Ibase, 2003.

LYNCH, K. **A imagem da cidade.** Trad. Jefferson Luiz Camargo. São Paulo: Martins Fontes, 1998.

MAGNANI, J.G.C. Lazer, um campo interdisciplinar de pesquisa. In: BRUHNS, H.T.; GUTIERREZ, G.L. (Orgs.). **O corpo e o lúdico: ciclo de debates lazer e motricidade.** Campinas: Autores Associados, 2000.

MEIRA, P.; SATO, M. Só os peixes mortos não conseguem nadar contra a correnteza. **Revista de Educação Pública**, Cuiabá, v.14, n.25, p.17-35, 2005.

MENDONÇA, R. Educação ambiental e ecoturismo. In: MENDONÇA, R.; NEIMAN, Z. (Orgs.). **Ecoturismo no Brasil.** Barueri: Manole, 2005.

MENDONÇA, R.; NEIMAN, Z. **À sombra das árvores: transdisciplinaridade e educação ambiental em atividades extraclasse**. São Paulo: Chronos, 2003. (Coleção Tempo de Aprender).

NEIMAN, Z. **A educação ambiental através do contato dirigido com a natureza.** São Paulo, 2007a. Tese (Doutorado em Psicologia). Instituto de Psicologia da Universidade de São Paulo.

______. Percepção e representações: aspectos da psicologia ambiental. **Revista de pesquisa em educação ambiental**, v.IV, p.42, 2007b.

NEIMAN, Z.; RABINOVICI, A. Envolvimento sustentável em comunidades de conservação. **OLAM – ciência & tecnologia,** Rio Claro, v.VIII, p.6-30, 2008a.

______. Trilhas na natureza e sensibilização ambiental. In: COSTA, N.C.; NEIMAN, Z.; COSTA, V.C. (Orgs.). **Pelas trilhas do ecoturismo.** São Carlos: RiMa, 2008b, p.73-86.

PEDRINI, A.G.; BRITO, M.I.M.S. Educação ambiental para o desenvolvimento ou sociedade sustentável? Uma breve reflexão para a América Latina. **Revista Educação Ambiental em Ação**, n. 17, 20p., 2006.

SCHAMA, S. **Paisagem e memória.** São Paulo: Companhia das Letras, 1995.

SIMIQUELI, R.F.; FONTOURA, L.M.; PINTO, V.P.S. Percepção ambiental no contexto do ecoturismo: possibilidades para o planejamento em unidades de conservação. In: **Anais do IIº Encontro Interdisciplinar de Ecoturismo em Unidades de Conservação (EcoUC) e do VIº Congresso Nacional de Ecoturismo (Conecotur).** Itatiaia: Instituto Physis Cultura & Ambiente , 2007.

TUAN, Y. **Topofilia: um estudo da percepção, atitudes e valores do meio ambiente.** São Paulo: Difel, 1980.

WEARING, S.; NEIL, J. **Ecoturismo: impactos, potencialidades e possibilidades.** Barueri: Manole, 2001.

5 Ecoturismo e conservação dos recursos naturais

Zysman Neiman
Raquel Formaggio Patricio

Introdução

Evitar a extinção dos ecossistemas naturais é um dos maiores desafios da humanidade neste século. Além das razões morais, existem as de ordem estética, religiosa, cultural, científica e econômica (Wallace, 2002). As estratégias para a construção de sociedades sustentáveis precisam considerar a necessidade de uma aliança entre conservação ambiental e desenvolvimento humano (Silva e Junqueira, 2007).

Diversas políticas públicas têm sido desenvolvidas com o objetivo de proteger os recursos naturais, mas até este início de milênio apenas 5% do planeta está legalmente protegido. Nesse contexto, as unidades de conservação (UCs) têm se destacado como uma das políticas públicas mais importantes e são, segundo a International Union for the Conservation of the Nature (IUCN), o método mais eficaz de proteção da biodiversidade.

No entanto, para alcançar seus objetivos, as terras já destinadas à conservação da biodiversidade devem ser adequadamente protegidas de um conjunto de forças (Terborgh e Schaik, 2002). As muitas ameaças destrutivas que acometem uma UC só são passíveis de solução à medida que as variáveis que indicam impactos e as características sociais da população local são conhecidas. Isso ocorre porque, em termos de intensidade e de desdobramento, o contexto socioambiental exerce influência nos fatores que ameaçam as UCs (Morsello, 2001).

São cada vez mais comuns, em países que adotam políticas de conservação da natureza, trabalhos que estimam o valor econômico associado aos serviços ambientais das áreas naturais protegidas. Ortiz et al. (2001, p. 82) ressaltam que

> a valoração econômica dos recursos naturais permite ao contribuinte identificar a contrapartida, em termos de gastos orçamentários exigidos para a conservação destas áreas, e indica aos gestores de recursos ambientais com orçamentos limitados quais são as prioridades da sociedade, permitindo um melhor controle e gerenciamento das demandas.

Um fato bastante marcante que vem ocorrendo nas diversas UCs do Brasil e do mundo é o aumento do número de caçadores e extrativistas ilegais que se transformaram em guarda-parques, educadores ambientais ou empreendedores de serviços de turismo, o que, em última instância, acaba promovendo a conservação dos recursos naturais. Essa é uma ligação direta entre turismo e conservação, pois essa atividade torna-se atrativa somente quando há a garantia de que seus praticantes encontrarão biodiversidade e culturas diferentes.

Nos primórdios da sua prática como atividade de mercado, o manejo do turismo não tinha preocupação com as questões ambientais; simbolizava, portanto, apenas uma atividade geradora de lucros. Porém,

> a tomada de consciência sobre a degradação ambiental detonou, no final do século XX, uma reflexão sobre a lógica econômica e o equilíbrio planetário que condiciona a sobrevivência da humanidade. (Neiman, 2002, p. 18)

Nas últimas décadas, não só no turismo, mas em toda atividade que exige intervenção no meio natural, percebe-se a valorização do ambiente e sua preservação. No entanto, apesar de suas potencialidades positivas para a gestão de uma UC, as atividades turísticas também podem representar ameaças para a conservação dessas áreas. Dourojeanni e Pádua (2001) salientam que a presença de negócios turísticos e o crescente envolvimento das instituições oficiais de turismo contribuem para criar novas demandas e pressões sobre a natureza, atentando, muitas vezes, contra os princípios da sustentabilidade, sem trazer os benefícios esperados para as populações locais.

Campos (2004) afirma que o turismo pode ser uma alternativa de desenvolvimento sustentável desde que haja geração de renda às populações envolvidas, pois isso diminuiria a exploração dos recursos florestais e geraria mais receita para a administração das áreas de proteção da natureza.

As concepções sobre biodiversidade absorvidas pelos turistas durante a visitação podem gerar informações capazes de nortear, por parte dos gestores das UCs, estratégias de manejo dos recursos naturais. Monitorar a percepção dos visitantes pode, portanto, fornecer informações que ajudam os administradores a compreender as causas dos impactos negativos gerados pela atividade recreativa e a criar potenciais soluções.

As UCs são o ambiente adequado para desenvolver ações que formem um cidadão mais consciente de suas responsabilidades e que atue de forma mais participativa e articulada em questões ambientais. Os parques nacionais, por exemplo, permitem que sejam desenvolvidas atividades de recreação e turismo, o que tem colaborado para o crescimento do número de visitantes a essas áreas. Em 2000, cerca de 1,9 milhão de pessoas visitaram parques nacionais e, em 2005, os visitantes somaram quase 3 milhões. A visitação é uma forma de aproximar a sociedade a áreas protegidas e despertar o seu interesse para a conservação das mesmas, exercendo efeito direto na adoção de diferentes condutas e políticas favoráveis à proteção do meio ambiente (Brasil, 2000).

Unidades de conservação: solução ou problema?

A medida que melhor exemplifica, na atualidade, a tentativa de preservar os recursos naturais e a vida nos diversos ecossistemas é a criação de UCs. Essa é a estratégia preservacionista mais simples de se conceber e a mais aceita mundialmente. Nas UCs são protegidos os espaços territoriais, as águas jurisdicionais e os recursos naturais com características relevantes, com objetivo de conservação. São instituídas legalmente pelo poder público e estão sob regime especial de administração, ao qual se aplicam garantias de proteção (Brasil, 2000).

No Brasil, a estratégia de criação de UCs iniciou-se na década de 1930, na esteira de uma sensibilização mundial crescente a partir da criação, nos Estados Unidos, do Yellowstone National Park, em 1872.

O Parque Nacional do Itatiaia foi criado em 1937, pelo governo de Getúlio Vargas, pelo Decreto Federal n. 1.713, de 14 de julho, tornando-se a primeira UC do país. Desde então o número de UCs vem crescendo e, até 2008, o Instituto Chico Mendes de Conservação da Biodiversidade (ICMBio) já gerenciava 130 UCs de proteção integral e 169 UCs de uso sustentável, totalizando 299 UCs (Brasil, 2009).

Todo esse processo envolveu uma série de ações do setor público (e também do privado) para que se chegasse aos números atuais, que devem continuar a crescer no país. Entre os anos de 1999 e 2002, o Ministério do Meio Ambiente (MMA) definiu as áreas prioritárias para a conservação nos biomas brasileiros. Nesse período, surgiu o Sistema Nacional de Unidades de Conservação (Snuc), com a lei que estabelece os marcos referenciais para o processo de criação de uma UC. Entre os anos de 2004 e 2006, houve uma revisão nessa identificação das áreas prioritárias para a conservação, visando o aumento da abrangência desse Sistema. Ainda nessa época foi verificado um aumento de 235 UCs, em 2002, para 288 em 2006, o que representou uma área de mais de 600 mil km². Em 1985, as UCs federais protegiam cerca de 15 milhões de hectares e, em 2007, esse número já alcançava mais de 100 milhões de hectares, ou 12% do território nacional (Brasil, 2009).

Mas vale aqui uma reflexão: as unidades de conservação representam problema ou solução para a conservação?

São muitas as polêmicas. De quem é o direito de uso sobre uma UC? Elas são locais de acesso reservado a pesquisadores, ambientalistas e administradores, ou à sociedade toda? Servem à preservação de espécies da fauna e da flora ou é possível a utilização de seus recursos pelo ser humano?

É evidente que a implantação de uma UC exige diversas modificações, ações que causam impacto ao meio ambiente, ao entorno, à biota, aos turistas e às comunidades locais. A criação dessas áreas exige, na maioria dos casos, a desocupação de terras nas quais vivem comunidades locais, o que pode gerar diversos problemas como invasões para caça e pesca ilegais, incêndios, extração ilegal de recursos, bem como sua aculturação.

Atender a todos os interesses e resolver esses dilemas tem sido o maior desafio à gestão das UCs no Brasil, sendo o turismo apenas um dos aspectos que fazem parte desse debate. Mas um fato mostra-se inquestionável: a criação de novas UCs é imprescindível para amenizar os impactos negativos causados pelos avanços tecnológicos e o progresso da sociedade moderna, que redundou em 3 milhões de hectares de desmatamento ao ano no Brasil, índice do final da primeira década do século XXI.

Uma vez criadas, é preciso que haja fiscalização contra a ação de caçadores e madeireiros ilegais, bem como a regulamentação do extrativismo de forma sustentável, que permita a subsistência da comunidade local. Além disso, é necessário o aumento da produção de pesquisas científicas sobre fauna e flora que auxiliem em novas descobertas e medidas de conservação. Também é importante que se priorize a educação ambiental através do turismo, do lazer, da recreação, da melhoria do entorno com implantação de infra e superestrutura, de forma a promover o desenvolvimento sustentável e a conscientização de todos os envolvidos sobre a importância da natureza para o ser humano.

Entende-se que as vantagens da criação dessas áreas protegidas têm sido maiores em relação às desvantagens, tornando-se, como já dito, uma das mais bem aceitas estratégias de conservação no mundo.

Sistema Nacional de Unidades de Conservação

O Snuc foi implementado em julho de 2000 pela Lei n. 9.985, instituindo critérios e normas para criação, implantação e gestão das unidades de conservação do Brasil. Esse sistema constitui-se do conjunto das UCs brasileiras e tem como apoio seus conselhos consultivo e deliberativo. O Conselho Nacional do Meio Ambiente (Conama) acompanha e implementa o sistema e o MMA o coordena. O ICMBio desde 2008 implementa o Snuc, subsidia propostas de criação e administra as UCs.

A criação de uma UC é feita por ato público, devendo ser precedida de estudos técnicos que permitam identificar sua localização, limites e dimensões. Todas as UCs devem dispor de um plano de manejo – documento que contêm informações técnicas e demais disposições sobre a unidade, tais como seu zoneamento, área de amortecimento (entorno de uma unidade) e corredores ecológicos (porções de ecossistemas que ligam as unidades) –, o qual deve ser elaborado em um prazo de até 5 anos após sua criação.

O Snuc tem diversos objetivos, todos ligados a preservação, manutenção e restauração da biodiversidade que se localiza no interior e no entorno das UCs. Dessa forma, objetiva manter os recursos naturais para que haja desenvolvimento sustentável e restauro dos que sofreram algum dano, com a finalidade de recuperá-los para que não sejam extintos (Brasil, 2000).

São objetivos do Snuc:

- contribuir para a manutenção da diversidade biológica e dos recursos genéticos no território nacional e nas águas jurisdicionais;
- proteger as espécies ameaçadas de extinção no âmbito regional e nacional;
- contribuir para a preservação e a restauração da diversidade de ecossistemas naturais;
- promover desenvolvimento sustentável a partir dos recursos naturais;
- proporcionar meios e incentivos para pesquisa científica, estudos e monitoramento ambiental;
- favorecer condições de promover a educação e interpretação ambiental, a recreação em contato com a natureza e o ecoturismo.

É de suma importância que as diretrizes do sistema sejam seguidas, assim será possível alcançar e cumprir esses objetivos à medida que o conjunto das UCs seja representado por amostras significativas e ecologicamente viáveis das diferentes populações, *habitats*, ecossistemas e águas jurisdicionais, a fim de salvaguardar todo patrimônio biológico que existe no território nacional. Além disso, deve-se envolver também a população local para a criação, implantação e gestão das unidades, assegurando a subsistência das mesmas, e buscar apoio de organizações não governamentais (ONGs), empresas privadas e sociedade civil para desenvolver estudos, pesquisas científicas, atividades turísticas e integrar o processo de criação e gestão das UCs com as políticas de administração das terras e águas circundantes (Brasil, 2000).

No que tange às UCs, elas são divididas pelo Snuc em dois grupos com características específicas, que se subdividem em doze categorias, o que demonstra a particularidade de cada UC devido à amplitude e à singularidade dos ecossistemas existentes no Brasil.

As **unidades de proteção integral**, representando o primeiro grupo, objetivam preservar a natureza e manter os ecossistemas livres de alterações causadas por interferência do homem, admitindo somente o uso indireto dos seus recursos naturais (não envolve coleta, consumo, dano ou destruição dos recursos). Esse grupo compõe-se de cinco categorias, sendo elas: estação ecológica, reserva biológica, parque nacional, monumento natural e refúgio da vida silvestre (Brasil, 2000).

A **estação ecológica** é de domínio e posse públicos, visa preservar a natureza e realizar pesquisas (com autorização prévia do órgão responsável pela unidade) e não permite a visitação pública (exceto para fins de educação ambiental). Os ecossistemas só poderão ser alterados em caso de restauro, manejo de espécies para preservação e coletas com finalidades científicas.

A **reserva biológica,** também de domínio e posse públicos, objetiva preservar integralmente a biota e os demais atributos naturais existentes em seus limites, sem modificações ambientais, tratando a questão da visitação pública e da pesquisa científica da mesma maneira que nas estações ecológicas.

O **parque nacional** preserva os ecossistemas de grande relevância ecológica e beleza cênica, possibilitando a realização de pesquisas científicas, atividades de educação e interpretação ambiental, recreação e ecoturismo. Os parques nacionais são de domínio público e podem ser criados em âmbitos estaduais e municipais (mudando sua denominação, respectivamente, para parque estadual e parque natural municipal).

Os **monumentos naturais** visam preservar sítios naturais raros, singulares ou de grande beleza cênica, e podem estar localizados em áreas particulares, sendo permitida a visitação pública.

O **refúgio da vida silvestre,** o qual também pode ser constituído de área particular, objetiva proteger ambientes naturais nos quais sejam asseguradas as condições para a existência e a reprodução de espécies ou comunidades da flora local e fauna residente ou migratória. Permite-se a visitação e a pesquisa científica, sempre de acordo com as normas do plano de manejo e autorização prévia.

O segundo grupo é composto pelas **unidades de uso sustentável**, as quais visam compatibilizar a conservação da natureza com o uso sustentável de parcela de seus recursos naturais, explorando o ambiente e garantindo a perenidade de seus recursos ambientais renováveis e dos processos ecológicos, mantendo a biodiversidade de forma socialmente justa e economicamente viável. Fazem parte desse grupo sete categorias: área de proteção ambiental, área de relevante interesse ecológico, floresta nacional, reserva extrativista, reserva de fauna, reserva de desenvolvimento sustentável e reserva particular do patrimônio natural, sendo esta última a mais curiosa, por localizar-se sempre em área privada, com objetivo de conservar a diversidade biológica (Brasil, 2000).

A **área de proteção ambiental** geralmente se caracteriza por ser uma área bem extensa, pública ou privada, com ocupação humana, dotada de atributos naturais, estéticos ou culturais importantes para a qualidade de vida e o bem-estar dessas populações, objetivando proteger a diversidade, disciplinar o processo de ocupação e assegurar a sustentabilidade do uso dos recursos ambientais. A visitação e a pesquisa científica serão estabelecidas pelo órgão gestor da unidade.

A **área de relevante interesse ecológico**, pelo contrário, costuma ser de pequena extensão, pouca ou nenhuma ocupação humana, e abriga exemplares raros da biota com o objetivo de manter os ecossistemas naturais de importância regional ou local. Pode ser em área pública ou privada.

As **florestas nacionais** são áreas com coberturas florestais de espécies predominantemente nativas, onde se objetivam o uso múltiplo sustentável desses recursos e a pesquisa científica (que é incentivada). São de domínio público, mas a permanência de populações tradicionais habitantes no ato de sua criação, bem como a visitação pública, são permitidas.

As **reservas extrativistas** são áreas públicas utilizadas por populações extrativistas tradicionais para subsistência, e têm o objetivo de proteger os meios de vida e cultura dessas populações, assegurando o uso sustentável dos recursos da unidade. Tanto a pesquisa quanto a visitação são permitidas, todavia, são proibidas a exploração de recursos minerais e a caça. A comercialização da madeira, por fim, só é permitida em base sustentável, conforme disposto no plano de manejo e nos regulamentos.

A **reserva de fauna** situa-se em área pública, a visitação é permitida e é proibida a caça em qualquer circunstância; a comercialização de produtos e subprodutos obedecerá às leis e regulamentos.

Por fim, a **reserva de desenvolvimento sustentável** é uma área natural pública que abriga populações tradicionais, com exploração sustentável dos recursos, cujo objetivo é preservar a natureza e, ao mesmo tempo, assegurar as condições de vida das populações tradicionais, bem como valorizar, conservar e aperfeiçoar o conhecimento e as técnicas de manejo do ambiente, desenvolvidos por essas populações. A pesquisa científica e a visitação são permitidas e incentivadas, sendo que essas e outras atividades desenvolvidas devem sempre considerar o equilíbrio dinâmico entre o tamanho da população e a conservação.

Assim, o Snuc prevê a criação de unidades de conservação regulamentadas de maneira a proteger os recursos naturais, bem como os culturais, de acordo com a necessidade e característica de cada ecossistema, que, de acordo com o Instituto Brasileiro do Meio Ambiente e dos Recursos Naturais Renováveis (Ibama) são: Amazônia, Costeiros, Caatinga, Cerrado, Pantanal, Mata Atlântica e Campos Sulinos (Ibama e MMA, 2007).

A Figura 5.1 mostra a evolução do Snuc de acordo com as áreas protegidas no país.

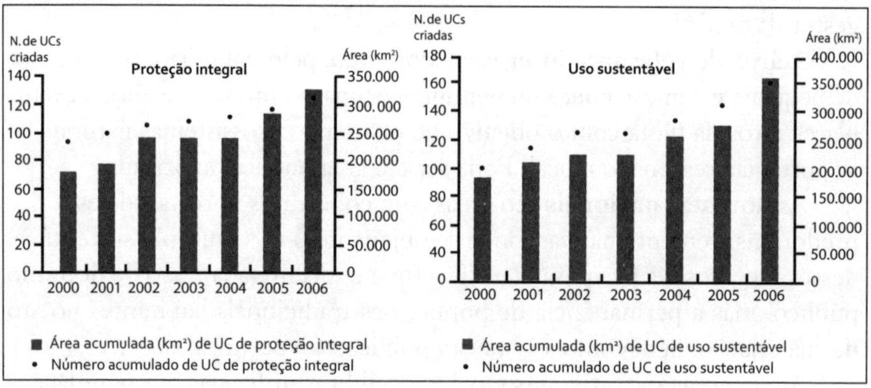

Figura 5.1 Crescimento da área protegida por UCs no Brasil.
Fonte: Ibama e MMA (2007).

Silva e Junqueira (2007) entendem que a estratégia mais efetiva para evitar a extinção de espécies em ambientes muito fragmentados é a criação de extensos corredores ecológicos, áreas que unem os remanescentes florestais, possibilitando o livre trânsito de animais e a dispersão de sementes das espécies vegetais. Os corredores podem unir UCs, reservas particulares, reservas legais, áreas de preservação permanente ou quaisquer outras áreas de florestas naturais.

Apesar de ser um conceito introduzido no Brasil somente nos anos de 2000, sua aplicação é de extrema importância para a recuperação e a preservação dos diversos biomas, já que os remanescentes estão espalhados por pequenos e médios fragmentos, que se tornam ilhas de biodiversidade. Os corredores ecológicos podem reconectar esses remanescentes e proporcionar o aumento da cobertura vegetal, garantindo a conservação dos recursos naturais e da biodiversidade de ecossistemas considerados prioritários.

A implementação de um corredor implica a gestão integrada de uma área, conectando por uma rede pequenos fragmentos e trechos de florestas restauradas em lugares muito estratégicos, como os cursos dos rios e córregos (Silva e Junqueira, 2007). Esse modelo avança em relação à simples criação de UCs, pois entende que, para garantir a conservação dos recursos naturais, não basta criar ilhas, mas sim conectá-las a fim de promover processos ecológicos fundamentais para o seu funcionamento.

Campanhas de orgulho

Algumas das estratégias de conservação de biomas mais bem-sucedidas no Brasil e no mundo usam espécies ameaçadas como símbolo para campanhas, estudos de ecologia e manejo e programas de educação ambiental. Em 1961, quando o WWF foi fundado, escolheu-se o urso panda como o símbolo da organização. O animal foi escolhido porque representa, por conta da sua situação atual, o que ocorre com quase todas as espécies ameaçadas de extinção[1].

O mico-leão-dourado é um dos símbolos da luta pela preservação das espécies brasileiras ameaçadas de extinção. Em 1971, um grupo de organizações nacionais e internacionais deu início ao projeto que vem sendo desenvolvido na Reserva Biológica de Poço das Antas, no Rio de Janeiro, com o objetivo de assegurar a sobrevivência de populações de micos-leões-dourados em seu *habitat*. Para isso, foi criado, em 1983, o Programa de Conservação para o Mico-Leão-Dourado (PCMLD)[2] (Box 5.1).

Box 5.1 – O Programa de Ecoturismo da Associação Mico-Leão-Dourado

"Desde 1992, a Associação Mico Leão-Dourado (AMLD) mantém um programa de incentivo ao desenvolvimento regional do ecoturismo, promovendo o ordenamento da atividade turística na região. Dentre as ações desse programa está o trabalho de recepção de ecoturistas, sobretudo estrangeiros, para a visualização do mico-leão-dourado em seu *habitat*, em propriedades particulares parceiras da AMLD e inseridas na Área de Proteção Ambiental (APA) Bacia do Rio São João/Mico-leão-dourado. Esse trabalho é realizado também em parceira com quatro operadoras de turismo que promovem doações de recursos à instituição, proporcionais à frequência do público. A programação de visita inclui ainda uma apresentação, junto do Centro Educativo da Reserva Biológica de Poço das Antas, sobre a AMLD e suas ações, e um almoço na Reserva Particular do Patrimônio Natural (RPPN) Bom Retiro, também parceira do Programa.

Essa atividade encontra-se em consonância com os planejamentos de turismo municipais da região e com as ações de incentivos comunitários desen-

1 Segundo o site www.wwf.org.br.

2 Segundo o site www.micoleao.org.br.

volvidas pela AMLD junto a proprietários rurais, comunidades e prefeituras. O programa de ecoturismo da AMLD vem aumentando o apoio do público, em nível mundial, às ações de conservação desenvolvidas na APA, o que torna o ecoturismo uma poderosa ferramenta para a educação ambiental, além de estimular os proprietários da APA a criarem novas RPPNs, uma vez que estas podem servir como atrativo aos ecoturistas, gerando renda aos proprietários rurais e empregos nas comunidades locais, além de promover a conservação.

Os grupos de micos-leões-dourados que são visualizados pelos ecoturistas fazem parte do programa de reintrodução de micos-leões da AMLD, que se iniciou na década de 1980 com o intuito de aumentar o número de micos-leões-dourados vivendo livremente na natureza.

Os visitantes são levados somente em uma propriedade privada, fazenda Afetiva, a fim de reduzir o impacto sobre os animais, sua habituação a estranhos e o risco de doenças transmissíveis. Por possuir pequenos fragmentos de terrenos baixos, essa propriedade foi selecionada para possibilitar fácil acesso aos micos-leões-dourados, garantindo assim a sua visualização e maior comodidade para os ecoturistas, especialmente os idosos, que constituem grande parte do público do Tour Mico-Leão-Dourado.

No ano de 2006, a AMLD recebeu 153 ecoturistas estrangeiros, totalizando 29 grupos que visitaram a organização para conhecer melhor os trabalhos e visualizar grupos de micos-leões-dourados reintroduzidos em propriedades particulares do entorno da Reserva Poço das Antas."

Fonte: adaptado de Nunes et al. (2007). Disponível em: http://www.physis.org.br/ecouc/Artigos/Artigo40.pdf.

Utilizando espécies como símbolos da conservação, destaca-se o trabalho da bióloga Neiva Guedes, que desde 1994 coordena um projeto de conservação da arara-azul (*Anodorhynchus hyacinthinus*) no Mato Grosso do Sul, aliando legislação ambiental mais rigorosa a um bom trabalho de educação ambiental e conscientização da população local. Com isso, o comércio ilegal de araras deixou de ser encarado como a maior ameaça para a espécie.

No entanto, um dos projetos de abrangência nacional mais conhecido é o Projeto Tamar. No final da década de 1970, as tartarugas marinhas foram incluídas em uma lista do Instituto Brasileiro de Desenvolvimento Florestal (IBDF) de espécies ameaçadas de extinção, por causa da captura em atividades de pesca, da matança de fêmeas e destruição dos ninhos nas praias. Houve reação e denúncias, inclusive de repercussão internacional. Iniciou-se então, em 1980, um levantamento por toda a costa brasileira, entrevistando pescadores, prefeituras, universidades e moradores, o que permitiu um retrato da situação das tartarugas marinhas. O Projeto Tamar, executado pelo Ibama em parceria com a Fundação Pró-Tamar, monitora hoje, mil quilômetros de praia, com vinte bases que cobrem oito estados brasileiros. Dos envolvidos nesse trabalho, 90% são membros das comunidades onde as bases estão instaladas, sendo que a maioria das bases tem projetos de visitação, educação ambiental e turismo, muitas vezes construindo um dos grandes atrativos turísticos da localidade, como é o caso da Praia do Forte (BA) e de Fernando de Noronha (PE) (Box 5.2).

Box 5.2 – Projeto Tamar

"O nome Tamar foi criado a partir da contração das palavras 'tartaruga marinha'. A abreviação se mostrou necessária ainda no início dos anos 80, para a confecção das pequenas placas de metal utilizadas na identificação das tartarugas marcadas pelo Projeto para estudos de biometria, monitoramento das rotas migratórias e outros.

Desde então, o Projeto Tamar passou a designar o Programa Brasileiro de Conservação das Tartarugas Marinhas, que é executado pelo ICMBio, através do Centro Brasileiro de Proteção e Pesquisa das Tartarugas Marinhas (Centro Tamar-ICMBio), órgão governamental; e pela Fundação Centro Brasileiro de Proteção e Pesquisas das Tartarugas Marinhas (Fundação Pró-Tamar), instituição não governamental, de utilidade pública federal.

Essa união do governamental com o não governamental revela a natureza institucional híbrida do Projeto Tamar. O Tamar conta ainda com a participação de empresas e instituições nacionais e internacionais, além de organizações não governamentais."

Missão

"A missão é proteger as tartarugas marinhas que ocorrem no Brasil, através da geração de alternativas econômicas sustentáveis.

O Tamar surgiu com o objetivo de proteger as tartarugas marinhas. Com o tempo, porém, percebeu-se que os trabalhos não poderiam ficar restritos às tartarugas, pois uma das chaves para o sucesso desta missão seria o apoio ao desenvolvimento das comunidades costeiras, de forma a oferecer alternativas econômicas que amenizassem a questão social, reduzindo assim a pressão humana sobre as tartarugas marinhas.

As atividades são organizadas a partir de três linhas de ação: Conservação e Pesquisa Aplicada, Educação Ambiental e Desenvolvimento Local Sustentável, onde a principal ferramenta é a criatividade. Desde o início, tem sido necessário desenvolver técnicas pioneiras de conservação e desenvolvimento comunitário, adequadas às realidades de cada uma das regiões trabalhadas. As atividades estão concentradas em 22 bases, distribuídas em mais de 1.100 km de costa.

Assim, sob o abrigo da proteção das tartarugas, promove-se também a conservação dos ecossistemas marinho e costeiro e o desenvolvimento sustentável das comunidades próximas às bases – estratégia de conservação conhecida como 'espécie-bandeira' ou 'espécie-guarda-chuva'.

Essas atividades envolvem cerca de 1.200 pessoas, a maioria moradores das comunidades, e são essenciais para a proteção das tartarugas marinhas, pois melhoram as condições do seu habitat e reduzem a pressão humana sobre os ecossistemas e as espécies.

A sociedade é outro parceiro fundamental do programa de conservação das tartarugas marinhas no Brasil. Uma prova muito concreta é o fato de um terço do orçamento do Tamar ser oriundo do Programa de Auto-sustentação, ou seja, da venda dos produtos com a marca Tamar e do turismo nas bases.

Todos os anos, mais de 1,5 milhão de pessoas visitam as bases e 150 estagiários recebem treinamento e capacitação, tornando-se multiplicadores dos conhecimentos adquiridos. Diariamente, cerca de 1000 pessoas acessam a home page oficial.

Adquirindo produtos, prestando trabalhos voluntários ou obtendo informação e diversão e as compartilhando com amigos e familiares, todos esses visitantes, virtuais ou não, contribuem com o Tamar, as tartarugas marinhas e as comunidades e são tocados pela mensagem da conservação ambiental. Em troca, têm a certeza de que estão ajudando a construir um mundo mais justo, onde o desenvolvimento humano e o respeito a todas as formas de vida são complementares e não antagônicos."

Turismo nos centros de visitantes

"As tartarugas marinhas e o Projeto Tamar ganharam importância, ao longo dos anos, em regiões onde existem estações de pesquisa instaladas. Além do potencial natural, cultural e histórico de cada lugar, as tartarugas exercem um fascínio especial sobre os visitantes.

> Em várias de suas bases, o Tamar criou centros de visitantes e investe na melhoria da infraestrutura, oferecendo cada vez mais serviços e novos atrativos para os turistas. Além das lojas, há museus, tanques e aquários, exposições permanentes e educativas."
>
> Fonte: Projeto Tamar, disponível em: http:// www.tamar.org.br.

Uma metodologia proposta pela ONG americana Rare Center for Tropical Conservation, que desde 1973 desenvolve projetos de conservação em diversos países do mundo, baseia-se na ideia de criar campanhas que fomentam o orgulho das comunidades por meio do uso de "espécies-bandeira".

A metodologia é dividida em cinco fases:

1) fase teórica preparatória visando à elaboração de um plano de ação;
2) consultas às comunidades por meio do processo participativo para o levantamento de problemas ambientais, a aplicação de questionários com finalidade avaliativa e de escolha da espécie-bandeira, até o estabelecimento de um comitê de apoio;
3) implementação das atividades destacadas no plano, dentre as quais estão a confecção de produtos como pôsteres, folders explicativos e camisetas, assim como a apresentação de teatro de fantoches tratando dos problemas ambientais da região, realizada em escolas, associações de pequenos agricultores e eventos comunitários, dentre outras ações;
4) atividades de visitas a proprietários rurais, com o intuito de informá-los e incentivá-los a conservar os ecossistemas, além de oficinas com agentes comunitários de saúde que podem apoiar na divulgação da campanha;
5) elaboração de uma proposta de monitoramento dos resultados obtidos.

Lerda e Quesada (2007) afirmam que um dos atrativos desse programa é a sua apresentação como um pacote de atividades de educação ambiental acompanhadas por uma capacitação para educadores e um manual do que deve ser feito e quando. Para os autores, as campanhas de orgulho ajudam na implementação de uma enorme variedade de atividades – desde um espetáculo de marionetes até a criação de um programa de rádio com temáticas ambientais. As espécies-bandeira podem, inclusive, ser usadas em programas regionais de ecoturismo e servir como "marca" (selo) para processos de autocertificação da qualidade e sustentabilidade de serviços prestados (ver Capítulo 13). Um bom exemplo de união entre conservação e turismo pode ser observado no projeto desenvolvido pelo Instituto Baleia Jubarte (Box 5.3).

Box 5.3 – Instituto Baleia Jubarte: origem e atuação

"A pequena cidade histórica de Caravelas, no extremo sul da Bahia, é o ponto no continente mais próximo do Parque Nacional Marinho dos Abrolhos. Em 1987, durante os trabalhos de implantação do Parque, foi redescoberta a presença de uma pequena população remanescente de baleias jubarte e sugeriu-se a importância de Abrolhos como principal 'berçário' da espécie no Oceano Atlântico Sul Ocidental. Assim nascia o Projeto Baleia Jubarte, com a finalidade de promover a proteção e pesquisa destes mamíferos no Brasil. Caravelas passou, assim, de importante porto baleeiro no Brasil Colônia a sede da primeira base de um projeto de conservação de jubartes no país.

Em 1988 foram realizados os primeiros cruzeiros para fotografar as baleias jubarte, e as primeiras tentativas de estudar os animais a partir de uma estação em terra no arquipélago dos Abrolhos.

O Projeto foi posteriormente, em 1996, transformado em Instituto Baleia Jubarte, organização não governamental que possui como missão 'conservar as baleias jubarte e outros cetáceos do Brasil, contribuindo para harmonizar a atividade humana com a preservação do patrimônio natural para o benefício dos cidadãos de hoje e das futuras gerações'.

A criação da segunda base do Instituto Baleia Jubarte na Praia do Forte, no litoral norte da Bahia, ocorreu em 2001, a partir da necessidade de monitorar os cada vez mais frequentes registros da espécie na região, como consequência da reocupação desta antiga área de ocorrência histórica da espécie. A implantação da nova base possibilitou a realização de cruzeiros de pesquisa no litoral norte, ampliando assim a área de estudo. A Praia do Forte, no litoral norte da Bahia, tem se tornado a cada dia mais um local de referência para o Ecoturismo e conservação ambiental no estado: dotada de beleza ímpar, é o principal destino turístico do litoral norte baiano e sede de projetos importantes de conservação marinha. Devido aos hábitos costeiros da espécie e ao estreitamento da plataforma continental no litoral norte da Bahia, as observações ocorrem próximo da costa, e o turismo de observação de baleias fomentado pelo IBJ como ferramenta de sensibilização da opinião pública contra a caça destes animais tem aumentado a cada ano. O Centro de Pesquisa e Educação Ambiental do Instituto Baleia Jubarte na Praia do Forte constitui um novo espaço de divulgação e conscientização da comunidade e visitantes quanto à existência e importância da conservação das baleias na região."

Turismo de observação de baleias jubarte no Brasil

"O Instituto Baleia Jubarte acredita no turismo de observação de baleias (whalewatching) como uma excelente ferramenta de sensibilização da opinião pública contra o retorno da caça comercial de baleias e para a geração de benefícios econômicos, ambientais e culturais para as comunidades situadas nos locais de desenvolvimento da atividade. Desta forma, o IBJ vem incentivando e monitorando o turismo de observação de baleias jubarte iniciado em 2001 no litoral norte da Bahia. No extremo sul do estado, o turismo inicialmente voltado para o mergulho no Parque Nacional Marinho dos Abrolhos – onde o encontro com as baleias representava apenas uma agradável surpresa durante o percurso – aos poucos também vem se transformando, tendo na baleia a protagonista de muitos passeios. Os principais objetivos do Instituto Baleia Jubarte nesta atividade são incentivar e potencializar o turismo responsável ligado diretamente à conservação da espécie em seu ambiente natural, oportunizando ainda a obtenção de dados científicos importantes sobre a biologia e comportamento destes cetáceos. No Brasil, o turismo de observação de baleias (whalewatching) é regulamentado pela portaria do Ibama nº 117/1996 (alterada pela portaria nº 24/2002), que estabelece normas para prevenir e coibir o molestamento intencional de cetáceos em águas jurisdicionais brasileiras. O cumprimento desta regulamentação é fundamental para garantir aos futuros visitantes a mesma inesquecível experiência de ver as baleias em seu ambiente natural sem que elas tenham de fugir à sua curiosidade. O trabalho de informação e educação ambiental realizado pelo IBJ em parceria com as operadoras garante o acesso de turistas, guias, tripulação das embarcações e comunidade local a informações sobre a biologia e características da baleia jubarte e de outros cetáceos, rotas migratórias e normas de avistagem, bem como das ações de conservação promovidas pelo Instituto Baleia Jubarte e por outras instituições nacionais e internacionais. O turismo de observação de baleias jubarte no Brasil encontra-se em processo de crescimento e dependerá do estabelecimento de ações conjuntas das ONGs, sociedade civil e governo para o ordenamento desta operação comercial, minimizando possíveis impactos negativos gerados pelo aumento do tráfego de embarcações e contribuindo para a recuperação populacional e tranquilidade das jubartes que se reproduzem anualmente em águas baianas e capixabas."

Fonte: Instituto Baleia Jubarte, disponível em http://www.baleiajubarte.org.br.

Uso social das unidades de conservação

O desenvolvimento de atividades econômicas em unidades de conservação, áreas de preservação permanente e de reserva legal[3] de forma sustentável só é possível de acordo com as possibilidades previstas legalmente para cada situação. No caso das propriedades particulares, os produtores provavelmente só vão se empenhar na preservação de suas matas se houver a possibilidade de um retorno financeiro com seu uso, conciliando-se assim o interesse econômico com o ecológico.

Práticas sustentáveis, como o ecoturismo, podem e devem ser estimuladas nas UCs e em seu entorno, de modo a reverter o quadro de exclusão social, perda de identidades étnico-culturais com desenraizamento progressivo dos modos de vida e das representações sociais locais, massificação e padronização dos modos de produção e consumo, e degradação e esgotamento dos recursos naturais com consequente perda da biodiversidade.

A exclusão de comunidades tradicionais de suas terras após a criação de UCs é uma prática recorrente que precisa ser revista pelas políticas públicas vigentes no Brasil e no mundo. Essas comunidades, via de regra, desenvolvem práticas de subsistência que normalmente não provocam uma

---

3 O Código Florestal (Lei n. 4.771, de 15.9.65, alterada pela Lei n. 7.803, de 8.8.93) define como Áreas de Proteção Permanente locais onde devem ser mantidas todas as florestas e demais formas de vegetação natural. Estes locais foram definidos como de proteção especial, pois representam áreas frágeis ou estratégicas em termos de conservação ambiental, não devendo ser modificadas para outros tipos de ocupação. O mesmo documento define Reserva Legal como a área de cada propriedade particular onde não é permitido o desmatamento (corte raso), mas que pode ser utilizada através de uso sustentável. Entende-se como uso sustentável a exploração do ambiente de maneira a garantir a perenidade dos recursos e dos processos ecológicos, de forma a manter a biodiversidade e a integridade dos ecossistemas. A Reserva Legal é uma área necessária à manutenção do equilíbrio ecológico das regiões do entorno e dos recursos naturais.

destruição contínua e desproporcional dos solos, da água, da vegetação e da fauna. Há um relativo equilíbrio entre o estilo de vida e a conservação dos recursos naturais por parte das populações tradicionais que, em alguns casos, já retiram seu sustento da terra há centenas de anos sem levá-la à exaustão.

Apesar de praticarem uma agricultura sustentável, o avanço dos interesses da sociedade urbano-industrializada faz com que a agricultura de subsistência não seja mais a única atividade praticada pelos pequenos agricultores (Schneider, 2003). A flexibilidade produtiva, da qual o ecoturismo pode ser uma alternativa, é uma forma do pequeno produtor se inserir no processo capitalista, ao mesmo tempo em que desenvolve atividades sustentáveis para o meio ambiente.

Macedo (2003) salienta que para levar adiante atividades de recreação, florestamento ou agricultura, as chamadas reservas da biosfera devem incluir três zonas inter-relacionadas: uma área núcleo, contendo um ecossistema perturbado ao mínimo, característica de um tipo principal de meio ambiente natural; uma zona de barreira, na qual usos e atividades são direcionados de forma a proteger o núcleo; e uma área de transição, combinando conservação e atividades sustentáveis. Esse é um modelo interessante que poderia ser utilizado pelas UCs para sua gestão e ordenamento de atividades econômicas, dentre elas o ecoturismo.

O turismo em áreas protegidas representa uma atividade muito importante para a economia da vários países, como o Quênia, que lucra aproximadamente 10% de seu produto nacional bruto por ano com o turismo. Na África Oriental, a renda gerada pelo turismo em áreas protegidas representa a maior fonte de renda da região. No ano de 1991, a Costa Rica registrou um aumento na atividade turística de 25% em relação aos três anos anteriores e uma renda de US$ 336 milhões; em Galápagos, o número de visitantes foi de 7 mil em 1975, 17.840 em 1985 e de quase 42 mil em 1989 (Wallace, 2002).

Nas Américas Central e do Sul, o turismo gerou impactos ecológicos em algumas UCs, como na ilha de Galápagos (Equador), Reserva de Monteverde Cloudforest e Cauhita National Park (Costa Rica) e em Ambergris Caye (Belize) (Boo, 1990; Wallace, 2002). No Brasil, como em outras partes do mundo, a prática do turismo em UCs intensificou-se na década de 1980. Beni (2003) vê esses espaços como polos potenciais para o turismo brasileiro. Porém, não só aqui, mas em outras partes do mundo, pode-se observar que as UCs não estão preparadas para receber um número cada vez maior de visitantes, que vem duplicando ou até triplicando a cada ano (Boo, 2002).

No entanto, com os devidos cuidados para a conservação da biodiversidade e com etnoconhecimentos regionais, é possível encontrar nas atividades turísticas que respeitam a capacidade de suporte da região um forte aliado para o pleno desenvolvimento e consolidação das UCs. Para tanto, é imprescindível o controle das atividades turísticas desenvolvidas em UCs e o envolvimento dos integrantes de comunidades tradicionais, tornando-as coautoras e gestoras responsáveis pela sustentabilidade da conservação da biodiversidade regional. É essencial estimular e promover alternativas de planejamento participativo comunitário que prezem a manutenção da qualidade ambiental e da cultura regional no desenvolvimento das atividades turísticas.

Reconhecer que quando o ecoturismo promove o contato das pessoas com as áreas protegidas, garantindo assim maior visibilidade da importância da sua conservação, chamando a atenção para os seus problemas ao mesmo tempo em que aumenta o poder de fiscalização contra agressores e incentiva a união de todos diante de eventuais tentativas de inviabilizá-las, por si só seria um avanço no reconhecimento da atividade como prática conservacionista. Isolar áreas naturais do olhar da sociedade pode parecer, para os preservacionistas mais radicais, a melhor medida para garantir existência da fauna e da flora ameaçadas. Porém, ao contrário, essa medida só as torna espaços sem relação com a vida da comunidade, não há um sentimento de territorialidade, o que em última instância gera descaso com seu destino. O sentido de patrimônio comum, do que pode ser desfrutado por todos e que cabe a todos conservar, só se dissemina se essas áreas protegidas puderem gerar vínculos afetivos com quem deve zelar por elas. O turismo, aliado à educação ambiental, é, portanto, ferramenta indispensável em qualquer estratégia, pública ou privada, de busca da sustentabilidade.

Questões para reflexão

1) Se as unidades de conservação não existissem, haveria alguma maneira de proteger os recursos naturais de forma tão eficiente como ocorre com as UCs? Como?
2) Quais falhas existem no Snuc ou o que mais poderia ser inserido no sistema com a finalidade de alcançar mais rápida e eficientemente os objetivos de proteção e conservação da natureza?

Referências

BENI, M.C. **Análise estrutural do turismo.** 8.ed. São Paulo: Senac, 2003.

BOO, E. **Ecotourism: the potentials and pitfalls.** v.1. WWF: Washington DC, 1990.

______. O planejamento ecoturístico para áreas protegidas. In: LINDBERG, K.; HAWKINS, D.E. (Orgs.). **Ecoturismo: planejamento e gestão.** 4.ed. São Paulo: Senac, 2002, p.31-55.

BRASIL. [MMA] Ministério do Meio Ambiente. **SNUC: Sistema Nacional de Unidades de Conservação.** Brasília: MMA, 2000.

______. [MMA] Ministério do Meio Ambiente; Instituto Chico Mendes. **Unidades de Conservação.** Brasília, 2009. Disponível em: http://www.icmbio.gov.br.

CAMPOS, A.M.N. O ecoturismo como alternativa de desenvolvimento sustentável. **Revista Espaço Acadêmico**, Maringá, n.43, dez. 2004.

DOUROJEANNI, M.J., PÁDUA, M.T.J. **Biodiversidade: a hora decisiva.** Curitiba: Editora UFPR, 2001, 308p.

[IBAMA] Instituto Brasileiro do Meio Ambiente e dos Recursos Naturais; [MMA] Ministério do Meio Ambiente. **Estudos de Representatividade Ecológica nos Biomas Brasileiros.** Brasília, 2007. Disponível em http://www.ibama.gov.br/patrimonio.

LERDA, D.; QUESADA, S. Educação ambiental para a conservação: desafios e lições. In: JUNQUEIRA, V.; NEIMAN, Z. (Orgs.). **Educação ambiental e conservação da biodiversidade: reflexões e experiências brasileiras.** Barueri: Manole, 2007, p.91-102.

MACEDO, R.L.G. **Percepção, conscientização e conservação ambientais.** Lavras: Fundação de Apoio ao Ensino, Pesquisa e Extensão (Faepe), 2003, 160p.

MORSELLO, C. **Áreas protegidas públicas e privadas: seleção e manejo.** São Paulo: Annablume/Fapesp, 2001.

NEIMAN, Z. (Org). **Meio ambiente, educação e ecoturismo.** Barueri: Manole, 2002.

NUNES, A.L.; FERNANDES, R.V.; BOUCINHA, V. et al. O mico-leão-dourado (*Leontopiteucus rosalia*): um raro produto para o ecoturismo e a conservação da Mata Atlântica. In: **Anais do VI Congresso Nacional de Ecoturismo (Conecotur).** Itatiaia: Instituto Physis Cultura & Ambiente, 2007. Disponível em: http://www.physis.org.br/ecouc/Artigos/Artigo40.pdf.

ORTIZ, R.A.; SERÔA da MOTTA, R.; FERRAZ, C. **Estimando o valor ambiental do Parque Nacional do Iguaçu: uma aplicação do método de custo de viagem.** Rio de Janeiro: Ipea, 2001, 26p (Texto para discussão, 777).

SCHNEIDER, S. Teoria social, agricultura familiar e pluriatividade. **Revista Brasileira de Ciências Sociais**, São Paulo, v.18, n.51, p.99-121, 2003.

SILVA, J.M.C.; JUNQUEIRA, V. Educação e conservação da biodiversidade: uma escolha. In: JUNQUEIRA, V.; NEIMAN, Z. (Orgs.). **Educação ambiental e conservação da biodiversidade: reflexões e experiências brasileiras.** Barueri: Manole, 2007, p. 27-31.

TERBORGH, J.; SCHAIK, C van. Porque o mundo necessita de parques. In: TERBORGH, J. **Tornando os parques eficientes: estratégias para a conservação da natureza nos trópicos.** Curitiba: Editora UFPR/Fundação O Boticário, 2002, p.25-36.

WALLACE, G.N. A administração do visitante: lições do Parque Nacional de Galápagos. In: LINDBERG. K.; HAWKINS, D.E. (Orgs.). **Ecoturismo: planejamento e gestão.** 4.ed. São Paulo: Senac, 2002, p.93-139.

6 Inserção comunitária e as atividades do turismo

Mara Aristeu Pessoa
Andréa Rabinovici

Introdução

A própria definição de turismo sustentável deixa bem claro que uma das condições fundamentais para sua configuração é o bem-estar das populações envolvidas. A sustentabilidade da atividade depende de práticas e vivências de um turismo de valores e atitudes. Assim, de acordo com Irving (2002), e conforme expresso na *Agenda 21 do Turismo* e no *Código de Ética para o Turismo*, o conceito de turismo sustentável transcende a perspectiva da atividade de proporcionar o mero contato com a natureza para uma postura mais integral de valorização da cultura local e o compromisso ético de repartição de benefícios, na perspectiva da sustentabilidade.

Encontrar soluções de desenvolvimento que ressaltem a melhoria na qualidade de vida das comunidades locais envolvidas, aliadas à conservação do meio ambiente e do patrimônio cultural, tem se demonstrado um desafio para os envolvidos nesse processo. Vislumbram-se diversas atividades econômicas como possibilidades de desenvolvimento sustentável para as comunidades inseridas. No entanto, o turismo é uma atividade com grandes oportunidades de inclusão social e econômica das classes menos favorecidas, sendo considerado uma das melhores alternativas para as populações que se encontram em ambientes e ecossistemas frágeis, como as áreas naturais protegidas e seu entorno, e que dependem da atividade.

No turismo, o pressuposto dos benefícios às comunidades receptivas é visto como um fator essencial para a temática da sustentabilidade, já que

> a concepção de desenvolvimento sustentável implica um novo paradigma do pensar as sociedades humanas segundo uma nova ética de democratização de oportunidades e justiça social, percepção das diferenças como elemento norteador de planejamento, compreensão da dinâmica de códigos e valores culturais e compromisso global com a conservação de recursos naturais. (Irving, 2002, p. 35)

Verifica-se a introdução do turismo nessas comunidades como uma importante intervenção que deve ser muito bem pensada e planejada, sobretudo no que se refere aos impactos que a atividade causará nas comunidades locais e no ambiente natural, e, inclusive, ao desejo ou não da presença dessa atividade por parte da população local.

De acordo com Nóbrega (2005, p. 14),

> um dos grandes entraves encontrados na criação de parques nacionais foi justamente como encontrar o ponto de equilíbrio entre conservar o meio natural e permitir o convívio das populações tradicionais, que habitam o interior destas áreas.

As populações consideradas tradicionais têm direitos sobre sua herança cultural e de assegurar que os benefícios do turismo sejam maximizados, reduzindo-se os impactos negativos decorrentes desta atividade econômica. Para isso é necessário respeitar os direitos e os desejos das populações residentes, promovendo oportunidades de contribuição na decisão, no planejamento e no manejo da atividade turística. Significa dizer que se deve permitir que elas sejam protagonistas, já que muitos vivem durante várias gerações em algumas áreas naturais, beneficiando-se de seus recursos em razão da sua subsistência, compondo, portanto, o conjunto desse *habitat*, fazendo parte do patrimônio ambiental e cultural (Nóbrega, 2005).

O desenvolvimento do turismo pode gerar diversos benefícios, tais como econômicos, sociais, culturais, políticos, institucionais e ambientais, contribuindo para a melhoria da qualidade de vida da comunidade residente.

Entre os inúmeros efeitos econômicos positivos provocados pelo turismo em uma determinada localidade, podem-se citar: geração de empregos, aumento da renda e diversificação e estabilização da economia local por meio do estímulo à criação de pequenos negócios. Com isso, há melhoria no poder aquisitivo da população e incentivo à sua fixação em seu local de origem. Além disso, o turismo pode contribuir para o desenvolvimento da infraestrutura necessária para a população, como transportes, comunicação, saneamento básico, energia etc.

No que diz respeito aos benefícios socioculturais gerados pelo turismo, pode-se destacar como possibilidades o fortalecimento dos vínculos familiares e comunitários, a valorização do patrimônio cultural material e imaterial (danças, culinária, festas, costumes, artesanato, folclore, entre outros), além do resgate e da conservação das atividades tradicionais da comunidade. O turismo pode incentivar também a participação nas manifestações culturais do local e o orgulho delas, ou seja, o orgulho étnico e do local de vivência. Por fim, o resgate e o intercâmbio cultural, bem como a diminuição de preconceitos.

No entanto, como qualquer outra atividade econômica, a atividade turística não está isenta de impactar negativamente a comunidade local. Entre as inúmeras desvantagens econômicas que o turismo pode gerar em uma localidade caso não haja um planejamento responsável, pode-se destacar a dependência e a vulnerabilidade econômica da comunidade, principalmente em situações de sazonalidade. Com essa dependência, a comunidade pode passar por um processo de mudanças, e mesmo extinção das suas ocupações tradicionais, prejudicando, assim, suas outras formas de obtenção de renda.

Outro efeito econômico negativo para a comunidade residente é o aumento de preços de produtos em geral, com a inflação e a especulação imobiliária, além da propensão a aumentar a importação de bens para melhor atender os turistas. Os custos de manutenção das atrações turísticas e outros equipamentos também ficam sob o encargo dos residentes.

No âmbito dos impactos socioculturais negativos gerados pelo desenvolvimento do turismo na localidade, destaca-se o possível desaparecimento e a modificação de culturas tradicionais, a segregação dos residentes locais, a aculturação, a degradação do patrimônio histórico e cultural, modificações no dialeto local, entre outros. Devido ao "efeito imitação", os residentes buscam copiar os hábitos e os comportamentos do visitante, descaracterizando, assim, a vida social da região (Rabinovici, 2009). Há também, entre muitas outras consequências, o aumento de problemas sociais, como uso de drogas, prostituição, violência, jogos etc., enfim, o aumento dos índices de criminalidade e marginalidade.

O turismo também pode atrair visitantes com comportamento conflitante com o da comunidade e seus padrões culturais (Salvati, 2003). Para tanto, torna-se necessário orientar a conduta adequada dos visitantes não somente com relação aos atrativos naturais e culturais, mas principalmente quanto ao seu comportamento junto das comunidades locais. Evidentemente, as comunidades receptoras devem adaptar-se e contribuir para o equilíbrio e o incremento dos benefícios econômicos gerados pelo turismo, para que, por meio desta atividade econômica, as populações (tradicionais ou não), de alguma forma, não sejam excluídas da economia local e até da mundial, da qual, cada vez mais, as comunidades participam. No entanto, não devem modificar sua vida social e seus padrões culturais em função dos turistas. Estes precisam ser educados e preparados para compreender o mundo a partir de um olhar diferenciado, sensibilizando-se por meio da experiência e do contato com o outro, proporcionados pelo turismo.

As transformações socioambientais ocorrem sempre nas interações que o turismo promove. Diversas tendências de mudança são criadas, as quais podem resultar na manutenção ou no abandono de práticas locais de manejo dos recursos, reprodução cultural da comunidade, entre outros.

No turismo, é muito comum observar mudanças significativas na percepção das comunidades receptoras quando estas passam a conviver com diferenças, a aceitar posturas totalmente contrárias às suas, a valorizar determinadas paisagens e aspectos das culturas locais, correndo sempre o risco de folclorizá-las, criando ou tirando sua autenticidade, alterando radicalmente seus modos de vida e aquilo que Yázigi (2001) chama de "Alma do Lugar".

A racionalidade econômica constitui ameaça de perda da essência comunitária, não só "atrativa" aos olhares dos turistas, como fundamental para o funcionamento e reprodução social e cultural comunitária, os quais, quando ameaçados, a longo prazo, inviabilizariam o turismo (Rabinovici, 2009).

Nas atividades turísticas, ainda prevalece uma visão convencional de negócios muito limitada, sempre inserida em uma lógica de mercado que poderia ser superada com criatividade, rumo aos preceitos da sustentabilidade. Essa possibilidade inovadora, na verdade, está ligada à ideia de colocar em prática nada mais que os próprios preceitos do ecoturismo. Como exposto por Mendonça e Neiman (2002, p. 170):

> Devido ao condicionamento cultural pode se exigir certo padrão de conforto e segurança; mas é preciso tomar cuidado para que isso não mascare, não encubra o medo de experimentar outras possibilidades de viver e de pensar. É preciso que o Ecoturismo deixe de "preparar" os locais para receber o visitante e passe a preparar o visitante para conhecer os locais. O ecoturista que for educado a compreender e conviver com a diferença saberá reconhecer a riqueza dessa experiência.

Adotar uma visão estritamente comercial pode culminar em uma postura idêntica à do mercado, que leva ao fracasso da atividade e traz, como consequência, uma marca de desilusão desnecessária para a área. Ainda de acordo com Mendonça e Neiman (2002, p. 170):

> Muitas vezes, um atendimento comumente considerado como "de qualidade" pode tornar a experiência do visitante totalmente previsível. Uma pousada com televisão e frigobar no quarto, um guia muito bem treinado, bem vestido e bem equipado, constituem serviços de qualidade como se espera que sejam, em qualquer lugar. Mas, se o visitante não sabe o que significa entrar em contato com a alma do lugar fica sem poder desejar essa experiência.

Para Rabinovici (2009), os projetos de turismo nem sempre consideram o momento, o ritmo e os aspectos culturais das comunidades em sua busca por autonomia, liberdade, participação e uso dos recursos, e, assim, podem acirrar disputas preexistentes entre os atores sociais locais. A autora afirma que as comunidades também têm dificuldades em compreender o tempo dos projetos e, como muitos demoram para ser implementados ou mesmo negociados com as comunidades de forma realmente participativa, estas tendem a desiludir-se e a desacreditar do projeto e de seus proponentes. Ademais, destaca que outro fator crucial para o acirramento dos conflitos socioambientais é o desconhecimento de como superar as barreiras culturais a fim de que ocorra diálogo produtivo para todos.

Outro ponto de tensão é a diferença entre visões e técnicas provenientes da interação entre os diversos atores sociais de fora e a comunidade, especialmente diante da fragilidade comunitária e da imposição de novos pontos de vista e estilos e modos de vida distintos.

O incremento na renda de alguns em detrimento de outros não aptos e não interessados no turismo também pode resultar em grave problema, especialmente quando a atividade oferece condições diferenciadas de acesso ao emprego e renda, criando novas desigualdades e conflitos.

Em Mamirauá (AM), entre os impactos causados direta ou indiretamente pelo turismo com grande potencial conflituoso percebidos por Peralta (2005) estão: as novas fontes de renda, que incentivam a permanência da população na área rural; o crescimento populacional e a migração de retorno, o que fará com que aumente a pressão pelos recursos naturais. Devido a isso, deve-se atentar para a construção de novas políticas de ocupação. Peralta também constatou abalo nas relações de poder e intensificação da estratificação social entre as unidades domiciliares à medida que são produzidas novas formas de hierarquia e fontes de poder na comunidade. Essa situação muitas vezes culmina em processos de resistência ao turismo.

A dependência da comunidade em relação ao turismo sazonal pode trazer enormes problemas e desestruturação da vida econômica do local. Muitas vezes, a dedicação exclusiva às atividades turísticas pode revelar-se como um dos piores impactos, pois incorre no abandono de outras práticas geradoras de renda ou de subsistência.

Com planejamento e manejo responsáveis, é possível identificar os impactos existentes e os potenciais, assim como a capacidade de carga natural e social, facilitando medidas que minimizem os impactos que atingem a natureza e a comunidade (Salvati, 2003).

Desses impactos, um aspecto de ampla discussão que tange a problemática do turismo em áreas naturais é representado pelos conflitos gerados entre os que querem e os que são contra o seu desenvolvimento. Isso acontece quando, historicamente, a área natural em questão é marcada por conflitos de interesse com essas comunidades, onde se fala em preservação ambiental desvinculada de questões econômicas, culturais e sociais dos residentes, que também fazem parte da mesma condição histórica (Corrêa, 2006).

É necessário analisar a percepção ambiental das comunidades no local onde vivem. Como elas percebem o meio ambiente? Qual a importância da área natural no seu cotidiano, e como elas utilizam a área? Quais as suas expectativas, satisfações e insatisfações? São questionamentos importantes, pois diante da possível alteração no dia a dia e na economia dessas comunidades, por meio da implantação de projetos de turismo, é necessário conhecer o que a comunidade pensa sobre isso, quais são as causas de seu desconforto e as informações que lhe faltam quanto aos benefícios e impactos. Afinal o "descontentamento da população provoca um ambiente hostil ao turismo, diminuindo a qualidade da 'atmosfera' e, portanto, podendo causar redução do fluxo de turistas" (Salvati, 2003, p. 51).

Deve-se ressaltar que nem sempre os conflitos são sinônimos de problemas, na medida em que os mesmos levam a precauções e preocupações quanto a um planejamento responsável e inclusivo, e à minimização dos impactos sociais causados pelo turismo.

Apesar do discurso de que "o TS [turismo sustentável] muitas vezes é considerado a única possibilidade de sobrevivência para comunidades residentes em ambientes naturais conservados, além de ser menos impactante no uso da paisagem" (Rabinovici, 2008a, p. 4), deve-se considerar que, no entanto, o turismo não pode ser a única atividade econômica para a comunidade, ele deve complementar sua renda com outras fontes, fortalecendo-as e diversificando a economia local para a melhoria na qualidade de vida de seus moradores. Devem-se desenvolver mecanismos que estimulem a produção local de alimentos, objetos artesanais de decoração, confecção têxtil, terceirização de serviços,[1] entre outros, para atender o consumo do turismo e da comunidade receptora.

Mas muitas vezes o turismo desordenado ou indesejado tem o caráter de potencializar as alterações que se sobrepõem a valores e riquezas tradicionais locais, fazendo com que as manifestações culturais (que, assim como os recursos naturais, consistem em atrativos para a atividade turística) tornem-se um espetáculo para atender as necessidades do mercado turístico e dos turistas. Essa espetacularização alcança vários componentes do valorizado patrimônio cultural material e imaterial, tornando-os sem autenticidade, uma vez que são reproduzidos exclusivamente para atender a demanda. O artesanato, por exemplo, é visto muitas vezes como "industrianato" que perde suas características originais e de valor singular, para atender a reprodução em série. As manifestações culturais por meio de

---

1 Quando se fala em terceirização de serviços, é necessário o convite e a oportunidade à comunidade local para o preparo e a capacitação (por exemplo, para a condução de grupos, atividades esportivas etc.) visando a participação e o desenvolvimento de negócios sustentáveis por meio da indução do empreendedorismo comunitário.

dança, festas, ritos religiosos e cerimônias passam a ser encenadas inúmeras vezes de acordo com a demanda, perdendo a autenticidade cultural, étnica e tradicional em função do turismo.

Por ser uma atividade econômica de grande potencial, o turismo é visto como uma possibilidade não só para a melhoria da qualidade de vida das comunidades locais, mas também como alternativa interessante para os investidores externos. Muitos deles, visando implantar empreendimentos lucrativos, utilizam-se das premissas de inclusão social e ajuda às comunidades residentes por considerá-las apenas como mão de obra barata. Porém, para que a prática do turismo atinja resultados importantes e expressivos, é necessário levar em consideração o planejamento responsável por parte dos empreendedores, os quais não podem ignorar a presença e a necessidade de inserção das comunidades locais nesses empreendimentos, por meio de capacitação e qualificação, para que se promova justiça social e entendimento da importância da conservação dos recursos naturais.

A luta pela inclusão social das populações locais exige o empoderamento destas, para que possam se tornar sujeitos atuantes e inseridos nos problemas, pactos e projetos políticos e sociais, de forma que eles se corresponsabilizem pela conservação sociocultural e pelos recursos naturais dos espaços onde vivem. Muitas vezes, os moradores questionam o fato de que os recursos naturais explorados por eles durante gerações sejam agora manejados por outros, gerando, consequentemente, conflitos à medida em que a comunidade não desenvolve as práticas técnicas e científicas recomendadas pelos gestores responsáveis pelo manejo das unidades de conservação (UCs) (Arruda, 1999).

Formas legais de participação comunitária na gestão de áreas públicas

Visto que o turismo é uma atividade econômica que interfere na organização dos espaços, é necessário controle por parte dos governos e da própria comunidade na qual os projetos de turismo estão inseridos. Portanto, a participação comunitária no planejamento não consiste apenas em receber passivamente os benefícios da atividade turística, mas sim intervir na sua condução, planejamento e implantação, que pode ser realizada por meio da participação de todos os envolvidos com o turismo na tomada de decisões.

Dessa forma, o planejamento participativo é uma das opções mais significativas para que a população local esteja inserida nos processos de decisão e gestão das áreas naturais preservadas e das atividades turísticas possíveis na localidade. É necessário que esse processo participativo ocorra durante toda a tramitação de criação, implantação e gestão das UCs, assim como nos projetos de implantação do turismo. Essa integração da população na gestão dos recursos naturais, levando em consideração as expectativas e as necessidades da comunidade local em convergência com a finalidade da conservação ambiental, é um componente facilitador da gestão, pois fomenta uma atuação conjunta na resolução de problemas ambientais e do cotidiano daquelas comunidades.

A gestão participativa[2] de uma UC se daria, entre inúmeros princípios e práticas gerais, pela mobilização e capacitação de atores sociais envolvidos, entre eles a comunidade local, por meio de um conselho consultivo ou deliberativo formado por representantes de diversas esferas, tais como representantes públicos, entidades do governo e a sociedade civil, bem como o apoio das organizações não governamentais (ONGs). Surgem, então, os conselhos que possuem várias atribuições, tais como emissão de pareceres, cobrança para o cumprimento das finalidades previstas para as UCs, assim como acompanhamento do seu orçamento, das fases do plano de manejo e a presidência do processo, entre outros (Queiroz e Silva, 2004).

A participação popular é assegurada pelas diretrizes que regem o Sistema Nacional de Unidades de Conservação (Snuc). Verificam-se, então, os procedimentos e etapas metodológicas para a criação de um conselho gestor, visando a um processo participativo no qual se devem identificar todos os atores envolvidos e interessados na UC em questão e, assim, iniciar as ações fundamentais para que haja participação de fato, e se possível, desde o planejamento.

Segundo Touraine (1976, apud Queiroz e Silva, 2004, p. 1), participação é "o processo mediante o qual os membros de uma sociedade tomam parte na produção, na gestão e no usufruto dos bens dessa mesma sociedade". No entanto, a condução de processos participativos, muitas vezes, tem caráter mais legitimador que efetivamente de participação, compromisso e construção coletivos. Reuniões apressadas feitas por técnicos do governo somente para cumprir a agenda demandada pela legislação consideram "resultados satisfatórios" apenas o registro de uma lista de presença e a redação da ata de uma ou mais reuniões.

2 Ver Capítulo 7 para mais detalhes.

Assim, a suposta busca por um ambiente favorável à gestão democrática e participativa, de fato, nada mais é do que uma encenação para cumprir etapas legais da participação, o que, por sua vez, incorre na criação e/ou acirramento de diversos conflitos que podem tanto desestruturar comunidades como levar a novos pactos que a estruturem em bases mais sólidas e amadurecidas em função do exercício de negociação política para o estabelecimento de acordos.

Muitas comunidades, por meio do poder de participação que lhes é conferido, tornam-se coletivamente capazes de se mobilizar em busca dos seus interesses econômicos, políticos, culturais e sociais. Tal força pode ser exemplificada pelo turismo de base local ou pelo turismo comunitário, que vem dando oportunidades a grupos considerados excluídos do turismo global.

Esse tipo de turismo pode ser descoberto por um processo de discussão, por parte da comunidade local, sobre as necessidades de desenvolvimento e as oportunidades de viabilizar os benefícios advindos do turismo. Quando se fala em turismo comunitário, pode-se também falar de ecoturismo comunitário, pois as premissas de sustentabilidade e as propostas de inclusão e beneficiamento das comunidades do turismo comunitário se aplicam e são desejáveis para a prática da atividade de ecoturismo.

O turismo comunitário teve seus primórdios nos anos de 2000, quando surgem suas primeiras experiências e sua configuração, estando presente e atuante em diversas localidades do Brasil, por exemplo, no nordeste brasileiro, além de ser comum em diversas partes do mundo, como Equador e Bolívia, entre outros. Segundo Coriolano (2006, p. 202):

> O Turismo Comunitário é realizado de forma integrada às demais atividades econômicas, com iniciativas que fortalecem a agricultura, a pesca e o artesanato, dentre outras atividades. Prioriza a geração de trabalho para os residentes nas comunidades, os pequenos empreendimentos locais, a dinamização do capital local, a garantia da participação de todos, dando espaço também às mulheres e aos jovens. Assegura participação das pessoas das comunidades com o planejamento descentralizado e associativo, luta pela regulamentação fundiária e pela garantia da posse da terra de populações indígenas, pesqueiras, as chamadas comunidades nativas. Busca a regulamentação das Unidades de Conservação, assim como a implementação de comitês de gestão ambiental nessas unidades e Planos de Manejo e de conservação compatíveis com o turismo.

Muitas das comunidades caiçaras, como as do Ceará, mencionadas por Coriolano (2006), que sofreram com a implementação de empreendimentos turísticos, descobriram que podiam promover um turismo alternativo e diferenciado e, assim, fortaleceram-se com o trabalho de base comunitária que foi, em muitos casos, capaz de competir com grandes empresas, incluir a comunidade nos roteiros e atrair visitantes para que comprem os seus produtos locais, adquiram o artesanato, degustem as comidas típicas, entre outros. A prioridade, nesses casos, é um turismo não só de consumo, mas de troca de experiências, com contato pessoal, permitindo a criação de laços de amizade e valorização cultural. Esse fortalecimento comunitário implica, assim, melhoria da renda e benefícios para as comunidades que não eram incluídas nos projetos dos grandes empreendedores.

Box 6.1 – Projeto de ecoturismo comunitário de Silves: Associação de Silves para Preservação Ambiental e Cultural (Aspac) e WWF

A Aspac é uma ONG brasileira, sem fins lucrativos, formada por comunidades de ribeirinhos e seus membros, residentes numa região de lagos amazônicos do entorno da ilha de Silves (AM). A Aspac trabalha com as comunidades tradicionais da região de Silves no desenvolvimento do ecoturismo para que os recursos e os benefícios advindos desta atividade possam ser revertidos para a proteção de seus lagos de pesca.

Com o Projeto Ecoturismo Comunitário de Silves, a WWF, juntamente da Aspac, apoiou a integração das comunidades locais por meio da construção do Hotel Aldeia dos Lagos, situado numa ilha do Rio Amazonas, em Silves, a 300 km de Manaus. O hotel, que é de propriedade dos ribeirinhos, organizados pela Aspac, promove atividades ambientais e destina 20% do lucro para a preservação de doze lagos, barcos, gasolina e sinalização. O hotel visa garantir emprego e renda a cinco comunidades ribeirinhas que somam 500 habitantes. Ali vigora o conceito de ecoturismo participativo. Os hóspedes, 90% dos quais são norte-americanos e italianos, trabalham duas horas por dia em hortas, abertura de trilhas e paisagismo.

A experiência de Silves é emblemática em diversos sentidos, nos seus sucessos e fracassos ela é precursora daquilo que outras experiências ainda atravessarão, na medida em que ela seguiu todos os passos recomendados rumo ao que se pode chamar de turismo comunitário, já passou pelas benesses e problemas causados pela tutela de ONG transnacional e agora

(2009), experiente e madura, inicia o duro caminho rumo a sua sustentabilidade e em busca de identidade. O que, em determinado momento histórico, parecia ser o melhor caminho, mostrou reflexos e reflexões inesperados, impactos negativos de onde menos se esperava, inclusive do que foi considerado bem-sucedido enquanto projeto, mas que na realidade não foi o esperado, como a renda advinda do turismo ser excessiva e acabar virando opção única da comunidade, em detrimento de outras atividades remuneradas.

Enfrentar questões como tutela de ONG parceira, ter que caminhar com as próprias pernas e lidar com aspectos mercadológicos do turismo, participar do mercado mundial com o turismo e demais produtos fazem de Silves pioneira.

Fonte: site da Aspac, http://www.viverde.com.br.

Box 6.2 – Ação Ecológica Guaporé (Ecoporé)

A Ecoporé é uma ONG fundada em 1988, em Rolim de Moura (RO), atualmente com sede em Porto Velho. Tem como missão principal trabalhar no estado de Rondônia para a preservação dos direitos sociais, coletivos e difusos relativos ao meio ambiente, ao patrimônio cultural e aos direitos humanos.

Sua atuação se dá na proteção ambiental, participação e influência em políticas públicas, educação ambiental e assessoria. Seus principais projetos são: manejo florestal comunitário, ecoturismo, manejo de pescado e preservação de matas ciliares.

No ecoturismo, a Ecoporé, juntamente de outras entidades, é responsável pelo Projeto de Turismo Comunitário no Vale do Guaporé (RO).

Projeto de ecoturismo comunitário do Vale do Guaporé (RO)

Por conta de levantamentos socioeconômicos das colocações de seringueiros do Vale do Guaporé, realizados no período de 1989 a 1990, pelo Instituto de Antropologia e Meio Ambiente e pelo Ecoporé, as comunidades conheceram os atrativos potenciais para o ecoturismo, deliberaram e aprovaram o projeto de ecoturismo. Foram realizados estudos de viabilidade econômica e formatada a proposta de implementar um projeto de ecoturismo comunitário com o apoio estatal (Moraes, 2006).

Iniciado em 1996, tem em sua base várias entidades atuantes além da Ecoporé, dentre elas: Organização dos Seringueiros de Rondônia (OSR), a Associação do Vale do Guaporé (Aguapé) com a colaboração do WWF-Brasil, Ministério do Meio Ambiente (Proecotur), Governo Estadual e a Universidade de Rondônia. O objetivo do Projeto é a melhoria da qualidade de vida das comunidades das Reservas Extrativistas (Resex) de Curralinho e de Pedras Negras, que são habitadas por seringueiros que vivem da extração da borracha, coleta de castanha, pesca e agricultura de subsistência.

Com a implementação do primeiro empreendimento turístico comunitário, foram beneficiadas, de forma direta e indireta, 27 famílias extrativistas moradoras da área, as quais tiveram assegurada a participação no planejamento e implementação do projeto por meio de oficinas de capacitação e processos participativos de tomadas de decisões (Moraes, 2006) A participação comunitária se deu em todas as atividades de manutenção do projeto, na recepção e condução de visitantes.

A partir da implementação, entre 1997 e 2003, os envolvidos no processo trabalharam na construção da infraestrutura receptiva, capacitação e organização comunitária e planejamento participativo das atividades. Foi construída a Pousada de Pedras Negras[1] e, em Curralinho, foram feitos: um Centro de Visitantes, trilhas interpretativas e um acampamento ecológico de praia (Mitraud, 2003). Os serviços são todos prestados pela comunidade que foi capacitada para a recepção. De acordo com Dória (2004), Curralinho e Pedras Negras recebem, respectivamente, cerca de 600 visitantes ao ano.

Desde então, são contabilizados inúmeros benefícios à localidade, tais como os destacados por Moraes (2006): manutenção da integridade da área e dos recursos explorados para a própria subsistência; construção de estrada, posto de saúde, escola, entre outros.

Os atrativos turísticos são as tradições e os costumes da comunidade, a vida na floresta, o ecossistema amazônico e suas espécies, a cultura dos seringueiros e povos ribeirinhos, a extração da castanha e do látex da seringueira, a confecção da farinha de mandioca e a pesca tradicional, entre outros.

Foi organizado o Programa Vale do Guaporé, a Amazônia desconhecida, que oferece atividades de ecoturismo, aventura, cultura, conservação e pesca esportiva (pesque e solte) em Pedras Negras, Curralinho e outros pontos da região. A comunidade recebe também turismo científico (desde que os objetivos da pesquisa sejam aprovados pela comunidade e as associações parceiras). A região também tem como atrativos o Forte Príncipe da Beira, construído em 1773 pelos portugueses, e o Projeto Quelônios, de proteção às tartarugas e tracajás.

Fonte: adaptado de www.ecopore.org.br.

[1] Para receber os visitantes, a comunidade possui a Pousada Pedras Negras, composta por dois chalés, cozinha e refeitório em estilo rústico. Cada bangalô tem capacidade para sete pessoas e um chuveiro elétrico; a acomodação é feita em rede com mosqueteiro.

Trabalho em redes e empoderamento das comunidades

Todo trabalho participativo, com compartilhamento de poder, tem nas redes uma possibilidade interessante e viável de articulação. Nas redes, as bases de poder estariam, de modo autônomo, a cargo de seus membros, e estes poderiam escolher a forma mais adequada de se organizar. Assim, apesar de existirem desde os anos de 1960, as redes passaram a ter força a partir da década de 1990, facilitadas pelos novos instrumentos de comunicação, sobretudo a internet, e, a partir do começo do século XXI, quando as diversas redes constituídas começam a solidificar-se e a tornar-se a principal forma de comunicação para a mobilização, porém ainda moldando a maneira mais adequada de funcionar, com poucos resultados já avaliados.

Por conta da falta de políticas públicas adequadas aliada à quase falência dos chamados movimentos sociais, há a necessidade de troca, soma de forças e respostas coletivas a determinadas questões que podem culminar na transformação dos integrantes da comunidade em sujeitos políticos atuantes sob o formato de rede. As redes passam a ser cruciais para conectar diversas entidades, ONGs, indivíduos, grupos de pressão e/ou de afinidade nas diversas áreas temáticas, entre elas a educação ambiental, o meio ambiente e o turismo.

Para trabalhos com turismo, esse formato de redes tem sido explorado e visto como tendo grande potencial, na medida em que as experiências estão espalhadas mundo afora, de forma que o diálogo produtivo é essencial para o fortalecimento das iniciativas e a promoção de trocas de experiências.

Ligados horizontalmente, os objetivos dos que atuam e pensam o turismo passam a se constituir de um esforço coletivo, independentemente das especificidades de cada realidade. Assim, a troca de informações e de experiências, as ações conjuntas, a solidariedade, o estabelecimento de prioridades e políticas emancipatórias e inclusivas é fundamental.

Dessa forma, a organização em redes é quase uma consequência natural do momento em que vivemos e dos processos deflagrados pela globalização da economia e da comunicação.

O intercâmbio de informações entre os diversos atores envolvidos e atuantes no turismo tem sido impulsionado e incentivado em diversos eventos, redes e fóruns, como uma maneira eficiente de dialogar.

Nesse sentido destacamos a criação, a partir do final dos anos de 1990, das seguintes redes e fóruns: Rede Brasileira de Ecoturismo (Ecoturismo-Br), Programa de Certificação em Turismo Sustentável, Instituto Virtual do Turismo, Rede de Destinos de Turismo Comunitário da América Latina (Redturs), Rede de Turismo Solidário Comunitário do Brasil (Rede Turisol), Rede Cearense de Turismo Comunitário (Rede Tucum) e a Sociedade Brasileira de Ecoturismo. Dentre elas, destacam-se como emblemáticas a Ecoturismo-Br, criada em 1999, e a Rede Tucum, criada em 2008, citada no Box 6.3.

Box 6.3 – Rede Brasileira de Ecoturismo (Ecoturismo-Br)

Criada em dezembro de 1999, a Rede Brasileira de Ecoturismo possui 1.055 associados – 10.925 mensagens trocadas até 28 de setembro de 2009.

Constitui a maior rede de comunicação, cooperação e troca de informações sobre o ecoturismo no Brasil. Busca divulgar eventos e debater questões como planejamento de produtos e destinos, capacitação profissional, envolvimento e benefícios comunitários, conservação dos recursos naturais e culturais, monitoramento de impactos da visitação, investimentos públicos e privados, regulamentação e certificação do mercado.

Rede Cearense de Turismo Comunitário (Rede Tucum)

"A Rede Tucum é um projeto pioneiro de turismo comunitário no Ceará, voltado para a construção de uma relação entre sociedade, cultura e natureza que busque a sustentabilidade socioambiental. Para o mercado nacional e internacional, oferece um produto turístico genuíno e de qualidade, projetado para a interação entre povos e culturas, atento a proteger e valorizar culturas e territórios economicamente integrados às atividades tradicionais e com a finalidade de produzir benefícios a toda a comunidade. A Tucum é formada por comunidades localizadas na zona costeira cearense e conta com a participação de dez comunidades, entre indígenas, pescadores e moradores de assentamentos rurais, dois pontos de hospedagem solidária em Fortaleza, além de três ONGs que fazem o apoio institucional à rede – o Instituto Terramar (Brasil), a Associação Tremembé (Itália) e a Fundação Amigos da Prainha do Canto Verde (Suíça).

A Rede Tucum tem dois grandes objetivos: promover formas de oferta turística local para garantir às populações tradicionais a permanência em seu território e possibilitar a continuidade das atividades econômicas tradicionais, em particular a pesca e a agricultura; e oferecer, aos viajantes responsáveis de todo o mundo, a oportunidade de conhecer estas localidades fascinantes e as populações que nelas vivem."

Fonte: Rede Ecoturismo-br (yahoogrupos.com.br)
http://www.tucum.org/oktiva.net/2313/secao/18723

O turismo é a salvação econômica das comunidades?

As comunidades que optaram ou não pelo turismo como atividade econômica passam por um momento histórico crucial de aprendizagem, no qual alguns anos de experiências e trocas permitem repensar a atividade, agora com o olhar focado na sustentabilidade socioambiental, cultural, econômica e com a perspectiva da inclusão social.

O turismo de base comunitária é tido como exemplar para o início do século XXI com potencial para criar redes propositivas, que, com o tempo, permitirão políticas específicas para tratar do tema, como se verifica na pauta do Ministério do Meio Ambiente (MMA) e Ministério do Turismo (MTur), que, em 2008, lançaram o primeiro edital de financiamento para projetos comunitários de turismo[3].

3 Chamada Pública de Projetos 01/2008, com recursos do Orçamento Geral da União para o Fomento a Projetos de Desenvolvimento Turístico Local e de Inclusão Social.

> Os impactos negativos e positivos têm a mesma origem, a depender da condução dos trabalhos, com potencial desestruturador ou estruturador da comunidade. A mudança produzida nas comunidades é intensa, sejam os impactos positivos ou negativos. No tocante aos impactos concretos do TS [turismo sustentável], a contribuição dos debates está na intervenção e problematização das ações que incidem nos territórios onde é praticado, com o potencial de transformar as populações locais em sujeitos atuantes e inseridos na construção de pactos sociais e políticos para a conservação dos recursos naturais. Além disso, investimentos em qualificação profissional para a gestão dos mesmos, inserção no mundo global, acesso a bens econômicos e culturais e o fortalecimento de identidades, seriam metas para sair do plano discursivo e complexo por definição e criar condições emancipatórias. (Rabinovici, 2009, p. 152-153)

São vários os exemplos que contradizem a ideia de que o turismo seria a salvação para comunidades de localidades com atrativos naturais. A realidade observada nos grupos atingidos por programas de desenvolvimento turístico mostra que, sob diversos aspectos, tal atividade econômica associada ao mau uso dos processos participativos pode ser ameaça e risco, em vez de oportunidade, do ponto de vista social, laboral e ecológico (Rabinovici, 2008b).

De toda forma, o percurso de várias comunidades nas atividades de turismo permite afirmar que estas estão cada vez mais preparadas e mobilizadas para não se deixar levar por projetos e políticas públicas equivocados e que, em suas estratégias, não prevejam sua participação no sentido mais sofisticado e complexo do termo. Elas, com toda a heterogeneidade que as envolve, devem ser livres, inclusive, para resistir à imposição de ter o turismo como atividade econômica. Como afirma Peralta (2005) as escolhas devem ser feitas pela própria comunidade, a única capaz de definir estratégias para a melhoria da sua qualidade de vida. O Ecoturismo seria um intensificador da aprendizagem social necessária para possibilitar as melhores opções de condução de destinos.

Questões para reflexão

1) Como as comunidades podem ser beneficiadas com o que realmente lhes importa e envolvidas na gestão da área natural e da atividade turística para a conservação da biodiversidade?
2) As comunidades estão preparadas para manifestar seus interesses políticos e sociais, bem como decidir sobre a aceitação ou não de projetos de ecoturismo?
3) As comunidades são conservacionistas por natureza?
4) O desenvolvimento do ecoturismo pode gerar novas desigualdades e conflitos?
5) Você conhece experiências de ecoturismo inclusivas sob o ponto de vista da comunidade?

Referências

ARRUDA, R. "Populações tradicionais" e a proteção dos recursos naturais em unidades de conservação. **Revista Ambiente & Sociedade**, ano II, n.5, 2° semestre 1999.

CORIOLANO, L.N.M.T. O turismo comunitário: indícios de mudanças. In: ______. **O turismo nos discursos, nas políticas e no combate à pobreza**. São Paulo: Annablume, 2006, p.198–213.

CORRÊA, F.V. Percepção ambiental e inclusão social em áreas protegidas: o caso do parque nacional da Serra dos Órgãos. In: **Anais do II Seminário sobre Áreas Protegidas e Inclusão Social (Sapis)**. Rio de Janeiro, 2006.

DÓRIA, C.R. **Viabilidade do ecoturismo como alternativa de renda para comunidades na Amazônia.** 2004, 310f. Tese (Doutorado). Núcleo de Altos Estudos Amazônicos, UFPA.

IRVING, M.A. Participação: questão central na sustentabilidade de projetos de desenvolvimento. In: IRVING, M.A; AZEVEDO, L. **Turismo, o desafio da sustentabilidade.** São Paulo: Futura, 2002, p.35-45.

MENDONÇA, R.; NEIMAN, Z. Ecoturismo: discurso, desejo e realidade. In: NEIMAN, Z. (Org.). **Meio ambiente, educação e ecoturismo.** Barueri: Manole, 2002, p.159-176.

MITRAUD, S. (Org.). **Manual de ecoturismo de base comunitária: ferramentas para um planejamento responsável.** Brasília: WWF, 2003, 454p.

MORAES, E.A. de. Áreas protegidas, inclusão social e turismo. In: **Anais do II Seminário brasileiro sobre áreas protegidas e inclusão social (Sapis).** Rio de Janeiro, 2006.

NÓBREGA, W.R. de M. Turismo em áreas naturais e sua relação com a comunidade local: uma reflexão sobre o ecoparque de UMA-BA. **Revista Caminhos de Geografia,** 2005.

PERALTA, N.B. **Os ecoturistas estão chegando: aspectos da mudança social na RDS Mamirauá, AM.** Pará, 2005. Dissertação (Mestrado em Planejamento do Desenvolvimento). Universidade Federal do Pará.

QUEIROZ, F.A. de; SILVA, L. de J.M. da. O Sistema Nacional de Unidades de Conservação da Natureza (Snuc) e a participação popular: a Lei n. 9985/2000. In: **Anais do 8º Congresso Brasileiro de Advocacia Pública: instrumentos de proteção do meio ambiente e do erário.** Foz do Iguaçu, 2004.

RABINOVICI, A. **Organizações não governamentais e turismo sustentável: trilhando os conceitos de participação e conflitos.** Campinas, 2009. Tese (Doutorado em Ambiente e Sociedade). Instituto de Filosofia e Ciências Humanas e Núcleo de Estudos e Pesquisas Ambientais da Unicamp.

________. Organizações não governamentais, comunidades e turismo na Amazônia brasileira: conflitos e sustentabilidade. ST 1 – População tradicional, cultura e conflito. In: **Anais do Seminário Internacional Amazônia e Fronteiras do Conhecimento. Universidade Federal do Pará (UFPA)**, Núcleo de Altos Estudos Amazônicos (Naea). Belém, 2008a.

________. Organizações não Governamentais e turismo trilhando os conceitos de participação e sustentabilidade. In: **Anais do IIº Seminário Internacional de Turismo Sustentável**. Fortaleza, 2008b.

SALVATI, S.S. Planejamento do ecoturismo. In: MITRAUD, S. (Org.). **Manual de ecoturismo de base comunitária: ferramentas para um planejamento responsável.** Brasília: WWF, 2003, p.33-88.

YÁZIGI, E. **A alma do lugar: turismo, planejamento e cotidiano.** São Paulo: Contexto, 2001.

7 Planejamento e gestão em áreas naturais protegidas

Heloana Giraldella
Zysman Neiman

Introdução

Os avanços que o debate socioambiental trouxe nas últimas décadas têm gerado, em diversos países do mundo, um aumento no número de áreas naturais protegidas. No Brasil, desde a criação do Parque Nacional de Itatiaia (RJ, MG) em 1937, o número de Unidades de Conservação (UCs) cresceu significativamente.

Conforme discutido no Capítulo 5, foi aprovada no Brasil a Lei n. 9.985, que instituiu, em 18 de julho de 2000, o Sistema Nacional de Unidades de Conservação (Snuc), visando ordenar a criação e adequar a gestão dessas áreas protegidas. Esse documento sugere que, no seu conjunto, as UCs poderiam redundar em um futuro promissor para a atividade do turismo em termos de geração de renda e empregos para a população brasileira, além da conservação de seus recursos socioambientais (Neiman, 2005). No entanto, como definido pelo próprio Snuc, para concretizar a geração de renda pelo turismo, é fundamental a realização de um intenso trabalho de planejamento e gestão dessas áreas protegidas, com a participação direta dos profissionais envolvidos com o uso público (incluindo aqui o turismo), para que se garantam os princípios conservacionistas por meio das melhores estratégias e práticas sustentáveis disponíveis.

Em virtude do grande impacto que a sociedade industrializada vem causando ao ambiente natural, tornou-se notória a necessidade da intervenção humana para minimizar suas consequências. A criação de áreas naturais protegidas tem se destacado como alternativa para a conservação da sociobiodiversidade internacionalmente. Essas áreas têm sido muito procuradas por aqueles que querem estar próximos da natureza e usufruir os benefícios que esse contato pode promover. Nesse sentido, e para garantir tanto a conservação desses recursos como a boa qualidade da experiência dos visitantes, é que se tornou necessário o planejamento e gestão dessas áreas, de modo que a interface ser humano e meio ambiente possa ocorrer da maneira menos impactante possível.

Para Santos (2004), o planejamento é um processo contínuo que envolve a obtenção, a organização e a sistematização das informações, por meio de procedimentos e métodos, para se chegar a decisões ou escolhas das melhores alternativas para o uso dos recursos disponíveis.

Ao longo das décadas de 1980, 1990 e 2000, em razão do aumento da necessidade de conservação dos recursos naturais aliado à preocupação ambiental, surge um novo enfoque, o "planejamento ambiental", que, para Slocombe (1993), pode ser confundido como mais um planejamento setorial, a exemplo do "urbano" ou do "administrativo", acrescido apenas de considerações ambientais. Segundo Franco (2001), no entanto, o planejamento ambiental é firmado, como todo o esforço da civilização, na direção da preservação e conservação dos recursos ambientais de um território, visando a sua própria sobrevivência.

Seja como for, os conceitos se completam: o planejamento é essencial para avaliar quais as melhores decisões e escolhas para determinada área, visando assim às melhores alternativas do uso dos recursos disponíveis, que, no caso, são extremamente sensíveis e que necessitam de muita atenção, pois, por falta de cuidados, correm o risco iminente de desaparecer. Contudo, quando se trata do meio ambiente, as responsabilidades não estão somente restritas aos órgãos gestores, também deve haver um esforço de toda a sociedade em prol da conservação desses recursos, visando não somente sua sobrevivência, como também a dos demais seres que vivem no planeta (Franco, 2001).

O equilíbrio das áreas naturais é fundamental para a realização do turismo; consequentemente, um adequado planejamento também é essencial para sua prática. Planejar os melhores locais, atitudes e atividades, definir como será a relação com a comunidade local, qual será sua contribuição para o crescimento pessoal de cada ecoturista, entre outras preocupações, são decisões cruciais para a realização correta do turismo sustentável.

Paralelamente ao planejamento, a gestão sustentável dessas áreas também tem relação estreita com a preservação do meio ambiente. Vieira e Weber (2002) definem a gestão como um sistema que tem por objetivo assegurar o bom funcionamento e o melhor rendimento, além da perenidade e o desenvolvimento das instituições. Ao transferir esse conceito para a questão ambiental, podemos definir a gestão como a maneira de:

- desenvolver o planejamento preestabelecido, de modo que funcione corretamente, em métodos de melhor rendimento (menos impactos negativos para o ambiente), atento à sua perenidade;
- garantir que os principais recursos das áreas naturais sejam utilizados de forma sustentável;
- contribuir para o desenvolvimento e tomar precauções para que a área nunca sofra degradação ou para que haja recuperação dos locais degradados;
- arrecadar verbas para melhor administração, desenvolvimento econômico e social das comunidades diretamente envolvidas com o local em questão.

Neste capítulo se discute a gestão das áreas naturais protegidas legalmente, uma vez que o planejamento pode ser implantado com facilidade (e, se necessário, modificado) para áreas naturais não protegidas por lei. É relevante ressaltar o que pode ser interpretado como recursos ambientais passíveis de proteção por meio da criação de UCs: atmosfera, águas interiores, superficiais e subterrâneas, estuários, mar territorial, solo, subsolo, elementos da biosfera, fauna e flora.

Segundo Dourojeanni (2005),

> o planejamento das unidades de conservação "modernas" começou na América do Norte, onde se criaram os primeiros parques nacionais e logo foram também utilizados nas colônias européias da África e Oceania, e na própria Europa. No

ano 1976 já existiam pelo menos 55 planos de manejo de unidades de conservação na América Latina. Considera-se que o primeiro plano de manejo feito na região foi o do Parque Nacional Canaima (Venezuela), concluído em 1962.

Lembra o autor que, no Brasil, o primeiro plano de manejo foi aprovado apenas no ano de 1976 para o Parque Nacional de Brasília (DF), elaborado pelo então Instituto Brasileiro de Desenvolvimento Florestal (IBDF), equivalente ao órgão gestor das unidades de conservação brasileiras na época.

O Snuc prevê que com a realização de planejamento para áreas protegidas seja produzido o plano de manejo, documento técnico elaborado por equipe multidisciplinar, no qual estão contidas orientações e informações para que se desenvolvam corretamente atividades e ações necessárias, de modo que se atinjam os objetivos requeridos para a área em questão. É o plano de manejo que deve orientar todas as medidas administrativas e gerenciais do gestor da UC. Na falta deste, as ações deverão ser guiadas por um "manejo moderado" (quando há plano de manejo, considera-se que há um "manejo intensivo"), que implica a utilização de processos empíricos bem-sucedidos em outras UCs.

Cabe ressaltar que os planos de manejo devem ser elaborados para cada UC individualmente, pois as mesmas diferem tanto em aspectos físicos como em suas categorias (e formas de uso) de acordo com o Snuc.[1] Para cada um desses grupos existe um artigo distinto na Lei n. 9.985, que aponta para diferentes formas de planejamento.

Metodologias para avaliação de impactos e manejo de uso público

A principal função do planejamento em áreas naturais é o controle e a mitigação dos impactos ambientais negativos. Conforme o Conselho Nacional do Meio Ambiente (Conama), pode-se entender impacto ambiental como (Brasil, 1983, s.p):

1 Conforme descrito no Capítulo 5, há no Brasil dois grupos de UCs: as de proteção integral (estação ecológica; reserva biológica; parque nacional; monumento natural e refúgio de vida silvestre) e as de uso sustentável (área de proteção ambiental; área de relevante interesse ecológico; floresta nacional; reserva extrativista; reserva de fauna; reserva de desenvolvimento sustentável e reserva particular do patrimônio natural).

> Qualquer alteração das propriedades físicas, químicas e biológicas do meio ambiente, causada por qualquer forma de matéria ou energia resultante de atividades humanas que direta ou indiretamente afetam: a saúde, a segurança e o bem-estar da população; as atividades sociais e econômicas; as condições estéticas e sanitárias do meio ambiente e a qualidade dos recursos ambientais.

A legislação ambiental brasileira prevê que nos casos de intervenções humanas potencialmente impactantes ao ambiente seja elaborado um prévio estudo de impacto ambiental (EIA), que identificará eventuais modificações necessárias para que qualquer novo empreendimento provoque o menor impacto socioeconômico e/ou biofísico ao meio ambiente. Junto ao EIA será formatado um Relatório de Impacto Ambiental sobre o Meio Ambiente (Rima), direcionado aos segmentos da sociedade aos quais cabe o julgamento sobre as ações previstas para aprovação da intervenção. Esse relatório, para ser fidedigno, deverá ser elaborado por uma equipe multidisciplinar, em uma tentativa de minimizar falhas e lacunas que poderão redundar em veto pelos órgãos competentes. O procedimento de elaboração dos EIA-Rima contribui para a efetividade do art. 225 da Constituição Federal do Brasil, o qual determina o direito ao meio ambiente ecologicamente equilibrado a todos.

Após a aprovação do Snuc, o planejamento do uso público em áreas naturais brasileiras tem se multiplicado ao longo dos anos. Nesse mesmo período vem ocorrendo um crescimento do turismo nas UCs, graças, entre outros fatores, ao maior desenvolvimento econômico (que possibilita maiores salários, disponibilizando renda extra para o lazer), maiores períodos de férias, desenvolvimento de infraestrutura e meios de transporte (que permite o acesso a áreas mais afastadas), e, principalmente, pelo destaque que as áreas naturais ganharam nas últimas décadas.

Apesar de tudo isso, os gestores das áreas protegidas no Brasil ainda enfrentam muitas dificuldades em controlar e ordenar a visitação de modo a garantir o controle dos impactos. Para isso, é importante que haja monitoramento do número de visitantes e dos eventuais danos que estes possam causar aos recursos naturais e às instalações, caso contrário toda atividade recreativa e educativa perderá sua essência, qual seja, a contemplação e o contato com a natureza conservada. Ao contrário, um bom planejamento do uso público pode proporcionar uma positiva atividade recreativa, com reais benefícios ao ser humano.

Os planos de manejo foram idealizados de modo a conter os chamados "programas de manejo", que visam auxiliar no ordenamento do uso e conservação dos recursos disponíveis, seja em áreas naturais protegidas ou não. Por sua vez, esses programas são planejados para atender as especificidades de cada subárea da unidade de conservação, denominadas zonas de manejo, conforme suas características ambientais. Mais adiante, são abordados os aspectos relativos ao zoneamento das áreas protegidas.

Segundo Dourojeanni (2005), uma das grandes dificuldades do manejo de UCs é a falta de informações capazes de subsidiar decisões que afetem o futuro destas, uma vez que novos dados ou descobertas podem indicar a necessidade de mudar o planejamento em execução. Dessa forma, admite-se que todos os planos de manejo, ao contrário das ferramentas de planejamento utilizadas em outras situações, devam ser constantemente revistos e precisam ser muito prudentes, para evitar erros irreparáveis, como a extinção de uma espécie ou o desequilíbrio definitivo de um bioma. Nesse caso, portanto, há um caráter de processo contínuo normalmente iniciado a partir do memorial descritivo que acompanha, em geral, o dispositivo legal da criação das UCs (tamanho, limites, inclusão ou exclusão de alguma área, presença de populações indígenas ou tradicionais, categoria de manejo etc.).

O futuro plano de manejo, dessa forma, muitas vezes é comprometido em suas possibilidades efetivas de servir como ferramenta de planejamento, pois decisões tomadas sem muita análise, ou sem a quantidade de conhecimento suficiente para embasar tecnicamente as soluções mais adequadas, podem gerar, por exemplo, a determinação errada dos limites ou a escolha equivocada da categoria de manejo (Dourojeanni, 2005).

Em 1993, o Instituto Brasileiro do Meio Ambiente e Recursos Naturais Renováveis (Ibama) publicou o *Roteiro metodológico para a elaboração de planos de ação para implementação e gerenciamento de unidades de conservação de uso indireto*, e, em 1996, o *Roteiro metodológico para o planejamento de unidades de conservação de uso indireto.*

Uma das mais imediatas aplicações dos planos de manejo é a ordenação do uso público de modo a conduzir a visitação e as atividades de turismo no sentido de garantir a educação e a interpretação ambientais. Os programas de manejo do uso público, assim, devem promover ações de interpretação ambiental que aumentem a satisfação e a qualidade da experiência dos visitantes, demonstrem possibilidades de novas atitudes e ações para um melhor convívio com a natureza, provoquem a busca por soluções sustentáveis para as necessidades da vida cotidiana e eduquem os cidadãos quanto a sua responsabilidade diante da crise ambiental e para com a área visitada. Além desses objetivos, um bom planejamento do uso público pode facilitar o conhecimento sobre o valor histórico e natural da área protegida visitada e outras similares, uma vez que, pela maior aproximação, os visitantes podem compreender melhor seus aspectos socioambientais relevantes.

Quanto à infraestrutura de apoio à gestão, ela deve condizer com os objetivos da UC, que variam de acordo com sua categoria de manejo, e, obviamente, com o orçamento disponível. Algumas características são indispensáveis, tais como sua durabilidade e funcionalidade, e seu estilo, que não pode fugir das características paisagísticas locais e que deve seguir padrões arquitetônicos harmônicos, adotando materiais típicos da região (madeira, pedra, cerâmicas, taipa de pilão, pau a pique etc., de acordo com o caso).

Após sua implantação, a infraestrutura deve receber contínua e adequada manutenção, com dotação de recursos econômicos permanentes. Isso permitirá que instalações, equipamentos, trilhas e caminhos estejam em bom estado de conservação e sempre utilizáveis. Vale mencionar, também, os cuidados necessários com aterro sanitário, sinalização, captação e tratamento de água, dentre outras necessidades.

Para a gestão de uma UC é necessária uma equipe multidisciplinar capaz de cumprir funções como planejar, proteger, realizar ações educativas e recreativas, zelar pela manutenção da infraestrutura, monitorar a visitação, manter bom relacionamento com possíveis comunidades do entorno (ou mesmo dentro de seus limites), autorizar e fiscalizar as pesquisas sobre flora e fauna, administrar aspectos legais e políticos, manter intercâmbio com universidades para ações de ensino, pesquisa e extensão etc.

Assim, para dar cabo dessa diversidade de tarefas, é preciso haver um intenso e contínuo programa de capacitação de recursos humanos, de modo a constituir um quadro de apoio capaz de discernir os objetivos e as diretrizes da unidade, que tenha habilidades com planejamento, capacidade de trabalho em equipe e liderança, competência para analisar e avaliar outras funções necessárias, iniciativa, e seja capaz de identificar problemas e solucioná-los, apresentando resultados significativos e concretos.

Ainda relativamente ao uso público, é inegável que o turismo pode tornar-se fonte relevante de recursos econômicos para determinada comunidade e região, mas, quando se trata de áreas naturais protegidas, é preciso levar outros aspectos em consideração. O planejamento turístico deve ser realizado simultaneamente ao planejamento ambiental, possibilitando, assim, um turismo compatível com os objetivos de manejo da área. Essa responsabilidade de ação integrada não deve partir apenas dos planejadores e gestores do turismo, mas também é desejável que seja exercida pelos próprios visitantes, por meio do respeito à natureza e à comunidade local e da disposição a aprender e atribuir significados ao local visitado.

Gestão participativa

Para diversos autores (Rahnema, 1992, Furlan, 2000, Viana, 2000, Rodrigues, 2001 e Rabinovici, 2002), a participação das comunidades na criação, implantação e gestão das UCs no Brasil se dá, na maioria das vezes, apenas para que possa ocorrer a transferência do conhecimento delas aos novos gestores, quase sempre técnicos indicados pelos órgãos públicos responsáveis pela área. Muito raramente as populações locais são envolvidas para compartilhar as decisões em todas as etapas de um projeto de intervenção: concepção, implementação e avaliação.

A participação comunitária é um caminho e um pressuposto para a busca da qualidade de vida e constitui a prática dos princípios da sustentabilidade ambiental propagados e perseguidos pelos atores sociais e políticos interessados no manejo das UCs, incluindo-se aí as organizações não governamentais (ONGs). Processos participativos mau conduzidos podem acarretar problemas graves, impulsionar novos conflitos, ameaçando desconstruir todo e qualquer processo de emancipação já conquistado pela comunidade (Neiman e Rabinovici, 2008).

Para Viana (2000, p. 25), envolvimento sustentável é

> o conjunto de políticas e ações direcionadas para fortalecer o envolvimento das sociedades com os ecossistemas locais, fortalecendo e expandindo os seus laços sociais, econômicos, culturais, espirituais e ecológicos, com o objetivo de buscar a sustentabilidade em todas essas dimensões.

Dentro dessa concepção, mais do que implantar UCs, as políticas públicas deveriam voltar-se ao estabelecimento de novos modelos de gestão das áreas de interesse ecológico e ambiental, que Rabinovici (2002) denominou "comunidades de conservação".

Já o envolvimento sustentável, proposto por Viana (2000), seria formado pelas ações voltadas à transformação da realidade, fortalecendo o envolvimento das relações do homem com os ecossistemas locais, respeitando-se seus direitos à propriedade e ao manejo dos recursos naturais.

Mais do que uma técnica, o envolvimento comunitário deve reverter o distanciamento dos seres humanos em relação à natureza. Ao envolver as sociedades com os ecossistemas, os vínculos econômicos, sociais, espirituais, culturais e ecológicos podem ser fortalecidos, em um fenômeno similar ao que fora demonstrado por Neiman (2007) nos visitantes submetidos a atividades dirigidas de contato com a natureza. Dessa forma, seriam criadas condições favoráveis para uma lógica diferente da que hoje conhecemos, e que tem gerado o aumento da miséria e da degradação ambiental.

Furlan analisou o processo de participação das populações residentes no Parque Estadual de Ilhabela, São Sebastião (SP), que não difere em muito das experiências de outros parques, e afirma que "o processo participativo que representou o seu maior avanço institucional é justamente o aspecto mais criticado nos Planos de Gestão Ambiental (PGAs)" (Furlan, 2000, p. 211).

Seguindo-se as várias possibilidades de participação existentes, Pimbert e Pretty (1995) relacionaram alguns tipos de parcerias possíveis indo de uma escala em que a participação é praticamente inexistente, caracterizando o caráter estético, cosmético e utilitário de participação, como é o caso da participação passiva, até a possibilidade de automobilização da comunidade em torno de seus interesses.

O grande desafio estaria exatamente em substituir a não participação dos atores envolvidos com a conservação, ou a participação passiva, simples, padronizada e rígida, pelo debate, que exige participação interativa e espontânea de fato, incorporando a diversidade de práticas e discursos locais de modo a buscar um manejo participativo dos recursos que contribua, em longo prazo, com a conservação não só da biodiversidade, mas também da sociodiversidade (Neiman e Rabinovici, 2008).

São princípios gerais sobre os processos de gestão participativa em UCs:

- compartilhar as responsabilidades, buscando a melhor proteção da UC;
- estabelecer uma relação entre a UC e seu entorno;
- motivar a participação comunitária;
- conhecer e respeitar a cultura da população;
- melhorar a qualidade das ações na gestão de UCs;
- garantir o acesso à informação;

- garantir a equidade social;
- melhorar a eficiência na gestão de UCs.

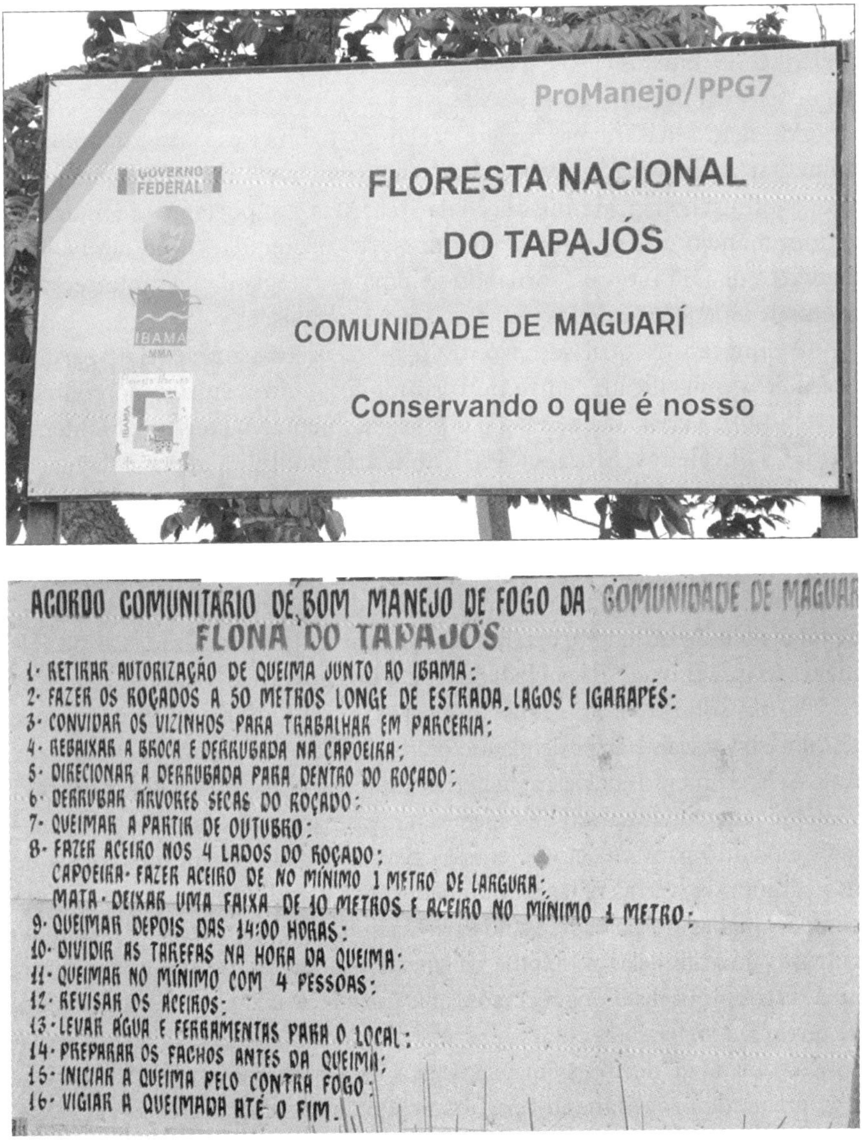

Figura 7.1 Placas na Comunidade de Maguari (PA), no interior da Floresta Nacional do Tapajós, com resumo do acordo comunitário para manejo.

Fotos: Zysman Neiman (dez. 2008).

As tradições mantidas pelas comunidades nem sempre favorecem a preservação do meio ambiente. No caso ilustrado pela Figura 7.1, as queimadas, roçados e a capoeira precisaram ser monitorados para que o impacto à floresta fosse o menor possível. Esse acordo entre a gestão da Floresta Nacional de Tapajós (PA) e a comunidade local foi crucial para que ambas seguissem em harmonia.

Mudanças nas regras podem afetar os habitantes, por exemplo, ao aumentar a quantidade de trabalho e diminuir a produção, gerando, assim, conflitos com a administração da área. Mas é importante salientar que o bom manejo preserva não somente a área protegida, como também as tradições dos moradores, tornando-se uma estratégia de não interferir no modo de vida local e de respeitar as leis ambientais.

A situação na qual se encontram os recursos naturais e os parques brasileiros é justificada, entre outros motivos, pelo histórico do controle estatal sobre a criação e gestão da política ambiental e, consequentemente, das UCs brasileiras. Moraes (1997), ao traçar em linhas gerais a formação do aparato estatal da política ambiental, diz que o Estado, concebido para gerir um conjunto específico e próprio de políticas, é o responsável pelos problemas enfrentados, na medida em que não se propõe a dialogar com todos os interessados, nem mesmo dentro do próprio governo. Seu papel deveria ser o de ordenar e catalisar as iniciativas descentralizadas, especialmente as que provêm da sociedade civil e dos governos locais.

Várias soluções vêm sendo propostas. Furlan (2000) sugere a criação de "florestas sociais": áreas de plantio de recursos florestais para a produção de canoas, instrumentos de pesca, materiais de construção etc., produção de medicamentos e roça, plantio de espécies nativas para a recuperação de drenagens e plantio para manejo de erosão. Estas florestas seriam uma forma de uso comum das terras pelas comunidades, resgatando o modo como foram compartilhadas no passado. Ainda para a autora, é fundamental o enfrentamento do complexo problema da questão fundiária, de modo a garantir uma distribuição justa dos recursos, que considere as diferentes concepções de território, e, baseado em um processo democrático de participação social para a tomada de decisões em relação aos usos mais adequados dos territórios, incluindo procedimentos para o manejo de conflitos, a consideração das informações técnicas, científicas e culturais sobre os usos mais recomendáveis do território, a médio e longo prazo (Furlan, 2000).

Essas comunidades têm sido convidadas a participar das questões que lhes dizem respeito, na maioria das vezes, somente para aprender a lidar com as consequências que a implantação das UCs causou às suas vidas. Raras experiências concretas de participação da comunidade no planejamento, criação, implantação e gestão de UCs podem ser citadas. Os casos mais emblemáticos são as reservas de desenvolvimento sustentável (RDS) e extrativistas da Amazônia, por exemplo, a RDS Mamirauá localizada em Tefé (AM).

Neiman e Rabinovici (2008) defendem que as UCs, para cumprirem seu papel, devem incluir a participação comunitária no seu manejo, buscando o envolvimento social em todas as suas ações, e trabalhar para que mais pessoas (locais e visitantes) expandam os ideais conservacionistas, por meio de atividades, vivências e interações com o meio, para que eduquem, ajudem a desenvolver a percepção de todos para uma relação mais harmônica com a natureza, e que possibilite, no futuro, o próprio fim dessas UCs, tornando o meio ambiente saudável como um todo.

As ONGs e outras entidades do chamado terceiro setor, assim como os movimentos sociais, são fundamentais para o avanço dos processos de construção democrática nesses espaços. Todos devem apostar na possibilidade de atuação junto ao governo por meio de negociações, articulações e pactos que busquem a efetiva participação da sociedade civil na construção das políticas públicas.

Esses "encontros" entre governo e sociedade civil poderiam acontecer por meio de relações formalizadas, com legislação, objetivos, funções e procedimentos definidos e com caráter permanente ou estável. Como exemplos estão os conselhos gestores[2] das UCs, que o Snuc prevê em seus artigos e que têm sido implementados desde o ano 2000 no Brasil. Esses espaços de atuação comunitária podem exercer funções deliberativas ou consultivas, articular, fazer pressão, monitorar e executar políticas públicas.

O zoneamento como ferramenta de gestão

O zoneamento ambiental é um instrumento da política nacional do meio ambiente de suma importância para a proteção dos recursos naturais, como previsto desde 1988 na Constituição Federal brasileira. Para Machado (1992, p. 96), "o zoneamento consiste em dividir o território em parcelas nas quais se autorizam determinadas atividades ou se interdita, de modo absoluto ou relativo, o exercício de outras atividades". Dessa forma, torna-se um fator indispensável para auxiliar no manejo e favorecer a gestão das UCs.

Basicamente, o zoneamento consiste em divisões homogêneas da área a ser conservada, com ênfase nos aspectos ecológicos, físicos e, principal-

2 Ver Capítulo 6.

mente, o seu destino de uso. Com essa subdivisão, torna-se menos complexo estabelecer os objetivos de cada zona, o que permite também maior supervisão das atividades efetuadas em cada parcela.

Segundo o Decreto n. 84.017, de 21.9.87, adotou-se a seguinte classificação das zonas para o planejamento de parques nacionais no Brasil: zona intangível (intacta e de uso proibido), zona primitiva (pouco ou nada alterada e de uso restrito e eventual), zona de uso extensivo (com alguma alteração e de uso restrito à circulação e atividades esparsas), zona de uso intensivo (pode ser significativamente alterada e concentrar a grande parte das atividades e serviços da UC), zona de uso especial (destinada à moradia, serviços de administração, manutenção e proteção), zona histórico-cultural (para os casos de ocorrência de sítios específicos) e zonas de recuperação (caso existam áreas que necessitem ser recuperadas – são zonas temporárias).

Como as outras categorias de UC não preveem as zonas legais, as zonas dos parques nacionais podem ser adaptadas para cada caso, como ocorreu no Parque Estadual da Serra do Mar, Núcleo Picinguaba (SP), que cunhou a categoria zona histórico-cultural antropológica, para poder lidar com a realidade das comunidades que habitam no parque, especialmente os quilombolas e caiçaras.

Entre os muitos objetivos possíveis para o zoneamento das UCs, pode-se citar que este deve:

- contribuir para que as áreas sejam preservadas adequadamente em suas características paisagísticas, biológicas e histórico-culturais;
- assegurar a compatibilidade entre o uso do solo e os objetivos gerais e específicos de seu plano de manejo;
- colaborar para que as atividades de usos do solo e dos recursos sejam efetuadas com licenciamento e que haja fiscalização e controle;
- garantir que fiscalização, controle e manejo sejam realizados a partir das técnicas conservacionistas estabelecidas nos planos de ação e contribuam para a qualidade ambiental;
- oferecer diretrizes para uso e ocupação do solo, com condicionantes ambientais, e assim colaborar com o desenvolvimento econômico e social.

Técnicas de minimização de impactos e estabelecimento de capacidade de carga

O uso público tem grande relevância, tanto para a UC quanto para a comunidade local e visitantes. No que tange ao gerenciamento da visitação,

Eagles e McCool (2002) colocam duas questões cruciais: primeiro, quais os planos de ação para melhorar a qualidade da visitação; e, segundo, como gerenciar os impactos de modo aceitável e alcançar os resultados desejáveis.

Um dos métodos de controle de impacto muito utilizado nas áreas protegidas consiste na limitação de uso, estabelecendo um número máximo de visitantes e de atividades a serem executadas para cada caso, questão ainda muito discutida entre os profissionais da área.

Wearing e Neil (2001) apresentam estratégias que podem ser aplicadas para o controle da visitação, tais como: restrição do número de visitantes que entram em uma área em determinado período; limitação dos pontos de acesso e dos tipos de atividades que podem ser desenvolvidas; estipulação de multas e outros tipos de penalidades, para assegurar maior rigor no gerenciamento. Essas estratégias precisam ser adotadas em áreas onde há falta ou deficiência de fiscalização, normalmente por constituírem-se como áreas extensas, o que dificulta o controle pelos gestores. Os autores argumentam, ainda, que é possível, como forma de gerenciamento, a aplicação de taxas (de ingresso, percurso de trilha etc.); concessão de uso para instituições ou indivíduos que fornecem serviços aos visitantes (com a devida licença para operar); vendas e *royalties* (taxas sobre atividades ou produtos, como cartões-postais ou fotografias); taxação (um custo extra sobre bens e serviços utilizados pelos visitantes, como tarifas aeroportuárias, por exemplo); além de doações.

Kuss et al. (1990) sugerem oito etapas para a minimização do impacto de visitantes em áreas naturais. Para os autores, o planejamento inicia-se pela pré-avaliação, etapa na qual se estabelece uma área física onde será realizado o manejo, por meio de coleta e análise de informações pertinentes. Numa segunda etapa, os objetivos da área são revistos, com a intenção de definir as experiências que serão realizadas no local. A terceira etapa trata de identificar indicadores mensuráveis relacionados aos objetivos do manejo. Posteriormente, a quarta etapa tem a função de descrever as condições ecológicas e recreativas que serão disponibilizadas, formatar indicadores e limites para avaliar se são compatíveis com a situação atual.

A quinta etapa é a comparação desses indicadores com as condições existentes. Se não houver discrepância, só será necessário o acompanhamento para preparar mudanças futuras; caso contrário, inicia-se a sexta etapa, na qual serão identificadas as prováveis causas dos impactos. Para isso, isolam-se os problemas mais significantes e compara-se a forma de uso dos visitantes com os indicadores de impacto que excederam o limite, avaliando todas as formas de visitação que podem ter causado tais impactos, como tamanho de grupos, período de permanência, frequência em alta temporada, comportamento dos visitantes, concentração e quantidade total de uso.

A sétima etapa tem a função de estabelecer as estratégias de manejo. Para Kuss et al. (1990), é mais interessante focalizar as causas prováveis dos impactos do que as condições desses impactos. Como são diversos os aspectos de uso que podem determiná-los, há muitas estratégias de manejo que podem ser executadas. Essas estratégias incluem métodos que podem regular ou até restringir atividades para se alcançar resultados correlatos com os objetos ecológicos e recreativos da área delimitada. Sugere-se uma matriz para avaliação das estratégias e alternativas para o manejo.

A última etapa é caracterizada pela implementação das estratégias, devendo ser prioritárias aquelas que minimizam os impactos mais evidentes. Esse método, denominado "manejo do impacto de visitantes" (VIM, do inglês *Visitors Impact Management*), não deve se limitar à implementação: o acompanhamento dos indicadores de limites é essencial para analisar se os resultados estão sendo alcançados, sem a propagação de maiores impactos negativos.

O campo de pesquisa referente ao controle de impactos às áreas naturais vem gerando inúmeros métodos além do VIM. Podem-se citar: proteção à experiência do visitante e aos recursos (Verp), processo de gerenciamento da visitação (Vamp), modelo de otimização do gerenciamento turístico (Tomm), espectro de oportunidades recreativas (ROS), limites aceitáveis de câmbio (LAC).[3] A maior parte desses métodos refere-se a pesquisas e testes de aplicabilidade realizados principalmente nos Estados Unidos, Canadá, Austrália e Costa Rica.

Essas metodologias estão fundamentadas, sobretudo, no que se refere à capacidade de carga, também conhecida como capacidade de suporte, que pode ser entendida como o limite máximo aceitável para o uso de determinada área, sendo esse uso com alto nível de satisfação para os que dela usufruem, como pesquisadores, funcionários e visitantes, e mínimos efeitos negativos nos recursos.

Para Seabra (2003), os estudos de capacidade de carga não podem ser fundamentados apenas no que se refere ao número de visitantes, pois o comportamento é um fator de grande interferência.

---

3 Siglas originárias do inglês: Visitor Experience and Resource Protection (Verp); Visitor Activity Management Process (Vamp); Tourism Optimization Management Model (Tomm); Recreational Opportunity Spectrum (ROS).

É evidente que a visitação transforma as áreas naturais, seja pelo número de visitantes, seus comportamentos ou as atividades executadas. Para Cooper et al. (2001), a capacidade de carga pode ser dividida em quatro categorias:

- física: referente às instalações, como vagas em estacionamentos, mesas em restaurantes, leitos em hospedagem. Esta é uma forma muito direta e que pode ser utilizada no planejamento, pois as vagas podem restringir o número de pessoas;
- psicológica: é a percepção ambiental que cada visitante tem. Por exemplo, a sensação de incômodo devido a lugares muito lotados difere de pessoa para pessoa, portanto, controlar a capacidade de carga nesse segmento dificulta a adaptação ao perfil de cada visitante;
- biológica: está diretamente atrelada à fauna e à flora, quando estas são afetadas de forma inaceitável, seja em trilhas, dunas ou observação de animais. É importante ver o ecossistema como um todo, e não os elementos isolados;
- social: concernente à comunidade do local, é a medida de quanto seria aceitável para o desenvolvimento dessa comunidade, utilizando técnicas para avaliar a aceitação de mudanças.

Entre as diversas metodologias que auxiliam no planejamento ambiental, algumas valem ser citadas, pela disseminação que alcançaram em diversas áreas naturais protegidas:

- Cifuentes (1992) desenvolveu uma metodologia para determinação da capacidade de carga turística envolvendo três conceitos: capacidade de carga física (CCF); capacidade de carga real (CCR); e capacidade de carga efetiva (CCE) da área natural estudada. Sua metodologia conta com seis etapas: análise das políticas sobre o turismo e manejo de áreas protegidas; análise dos objetivos da área protegida; análise da situação das áreas de uso público; identificação e medição de fatores/características que influem em cada área de uso público; determinação da capacidade de carga; definição de impactos para cada área. As primeiras tratam de uma revisão do plano de manejo; o estudo de capacidade de carga ocorre da quarta à sexta etapa;
- Tomm: desenvolvido por uma empresa de consultoria australiana, não se concentra nos impactos, na imposição de limites, nem no número máximo de capacidade de carga. Foi desenvolvido para ajudar o *tra-*

de turístico a identificar oportunidades e alcançar a sustentabilidade (Manidis Roberts Consultants, 1996). Representado por monitoração e manejo da atividade turística em áreas naturais, é dividido em três partes: análise do contexto, programa de monitoração e resposta de manejo;

- Vamp: essa metodologia tem como foco principal o visitante e baseia-se em uma hierarquia de decisões do plano de manejo. Foi criada para a implantação das UCs canadenses. Para sua aplicação, são necessárias as seguintes etapas: a) estabelecimento de termos de referência com objetivos para as atividades de visitação e propósito do parque; b) estabelecimento de um banco de dados contendo ecossistemas do parque, oportunidades recreacionais e educacionais, serviços e atividades dos visitantes atuais e o contexto em que está inserido; c) estudo para adequação dos recursos, das atividades apropriadas, função do parque e do setor privado; d) estratégias para atividades e experiências de visitação, e para inclusão da região e do setor privado; e) inclusão no plano de manejo dos propósitos e funções do parque, sua ligação com o contexto em que está inserido (região), o papel do setor privado e as novas recomendações estudadas e sua implementação.

Definir qual o melhor controle para a capacidade de carga nas áreas naturais brasileiras pode não estar ligado apenas à escolha de uma dessas metodologias, que foram criadas para parques localizados em outros países. Tal fato deve ser levado em consideração, pois podem existir discrepâncias entre as diferentes realidades. Assim, flexibilizar o uso das metodologias e realizar adaptações, quando necessárias, pode ser fundamental, pois as condições econômicas e ecossistêmicas e as características dos visitantes são importantes para o sucesso da aplicação das técnicas de capacidade de carga.

Um plano adequado de gerenciamento para áreas naturais protegidas é resultante de uma perfeita inter-relação entre manejo, zoneamento e cálculo da capacidade de carga aliados à permanente capacitação dos gestores e plena participação da comunidade usuária e do entorno.

A realização desses processos de gestão viabiliza a conservação dessas áreas, fundamentais para o equilíbrio do ecossistema mundial; a aproximação do ser humano por meio do uso público; e favorece a consciência do dever ético que se tem para com o meio ambiente. A gestão participativa não somente ajuda as comunidades tradicionais que habitam as áreas protegidas, como também as alerta sobre seus deveres para conservação, condição essencial para a continuidade de seus modos de vida. Para essas comunidades, conservar o meio ambiente significa preservar suas culturas e tradições. Aguçar os valores sobre sustentabilidade torna mais compreensíveis as limitações de uso para essas áreas.

No entanto, apesar de sua importância, as UCs do Brasil encontram dificuldades para a elaboração de seus planos de manejo, como a falta de incentivos dos órgãos gestores, a carência de profissionais qualificados para essa tarefa e o recorrente hábito brasileiro de adiar ações necessárias até a última instância.

Nos Boxes 7.1 e 7.2 são apresentados dois estudos de caso que servem de exemplo para os problemas gerados pela inexistência de planos de manejo. No primeiro, a falta de profissionais qualificados pode ser facilmente detectada, e a cultura indígena foi ignorada pelos gestores do Parque Nacional do Pico da Neblina (AM). Estudos antropológicos e sociológicos devem sempre caminhar junto da gestão de áreas naturais onde há populações tradicionais residentes. Mesmo com a comunidade indígena fazendo pedidos insistentes, a administração do parque foi incapaz de analisar as consequências que a nova infraestrutura proporcionaria para aquele local. As falhas de diagnóstico não residiram somente na questão antropológica; problemas de cunho ambiental também foram detectados, o que demonstra a falta de profissionais qualificados.

Se tivesse havido mais cuidado na elaboração do plano de manejo, o zoneamento estabelecido contaria com zonas de uso especial (área para implantação de infraestrutura, entre outros) que seriam predeterminadas de modo a não invadir áreas sagradas da comunidade. Esse cuidado conferiria maior valor à área a ser protegida, pois a conservação ambiental teria caminhado ao lado do respeito à diversidade cultural.

No segundo estudo de caso pode ser observada, entre tantos outros fatores, a falta de atitude e empenho dos gestores do Parque Estadual Turístico do Alto Ribeira (Petar, SP) em dar valor ao árduo trabalho de contribuição com a elaboração de um plano de manejo que já vinha sendo realizado por diversos atores sociais da região. A consequência desse descuido foi o embargo do uso público das cavernas do parque pelo órgão federal de fiscalização, que limitou por certo período o direito de a sociedade visitar esse patrimônio público. O embargo poderia ter sido evitado se houvesse programas de visitação seguidos de monitoramento adequado, ações que poderiam estar previstas no plano de manejo.

Box 7.1 – Yanomami protestam contra abrigos construídos em local sagrado no Pico da Neblina (AM)

"As construções foram autorizadas pelo Instituto Chico Mendes (ICMBio), ao longo da trilha utilizada por expedições para chegar ao Pico da Neblina, em área onde o Parque Nacional se sobrepõe à Terra Indígena Yanomami, no Amazonas. O local é considerado sagrado para os índios e as comunidades não foram consultadas.

Acampamentos-base de estruturas metálicas implantados na trilha que leva ao Pico da Neblina foram desmontados por integrantes de uma expedição de jovens yanomami da comunidade de Maturacá, localizada no extremo oeste da Terra Indígena Yanomami, no Estado do Amazonas. A informação consta de nota pública assinada pela diretoria da Ayrca (Associação Yanomami do Rio Cauaburis e afluentes) e entregue na sede da Federação das Organizações Indígenas do Rio Negro (FOIRN), em S. Gabriel da Cachoeira (AM).

A operação-desmonte foi decidida em reunião realizada em Maturacá no dia 29 de dezembro de 2008 com a participação das lideranças tradicionais e executada nos primeiros dias de janeiro de 2009 pelo grupo de jovens. A construção dos abrigos foi determinada pelo Instituto Chico Mendes, órgão gestor do Parque Nacional, mas construída pelo Exército a título de compensação pelos danos ambientais causados pela abertura irregular de um ramal na BR 307, que tangencia aquela Unidade de Conservação. Um acordo extrajudicial, que não contou com a participação das comunidades indígenas nem da Fundação Nacional do Índio (Funai), determinou que o Exército implantasse tais acampamentos-base até 12 de janeiro de 2009, sob pena de multa.

Os Yanomami manifestaram seu desagrado com as obras durante a Assembléia Geral da FOIRN realizada em novembro de 2008 e denunciaram o caso ao Ministério Público Federal, que participou do acordo e tem uma ação judicial relacionada ao caso. Além dos Yanomami não terem sido ouvidos e terem manifestado desde o princípio contrariedade quanto à construção, o Parque Nacional não tem ainda plano de manejo, documento que deveria prever qual a infraestrutura a ser instalada no parque. Apesar da denúncia, feita em 1/12/2008, as obras continuaram e foram finalizadas.

Na nota divulgada, os Yanomami se queixam de que não foram consultados durante o processo e não estavam mais suportando o incômodo da movimentação de helicópteros e trabalhadores, além dos desmatamentos nos locais denominados Bebedouro Velho, Bebedouro Novo e Base. Diz a nota que ao longo do caminho do Pico da Neblina há lugares sagrados. 'A nossa realidade espiritual se concentra no Yaripo (Pico da Neblina) e Masiripiwei (Pico 31 de março). Devido a tudo isso nós Yanomami não aceitamos desenvolvimento de atividades sem haver consulta e conhecimento do objetivo das atividades que se pretende realizar'.

Os dirigentes da Ayrca reiteram que militares têm deixado lixo – que poderia ser queimado – ao longo da trilha, nas cavernas e no cume do Pico. Solicitam ao MPF e ao Ibama que peçam ao Exército para realizar uma operação limpeza, que deveria incluir também o lixo do pelotão instalado entre as comunidades de Maturacá e Ariabu. A lixeira está localizada na trilha usada pelos Yanomami para caçar e pescar. Ali ocorrem descartes de medicamentos vencidos e nocivos à saúde."

Fonte: Notícia divulgada pelo Instituto Socioambiental (ISA) em 29/1/2009. Disponível em: http://www.socioambiental.org/uc/597/noticia/63785.

Box 7.2 – Embargo às cavernas em São Paulo

"Em 2003, iniciamos a criação de um projeto de implementação da 1ª fase do plano de manejo do Parque Estadual Turístico do Alto Ribeira (Petar) com a formação de um Grupo Interinstitucional de Apoio, secretariado pelo Instituto Physis – Cultura & Ambiente, em cooperação com o WWF-Brasil. Não passou da primeira fase, como explicamos a seguir.

Diante das restrições de uso do entorno do Petar, e também motivada por alguns acidentes fatais ocorridos em 2003, uma equipe do Physis procurou o IF para manifestar o desejo de contribuir com a elaboração do plano de manejo do parque. Após reuniões com a presença do Diretor de Reservas e Parques Estaduais (DRPE), foi sugerido que, para garantir a lisura do processo e democratizar a participação, fosse organizado um grupo de apoio à elaboração do plano de manejo. Aceito o desafio, diagnosticadas as instituições e atores, houve uma primeira reunião, em novembro de 2003. Nesta, que contou com a presença de 22 pessoas representando 12 instituições, decidiu-se iniciar o processo de formação de um grupo voluntário que preparasse os subsídios a serem utilizados pelo IF na redação do Plano.

[...] Na época, já se considerava a necessidade formal de um plano de manejo, exigido pela legislação, mas, principalmente, os argumentos pautavam-se na situação preocupante em que se encontravam (e ainda se encontram) o Petar e suas cavernas. Grande parte dos problemas devia-se à ausência de plano de manejo e ao reduzido número de funcionários. Naquele momento, todos estavam mobilizados com a ocorrência dos acidentes fatais, o aumento gradativo de demandas de público visitante, o recebimento de diversas solicitações externas, que implicavam novos tipos de uso dos atrativos e a necessidade de capacitar os monitores locais. Com o plano, passaria a ser possível a captação de recursos que solucionariam alguns problemas.

Considerou-se também que a região, extremamente pesquisada, possuía material científico de alta qualidade, em todas as áreas de conhecimento, já organizado e que poderia ser utilizado como fonte secundária para a elaboração do plano. Além disso, foi ressaltada a necessidade da formatação de parcerias e demais articulações para o processo ser realmente participativo, envolvendo todos os interessados na busca da criação de pactos que minimizassem os conflitos e a temporalidade, já que o plano poderia ser revisto e melhorado após cinco anos de sua publicação, além de ser aprimorado constantemente.

[...] Os passos seguintes incluíam a definição da mobilização e participação de cada interessado, a proposição de algumas ações emergenciais, com medidas corretivas e preventivas e a reativação do processo de Agenda 21 da região, articulado com ações do plano de manejo, planos diretores, entre outros.

O grupo reafirmou o compromisso de trabalhar para formar e criar um sistema de gestão participativo, emergencial, com base científica e de apoio com respaldo institucional e político. Comprometeu-se, também, em respeitar as diretrizes do Instituto Florestal para a elaboração de planos de manejo, as deliberações do Conselho Consultivo do Petar e o Snuc. Realizou-se, então, uma 1ª Oficina de Formação do Grupo de Apoio à Elaboração do Plano de Manejo, que contou com recursos financeiros do WWF-Br e apoio operacional da Physis, e reuniu 32 pessoas representando diversas instituições.

[...] Os participantes, ao longo de dois dias inteiros de discussão, conheceram documentos anteriores e o estado da arte sobre as pesquisas na região. Foram também apresentados às metodologias e regras sobre elaboração de planos de manejo do Ibama e do IF. A equipe foi dividida em grupos de trabalho, para conhecer, estudar e verificar as lacunas dos documentos existentes, previamente selecionados. Também, a partir de ferramentas de oficinas participativas, foram priorizados os temas, a agenda e os interesses dos presentes.

[...] Parecia fácil... quem poderia esperar que, em 2008, as cavernas deste e de outros parques estaduais fossem fechadas para a visitação? E, principalmente, por absoluta morosidade da Secretaria do Meio Ambiente?

Na apresentação formal do trabalho do grupo ao Conselho Consultivo do Petar, ocorrida em janeiro de 2004 em Iporanga, o digníssimo corpo de conselheiros, após intenso debate, [...] reconhecia a importância da iniciativa e apoiaria a formatação do plano de manejo do Petar, sugerindo que o grupo de apoio fosse reestruturado como um grupo de trabalho do próprio Conselho, aberto a todos os interessados no assunto. Essa resolução foi transmitida para todos os membros do grupo de apoio, que definiriam o formato da continuidade dos trabalhos mediante tal decisão do Conselho. E aí, tudo parou...

[...] Não desconhecemos os conflitos de interesse e dificuldades dentro do próprio grupo presente. Tivemos muitas objeções, principalmente de membros da comunidade científica da USP, que ressaltavam a necessidade da qualidade científica que deveria conter o plano de manejo, a qual eles poderiam respaldar, mas que não se comprometiam a fazê-lo voluntariamente. Sabe-se o quanto ganham para isso, e os pesquisadores envolvidos demonstraram querer receber pela tarefa. Isso em nada desmerece seus trabalhos, mas não deveria implicar boicote aos que se predispunham a fazê-lo. Para eles, a gratuidade e o voluntarismo soavam como atestados de 'baixa capacitação', preconceito bastante comum para quem trabalha, voluntariamente, em ONGs. O IF em nenhum momento 'comprou' a batalha... A cada momento colocava obstáculos, demorava, não encaminhava as demandas... Em 2007, desmobilizou-a por completo ao abrir termos de referência para pagar pela formatação do plano de manejo [...]."

*Trechos de artigo publicado no jornal digital OEco, em 28/02/2008, disponível em http://www.oeco.com.br/convidados/64-colunistas-convidados/16815-oeco_26326.

Para concluir, cabe salientar que é importante que a gestão de áreas naturais seja realizada por profissionais qualificados apoiados por equipes multidisciplinares que possam elaborar e monitorar planos de manejo, pois há demandas para as quais um especialista em determinada temática nem sempre tem condições de apresentar as melhores soluções.

Respeitar o meio ambiente, as comunidades tradicionais e os direitos e deveres da sociedade faz parte de um contexto que visa beneficiar a todos os interessados, e para que isso ocorra é necessário que esse tripé – meio ambiente, comunidade e sociedade – esteja em perfeito equilíbrio e harmonia.

Questões para reflexão

1) Uma problemática comumente observada em unidades de conservação se refere aos conflitos entre comunidade local e órgãos gestores. A gestão participativa pode realmente colaborar com a minimização desses conflitos?
2) Seria a gestão participativa apenas uma estratégia para acobertar a exploração, promover o deslocamento e ludibriar os interesses da comunidade tradicional?
3) Qual é a necessidade de criação e implantação de um plano de manejo para cada unidade de conservação? Quais aspectos são primordiais a serem tratados em sua elaboração?
4) Modelos matemáticos podem realmente estabelecer a capacidade de carga? Como fazer para adaptá-los a cada realidade?
5) Quais os diagnósticos e prognósticos necessários para corrigir as falhas apontadas nos estudos de caso apresentados nos Boxes 7.1 e 7.2?
6) Quais aspectos devem ser levados em conta para a distinção entre planejamento e gestão tradicional e o planejamento e gestão ambiental?
7) O Brasil tem possibilidades de se tornar um exemplo em gestão de unidades de conservação? O que falta para que essa gestão se equipare às áreas protegidas mais bem-sucedidas no mundo?

Referências

BRASIL. [Conama] Conselho Nacional do Meio Ambiente. Resoluções, 1983.

CIFUENTES, M. **Determinación de la Capacidad de Carga Turística en áreas protegidas.** Centro Agronômico Tropical de Investigación y Enseñanza – Catie, Tirrialba, Costa Rica, 1992.

COOPER, C.; FLETCHER, J.; GILBERT, D. et al. **Turismo: princípios e prática.** Porto Alegre: Artmed, 2001.

DOUROJEANNI, M.J. Planos de manejo. **OEco**, Rio de Janeiro, 2 set. 2005.

EAGLES, P.F.J.; McCOOL, S.F. **Tourism in National Parks and Protected Areas: Planning and Management.** England: CABI, 2002.

FRANCO, M.A.R. **Planejamento ambiental para a cidade sustentável.** São Paulo: Annablume/Fapesp, 2001.

FURLAN, S.A. **Lugar e cidadania: implicações socioambientais das políticas de conservação ambiental: situação do Parque Estadual de Ilhabela na Ilha de São Sebastião – SP.** São Paulo, 2000. 2v. Tese (Doutorado em Geografia). Departamento de Geografia, Faculdade de Filosofia Letras e Ciências Humanas, Universidade de Sao Paulo.

KUSS, F.R.; GRAEFE, A.R.; VASKE, J.J. **Visitor impact management: a review of research.** Washington, DC: National Parks and Conservation Association, 1990.

MACHADO, P.A.L. **Direito Ambiental Brasileiro.** São Paulo: Malheiros, 1992.

MANIDIS ROBERTS CONSULTANTS. **Developing a Tourism Optimisation Management Model (Tomm): a model to monitor and manage tourism on Kangoroo Island.** Adelaide: South Australian Tourism Commission, 1996.

MORAES, A.C.R. **Meio ambiente e ciências humanas.** São Paulo: Hucitec, 1997.

NEIMAN, Z. **A educação ambiental através do contato dirigido com a natureza.** São Paulo, 2007. Tese (Doutorado em Psicologia). Instituto de Psicologia da Universidade de São Paulo.

__________. Natureza e cultura brasileiras: matérias primas do ecoturismo. In: NEIMAN Z.; MENDONÇA, R. (Orgs.). **Ecoturismo no Brasil.** Barueri: Manole, 2005, p.17-40.

NEIMAN, Z.; RABINOVICI, A. Envolvimento sustentável em comunidades de conservação. **Olam – ciência & tecnologia,** Rio Claro, v.VIII, p.6-30, 2008.

PIMBERT, M.P.; PRETTY, J.N. **Parks, people and professionals: putting 'participation' into protected area management.** Discussion paper n.57. Genebra: UNRISD/IIED/WWF-International, 1995.

RABINOVICI, A. **As terras de todos e seus donos: desdobramentos possíveis das articulações e parcerias entre sociedade civil, organizações não governamentais (ONGs) e unidades de conservação (UCs).** São Paulo, 2002. Dissertação (Mestrado em Ciência Ambiental). Programa de Pós-Graduação em Ciência Ambiental, Universidade de São Paulo.

RAHNEMA, M. Participation. In: SACHS, W. (Org.). **The development dictionary.** Londres: Zed Books, 1992.

RODRIGUES, C.L. **Limites do consenso: territórios polissêmicos na Mata Atlântica e gestão ambiental participativa.** São Paulo, 2001. Tese (Doutorado em Geografia). Departamento de Geografia da Universidade de São Paulo.

SANTOS, R.F. dos. **Planejamento ambiental: teoria e prática.** São Paulo: Oficina de Textos, 2004.

SEABRA, L.S. Monitoramento participativo do turismo desejável: uma proposta metodológica preliminar. In: MARINHO, A.; BRUHNS, H.T. **Turismo, lazer e natureza.** Barueri: Manole, 2003.

SLOCOMBE, D. Environmental Planning, Ecosystem Science and Ecosystem Approaches for Integrating Environment and Development. **Environmental Management**, v.17, n.3, p.289-303, 1993.

VIANA, V.M. Envolvimento sustentável e conservação das florestas brasileiras. In: DIEGUES, A.C. e VIANA, V.M. (Orgs.) **Comunidades tradicionais e manejo dos recursos naturais da Mata Atlântica.** São Paulo: Nupaub-USP e Esalq-USP, 2000, p.23-26.

VIEIRA, P.F. e WEBER J. **Gestão de recursos naturais renováveis e desenvolvimento: novos desafios para a pesquisa ambiental.** 3.ed. São Paulo: Cortez, 2002.

WEARING, S.; NEIL, J. **Ecoturismo: impactos, potencialidades e possibilidades.** Trad. Carlos David Szlak. Barueri: Manole, 2001.

8 Infraestrutura sustentável para o ecoturismo

Isabela Barbosa Frederico
Zysman Neiman

Introdução

Apesar de o ecoturismo no Brasil, assim como em todo o mundo, vir se solidificando como uma proposta de conservação e também como uma forte atividade econômica, a construção de infraestruturas ecologicamente corretas para essa atividade ainda é incipiente, sendo que as primeiras iniciativas nesse sentido começam a surgir no país apenas no início dos anos 2000.

Andersen (1995) salienta que para o fortalecimento da atividade é necessária uma união do poder público e da iniciativa privada no que tange ao incentivo de recursos técnicos, culturais e financeiros que possibilitem um turismo cuja prioridade seja a questão ambiental. Os projetos das instalações a serem implantadas na natureza deveriam levar em consideração a conservação e, para isso, seria necessária a criação de códigos de ética ambientais em projetos de turismo.

As instalações devem ter estreita relação tanto com a comunidade local como, também, com a paisagem do bioma existente. A relação com a população residente deve se estabelecer em todas as fases, desde o planejamento da instalação até sua implantação. É importante que as instalações sustentáveis respeitem essas populações e também contribuam para seu bem-estar, já que elas possuem um forte elo com as áreas naturais nas quais residem.

Mendonça e Neiman (2002, p. 168) explicam o bem-estar dessas populações como sendo a "integração ao processo de desenvolvimento econômico sem corromper suas características culturais mais profundas". Nesse caso, o ambiente natural é parte inclusa dos traços culturais da localidade e, para tanto, deve ser preservado também, assim como as manifestações culturais e as atividades tradicionais devem ser valorizadas e não espetacularizadas.

Hintze (2009) destaca que a oportunidade possibilitada pelo ambiente natural para a educação ambiental é rica no sentido de que pode promover a quebra de costumes existentes nos modos de vida atuais, tais como o desejo desenfreado pelo consumo. Nesse sentido, é importante que as instalações de apoio a atividades turísticas sejam por si sós educativas, no sentido de estimular as boas práticas conservacionistas ao mesmo tempo que ilustram soluções criativas que podem ser reproduzidas para o cotidiano do visitante. Trilhas, centros de visitantes, pousadas e hotéis devem ser implantados de modo atento às técnicas mais avançadas que possibilitem a minimização de seus impactos ambientais. Este capítulo discute algumas das possibilidades existentes.

Trilhas em áreas naturais e suas características

Na visitação às unidades de conservação (UCs), as trilhas constituem o portão de entrada que permite o contato entre o ser humano, o ambiente natural e toda sua biodiversidade (Andrade, 2005).

As trilhas certamente surgiram da necessidade dos seres humanos se locomoverem por diversos motivos, tais como a busca por alimento, fuga de predadores, refúgio de intempéries, entre outros. Além dessa função de deslocamento cotidiano, também possuem um caráter recreacionista, o qual constitui um dos papéis mais populares exercidos por esses trajetos (Fontoura e Simiqueli, 2006).

Muito além do deslocamento, as trilhas são caminhos nos quais os turistas desbravam o ambiente natural. Neiman e Rabinovici (2002) ressaltam a sua importância para a interpretação ambiental e outras atividades educativas, de modo que os visitantes possam entender seu entorno ecológico. Porém, sua implantação nessas áreas pode acarretar sérios problemas para a natureza, já que seu traçado intervém no equilíbrio natural da fauna e da flora, por se constituir em um pedaço modificado por ação antrópica.

As consequências da implantação de uma trilha devem ser sempre consideradas, tendo em vista que a mesma será um recorte em uma área que até então sofre apenas influências de fenômenos naturais como chuva, sol, pegadas de animais, entre outras.

Schellas (1993) afirma que as trilhas são sempre locais de fragilidade ambiental em função das alterações que implicam, mesmo que as áreas mais sensíveis sejam evitadas. A implantação de uma trilha promove impactos como a compactação e a erosão do solo, além da retirada de vegetação. A erosão do solo, por sua vez, provoca formação de valas de drenagem, diminuição de reservas de água e deposição de sedimentos em corpos d'água ou sobre a flora presente. Essa afirmação também é salientada por Fontoura e Simiqueli (2006), que discorrem sobre os impactos descritos anteriormente e também a respeito da alteração e destruição dos *habitats* e da fauna na área, além da fuga de algumas espécies.

Ao se planejar uma trilha, deve-se atentar também para os possíveis atos e comportamentos que os visitantes terão, em função das características de sua paisagem, como a facilidade de penetração na mata além do limite traçado, formação de possíveis atalhos, entre outros fatores relevantes. É preciso considerar que a implantação de uma trilha, além de seus objetivos de deslocamento e recreação, deve fundamentar-se na sua conservação, ou seja, esses traçados devem ser criados para que se tenha uma visitação com a menor incidência de impactos possíveis para a flora e a fauna do bioma.

Quanto menos florestada a área, ou seja, quanto mais aberta for a vegetação, maior será a possibilidade de expansão lateral da trilha devido à realização do trajeto em grandes grupos e à tendência de dispersão dos participantes na busca por mais "aventura", por caminhos mais curtos, desvio de obstáculos ou locais úmidos (Schellas, 1993).

Todos esses impactos, no entanto, podem ser previstos e evitados com um planejamento adequado das trilhas. É de suma importância que no planejamento sejam consideradas características da paisagem e do bioma existentes. Deve-se contar com metodologias que determinem a capacidade de carga e a construção, considerando os ambientes físico e biológico, bem como as características sociais, por exemplo, a utilização que as comunidades locais fazem desses trajetos e se eles são passagem de rota para outros destinos.

Lechner et al. (2001) destacam, ainda, o papel da psicologia humana na escolha de um traçado da trilha, ou seja, os trajetos que ligam um local a outro devem ser os mais simples, óbvios e convenientes possíveis, mesmo que, em muitos casos, exista um certo grau de risco, como nas trilhas em áreas mais silvestres e longínquas, caso contrário os recursos naturais da UC e a segurança do turista podem ser comprometidos.

As trilhas podem receber diversas classificações em decorrência de seu uso e sua finalidade. Andrade (2003) afirma que é possível classificar as trilhas de acordo com sua função, forma e grau de dificuldade. No quesito função, o autor afirma que as trilhas das UCs podem ser utilizadas exclusivamente para serviços administrativos, com o intuito de vigilância e manejo. Se utilizadas por turistas, podem ser divididas em trilhas de curta distância – cujos principais objetivos são a interpretação ambiental e as atividades educativas e recreativas – e trilhas de longa distância.

Ainda na classificação de Andrade (2003), no quesito forma, as trilhas são subdivididas em: circular, onde o visitante pode, após finalizar o trajeto, retornar ao ponto inicial; em formato de oito, o qual o autor afirma ser ideal para áreas limitadas, pois o espaço é bem utilizado; linear (o mais comum); e, por último, o chamado atalho, no qual seu início e fim estão localizados em diferentes pontos de uma trilha ou caminho principal.

Já na classificação de grau de dificuldade, as diferenciações entre as trilhas são subjetivas, tendo em vista que a dificuldade varia de pessoa para pessoa, dependendo muito do preparo físico do praticante. Nessa classificação, utilizam-se normalmente duas características para diferenciar as várias tipologias de trajetos. Uma delas é a combinação de letras que variam de "A" a "E" e que sinalizam o nível técnico, e a outra é a combinação de números (do 1 ao 3), simbolizando a intensidade. Em outra classificação bem similar, as trilhas podem ser divididas conforme o grau de esforço físico, com denominações do tipo "caminhada leve", "moderada" e "pesada", ou conforme o grau de declividade do terreno, sendo classificadas em "ascendentes", "descendentes" e "irregulares".

Implantação de trilhas

Para garantir que a implantação de uma trilha acarrete os menores impactos negativos, deve-se ter em mente uma palavra chave: planejamento. Esta ação deve preceder qualquer projeto de trilha, tendo em vista que um bom planejamento inicia-se com um diagnóstico. É nesse momento que todas as situações e variáveis são detectadas.

No caso de uma trilha, são muitas as especificações a serem avaliadas, como a área na qual se pretende implantar o traçado, seu zoneamento, as condições abióticas e bióticas do local, levantamento de custo, técnicas de construção de trilhas e de medição de capacidade de carga, importância social da área para as comunidades locais, entre outras características que possam fornecer subsídios para um projeto adequado.

Ainda na primeira fase, após o levantamento dos dados, recomenda-se analisá-los, visando responder algumas perguntas. É viável a implantação de uma trilha no local? Como poderão ser prejudicadas as condições do solo, clima e vegetação com a construção de um traçado artificial? Quais as consequências para a fauna caso o projeto se estabeleça? Quais as medidas ideais para a construção de uma trilha? Qual o formato da trilha, que itens da paisagem são interessantes para incluir no traçado, qual será o objetivo principal dessa trilha (a que público irá atender)?

Essas perguntas devem estar direcionadas principalmente em função da área escolhida e também da biodiversidade local. Só após essa fase o planejador contará com as informações e os dados básicos para dar início à etapa do prognóstico, ou seja, a etapa na qual se elabora e se estrutura o melhor projeto para a área escolhida.

Lechner et al. (2001), citando o *Caderno de construção e manutenção de trilhas do Serviço Florestal dos Estados Unidos*, do ano de 1996, afirmam que a importância de entender a razão da implantação de uma trilha é tão relevante quanto conhecer suas técnicas de construção, pois assim será possível detectar quais as melhores alternativas para atender a realidade do local e evitar, ao máximo, possíveis impactos no meio natural.

Cada local possui sua particularidade física e biológica e, portanto, as técnicas de planejamento e implantação de trilhas são diferentes, ou seja, apesar dos princípios e etapas dessas fases serem básicos e não terem grandes diferenças, eles devem ser adaptados à realidade local para garantir a sustentabilidade do traçado.

Outra característica relevante durante o planejamento de uma trilha é o público a ser atendido. A preocupação com a inclusão social de portadores de necessidades especiais em equipamentos de lazer, incluindo as UCs, vem crescendo no Brasil e no mundo, o que obriga a incluir a acessibilidade como um tópico relevante no planejamento.

Ao elaborar o traçado de uma trilha, deve-se atentar para que as paisagens com características mais interessantes do ponto de vista da biodiversidade sejam abordadas, pois fornecem subsídios importantes aos visitantes para a realização da interpretação ambiental do bioma.

Ao tratar de questões técnicas do planejamento e implantação de uma trilha, Andrade (2005) mostra que devem ser pensados três fatores: drenagem, ultrapassagem de corpos d'água e contenção de erosão. Em relação à drenagem, o autor afirma que a existência de uma trilha altera os padrões naturais, e que portanto é necessário pensar em novas possibilidades para a circulação da água, como a construção de canais laterais de escoamento (para que a circulação da água seja paralela à trilha), canais que atravessem perpendicularmente a trilha tanto no mesmo nível como por baixo dela, e valas ou barreiras oblíquas à superfície da trilha que facilitem o escoamento da água que porventura possa estar acima dela.

Caso haja rios ou lagos, é necessária a construção de pontes e pinguelas. Para as superfícies úmidas, como brejos e alagados, há duas opções: a primeira é mais básica, pois consiste na colocação de pedras ou troncos de forma estratégica e em sequência; já a segunda alternativa, mais custosa, baseia-se na implantação de tablados ou estrados, para que o contato do solo se faça direto com a madeira.

Por sua vez, a contenção do solo visa minimizar os dois principais impactos das trilhas: a compactação e a erosão. O pisoteamento provoca uma diminuição dos poros e, com isso, diminui também a capacidade de absorção de nutrientes, água e ar, provocando dificuldades de manutenção da vida do solo, situação também facilitadora da erosão. As trilhas alteram a circulação natural da água, que passa a escorrer com mais velocidade, ampliando os processos erosivos.

Nas trilhas, a sinalização exerce papel significativo e pode intensificar o contato e a interpretação do visitante, fornecendo, em muitos casos, segurança para a visitação com informações importantes sobre a área natural visitada. Ela deve ser padronizada e integrada à paisagem na qual está inserida, de modo a provocar baixo impacto visual no ambiente, e ser de fácil compreensão (objetiva e simples). As placas podem ser confeccionadas em plástico, metais, pinturas ou até mesmo ser representadas por um amontoado de pedras.

Após o planejamento e a implantação, toda trilha demanda um adequado manejo, de modo a garantir as condições ideais para que sejam cumpridos seus objetivos primordiais. O manejo implica o monitoramento dos impactos negativos da trilha sobre o ambiente e a implantação de alternativas para mitigá-los.

As técnicas de manejo mais populares são as que monitoram apenas o meio físico e biológico. Porém, é importante ressaltar que a variável social tem sua importância. Metodologias que levam em consideração essa variável vêm sendo implantadas, como o monitoramento participativo do turismo desejável (MPTD), utilizado por Seabra (2005)[1].

Ecolodges e ecopousadas

Os meios de hospedagem exercem importante papel em qualquer destinação turística, tornando-se parte fundamental de todos os pacotes que ofereçam serviços de deslocamento com pernoite.

Atualmente, há diversas tipologias para estabelecimentos que ofertam serviço hoteleiro. Essa variedade de nomenclatura e segmentação decorre, sobretudo, das diferentes demandas que um meio de hospedagem pode atender. O perfil do turista é o principal fator que determina a diferenciação dos meios de hospedagem, assim como dos serviços prestados, preço, localização, arquitetura, entre outras características.

Existem algumas tipologias que visam atender um público com preocupações e responsabilidades ambientais. Esses meios de hospedagem ecologicamente corretos são providos, em muitos casos, de uma arquitetura que visa principalmente a reutilização, a reciclagem e o reaproveitamento de recursos. Segundo Fennell (2002), o design sustentável voltado para o turismo surgiu no início dos anos de 1990, nos Estados Unidos, com uma publicação do serviço de parques que trazia como eixo principal o design sustentável com temas como monitoria, recursos naturais e culturais, design do local, dos edifícios, gestão da energia, abastecimento de águas, disposição de resíduos e operações e instalações com sua manutenção.

Além da preocupação com essas questões, existem também as considerações referentes ao entorno social do estabelecimento. É de suma importância que o empreendimento tenha responsabilidades com as comunidades locais, assim como reconhecimento para com os traços culturais do lugar. Um empreendimento hoteleiro não deixa de ser uma fonte de renda e, nesse sentido, deve possibilitar um envolvimento da população residente no local para que a movimentação da economia se dê em todas as instâncias.

O diálogo da comunidade local com o empreendedor é primordial, e deve ser intenso. É importante envolver a comunidade em todas as fases

1 Outras metodologias de manejo foram discutidas no Capítulo 7.

do projeto, desde o planejamento até a implantação e funcionamento do empreendimento, pois

> o conhecimento cultural e ecológico da população local pode contribuir para o projeto; é importante fomentar a participação e os benefícios locais para assegurar apoio, a longo prazo, para o ecoturismo na região; e, finalmente, a participação dos moradores locais pode reduzir impactos culturais negativos. (Andersen, 1995, p. 210)

É de extrema importância que a população local se reconheça no projeto de estabelecimento ecoturístico implementado em sua região, o que garante o envolvimento da comunidade e uma maior valorização das tradições e do patrimônio imaterial existentes, sem promover a espetacularização das manifestações culturais, ou até mesmo um sentimento de inferioridade dos moradores em relação aos turistas.

Em muitos casos, é possível observar que empreendedores e gestores da atividade turística consideram a cultura apenas um instrumento de marketing e um objeto econômico. Nesses casos, o turismo perde seus ideais de sustentabilidade e o empreendimento deixa de cumprir seus objetivos ecológicos e sociais.

Há dois tipos de hospedagens voltados especialmente para o ecoturismo: os *ecolodges* e as ecopousadas. Ambos trazem como proposta um novo conceito de meio de hospedagem, no qual a questão ecológica é parâmetro para a funcionalidade do projeto.

Não há um consenso mundial em relação à definição do termo *ecolodge*, porém o mercado turístico adotou a seguinte conceituação (Reimberg, 2005, p. 250):

> O *ecolodge* é o termo utilizado para designar um alojamento dependente da natureza que recorre à filosofia e aos princípios do ecoturismo. De uma forma purista um *ecolodge* oferecerá ao turista uma experiência participativa e educacional, a ser desenvolvida e administrada de uma maneira ambientalmente sensível, protegendo o ambiente em que opera.

Segundo definição do Ministério do Turismo (MTur), pousada se caracteriza por estar em "locais turísticos, normalmente fora do centro urbano, predominantemente construída em partido arquitetônico horizontal. Oferece hospedagem em ambientação simples e integrada à região" (Brasil, 2009).

As pousadas estão, normalmente, sob gestão familiar ou de pequenos empreendedores, localizadas em áreas peculiares de uma região, afastadas dos grandes centros. Possuem caráter acolhedor, tendo em vista que o número de unidades habitacionais é reduzido e o contato dos administradores com os visitantes é mais próximo. Em muitos casos, as pousadas possuem convênios com outros serviços de turismo da localidade, assim como contatos com guias locais.

O conceito de ecopousada, ainda em construção, é associado às pousadas que incluem a gestão ambiental na sua rotina, preocupando-se em ser uma hospedagem que use alternativas de mínimo impacto ambiental, tais como sistemas de minimização da produção e separação de resíduos, iluminação natural, captação, reuso e economia de água, entre outros. Além da inclusão destas práticas na rotina da pousada, aquelas que quiserem ostentar este rótulo devem ser construídas a partir de materiais certificados, reaproveitados ou sintéticos, tintas naturais, e quaisquer alternativas ambientalmente corretas disponíveis tais como telhado verde, painéis solares e outras ecotécnicas existentes.

Geralmente, as instalações ecoturísticas são de tamanho reduzido, o que exclui em muitos casos os projetos das grandes corporações hoteleiras. Andersen (1995) afirma que o tamanho pequeno de alguns meios de hospedagem turísticos repele investimentos das grandes marcas da hotelaria mundial. Para o United States Department of the Interior National Park Service, quanto menor o tamanho do empreendimento, menor será a quantidade de equipamentos e materiais necessários para o projeto e implantação, e o tratamento dos clientes acaba ficando mais personalizado.

Ao mesmo tempo, os pequenos empreendedores não possuem os recursos necessários para a contratação de projetistas qualificados, com materiais adequados para a construção, o que pode dificultar o aspecto ambiental. Em contrapartida a esta situação, muitos adotam a filosofia do "prático e barato", com a criação de soluções arquitetônicas simples e inovadoras.

É importante ressaltar que a demanda por destinos de ecoturismo não é mais restrita aos chamados mochileiros e aventureiros. Atualmente, o público de maior poder aquisitivo vem buscando os destinos alternativos e a demanda por meios de hospedagem mais luxuosos e confortáveis nesses ambientes cresce proporcionalmente.

Tendo em vista que esse novo público começa a emergir no mercado do ecoturismo, faz-se necessário garantir a sustentabilidade dos novos empreendimentos hoteleiros, já que, em muitos casos observados atualmente, eles não possuem real cuidado com o ambiente. Seus projetos arquitetônicos são incompatíveis com o meio ambiente no qual estão inseridos e, além disso, recriam ambientes exóticos e espetacularizam manifestações culturais, perdendo, dessa forma, suas características de alojamento ecológico.

Gerondi (2005) afirma que os alojamentos ecológicos, na maioria das vezes, são pequenos, oferecem atividades na natureza, prezam pela educação ambiental, servem refeições, possuem preços mais baixos em função dos investimentos em seu projeto terem sido menores, oferecem serviços de guias e geralmente são empreendidos por moradores locais. Seus projetos devem buscar bases no conhecimento da comunidade em relação à região, bem como em novas tecnologias alternativas e ecologicamente corretas.

Andersen (1995) elaborou uma lista de critérios para o desenvolvimento de instalações ecoturísticas. O primeiro desses critérios refere-se a questões sobre a área onde o empreendimento deverá se instalar, com ações importantes como planejar o equipamento de forma a não ser necessário o corte de árvores e utilizar aquelas que tiveram quedas naturais, respeitar caminhos e processos naturais do meio ambiente, os rios e os lagos, assim como sua mata ciliar, fornecer informações sobre a fauna e flora do local, bem como atitudes ecologicamente corretas que os turistas possam adotar, e evitar perturbar o modo de vida e o comportamento dos animais e plantas existentes.

O segundo critério refere-se às questões relacionadas aos projetos das edificações, tais como prioridade da conservação ambiental, uso de técnicas tradicionais da região (desde que as mesmas não agridam o meio ambiente), equilíbrio do projeto com a natureza do entorno, uso da mobília e artigos de decoração produzidos na região (sempre que possível), desenvolvimento de alternativas que diminuam a entrada de animais nocivos, projeções para possíveis ampliações da obra, consideração dos processos naturais que podem ocorrer na região na qual a instalação será implementada, utilização de materiais como madeira com certificação, entre outras.

O terceiro item pensado pelo autor refere-se aos recursos energéticos e aos serviços de infraestrutura, ou seja, são sugeridas ações que integrem ferramentas que possibilitem o reaproveitamento de novas fontes de energia, por exemplo, a utilização de energia solar e eólica, o uso do ar condicionado apenas em áreas onde o controle da temperatura é de grande importância e o posicionamento da instalação de forma que ela possa fazer uso da ventilação natural.

Já o quarto e último item traz reflexões sobre as questões ligadas ao tratamento de resíduos, com uso de técnicas de remoção de lixo que não prejudiquem o meio ambiente, utilização de tecnologias apropriadas para o tratamento de resíduos orgânicos e métodos para reciclar a água para usos não potáveis.

Reimberg (2005), após estudos de *ecolodges* na Amazônia, sugere algumas orientações e soluções que os meios de hospedagem ecologicamente corretos podem adotar e, consequentemente, reduzir os impactos produzidos no meio ambiente. Em relação à água, a autora sugere que os *ecolodges* respeitem os sistemas hidrológicos e, dessa forma, evitem a erosão e a poluição por efluentes. Nos *ecolodges* da Amazônia são utilizados poços artesanais e a própria água do rio, mas a autora alerta para a necessidade de mais prudência nesses tipos de captação de água para abastecimento. O lixo é, para a autora, uma questão bastante delicada nesses estabelecimentos pois a maioria deles localiza-se distante das cidades que possuem serviço público para a coleta. Nesse caso, os empreendimentos devem possuir uma logística adequada para o transporte do lixo até esses centros. Sugere-se também que hóspedes e colaboradores sejam sensibilizados quanto à produção do lixo e a importância de minimizar sua quantidade. No caso da Amazônia, a autora afirma, por fim, que a maioria dos *ecolodges* se utiliza de métodos menos custosos, como a queima de lixo.

Cavalcanti e Possamai (2002) afirmam que os alojamentos ecológicos produzem dois tipos de lixo: o orgânico, que pode ser reaproveitado como adubo, e o inorgânico, que pode ser reciclado. Carmo e Jesus (2007) lembram ainda que o reaproveitamento do lixo orgânico pode gerar, com o auxílio de um biodigestor, o gás metano utilizado pelo fogão de cozinha.

Em relação à água, Cavalcanti e Possamai (2002) recomendam que aquela utilizada em pias e chuveiros deve ser tratada em um sumidouro e, logo após, devolvida para o ambiente. Já a água de esgoto (descarga sanitária) deve ter como destino uma fossa séptica, feita e manejada com muito cuidado para evitar a poluição do ambiente. Carmo e Jesus (2007) destacam outras ações importantes, como a implantação de estações de tratamento de esgoto (ETEs) no planejamento de uma pousada ecológica. Os autores sugerem, ainda, o uso racional de bombas de sucção, que podem transformar a água utilizada na lavanderia em águas reutilizáveis em descargas.

Reimberg (2005) salienta que grande parte dos empreendimentos da Amazônia utiliza a energia produzida por geradores movidos a diesel, o que é uma alternativa extremamente impactante para o ambiente, pois, além de muito ruidosa, é poluente. Sugere-se a adoção de energias alternativas, assim como o aproveitamento de fontes de energia natural, tais como a energia solar, tanto para aquecimento de água como para geração de eletricidade (energia fotovoltaica).

Os alojamentos ecológicos devem realizar ações que se integrem aos conceitos e ideais do ecoturismo. Ressalta-se que algumas das técnicas sustentáveis para empreendimentos ecoturísticos, entre elas as chamadas ecotécnicas, podem e devem ser utilizadas.

Ecotécnicas

As ecotécnicas referem-se à busca concreta do chamado desenvolvimento sustentável. Outros termos utilizados para essas técnicas são *green-building*, *natural building*, ecoconstrução, bioconstrução, entre outros que buscam sinalizar as técnicas de construção sustentáveis que possibilitem a economia de recursos não renováveis tais como água e energia, bem como diminuir a poluição e a utilização de matérias que gerem grande impacto ambiental. Outras soluções possíveis por meio das ecotécnicas são a reutilização e a reciclagem de materiais.

Carmo e Jesus (2007, p. 6) afirmam que as ecotécnicas

> são utilizadas para as construções sustentáveis que tentam reduzir e otimizar o consumo de materiais e energia, reduzir e reutilizar os resíduos gerados, preservar e melhorar a qualidade do ambiente natural e construído.

As técnicas de construção que visam a sustentabilidade com ações que minimizam a utilização de produtos tóxicos, assim como observam a vida útil dos materiais e a possibilidade de sua reciclagem, estão cada vez mais se popularizando na construção civil e nos assentamentos que estão surgindo no Brasil.

O custo para a implantação de uma técnica de construção sustentável pode ser, no início, superior ao de uma técnica tradicional, porém a médio e longo prazo esse cenário é invertido, oferecendo mais ganho ao investidor, pois são previstas possibilidades como reutilização, reciclagem, diminuição de gastos com energia, água, entre outros recursos.

Como impacto social, as ecotécnicas promovem algumas soluções para as problemáticas de saneamento, habitação, saúde, assim como otimizam os recursos destinados a moradias, sendo recomendadas no planejamento de pequenas comunidades rurais, bem como no de unidades produtivas rurais (Claro et al., 2003). Exemplos de ecotécnicas são demonstrados no Box 8.1.

Box 8.1 – Exemplos de ecotécnicas

- Compostagem: processo pelo qual os microrganismos se degradam e são transformados em adubo orgânico, disponibilizando, dessa forma, nutrientes para as plantas.
- Energias alternativas: energia fotovoltaica (bem consolidada no mercado, possui como matéria-prima a energia solar e é recomendada para empreendimentos de baixa demanda); energia eólica (possui risco nulo de impactos ambientais e baixo custo, recomendados para pequenos empreendimentos que possam utilizar os ventos); energia a gás metano – biogás (produção de gás metano a partir de um processo chamado biodigestão).
- Sistema de captação de água de chuva (alternativa para reutilizar a água da chuva por meio do armazenamento em uma cisterna ou tanque subterrâneo. A captação é realizada pelo telhado e por calhas que dirigem a água da chuva até um filtro autolimpante).
- Paredes com pneus velhos: reciclar pneus traz diversos benefícios, como diminuir a contaminação da atmosfera, evitar a proliferação de mosquitos (o que ocorre quando armazenado inadequadamente), entre outros.
- Parede de taipa de pilão: construída a partir de terra úmida comprimida entre taipas de madeira compactadas que logo são removidas. Esse tipo de estrutura se caracteriza como isotérmico natural e barato.
- Coberturas naturais: revestimento natural para o telhado. Alguns tipos: piaçava, palha de Santa Fé, sapé, palha de coqueiro, telhados de grama.
- Forro de metal reciclado: forro tetra (proveniente de reciclagem longa vida); forro tubo (proveniente de tubos de creme dental).
- Cascajes: tetos elaborados a partir de painéis abobadados com uma largura de 50 cm que pode cobrir um vão de até 4 metros. Esse sistema de ferrocimento possibilita uma economia de materiais como o cimento.
- Plasto: técnica conhecida como ferrocimento, pois se utiliza de tela de fachada em vez de tela de galinheiro, formando assim finas placas pré-moldadas; pode ser utilizada em casas, caixas d'água, escadas, entre outras infraestruturas.
- Bason: sanitário seco que possibilita a transformação de restos orgânicos em adubo por meio do processo biológico de compostagem aeróbica.

- Filtro biológico: filtro de águas de chuvas, açude e nascentes realizados por uma camada de areia na qual se forma uma crosta de limo que atua como um filtro biológico, digerindo os microrganismos nocivos que, porventura, pudessem estar nessas águas.
- Arquitetura bioclimática, que se constitui na melhor forma de construção e de posicionamento da obra de acordo com o clima, buscando dessa forma um conforto térmico interior sem utilizar sistemas mecânicos ou elétricos de ar condicionado.

Fonte: adaptado de Portal da Equipe Tibá, disponível em: http://www.tibarose.com/port/novidades.htm; e de Claro, A. et al., 2003, disponível em: http://www.arq.ufsc.br/labcon/arq5661/traba-lhos_2003-1/ecovilas/ecotecnicas.htm.

Permacultura

A permacultura (*permanent agriculture*, em inglês) surgiu de fato na década de 1970, na Austrália, com o trabalho do professor Bill Mollison. Para a criação da ecotécnica, Mollison buscou inspirações nos princípios éticos universais presentes nas sociedades indígenas e em suas tradições espirituais embasadas em valores de solidariedade e cooperação. Ele inaugurou, em 1979, na Tasmânia, o The Permaculture Institute, cuja missão era "ensinar as práticas do design que promove a sustentabilidade do solo, da água, das plantas e dos animais para estudantes de todo o mundo" (Franco, 2007, p. 8).

A palavra "permacultura" tem origem no latim *permanences*, e refere-se à concepção de se utilizarem os recursos sempre permanentemente ativos e disponíveis até o fim, por meio da persistência destes. Em síntese, significa preservar todos os hábitos, crenças e atividades que sustentam a civilização (Franco, 2007).

A permacultura reflete uma nova forma de encarar o mundo e vivenciá-lo com vistas à preservação de todos os recursos que hoje encontramos no planeta, ou seja, devemos fazer um uso equilibrado dos materiais e recursos que estão disponíveis para que as gerações futuras possam também desfrutar daquilo que hoje nos é palpável. A permacultura possui como eixo principal o cuidado com nosso planeta. Ela trabalha com três princípios (Franco, 2007):

- o cuidado com a terra, visando o abastecimento para todos os sistemas de vida a fim de que estes continuem vivos e se perpetuem;

- o cuidado com as pessoas, que se refere ao abastecimento de recursos naturais para que os seres humanos supram suas necessidades;
- a ação de compartilhar os excedentes, que de forma mais detalhada afirma que somos seres capazes de controlar nossas necessidades e fazer uso racional dos recursos naturais e compartilhá-los.

Os sistemas permaculturais devem produzir uma quantidade de energia maior do que a consumida. Isso pode ser feito por meio da adoção de várias ações, tais como produção intensiva em relação ao trabalho, produção com vistas ao consumo local (evitando, assim, gasto com transportes), o uso de energias do local (tais como gravidade, transporte animal, sol, vento, entre outras), a criação de processos que possibilitem a reciclagem de dejetos e o desenvolvimento de energias alternativas captadas no lugar, como biogás e painéis solares.

O Brasil possui uma rede de permacultores intitulada Permear. A rede foi criada em 2004 com o intuito de fazer e pensar a permacultura coletivamente. O principal objetivo da rede é o de disseminar os preceitos da prática a partir de conhecimentos individuais e coletivos que visam a construção de novos assentamentos sustentáveis em todo o território nacional, estabelecendo uma relação coevolutiva e criativa entre os seres humanos e a natureza.

Alguns dos institutos de permacultura do país são: Instituto de Permacultura do Amazonas (IPA); Instituto de Permacultura Austro-Brasileiro (Ipab); Instituto de Permacultura da Bahia (IPB); Instituto de Permacultura e Ecovilas do Cerrado (Ecocentro Ipec, Box 8.2); Instituto de Permacultura e Ecovilas da Mata Atlântica (Ipema); Instituto de Permacultura e Ecovilas da Pampa (Ipep).

Box 8.2 – Instituto de Permacultura e Ecovilas do Cerrado (Ipec)

O Ipec constitui uma organização localizada no município de Pirenópolis (GO). Visa, de forma geral, desenvolver oportunidades de educação e referências em sustentabilidade em todo o Brasil. As atividades desenvolvidas objetivam a criação de soluções práticas para os problemas atuais das populações de todo o país, como a habitação ecológica, saneamento responsável, energia renovável, segurança alimentar, cuidado com a água e processos e educação de forma vivenciada.

O Ipec possui como missão "estabelecer soluções apropriadas, demonstrando a viabilidade de uma cultura sustentável, oportunizando experiências educativas e disseminando modelos".

A instituição, criada com o intuito de estabelecer uma referência de vida sustentável no cerrado, atua desde 1998 capacitando pessoas e prestando serviços comunitários para populações rurais do cerrado brasileiro, e estabelecendo acordos de cooperação com organizações da África, Ásia e das Américas.

O ecocentro, por meio de seus ideais de desenvolvimento sustentável com base na educação, promove desde cursos básicos de permacultura até oficinas específicas sobre as soluções desenvolvidas em cada área. Estas últimas são de tecnologia simples e de fácil compreensão pelo público em geral, a fim de que sejam de fácil acesso a todos os interessados.

Entre as soluções sustentáveis desenvolvidas pelo Ipec, tem-se:

- para a água: toda vez que o ecocentro utiliza a água, ele a biorremedia. O esgoto doméstico é tratado de forma ecológica, sendo reciclado, tanto para fins urbanos, rurais ou industriais, e não devolvido para o meio ambiente. A água utilizada para consumo é a da chuva, armazenada em tanques construídos pelo ecocentro para estocar água para os períodos de escassez;
- para a habitação: no ecocentro, as habitações são construídas com materiais do local, são de custo baixo e possuem maior conforto térmico;
- para o alimento: a maior parte dos alimentos consumidos dentro do instituto é produzida no local, em canteiros curvos, bem como em outras maneiras de aproveitamento do espaço de forma bonita e produtiva. Todos os materiais utilizados na produção são ecologicamente corretos, como húmus e biofertilizantes;
- para energia: toda a água quente utilizada no chuveiro é aquecida por meio de energia solar. Parte da energia elétrica utilizada no instituto já é produzida no local, de forma renovável e de baixo impacto.

O Ipec tem destacada atuação em nível internacional, como a realização do primeiro curso de ecovilas em Portugal e também a realização da 8ª Conferência Internacional de Permacultura, ambos ocorridos no ano de 2007.

Fonte: Adaptado de Instituto de Permacultura e Ecovilas do Cerrado (Ipec). Disponível em: <http://www.ecocentro.org/menu.do?acao=ecocentroHistoria#historia>.

Questões para reflexão

1) Quais são os aspectos da legislação que regem a construção de moradias que utilizem técnicas sustentáveis e que limitem nosso consumo de recursos naturais? Há alguma legislação, norma ou diretriz específica para tratar do tema no seu município?
2) Nossa sociedade urbano-industrial pode incorporar a filosofia e as práticas propostas pela permacultura?
3) Até que ponto os alojamentos ecológicos existentes no país hoje são compatíveis com os ideais do ecoturismo?

Referências

ANDERSEN, D.L. Uma janela para o mundo natural: o projeto de instalações ecoturísticas. In: LINDBERG, K.; DONALD, H. **Ecoturismo: um guia para planejamento e gestão.** 2.ed. São Paulo: Senac, 1995.

ANDRADE, W.J. Implantação e manejo de trilhas. In: MITRAUD, S. (Org). **Manual de ecoturismo de base comunitária: ferramentas para um planejamento responsável.** Brasília: WWF-Brasil, 2003.

________. Manejo de trilhas para o ecoturismo. In: NEIMAN, Z; MENDONÇA, R. **Ecoturismo no Brasil**. Barueri: Manole, 2005, p.1131-152.

BRASIL. [MTur] Ministério do Turismo. **Pousada**. Brasília: MTur, 2009.

CARMO, L.P; JESUS, K.C. Pousadas ecológicas: um novo conceito de meios de hospedagens se integrando ao ecoturismo. In: **Anais do II Encontro Interdisciplinar de Ecoturismo em Unidades de Conservação (EcoUC).** Itatiaia: Instituto Physis Cultura & Ambiente, 2007.

CAVALCANTI, T.; POSSAMAI, O. Ecoturismo: um estudo das mudanças estratégicas dos hotéis de selva do estado do Amazonas. In: **Anais do XXII Encontro Nacional de Engenharia de Produção**. Curitiba, 2002.

FENNELL, D.A. O desenvolvimento do ecoturismo: perspectivas internacionais, comunitárias e locais. In: FENNELL, D.A. **Ecoturismo: uma introdução.** São Paulo: Contexto, 2002, p.195-231 (Coleção Turismo Contexto).

FONTOURA, L.M.; SIMIQUELI, R.F. **Análise da capacidade de carga antrópica nas trilhas do Circuito das Águas do Parque Estadual do Ibitipoca – MG.** Juiz de Fora, 2006. Monografia (Especialização). Universidade Federal de Juiz de Fora.

FRANCO, V.F. **Permacultura: Design e Projetos para a Sustentabilidade.** Austrália, 2007. Relatório de estágio curricular supervisionado para a obtenção do título de Engenharia Florestal. Faculdade de Ciências Agronômicas. Universidade Estadual Paulista.

GERONDI, G. Ecoturismo e sistemas de gestão ambiental: medidas corretivas estão sendo tomadas nos hotéis ecológicos da Serra do Japi/SP. **Caderno Virtual do Turismo**, v.5, n.2, 2005.

HINTZE, H. Ecoturismo na cultura do consumo: possibilidade de educação ambiental ou consumo? **Revista Brasileira de Ecoturismo,** v.2, n.1. 2009.

LECHNER, L.; MILANO, M.S.; HAUFF, S.N. Construção e manutenção de trilhas em unidades de conservação. In: Universidade Livre do Meio Ambiente (Org). **Curso de manejo de áreas naturais protegidas.** Curitiba: Fundação O Boticário de Proteção a Natureza, 2001.

MENDONÇA, R.; NEIMAN, Z. Ecoturismo: discurso, desejo e realidade. In: NEIMAN, Z. (Org.). **Meio ambiente, educação e ecoturismo.** Barueri: Manole, 2002, p.159-176.

NEIMAN, Z; RABINOVICI, A. O cerrado como instrumento para educação ambiental em atividades de ecoturismo. In: NEIMAN, Z. (Org.) **Meio ambiente, educação e ecoturismo.** Barueri: Manole, 2002, p.135-158.

REIMBERG, M.L.B. Ecolodges: o delicado equilíbrio entre a conservação e a exploração ambiental. In: NEIMAN, Z.; MENDONÇA, R. **Ecoturismo no Brasil.** Barueri: Manole, 2005, p.248-266.

SCHELLAS, J. Diseño, construcción y mantenimiento de senderos. Apunte 4d. In: MOORE, A. **Manual para la capacitación del personal de áreas protegidas.** Módulo F: mantenimiento de senderos, caminos y carreteras. v.2. Washington National Park Service, 1993.

SEABRA, L.S. **Monitoramento participativo do turismo desejável: proposta metodológica para os estudos de capacidade de suporte turístico – Sana/Macaé/RJ.** Rio de Janeiro, 2005, 260p. Tese (Doutorado em Geografia). Programa de Pós-Graduação em Geografia, Universidade Federal do Rio de Janeiro.

Sites consultados

CLARO, A. et al. Ecotécnicas. 2003. Disponível em: http://www.arq.ufsc.br/labcon/arq5661/trabalhos_2003-1/ecovilas/. Acessado em: 7 fev. 2009.

EQUIPE TIBÁ . Eco-técnicas. Disponível em: http://www.tibarose.com/port/novidades.htm. Acessado em: 8 fev. 2009.

9 Políticas públicas para o ecoturismo no Brasil

Angela Teberga de Paula
Andréa Rabinovici

Introdução

Entende-se por políticas públicas as ações do Estado, conduzidas pelo interesse da maioria dos cidadãos, para a elaboração e execução de programas e demais ações de esferas específicas da sociedade (Barretto et al., 2003). Logicamente, o detalhamento desse conceito conduz ao paradigma do bem-estar social, uma vez que ele contempla também direitos ao lazer e ao tempo livre, os quais estão presentes, antes de tudo, na Constituição da República Federativa do Brasil de 1988, em seu art. 217: "O Poder Público incentivará o lazer, como forma de promoção social", bem como na Declaração Universal dos Direitos Humanos de 1948, art. 24: "Todas as pessoas têm direito a descanso e lazer".

Todavia, o cenário subdesenvolvido no qual o país se encontra indica a imprescindível necessidade de políticas que, acima de tudo, sejam responsáveis pelo "elo articulador entre os agentes excluídos da concentração econômica, e [...] [por] construir, de forma compartilhada, o projeto democrático e cidadão desejado pela comunidade" (Gastal e Moesch, 2007, p. 41).

Em relação ao turismo, "o papel das políticas públicas deveria ser o de propiciar o desenvolvimento harmônico dessa atividade" (Barretto et al., 2003, p. 33), o qual garantiria a democratização da prática desse fenômeno, principalmente enquanto possibilidade de lazer própria do tempo livre e, portanto, um direito social de todos os cidadãos. Deveria, também, garantir o estímulo ao desenvolvimento da atividade, de modo a beneficiar a comunidade envolvida, o estímulo à conservação dos atrativos, e também a outros pressupostos ligados diretamente à sua execução, tais como: construção de infraestrutura básica urbana e de acesso, uso sustentável do patrimônio de interesse turístico, incentivo a desdobramentos econômicos, ambientais e socioculturais e superestrutura jurídico-administrativa, entre outras proposições que assegurem a clareza da concepção de um turismo sustentável (Gastal e Moesch, 2007).

Barretto et al. (2003) ressaltam que a ausência de políticas (apropriadas) ligadas ao turismo, direta e indiretamente, pode gerar inúmeros problemas para a localidade, tais como: ocupação indevida do espaço (ausência de políticas na área de construção civil e zoneamento), poluição de rios e mares (ausência de políticas ambientais), geração de subempregos (ausência de políticas trabalhistas), falta de padrão de higiene (ausência de políticas de saúde pública e vigilância sanitária), e depredação de espaços públicos pelo uso inadequado ou irrestrito (ausência de políticas de controle de ingresso e capacidade de carga), entre outros impactos oriundos da falta de planejamento.

Gastal e Moesch (2007) lembram também que a estrutura mais eficiente para a institucionalização de um órgão destinado ao setor turístico deveria apresentar um Conselho de Turismo, um fundo de financiamento e uma agência de desenvolvimento. Juntos, teriam múltiplas funções e objetivos, tais como a consolidação da imagem da localidade, ampliação de parcerias com outros setores, atendimento aos cidadãos, entre outros. Além disso, a construção de políticas públicas de turismo deve estar articulada a outras políticas de governo (meio ambiente, cultura etc.), outras esferas (municipal, estadual e federal), e também com a participação da iniciativa privada e da sociedade civil, garantindo, assim, uma prática de turismo contínua e qualificada.

O ecoturismo, desde a década de 1980, é uma atividade reconhecida como instrumento de conservação da natureza nos vários documentos globais, estando atrelado aos paradigmas ambientais de promoção da diversidade, de integração entre povos e sustentabilidade. Isso se dá por meio da implementação de ações e estratégias que buscam valorizar a natureza, reconhecer limites de seu crescimento, buscar participação, governança, democratização e emancipação social. Além disso, o ecoturismo é reconhecido como ferramenta de educação ambiental, visando mudança de valores, comportamentos e atitudes dos envolvidos, a saber: ecoturistas, agentes, operadores, guias, entre outros.

Pode-se dizer que no ecoturismo, de maneira geral, as empresas privadas mostram-se pouco comprometidas, praticando um turismo convencional esverdeado[1] e tomado por contradições e incoerências (sem falar no aspecto ético). Da mesma forma, os órgãos governamentais que contribuem com políticas e diretrizes não acompanham o ritmo acelerado do crescimento da atividade, além de apresentarem descontinuidade nos projetos na troca de governos.

O tema da sustentabilidade do turismo veio à tona com a popularização do segmento de natureza, a partir da década de 1980, e foi sistematizado em 1996, quando a Organização Mundial do Turismo (OMT), o World Travel & Tourism Council (WTTC) e o Conselho da Terra divulgaram a *Agenda 21 para a Indústria de Viagens e Turismo*, e passaram a enfatizar e recomendar a necessidade de se formatar parcerias entre os três setores envolvidos com a questão turística.

Nos documentos oficiais, nacionais e internacionais, sobre ecoturismo, as organizações não governamentais (ONGs) ambientalistas têm papel preponderante[2], seja em conjunto com o Estado e a iniciativa privada ou em separado, visando à conservação da bio e sociodiversidade, participando e se engajando em várias estratégias, como: envolvimento na proteção da natureza e da cultura de comunidades locais; controle da qualidade das atividades ecoturísticas; captação de recursos e financiamento; educação ambiental e sensibilização dos envolvidos; intercâmbio de informações entre atores locais, regionais e globais; elaboração de diretrizes e de diagnósticos; capacitação e apoio à participação comunitária; pesquisa e difusão de

---

1 Vide capítulos 3, 5 e 7.

2 Para maior detalhamento a respeito da contribuição das ONGs para o ecoturismo, consultar: Rabinovici e Lavini, 2005.

conceitos, métodos e técnicas; cogestão e apoio às áreas protegidas e até com a operação do turismo.

Nota-se, no Brasil, desde meados dos anos de 1990, um movimento dos órgãos públicos para desenvolver o turismo responsável incluindo-o como meta nas agendas políticas, embora estas sejam pouco frequentes, descontínuas e geralmente implementadas por ONGs ambientalistas (Serrano, 2005). Essas metas, diretrizes e ações aparecem detalhadas em vários documentos, entre os quais se destacam: *Diretrizes para uma Política Nacional de Ecoturismo* (1994), *Diretrizes para a Política Estadual de Ecoturismo – SP* (1997), *Programa de Desenvolvimento do Ecoturismo na Amazônia Legal* (Proecotur) (1998) e *Pólos de Ecoturismo do Brasil* (1999).

Sansolo (2006), ao analisar as políticas públicas para o ecoturismo, afirma que o governo federal tem promovido políticas visando à intensificação da visitação nos parques, sem necessariamente criar condições adequadas para tanto, de forma que essa ação pode vir a ter um efeito perverso. Além disso, as políticas estariam marcadas pela convivência de paradigmas dicotômicos, tais como preservação e conservação, centralismo e participação.

A pouca influência das políticas públicas para a área conduz à referida participação de ONGs no setor, que passam a ter importância crucial no seu desenvolvimento, integrando os princípios e recomendações a práticas de turismo realmente sustentáveis (Lavini, 2002).

Por outro lado, há um claro protagonismo do setor empresarial para conduzir, a seu modo, o desenvolvimento do turismo. O setor justifica e legitima sua atuação em função da criação de empregos, somando ao discurso empresarial o necessário desenvolvimento e aceleração da economia.

Esse aspecto econômico predomina no ecoturismo, no qual a natureza é vista como recurso, mercadoria, atrativo, externalidade (Sansolo, 2006). Ainda não foi possível, mesmo com a articulação cada vez maior dos que promovem e divulgam o turismo inclusivo (ou de base local, participativo), um questionamento sequer sobre a lógica capitalista na qual o ecoturismo está inserido. Seus planejadores, ainda sem promover a participação da comunidade na criação e gestão de políticas públicas, criam diretrizes sempre sob esse ponto de vista, quase sem imaginar caminhos alternativos.

Histórico das políticas públicas para o turismo no Brasil

O histórico recente das políticas públicas de turismo no Brasil, iniciadas no fim da década de 1960, é marcado por constantes equívocos, tais como:

fraca articulação com outras políticas setoriais, centralização de planejamento e coordenação, ausência da definição clara de objetivos, metas e prioridades, dentre outras questões (Beni, 2006). Por conseguinte, o setor do turismo observou políticas que representavam a perspectiva somente de uma cúpula centralizada, sem qualquer intervenção da sociedade civil e da iniciativa privada, e, mais do que isso, observou a intensa descontinuidade de políticas públicas e também de órgãos governamentais desde a década de 1970.

Beni (2006, p. 21) destaca, ainda, que

> o setor de turismo nunca esteve entre as prioridades das políticas públicas nos três níveis de governos. E o que é mais lamentável: frequentemente, o órgão público de turismo tem servido de moeda de troca nas composições políticas da base de apoio do Legislativo ao Executivo.

Para uma visão histórica das políticas públicas do segmento no Brasil, apresenta-se, a seguir, uma breve retrospectiva dos programas de planejamento, financiamento e desenvolvimento do turismo, baseada em Beni (2006), cujo objetivo era o de analisar o desempenho do sistema nacional de turismo no país.

Observe-se que de 1930 a 1966 ocorreu o que Cruz (2000) denominou de pré-história das ações públicas do turismo. Nesses anos, somente algumas ações regulatórias, sem qualquer ação coordenada, foram propostas pelo poder público.

Década de 1970

As primeiras estruturas institucionais públicas para o turismo foram criadas no ano de 1966: a antiga Empresa Brasileira de Turismo, atual Instituto Brasileiro de Turismo (Embratur), e o Conselho Nacional de Turismo (CNTur), a partir dos quais foi possível definir a primeira política nacional do setor, embora anteriormente alguns documentos sobre a atividade já tenham sido proclamados, vinculados ao então Ministério da Atividade e Comércio, o qual considerava o turismo como parte integrante do sistema produtivo.

Coube à Embratur o gerenciamento de recursos e benefícios provenientes de incentivos fiscais e financeiros reservados ao setor, até que se criaram fundos destinados exclusivamente para o financiamento de projetos turísticos que se enquadrassem em programas para o desenvolvimento do turismo em cada localidade, como: Fundo Geral de Turismo (Fungetur), Fundo de Investimento do Nordeste (Finor), Fundo de Investimento da Amazônia (Finam), Fundo de Investimentos Setoriais (Fiset), entre outros.

A possibilidade de financiamentos facilitados atraiu empreendedores nacionais e estrangeiros na edificação de hotéis de luxo, o que confirma o equívoco no direcionamento e posicionamento do mercado, bem como a ausência de estudos de localização e de viabilidade econômico-financeira.

Esse período, segundo Cruz (2000), também foi marcado pelo incentivo ao turismo interno, guiado pela lógica do modelo de segunda residência feito para atender à elite. Assim, estradas foram criadas e se estimulou o turismo de sol e praia. O setor imobiliário foi um dos principais favorecidos, em função de planos isolados e desarticulados propostos pelo governo, tal como o Plano Turis (1975).

Década de 1980

A partir da década de 1980 o ecoturismo, ou pelo menos um esboço do que ele seria, começou a ser pensado, iniciando-se as primeiras articulações do setor de turismo com as políticas nacionais do meio ambiente.

Acreditou-se que o estabelecimento de um colegiado do setor, o Sistema Nacional de Turismo – formado por Embratur, CNTur e Ministério da Indústria e Comércio –, seria o modo ideal de administrar a política de turismo no país, embora tenha sido intensamente centralizado e com permanente ausência da participação da iniciativa privada e da sociedade civil.

Década de 1990

A década de 1990 foi marcada por mudanças fundamentais no que diz respeito à questão da participação da sociedade civil, academia e iniciativa privada nas decisões governamentais. O turismo passou a ter maior presença nas políticas públicas, sobretudo no nordeste brasileiro.

Como exemplos concretos de políticas públicas dessa década, aponta-se a criação do Plano Nacional de Municipalização do Turismo (PNMT), um modelo de política recomendado pela Organização Mundial do Turismo (OMT) que tem como principal objetivo aprimorar o turismo no Brasil por meio do fortalecimento da atividade no âmbito municipal. Mais uma vez, tais políticas foram avaliadas como equivocadas do ponto de vista do seu planejamento e execução, já que não foi realizado um relatório do inventário turístico nacional precedente à execução do projeto; além disso, não se atentou às peculiaridades e vocações de cada município.

Os projetos destinados ao ecoturismo, além de outros com lemas de desenvolvimento sustentável do turismo, iniciam-se nesse período, tais como o Programa de Ação para o Desenvolvimento do Turismo no Nordeste (Prodetur-NE) e o Programa de Desenvolvimento do Ecoturismo na Amazônia Legal (Proecotur), cujo financiamento foi possível graças a recursos externos, majoritariamente do Banco Interamericano de Desenvolvimento (BID) e do Banco Internacional para Reconstrução e Desenvolvimento (Bird).

Além desses foi elaborado, no ano de 1994, pela união do extinto Ministério da Indústria, do Comércio e do Turismo (MICT) e do também extinto Ministério do Meio Ambiente, dos Recursos Hídricos e da Amazônia Legal, um documento destinado integralmente à atividade de ecoturismo no país: as *Diretrizes para uma Política Nacional de Ecoturismo* (Brasil, 1994).

Outra parceria entre a Embratur e o Instituto Brasileiro do Meio Ambiente e dos Recursos Naturais Renováveis (Ibama) culminou na formulação do programa Parques do Brasil, cuja intenção era a de compor um estudo sobre o uso público do potencial ecoturístico em unidades de conservação (UCs).

Início do século XXI

O setor do turismo passou a contar com uma instituição própria, o Ministério do Turismo (MTur), criado em 2003. Ganhou também uma estrutura específica, composta pela Secretaria Nacional de Políticas de Turismo, a Secretaria Nacional de Programas de Desenvolvimento do Turismo, CNTur (recriado), entre outros órgãos menores. Coube à primeira secretaria a elaboração do documento *Turismo no Brasil 2007-2010* (Brasil, 2006a) e da *Política Nacional de Turismo* (Brasil, 2007), cujo instrumento de execução seria o *Programa de Regionalização do Turismo*, embora seja de responsabilidade de todo o Ministério a criação de subsídios para a execução do plano nacional.

A fim de facilitar a implementação do programa em níveis regionais, também foi criado um Fórum dos Secretários Estaduais de Turismo, além de elaborados dois documentos (*Diretrizes políticas* e *Diretrizes operacionais do programa*). As diretrizes deveriam ser aplicadas com base no Programa de Regionalização, cujos princípios eram permeados pela sustentabilidade, integração e descentralização.

A principal responsabilidade da Embratur passou a ser a promoção do país no exterior, entre outras funções, tais como avaliação de impacto da atividade na economia nacional, além de formatação de novos roteiros turísticos.

Beni (2006, p. 31) destaca que o panorama do setor para o início do século XXI é favorável, tendo em vista sua estrutura nacional bem formulada e apta a planejar "o espaço turístico nacional com diretrizes norteadoras e estruturantes do processo de regionalização do turismo", embora também aponte que ainda é necessária muita transparência na exposição dos objetivos que se quer atingir. Além disso, tendo em vista a debilidade e inabilidade das instituições gestoras do turismo e a falta constante de recursos humanos especializados, fica clara a dificuldade de interpretar, empregar e dar continuidade às questionáveis políticas dos municípios e estados envolvidos com a atividade turística.

Por fim, Beni (2006) chama a atenção para a prática contestável de roteirização regionalizada em vez de regionalização sustentável do turismo, a qual é a real meta do governo federal. A primeira atividade, naturalmente, não seria capaz de solidificar o turismo como recurso de sustentabilidade. Ora, práticas predatórias são características da falta de planos diretores municipais que determinem

> cenários de articulação da produção, identificação e integração dos atores sociais e agentes institucionais, gestão compartilhada e participação mútua em custos; que compreendam corretamente os impactos turísticos e a distribuição justa de custo e benefícios [...]; que contemplem devidamente a estimulação de negócios lucrativos [...] e, finalmente, que abranjam a coesão social e política, cultura associativa e a rede de empresas com vantagens comparativas e competitivas. (Beni, 2006, p. 33)

Contexto das políticas públicas para o ecoturismo no Brasil

O desenvolvimento sustentável do ecoturismo pode ser alcançado timidamente com um planejamento governamental eficaz, que pressupõe ordenar finalidades e objetivos com recursos existentes e com a necessidade da conservação. E, assim, as políticas de ecoturismo podem atingir a sustentabilidade quando conseguem contemplar as demandas do desenvolvimento com as ofertas da natureza. As principais ferramentas adotadas pelo poder público para ordenamento e gestão do ecoturismo encontram-se na legislação, regulamentação, controle, coordenação de políticas e programas, infraestrutura e incentivos, planejamento e promoção de empreendimentos do setor (Wearing e Neil, 2001).

Segundo Wearing e Neil (2001), o planejamento do ecoturismo presume a existência de um plano nacional de desenvolvimento, cujo conteúdo deveria incluir: estratégia de implantação, acompanhada de um plano de custeio e financiamento; percepção e objetivos da existência de estratégias a serem seguidas; identificação e consulta dos grupos interessados e/ou afetados com a implantação da atividade; descrição dos impactos do ecoturismo sobre as diversas dimensões; e, finalmente, as possíveis medidas de controle.

Na década de 1980 teve início no Brasil a preocupação do setor governamental com as políticas públicas de turismo que privilegiassem a natureza, a sustentabilidade e, mais recentemente, o conceito de ecoturismo. Este ganhou maior dimensão com as políticas de regionalização e segmentação das atividades turísticas na década subsequente. Basso (2007) sugere que avaliar cautelosamente os conceitos de ecoturismo propostos pelo governo é fundamental para identificar e entender a cultura política para o segmento no país e suas tendências.

Nesse sentido, a autora realizou um levantamento bibliográfico de documentos do acervo do MTur e da Embratur, além de entrevistas com colaboradores casuais. Essa pesquisa resultou no resgate do histórico das políticas públicas de ecoturismo fundamentais no país, as quais estão apresentadas na Tabela 9.1 (algumas ações políticas não foram listadas, já que não foram continuadas ou mesmo executadas).

TABELA 9.1 - HISTÓRICO DAS POLÍTICAS PÚBLICAS DE ECOTURISMO NO BRASIL

Ano	Ações
1985	Primeiro projeto a abordar a atividade turística em área natural, intitulado Turismo Ecológico, promovido pela Embratur, em parceria com o Ibama
1987	Criação da Comissão Técnica Nacional para monitorar o projeto Turismo Ecológico (Embratur / Ibama)
1991	A então Secretaria de Meio Ambiente da Presidência da República (Sema), em parceria com ONGs, realiza o I Curso Básico de Condutor de Visitantes, sendo a primeira iniciativa em capacitação para recursos humanos em ecoturismo
1992/93	A Embratur lança iniciativas de promoção do ecoturismo, com destaque para o *Manual Operacional do Ecoturismo*

(continua)

(continuação)

Ano	Ações
1994	Na tentativa de implementar uma política nacional para o ecoturismo, foi formado um grupo interministerial de trabalho na área, reunindo técnicos do Ministério do Meio Ambiente (MMA), Ibama, MICT e da Embratur. Contou com a participação de representantes do Ministério da Educação e Cultura, setor privado e ONGs
1995	Publicação do documento *Diretrizes para uma Política Nacional de Ecoturismo*, principal resultado da ação de 1994
1997	Criação do *Manual Indígena de Ecoturismo* por um grupo técnico de coordenação de ecoturismo para a Amazônia Legal (MMA); *Diretrizes para a Política Estadual de Ecoturismo* (SP)
1998	Proecotur (iniciativa do MMA, por intermédio da Secretaria de Coordenação da Amazônia)
1999	A Embratur lança o projeto Pólos de Desenvolvimento do Ecoturismo no Brasil
2003	Reestruturação do Programa Pólos. Elaboração do *Manual de Ecoturismo de base comunitária: ferramentas para um planejamento responsável*, pela WWF-Brasil
2004	Oficinas, Diálogos e Diretrizes para o Ecoturismo para elaboração das Diretrizes para o Desenvolvimento do Ecoturismo, realizadas pela Secretaria de Políticas do Ministério do Turismo. Criação do documento *Turismo responsável: manual para políticas locais*, pela WWF Brasil
2006	Republicação do marco conceitual do ecoturismo e realização das Jornadas Técnicas de Segmentação em Ecoturismo em diversas unidades da Federação. Elaboração do documento *Turismo no Brasil 2007-2010*
2007	Reestruturação do Proecotur pelo Ministério do Turismo (Prodetur/Norte) e elaboração do Plano Nacional de Turismo 2007-2010 e da cartilha *Caminhos do futuro: ecoturismo*
2008	Elaboração da cartilha *Ecoturismo: orientações básicas* (Brasil, 2008b)

Fonte: adaptada de Basso (2007).

Ainda conforme Basso (2007), a discussão sobre a atividade inicia-se no governo brasileiro em 1985, quando a Embratur criou o projeto Turismo Ecológico, cujo objetivo era o de organizar a atividade no país. A partir de 1987 a atividade foi monitorada por uma comissão técnica nacional. Entre as ações resultantes desse projeto evidenciam-se: constituição de comissões técnicas, inventário sucinto de diversos atrativos naturais brasileiros, formatação de critérios para a criação de roteiros ecológicos, identificação de atividades e formas de manejo racional dos recursos naturais, capacitação e cadastramento de guias em ecoturismo e elaboração de propagandas financiadas pelo setor privado e governo federal. A segunda fase do projeto foi implantada em 1991 por uma parceria entre o Ibama e a Embratur, então subordinada à Secretaria de Desenvolvimento Regional.

Também se desenvolveu por essa parceria, no ano de 1991, um documento intitulado *Manual operacional do ecoturismo: conhecer para respeitar*, o qual apresentou, entre outras pesquisas, os fundamentos do ecoturismo, o diagnóstico das UCs e os atrativos ecológicos brasileiros, evidenciando um estudo limitado somente no que se refere ao frágil e incompleto inventário, o qual foi desenvolvido a partir de entrevistas realizadas por agentes leigos no assunto (Basso, 2007).

No ano de 1992, em função de um evento de ampla importância ambiental – a Rio-92 (RJ) –, o ecoturismo obteve grande projeção no mercado turístico nacional, constatado pelo imediato desenvolvimento do primeiro portfólio de artigos ecoturísticos nacionais, criado pela Embratur e a Associação Brasileira de Agentes de Viagem (Abav). Todavia, só a partir de 1994 a atividade amadureceu, resultando na formulação de uma política nacional integradora, as *Diretrizes para uma Política Nacional de Ecoturismo*. No ano seguinte, o Ministério do Meio Ambiente lança o Proecotur, e a Embratur, o *Programa Pólos de Ecoturismo*, os quais enalteceram o potencial ecoturístico de determinadas áreas do país. Ambos foram executados até 2003, ano da fundação do Ministério do Turismo (no ano de 2007 houve continuidade do Proecotur).

Em virtude da necessidade de programas e outras políticas de ecoturismo que, de fato, contemplassem todas as premissas da atividade, o WWF-Brasil lançou em 2003 o *Manual de ecoturismo de base comunitária: ferramentas para um planejamento responsável* e, no ano seguinte, o documento *Turismo responsável: manual para políticas locais* (Salvati, 2004).

Da união dos órgãos Ibama e Embratur resultam a *Agenda Ambiental para o Turismo (TAL Ambiental)*, o *Plano de Ação Conjunta* e a mudança de subordinação do Proecotur do MMA para o MTur, em 2004, a partir de um fortalecimento do relacionamento entre esses ministérios. Também nesse ano foi criado pelo MTur o *Programa de Regionalização do Turismo – Roteiros do Brasil*, como trabalho posterior ao do Programa de Municipalização. O Programa de Regionalização enfatiza o *Macroprograma de Estruturação e Diversificação da Oferta Turística* no país reinserindo os Polos de Ecoturismo no seu desenvolvimento.

Embora o MMA não estivesse mais no controle do Proecotur, o órgão ainda promoveu outros programas para o aperfeiçoamento do ecoturismo, como o *Programa Nacional de Ecoturismo da Secretaria de Desenvolvimento Sustentável*, o qual resultou na produção da *Carteira de Ecoturismo de Base Comunitária*, com o objetivo de favorecer o fortalecimento e a organização das comunidades envolvidas com a atividade, e o *Programa de Visitação nos Parques Nacionais da Secretaria de Biodiversidade e Florestas*, cujo documento aponta as áreas protegidas como essenciais para o ecoturismo.

No ano de 2006, foi elaborado pelo MTur um documento intitulado *Segmentação do turismo: marcos conceituais* (Brasil, 2006b), com a intenção de facilitar o entendimento e o desenvolvimento do turismo por meio da caracterização de alguns segmentos da atividade, incluindo o ecoturismo.

Desde 2007, a principal política que norteou o turismo no país foi o Plano Nacional de Turismo 2007-2010. Além disso, em setembro de 2008, como uma estratégia para viabilizar algumas UCs, o Governo Federal lançou um programa de incentivo ao turismo, com investimentos em seis parques nacionais. Esse programa visou modificar uma realidade muito complicada, a de parques belíssimos fechados ou sem estrutura adequada para visitação. Assim, perdem-se oportunidades de gerar divisas e de educar ambientalmente os visitantes. O investimento foi previsto para continuar por 5 anos, quando se esperava que pelo menos dois terços dos parques nacionais tenham infraestrutura interna e de acesso para o turismo.

Neste período vários documentos importantes para subsidiar políticas públicas no turismo foram elaborados com a participação de entidades privadas, especialmente ONGs, como o *Manual de melhores práticas para o ecoturismo* (Funbio/Instituto Ecobrasil/Programa MPE) e o *Programa de Certificação em Turismo Sustentável*, o *Programa Bem Receber – Qualidade Profissional e Gestão Sustentável* (Banco Interamericano de Desenvolvimento/Agência de Promoção de Exportação e Investimentos/Comitê Brasileiro de Turismo Sustentável com apoio do MTur e Sebrae).

Ecoturismo em áreas protegidas

A relação entre turismo e meio ambiente possui, certamente, diversos aspectos restritivos e de adequações peculiares a cada ambiente, os quais deverão ser prezados na formulação das diretrizes públicas e em outras ações e estratégias de planejamento e gestão do ecoturismo, portanto, é preciso estabelecer critérios para o uso público das áreas naturais (Ruschmann, 1997).

A busca por orientar as práticas de ecoturismo em áreas conservadas tidas como destinos potenciais iniciou-se na década de 1990, ainda que o aumento e a modernização da legislação e outras políticas direcionadas unicamente à proteção de determinados ambientes naturais já tenham começado na década anterior. Parte dos territórios da Floresta Amazônica, Mata Atlântica, Cerrado, Pantanal, Caatinga, entre outras áreas naturais brasileiras, passou a ser protegida por lei como UCs, nas quais o turismo só poderia acontecer quando previsto nessa legislação de proteção.

Por conta da legislação em vigor (Sistema Nacional de Unidades de Conservação – Snuc), é permitida a visitação somente nos parques nacionais, estaduais e municipais, em espaços destinados à visitação; nas reservas de desenvolvimento sustentável; nas áreas naturais tombadas pelos órgãos de preservação e nas áreas de proteção ambiental nas quais a visitação é controlada; e nas reservas particulares de patrimônio natural. É importante ressaltar que o ecoturismo não se limita às UCs, uma vez que existem muitas áreas naturais com potencial turístico.

Regulamentação e certificação

As ações tomadas pelo poder público, desde o planejamento até outras iniciativas políticas, são entendidas como métodos preventivos para o desenvolvimento da atividade turística e, igualmente, também as práticas da regulamentação e certificação surgem como meios preventivos de uma qualidade adequada e correspondente à esperada. E, assim, a necessidade em assegurar que produtos e serviços turísticos estejam baseados em desempenhos apropriados e sustentáveis retoma as discussões acerca da atividade ecoturística (Fennel, 2002).

A certificação, vale lembrar, é um mecanismo não governamental, independente, de controle de produtos e destinos turísticos baseado em avaliação de desempenhos sociais, econômicos e ambientais, por isso, em 1999, foi criado por uma coalizão de ONGs, iniciativa privada, universidades, comunidades, operadores, governos e especialistas da área o Conselho Brasileiro de Turismo Sustentável (CBTS), o qual promoveu a discussão e a elaboração de padrões de sustentabilidade para a atividade no Brasil rumo ao estabelecimento de um sistema de certificação.

Conforme será discutido no Capítulo 13, o processo de construção da certificação encontra-se, em 2009, parado e em descrédito. Os participantes do processo de construção da certificação apontam a dificuldade de criar os critérios necessários e montar um corpo avaliador, devido ao mercado estar fechado a isso, ao mesmo tempo em que buscam a autocertificação de formas distintas, inclusive por meio da aliança a ONGs com boa imagem, das quais se beneficiam.

Financiamento do ecoturismo

A política governamental também deve contemplar ações de financiamento do ecoturismo como um dos veículos para o seu desenvolvimento. A atividade turística é essencialmente desenvolvida pela iniciativa privada e, dessa forma, o Estado deve garantir algumas facilidades para uma boa gestão do setor privado. Em função disso, é sua obrigação desenvolver condições de concessão de crédito e financiamento para os micro e grandes negócios do turismo, entre outros deveres apontados por Liu (1994, p. 8-9), tais como

> facilitar uma atividade eficiente do setor privado [...]; assegurar um bom ambiente macroeconômico; garantir a lei e a ordem e a solução justa de disputas; assegurar a provisão de infraestruturas adequadas; [...] proteger o interesse público sem obstruir a atividade do setor privado [...]; promover a atividade do setor privado [...]; reconhecer o papel dos pequenos empreendedores.

Embora os parques nacionais e outras áreas naturais, enquanto espaços públicos, "concedam" a base para o ecoturismo, a atividade está inserida em um sistema mais amplo dentro do setor privado e, portanto, possui o propósito de gerar lucro e necessita, primordialmente, de renda para seu desenvolvimento e manutenção. Nesse sentido, Fennell (2002) questiona a gestão dos parques públicos como um negócio, frente aos baixos orçamentos destinados a esse fim, mas intervém dizendo que, embora a gestão destes não esteja sujeita às filosofias de mercado, a introdução do ecoturismo nessas áreas é conveniente para a geração da renda necessária para contornar as dificuldades monetárias para sua manutenção.

Nesse sentido, Sherman e Dixon (1991) expõem alguns métodos pelos quais se poderiam obter fundos a partir do turismo em áreas naturais: cobrança de entrada aos usuários, taxas de estacionamento, taxas de concessão para as empresas que fornecem bens e serviços aos usuários, *royalties*, taxações e donativos provenientes dos visitantes. Ainda que existam alguns inconvenientes inerentes a ações como essas, a cobrança possui ampla influência na conquista de eficiência e sustentabilidade do ecoturismo e, além disso, é totalmente viável e coerente como método de cobrir custos, quando efetuado de maneira adequada, considerando as condições do parque e as necessidades da comunidade e visitantes (Box 9.1).

Box 9.1 – Concessão de serviços em Unidade de Conservação de Ubatuba (SP)

No Parque Estadual da Serra do Mar, Núcleo Picinguaba (Ubatuba, SP), desde o ano de 2008, a Comunidade Quilombola do Sertão da Fazenda gerencia uma lanchonete na entrada da Praia da Fazenda entre os meses de janeiro e fevereiro.

A lanchonete comercializa alimentos e bebidas típicos da comunidade, tais como a salada quilombola, feita com coração de bananeira, e o peixe azul-marinho com pirão de banana. O estabelecimento funciona a fim de gerar renda para a comunidade. A concessão da operação desse equipamento do Estado é, legalmente, uma permissão de uso precária e ainda está em caráter experimental, podendo vir a tornar-se, futuramente, uma terceirização de serviços.

Fonte: informações obtidas da diretora do Núcleo Picinguaba, do Parque Estadual da Serra do Mar, Eliane Simões.

A formação de parcerias por meio de processos de terceirização, cogestão e privatização entre o setor público e a iniciativa privada também pode ser uma alternativa para a fomentação da atividade turística com o objetivo de maximizar a eficiência na gestão dos serviços, diminuir as atividades-meio administradas ou executadas e realocar os recursos governamentais existentes. Ainda assim, a escolha por essas parcerias deve ser avaliada criteriosamente, pois o setor privado se preocupa unicamente com a lucratividade e, portanto, as premissas e práticas poderiam entrar em conflito quando desenvolvidas ao mesmo tempo.

Entre outras possibilidades, Swarbrooke (2000) sugere algumas formas de financiamento, como geração de concessões, empréstimos e demais incentivos fiscais para a promoção do turismo, cobrança de impostos sobre atividades menos sustentáveis e em outras situações diversas.

Acerca das políticas públicas que consideram o financiamento do turismo, o *Plano Nacional de Turismo 2007-2010*, entre outras metas, apresenta um macroprograma destinado ao fomento à iniciativa privada, que é subdividido em dois programas:

- atração de investimentos, projeto que visa a execução da Política Nacional de Turismo por meio de estímulos de fomento e incentivo à iniciativa privada;
- financiamento para o turismo, projeto que visa o financiamento ao turista e aos negócios turísticos por meio do desenvolvimento e adequação de linhas de crédito.

Os principais objetivos descritos nesse documento são: ampliar e melhorar a oferta de equipamentos e serviços; facilitar o crédito à micro, pequena e média empresa; gerar novos postos de trabalho; fortalecer o mercado interno; captar investidores para o país; captar investidores para projetos em localidades potenciais e divulgar as oportunidades de investimentos no turismo no país (Brasil, 2007).

No ano de 2008, foi promulgada a Lei Geral do Turismo, n. 11.771/2008, que define as atribuições do Governo Federal no planejamento, desenvolvimento e estímulo ao setor turístico e seu fomento. Nessa Lei, é sancionada a habilitação a linhas de crédito oficiais do poder público; o suporte financeiro às atividades turísticas por meio de lei orçamentária anual, linhas de crédito de bancos e agências de fomento; financiamento, apoio ou participação financeira do Fungetur, mediante regulamentação e autorização do Ministério do Turismo.

Ainda há que se caminhar muito...

Apesar de os debates em torno das políticas públicas para a área de turismo já terem um longo histórico, considerando a data de 1966 como o marco inicial, ainda há muito o que fazer. É evidente a necessidade urgente do governo assumir suas responsabilidades, na medida em que outros setores estão fazendo isso, em iniciativas pulverizadas ao longo do país, sem uma articulação. Os próprios atores sociais reclamam constantemente da falta de políticas claras para o setor.

No Brasil não se fala em limites ao turismo de segunda residência, não há resistência aos megaempreendimentos que a todo dia são criados no litoral, não há prática nem incentivo à participação na gestão desses processos, não existem incentivos para o turismo alternativo, não há sequer uma política consistente que regule a imagem que o Brasil tem no exterior e que comprometa o turismo internamente, evidente quando uma série de ilícitos a que estamos expostos não são coibidos, tendo em vista que a atividade, quando pouco profissionalizada, é vulnerável.

Ademais, deve-se repensar os modelos de proteção à natureza, de participação e gestão das áreas protegidas e dos projetos de turismo que ocorrem dentro e fora delas. Igualmente, a participação dos envolvidos deve seguir uma nova reflexão, pois um dos maiores desafios para as políticas públicas que regem o turismo é compatibilizar participação democrática e representativa, já que "discursos da participação evidenciam paradoxos e convivem com práticas convencionais centralistas, mas que, ironicamente, têm proporcionado ações participativas onde antes só existia o imobilismo" (Sansolo, 2006, p. 150).

Ainda que muito se discuta sobre a constante criação de políticas públicas para o setor do turismo, de nada adianta a elaboração de políticas que, na verdade, agregam todos os valores da sustentabilidade, quando a sua implementação, gestão e controle são comprometidos em detrimento de projetos pontuais e previsivelmente fadados ao fracasso.

Os tímidos benefícios propiciados por adequadas políticas de ecoturismo "sustentável" (e aqui não se entende a expressão como um pleonasmo) são, muito mais que dados quantitativos econômicos, melhorias ligadas ao bem-estar dos sujeitos sociais envolvidos e à conservação dos ecossistemas, embora não se deva ao ecoturismo o caráter de panaceia para todos os males do ambiente onde ele se desenvolve.

Já existe um leque de tentativas que podem servir de exemplo para a questão da conservação da natureza, das culturas, da história e da identidade, as quais resultam de ações comunitárias em prol de políticas públicas pertinentes e adequadas. Exemplos interessantes existem sobretudo na Amazônia e no litoral do Nordeste brasileiro. Essas ações merecem ser conhecidas pessoalmente. Exemplos como o do Núcleo Picinguaba (vide Box 9.1), citado anteriormente, no qual os pactos entre os interessados têm constituído a base para os planos de uso tradicionais e os planos de manejo, e estudos de caso apresentados nos Boxes 9.2 e 9.3 são elucidativos sobre a questão.

Box 9.2 – Políticas públicas para o turismo na Amazônia

Os significativos dados do crescimento do ecoturismo no país justificam o constante incentivo público ao crescimento ou mesmo à implantação da atividade no Brasil. A Amazônia se configura como a principal protagonista das políticas públicas desse setor.

O ano de 1992 viu ser elaborado o primeiro plano para o desenvolvimento do turismo na região – Plano de Turismo da Amazônia (PTA 1992/1995) –, criado e gestado pela Superintendência do Desenvolvimento da Amazônia (Sudam), programa que entende o turismo como uma alternativa de desenvolvimento para a região. Também no ano de 1993 foi elaborado pela Sudam o Plano de Desenvolvimento da Amazônia (PDA 1994/1997), em que o setor turístico é tratado como um dos seus programas prioritários, embora apresente um modelo expressivamente vanguardista e, no mínimo, questionável, ao defender uma forma de sociedade que conquiste o desenvolvimento ecológico com elevada tecnologia bem como qualidade de vida.

O que os dois documentos possuem em comum? Ambos os planos possuem premissa mercadológica, justificando, por conseguinte, a preservação do patrimônio natural e cultural pela preocupação da redução ou perda total da paisagem cênica da região; não fazem alusão aos impactos socioambientais, negativos ou positivos, provocados pela atividade turística (já que esta estaria ilesa de qualquer culpa por conflitos sociais ou degradação do meio, comparada a outras atividades econômicas já praticadas na região); esperam que o ecoturismo seja o remédio milagroso para os problemas socioeconômico-ambientais amazônicos; não se atentam a ações preventivas, já que se pretende primeiramente implantá-los e, em seguida, buscar soluções para os possíveis impactos de um turismo predatório; entre outras semelhanças.

Um terceiro documento criado pela Sudam e a Organização dos Estados Americanos (OEA), publicado em 1995, é o Programa de Desenvolvimento do Turismo na Região Amazônica, o qual vem dar suporte ao PDA 1994/1997, cuja prioridade seria a afirmação da atividade turística na região. O documento possui caráter majoritariamente informativo e diagnóstico, no qual há a preocupação com conceituações, dados sobre políticas públicas anteriores e outras pesquisas sobre equipamentos e infraestrutura turística. Há também uma diferenciação das modalidades do Ecoturismo, os chamados puro e comercial, deixando perceber implicitamente a preferência pelo "puro", aquele que implica uma consciência preocupada com o mínimo impacto do ambiente. Embora a preferência seja louvável, a elitização é tida como uma das saídas mais viáveis.

No ano de 2008 fora criado pelo Ministério do Meio Ambiente o *Plano para uma Amazônia Sustentável*, em que o Ecoturismo desponta novamente com tônica de comercialização, ainda que apareçam diretrizes acerca da participação das comunidades locais nos processos de planejamento, gestão e operação, como também na protagonização de projetos de Ecoturismo de base comunitária e também de fortalecimento de saberes e tradições culturais locais (Brasil, 2008).

A análise dessas e demais políticas públicas nos leva a compreender a "indústria do turismo" na Amazônia sob um ponto de vista predominantemente mercadológico, ou seja, o destino turístico já (ou ainda) possuiria todos os elementos característicos de qualquer bem comerciável: "matéria-prima" farta e acessível, mercado consumidor potencial, estratégia de marketing vinculada à preocupação mundial com os problemas ambientais e propaganda de mercadoria. E, assim, o turismo assume caráter prioritário nos modelos de desenvolvimento da região amazônica, sem estar preocupado, entretanto, com os malefícios que a atividade traz, tanto ao meio ambiente, quanto à população local.

No entanto, há muitos indícios da não implementação e adequação destas políticas, facilmente verificáveis, sendo o principal comprovado pelo número quase que irrisório de turistas na região, já que os altíssimos custos e a ausência de políticas de acesso impedem a entrada de grande parte dos interessados.

Fonte: Adaptado de Brasil (2008a); Rocha (2002).

Box 9.3 – Políticas públicas para o turismo no Ceará

O estado do Ceará atualmente tem a atividade turística como um de seus principais motores da economia e, para tanto, desde os anos 1990 vem desenvolvendo políticas de turismo que tangem a implementação da infraestrutura, capacitação de profissionais, dentre outros pontos inerentes ao desenvolvimento de um destino turístico. Destino este que conta com diversos fatores favoráveis à sua promoção, como: proximidade dos polos emissores ou consumidores do Turismo cearense (sendo um dos estados brasileiros com maior proximidade dos grandes emissores internacionais), oferta de atrativos naturais e culturais, longitude da costa, abundância geomorfológica das paisagens (serras, planaltos, planícies, chapadas, restingas, falésias, faixa litorânea de 570 km, conhecida como a Costa do Sol Nascente, dentre muitos outros) etc.

Tendo em vista tamanho cenário natural, disposto pelos 146 mil km^2 de área do estado, a Secretaria Estadual do Turismo (Setur) dividiu a área em seis macrorregiões turísticas, definidas de acordo com aspectos espaciais, infraestrutura, atratividade, vocação, polarização político-administrativa e socioeconômica, a fim de garantir maior eficiência no planejamento turístico dos 73 (de um total de 184) municípios caracterizados como prioritários para o desenvolvimento do turismo pela Embratur.

A capital do estado, Fortaleza, é considerada o carro-chefe do turismo no Ceará e, por isso, vem ampliando e consolidando sua capacidade hoteleira, programação cultural, opções de entretenimento e a imagem de cidade bela e animada, ainda que também venha convivendo com a pobreza, que leva ao turismo sexual de crianças e adolescentes, poluição litorânea, falta de segurança, e preços bastante elevados, tanto para os turistas, como também para a própria população local.

É importante ressaltar que, embora o turismo traga, ou agregue aos já existentes, alguns problemas, a atividade vem sendo uma grande oportunidade a algumas comunidades e pequenos empreendedores, os quais, resistindo ao turismo global, descobriram uma atividade alternativa, baseada na preocupação efetiva com os seres humanos, e não com o capital. O chamado "Turismo Comunitário", liderado pelo Ceará, tem sido realizado com o apoio das ONGs.

A implantação do Ecoturismo exige uma gestão com rica inserção dessas comunidades, a fim de aprimorar o turismo com base na preservação da natureza e dos legados locais, e também sugere ao Governo a implementação do "turismo como forma de combate à pobreza, realizado pelas comunidades com apoio do Governo", já que muitas vezes a população local é "alvo" das decisões, sem que ela participe do processo dessas (Coriolano; Fernandes, 2007, p. 155). Mais do que isso, seria preciso um plano que entenda o turismo como uma modalidade econômica que deva produzir sustento para os marginalizados e preservação e valorização do patrimônio natural, histórico e cultural e que se articule com políticas de outras atividades econômicas.

Para Coriolano e Fernandes (2007, p. 156-157), a chave para a busca de soluções deve começar por "desenvolver um trabalho de ação social e de educação e política de base que leve a população a aumentar sua autoestima e acreditar na possibilidade de resolver seus problemas, e tocar a consciência dos políticos". Embora o destino seja bastante "vendido" por agências de viagens, o Estado enfrenta muitos problemas, dentro e fora das áreas consideradas turísticas, ainda que políticas públicas já existam para a atenuação destes. A concretização efetiva destas políticas só acontecerá quando houver verdadeiro entendimento e visão de uma única forma de turismo, plena qualificação dos profissionais e da população em geral, pleno crescimento da consciência ambiental, e total envolvimento da comunidade na atividade que, ordenados corretamente, gerarão maior qualidade de vida ao destino Ceará e o bem-estar de turistas e moradores.

No caso do Ceará, as principais críticas às políticas públicas existentes são: as mesmas são realizadas à revelia e sem consulta aos comunitários, sem preocupação com a questão da inclusão social e da conservação socioambiental; focam em grandes empreendimentos, tais como mega resorts; não há qualquer esboço de regulamentação para o turismo de segunda residência, nem sequer para estrangeiros, e não focam o potencial da economia solidária, prevista no Plano Nacional de Turismo (2003).

Fonte: Coriolano e Fernandes (2007).

Questões para reflexão

1) Tendo em vista a definição do espaço urbano orientada por interesses de empresas privadas, entre outras situações semelhantes, quem efetivamente se beneficia com as políticas públicas governamentais que afetam o turismo?

2) Em sua opinião, qual o papel dos órgãos públicos na formulação de políticas frente aos problemas sociais ligados ao turismo, como prostituição, turismo sexual, mercado negro, biopirataria, contrabando, especulação imobiliária etc.?

3) Até que ponto é válida e interessante a intervenção e a participação ativa do Estado no turismo? Qual sua opinião sobre a ausência de participação do governo no mercado financeiro e imobiliário para o turismo?

4) Em sua cidade existe Plano Diretor, Lei de Diretrizes Orçamentárias e Plano de Turismo? Em caso positivo, existem fóruns ou outros encontros públicos destinados à discussão destes? Analise as formas e a qualidade da participação da comunidade junto a esses conselhos.

5) Pesquise em sites na internet os municípios que possuem secretarias ou outros órgãos públicos destinados ao turismo e, caso existam, avalie as políticas preconizadas pelo governo.

6) Pesquise as formas pelas quais o Estado brasileiro poderia promover incentivos e controles fiscais para o desenvolvimento do turismo; para isso, tente conhecer exemplos bem-sucedidos em outros países.

Referências

BARRETTO, M.; BURGOS, R.; FRENKEL, D. **Turismo, políticas públicas e relações internacionais.** Campinas: Papirus, 2003 (Coleção Turismo).

BASSO, K.G.F. Políticas públicas do turismo em áreas naturais e evolução do conceito de ecoturismo no Brasil. In: **Anais do II Encontro Interdisciplinar de Ecoturismo em Unidades de Conservação (EcoUC).** Itatiaia: Instituto Physis Cultura & Ambiente, 2007.

BENI, M.C. **Política e planejamento de turismo no Brasil.** São Paulo: Aleph, 2006 (Série Turismo).

BRASIL. [MMA] Ministério do Meio Ambiente. **Plano Amazônia Sustentável: diretrizes para o desenvolvimento sustentável da Amazônia Brasileira**. Brasília: MMA, 2008a.

______. [MTur] Ministério do Turismo. **Ecoturismo: orientações básicas.** Brasília: Mtur, 2008b.

______. [MTur] Ministério do Turismo. **Política Nacional de Turismo.** Brasília: MTur, 2007.

______. [MTur] Ministério do Turismo. **Turismo no Brasil – 2007-2010**. Brasília: MTur, 2006a.

______. [MTur] Ministério do Turismo. **Segmentação do turismo: marcos conceituais.** Brasília: MTur, 2006b.

______. Ministério da Indústria, do Comércio e do Turismo/Ministério do Meio Ambiente, dos Recursos Hídricos e da Amazônia Legal. **Diretrizes para uma política nacional de ecoturismo.** Brasília, 1994.

CORIOLANO, L. N. M. T.; FERNANDES, L. M. M. Políticas de Turismo: Ações e Contradições da Realidade Cearense. In: CORIOLANO, L. N. M.T.; VASCONCELOS, F. P. **O Turismo e a Relação Sociedade-Natureza: realidades, conflitos e resistências.** Fortaleza: Uece, 2007, p. 141-168.

CRUZ, R.C.A. **Política de turismo e território.** São Paulo: Roca, 2000.

FENNELL, D.A. **Ecoturismo: uma introdução.** São Paulo: Contexto, 2002 (Coleção Turismo Contexto).

GASTAL, S.; MOESCH, M.M. **Turismo, políticas públicas e cidadania.** São Paulo: Aleph, 2007 (Coleção ABC do Turismo).

LAVINI, C. **Ecoturismo e terceiro setor: atuação de ONGs ambientalistas do Estado de São Paulo.** São Paulo, 2002. Trabalho de Conclusão de Curso (Graduação em Turismo). Departamento de Relações Públicas, Propaganda e Turismo da Escola de Comunicações e Artes da USP, 2002.

LIU, J.C. **Pacific Island Ecotourism: a Public Policy and Planning Guide.** Honolulu: Office of Territorial and International Affais, 1994.

RABINOVICI, A.; LAVINI, C. ONGs: ecos de um turismo sustentável. In: MENDONÇA, R.; NEIMAN, Z. (Orgs.). **Ecoturismo no Brasil.** Barueri: Manole, 2005, p.105-130.

ROCHA, G.O.R. da R. Ecoturismo na Amazônia: Uma análise das Políticas Públicas planejadas pela Sudam. In: RODRIGUES, A. B. **Turismo e Ambiente: Reflexões e Propostas.** 3. ed. São Paulo: Hucitec, 2002.

RUSCHMANN, D.V. de M. **Turismo e planejamento sustentável: a proteção do meio ambiente.** Campinas: Papirus, 1997, p.127-138.

SALVATI, S.S. (Org.). **Turismo responsável: manual para políticas locais.** Brasília: WWF-Brasil, 2004.

SANSOLO, D.G. Centralismo e participação na proteção da natureza e desenvolvimento do turismo no Brasil. In: IRVING, M. de A. (Org.). **Áreas protegidas e inclusão social: construindo novos significados.** Rio de Janeiro: Fundação Bio-Rio/Núcleo de Produção Editorial Aquarius, 2006, p.131-155.

SERRANO, C.M.T. Uma introdução à discussão sobre turismo, cultura e ambiente e a vida e os parques: proteção ambiental, turismo e conflitos de legitimidade em unidades de conservação. In: SERRANO, C.M.T.; BRUHS, H. T. (Orgs.). **Viagens à natureza: turismo, cultura e ambiente.** 7.ed. Campinas: Papirus, 2005, p.11-26; 103-124

SHERMAN, P.B.; DIXON, J.A. The economics of nature tourism: determining if it pays. In: WHELAN, T. (Ed.). **Nature Tourism: Managing of the Environment.** Washington, DC: Island Press, 1991.

SWARBROOKE, J. O Setor Público. In: **Turismo sustentável: meio ambiente e economia.** Vol. 2. Trad. Esther Eva Horovitz. São Paulo: Aleph, 2000, p. 3-27.

WEARING, S.; NEIL, J. **Ecoturismo: impactos, potencialidades e possibilidades.** Trad. Carlos David Szlak. Barueri: Manole, 2001.

10 Empresas e responsabilidade social no planejamento de atividades turísticas

Simone Aparecida Rodrigues de Sá e Silva
Andréa Rabinovici

Introdução

O educar sempre proporcionou as soluções mais rápidas para os problemas socioambientais, pois quando os pequenos são educados não são apenas ensinados a se encaixar na sociedade, mas também ganham o poder de decidir sobre o futuro da humanidade, sendo possível, assim, inverter a lógica da famosa pergunta "que planeta deixaremos para os nossos filhos?" para "quais filhos deixaremos para esse planeta?".

Atualmente, as empresas selecionam trabalhadores que absorvam sua ideologia e busquem cada vez mais aprimorar seus conhecimentos a fim de alcançar a excelência em seus resultados, pois somente aquele que investe em seu crescimento profissional reúne condições de manter-se atraente ao mercado de trabalho.

As empresas com responsabilidade social, por sua vez, além de buscarem esses trabalhadores, incentivam seu conjunto de colaboradores a dar continuidade ao processo de enriquecimento profissional; essas empresas criam programas que facilitam o acesso de seus funcionários a treinamentos, cursos, reciclagens etc.

Mas o que é responsabilidade socioambiental, responsabilidade corporativa/empresarial ou qualquer outro nome que se dê a ela? Para o Instituto Ethos,

> responsabilidade social empresarial é a forma de gestão que se define pela relação ética e transparente da empresa com todos os públicos com os quais ela se relaciona e pelo estabelecimento de metas empresariais que impulsionem o desenvolvimento sustentável da sociedade, preservando recursos ambientais e culturais para as gerações futuras, respeitando a diversidade e promovendo a redução das desigualdades sociais[1].

A responsabilidade socioambiental, ou suas variantes, está em evidência desde os anos de 1990. Toda e qualquer empresa quer ou precisa ser socioambientalmente correta e a maioria dos consumidores, por sua vez, começa a atentar para esse aspecto. Muitos, inclusive, aceitam pagar mais caro por serviços, responsáveis ou sustentáveis. A imagem da empresa associada à questão da sustentabilidade é necessária não somente para acessar o mercado, como também para atender à legislação, conseguir certificações e selos de qualidade e até fazer uso vantajoso de alguns incentivos fiscais, corroborando as vantagens dessa relação, sobretudo para os próprios empresários.

As corporações têm à sua disposição inúmeros instrumentos de balanço, relatórios, selos e certificados para escolherem. Eles podem ser genéricos, na medida em que verificam as relações existentes entre funcionários, atendimento a leis trabalhistas, número de empregos e vagas para portadores de necessidades especiais; especificamente ambientais, como o *Global Reporting Initiative*; ou, ainda, turísticos, como fazer parte da Tour Operators Initiative for Sustainable Tourism Development (TOI)[2], entre outros[3].

---

1 Disponível em: <http://ethos.org.br>.

2 Comissão Internacional de Operadores Comprometidos com o Turismo Sustentável, ligada à ONU.

3 Ver Capítulo 13 sobre certificação.

O turismo não está alheio a essas iniciativas. Ao contrário, suas atividades geralmente demandam ações junto a uma grande rede de prestadores de serviços, comunidades, profissionais diversos, bem como os próprios turistas, o que torna extremamente visíveis e impactantes suas atividades e atitudes ante os aspectos socioambientais. Afora essas iniciativas depreende-se o fato de que ambientes saudáveis e permanentes são a continuidade da existência do *trade* turístico.

O aspecto educacional do turismo é parte de sua existência, e pessoas em momentos de lazer são aprendizes vorazes, tornando a atividade altamente promissora no que tange a mudanças de perspectivas, atitudes e valores:

> As atividades de lazer revelam uma possibilidade de inserção crítica na realidade contextual e histórica de um grupo, onde cada membro que o compõe assume o papel de um sujeito coletivo que cria e recria a própria prática na realidade contextual e histórica de um grupo – isto é, o próprio lazer –, percebendo-se ainda como criador do próprio mundo, ou seja, de um cidadão pleno. (Supino, 2004, p. 7)

As empresas que atuam com turismo e que pretendem colocar-se de maneira duradoura no mercado estão, a passos largos, adaptando-se a essa nova realidade, pré-requisito para se alcançar o sucesso no ramo.

Segundo Lotz e Ramos (2000), na medida em que o turismo é uma atividade que sofre concorrência internacional, a responsabilidade corporativa social, além de melhorar a qualidade de vida, passa a ser um diferencial de mercado, podendo aumentar a demanda por um turismo engajado. Ainda segundo os autores,

> atualmente nenhum país oferece o destino turístico associado à "bandeira" da responsabilidade social de um setor. Essa pode ser uma opção para o turista consciente das dificuldades enfrentadas pelo país, de sentir que além de estar desfrutando das belezas que o país oferece, também está colaborando para a melhora social do país visitado (Lotz e Ramos, 2000, p. 9).

Entre os vários segmentos do turismo, as atividades de ecoturismo vêm crescendo muito, pois em um mundo cada vez mais globalizado e que gira em torno do capital, a busca por atividades lucrativas é constante. Mais recentemente, todas as ações desenvolvidas pelo ser humano são "monitoradas", e quando uma delas torna-se destaque na geração de recursos, passa imediatamente a figurar não somente como algo que dá prazer e traz realização pessoal, como é o caso do ecoturismo, mas, sobretudo, como atrativa fonte de renda que influencia diretamente o mercado.

Conforme o interesse crescente advindo das ações de conscientização da responsabilidade do ser humano em relação à conservação e à preservação do meio ambiente para as gerações futuras (o que significa a conservação do próprio planeta), foi sendo percebido que o ecoturismo passou a ser não somente uma atividade capaz de gerar lucros, mas também uma ferramenta indispensável na questão da conservação do meio ambiente, pois a existência de áreas preservadas é pré-requisito para a prática das atividades ligadas ao ecoturismo.

ONGs, agências de turismo especializadas (vide Box 10.1) e escolas que orientam a prática de esportes radicais, entre outras, já são uma realidade graças a ações anteriores, que incentivaram práticas saudáveis de preservação da integridade do corpo, recomendando-as para a conservação do planeta. Essas ações pioneiras, em um momento histórico de conscientização e sensibilização sobre a questão da escassez dos recursos naturais[4], trouxeram a consciência crítica concomitantemente com a necessidade de se ter responsabilidade para corrigir os erros e planejar as ações futuras a fim de minimizar os impactos negativos ao meio ambiente.

O governo brasileiro, por meio principalmente de incentivos fiscais, vem colaborando para que o planejamento de atividades de turismo seja feito de maneira responsável e sustentável, pois além de ser uma sólida fonte de entrada de divisas para o país, muitas vezes, tem contribuído para a melhoria da qualidade de vida das populações das localidades nas quais a atividade é desenvolvida. O Brasil, embora tenha um grande potencial para práticas de ecoturismo, não tem explorado esse nicho de forma satisfatória, pois faltam ao mercado profissionais com a formação adequada para colocar em prática atividades que não agridam o ambiente e conservem-no para as gerações futuras.

Os órgãos governamentais que cuidam de regulamentar o uso dos recursos naturais do país ainda não contam com um sistema eficaz de fiscalização, o que dificulta sobremaneira as tentativas de desenvolvimento de atividades sustentáveis.

O mercado gira em torno da demanda, ou seja, oferece-se sempre o que é exigido. Assim, as empresas, em busca de uma postura conscien-

4 Ver Capítulo 2.

te frente à sociedade que exige essa responsabilidade em relação ao meio ambiente, viram-se na obrigação de se adequar ao novo quadro que se apresentava e assumir essa realidade como meta, pois sem cumprir esse papel diante da sociedade estariam condenadas a fechar suas portas. É nesse momento que as empresas passam de vilãs a benfeitoras: por meio da participação nas certificações internacionais[5], elas mostram que estão assumindo sua parcela de responsabilidade em relação ao meio ambiente e, consequentemente, em relação à sociedade como um todo.

Portanto, empresas que muito lucraram com a produção de bens e serviços e que tanto degradaram o meio ambiente, hoje apresentam projetos e colocam em prática ações que tentam reverter ao máximo os danos causados no passado e ajudam na conservação para as gerações futuras.

Infelizmente, apenas projetos e ações não levam a um resultado eficaz, pois sem a adesão e a determinação da sociedade em se atingir o objetivo proposto, todo o projeto inicial se torna fadado ao fracasso. O envolvimento da sociedade, por sua vez, somente é conseguido por meio da educação e de ações participativas.

O turismo pode proporcionar tudo isso, pois tem caráter educador; no entanto, o mercado de trabalho ainda é carente de profissionais qualificados a trabalhar de forma responsável com essa atividade.

As empresas especializadas em oferecer um produto sustentável têm o compromisso de promover uma atividade de qualidade que não impacte negativamente o meio, pois o cidadão que experimenta as vivências no ambiente conservado, oferecidas pelo turismo, quer voltar e revivê-las, e para isso tem de encontrar os lugares inalterados. Isso sem mencionar que esse turista sente prazer e orgulho em indicar esse destino em seu círculo social, o que vem a ser um trabalho de divulgação sem ônus ao empresariado da localidade, que, por ter oferecido um serviço de qualidade, acabou por economizar na propaganda. O interesse das pessoas em conhecer determinados destinos é geralmente aguçado por amigos e conhecidos que já os experimentaram e obtiveram experiências satisfatórias. A divulgação boca a boca também acontece com os prestadores de serviços, geralmente as agências receptoras, responsáveis pelo treinamento de guias, bem como pela indicação de estabelecimentos que proporcionarão ao turista uma estadia de acordo com suas expectativas.

Mais que responsabilidade social, as empresas descobriram a necessidade social, pois quando perceberam, já estavam envolvidas no esquema de

5 Ver Capítulo 13.

cumprir seu papel diante da sociedade e, consequentemente, da demanda que assim o exigia. Chegou o tempo em que não basta apenas oferecer o serviço, é preciso agregar valores ao serviço oferecido (vide Boxes 10.1 e 10.2). A demanda é cada vez mais exigente e cobra de seus prestadores a excelência em seus serviços, e esta, no entanto, é efêmera, mudando a cada segundo, pois os gostos evoluem constantemente. De acordo com Bruno e Fonseca (1995, p. 44):

> O trabalhador, buscando uma postura consciente de seu papel na sociedade face às novas exigências qualificacionais, estará conquistando o lugar que lhe pertence. Entretanto, este só poderá ser reconhecido pela sociedade civil na medida em que ele se reconheça como parte integrante neste processo que busca, em última instância, a viabilização de uma organização mais humana e democrática.

Campanhas de marketing voltadas para o lema do "ecologicamente correto" aparecem a todo instante na mídia, incentivando o consumidor a escolher empresas comprometidas ao contratar seus serviços ou consumir seus produtos. Uma empresa que aderiu ao lema mostra que, além de ter personalidade, preocupa-se não somente com seus lucros, mas também com seus colaboradores; é uma empresa que prioriza a qualidade de vida de seus empregados e suas famílias; investe em novos talentos e incentiva colaboradores a buscarem sempre mais, a fim de oferecer o melhor à sociedade. O trabalhador, por sua vez, responde com empenho, dedicação, comprometimento com a empresa e com a produção de serviços de qualidade.

Empresas ligadas ao turismo têm em suas mãos o poder de informar seus clientes de maneira mais abrangente, pois o turista que procura pelo turismo na natureza já demonstra predisposição pelo ecologicamente correto. Assim, as empresas devem servir de exemplo aos seus clientes concretizando e propondo ações ecologicamente corretas (vide Boxes 10.1 e 10.2).

Planejar o turismo sustentável não é apenas escolher uma localidade e levar para lá grupos de turistas ávidos pelo contato com as belezas naturais que o destino turístico pode oferecer. Há todo um trabalho que antecede a atividade turística. Primeiro, deve ser realizado um levantamento preliminar da região, em que são registrados ecossistemas, espécies da flora e da fauna, entre outros, presentes na localidade. Em seguida, técnicos e especialistas diagnosticarão a localidade, informando riscos que determinadas espécies da flora e da fauna podem sofrer, capacidade de carga dos atrativos, cuidados necessários, manutenção preventiva e corretiva etc. Muitos profissionais devem ser mobilizados para colher informações, desenvolver e determinar procedimentos para que os impactos negativos na localidade sejam mitigados.

Não se deve esquecer, ainda, dos aspectos socioculturais da região, pois os impactos em culturas tradicionais são tão contundentes e prejudiciais quanto os maiores crimes cometidos contra a natureza; por isso, devem ser igualmente avaliados e diagnosticados.

A responsabilidade de cada um

Atribuir valor físico ao patrimônio ambiental e cultural é o mesmo que atribuir valor monetário à vida. Quanto vale uma vida? Esse mesmo questionamento pode ser levado para o coletivo: quanto vale a vida de um planeta inteiro? Percebe-se que, por maior que seja a quantia, não conseguimos compensar com um valor monetário a perda de algo que não foi comprado e que jamais será substituído. Assim, atribuem-se valores de acordo com a beleza, a qualidade ou, ainda, a raridade do objeto. Segundo Heise e Röhl (1993, p. 15):

> O belo já não é visto apenas como um ideal atemporal, mas também como manifestação no tempo de aspectos desse belo atemporal, aspectos estes que correspondem ao horizonte de expectativas desse tempo.

A educação e a participação rumo às melhorias são quesitos que não existem sem criatividade, elemento-chave de trabalhos e atividades com turismo. Espera-se, do setor turístico, bem como do artístico, algumas inovações possíveis, ou, ao menos, coerência. Alguns atores ligados ao turismo, poucas operadoras e ONGs, sobretudo, têm arriscado algumas atividades e o funcionamento em formato inédito e surpreendente. Assim, ousam na oferta de destinos especialmente planejados para oferecer aos visitantes aventuras e experiências inesquecíveis e, de alguma forma, revolucionárias e transformadoras. Isso pode ser visto em roteiros que privilegiam experiências individuais e/ou coletivas que têm por base o contato com o outro, a troca, a alteridade, a solidariedade e tudo o mais relacionado à sustentabilidade, que possa ser vivenciado de forma intensa durante a atividade e, posteriormente, replicado na rotina de cada um (vide Boxes 10.1 e 10.2).

Há algo na atividade ecoturística que facilita ou potencializa a inovação. Esse "algo" pode ser creditado talvez à própria identidade de quem gosta de estar próximo à natureza e se vê ligado à prosperidade do planeta. Ecoturistas, especialmente, na maioria das vezes são verdadeiros militantes das questões socioambientais. Como muitas das entidades que atuam com a questão foram fundadas por apaixonados pela natureza, os aspectos de responsabilidade foram implementados com maior facilidade em suas organizações. Conforme Souza e Sampaio (2006, p. 9):

> Existem também livres iniciativas empresariais que surpreendem tanto pela forma inovadora de gerir empresas — como práticas participativas, descentralizadoras e humanistas —, quanto pelos bons resultados alcançados para a empresa — como lucratividade e bom posicionamento no mercado —, ou para as pessoas que nelas trabalham — como remuneração acima da média do mercado, valorização do trabalho e facilidades para conclusão de curso superior de interesse do empregado, independentemente do interesse da empresa —, ou, ainda, para a comunidade de entorno — como projetos que resgatam e asseguram os direitos da criança e do adolescente, e garantem a cidadania de seus pais. Essas experiências [...] surgem a partir de fissuras do sistema de mercado — no descontentamento das pessoas quanto à lógica da racionalidade econômica individual (um ganha e outro perde).

Assim, temos algumas empresas e várias ONGs testando e lutando por uma nova realidade, na qual a responsabilidade, mais do que empresarial, seja individual. Dessas iniciativas deriva uma potencialidade enorme, uma vez que as experiências bem sucedidas serão observadas e copiadas sendo capazes de influenciar positivamente outros empreendimentos.

> Essas experiências, por serem inovadoras, recuperam o sentido *stricto* do termo inovação schumpeteriana, que considera o agente econômico como aquele que traz novos processos/produtos para o mercado por meio de combinações mais eficientes dos fatores de produção, ou pela aplicação prática de alguma invenção ou inovação tecnológica. Ou seja, desafiam o *status quo* do paradigma vigente, e por não serem de fácil compreensão são, então, muitas vezes, relegadas e esquecidas. (Schumpeter, 1997, apud Souza e Sampaio, 2006, p. 9-10)

A economia, o ecoturismo e o paradoxo do crescimento

Há alguns anos, quando se falava em ecoturismo, o que vinha à mente eram cenários paradisíacos, florestas inexploradas e visitas a comunidades exóticas, entre outras peculiaridades ligadas ao prefixo "eco". Depois de algum tempo, juntaram-se a essas imagens os esportes radicais, que inicialmente atraíam os jovens do sexo masculino em busca de aventuras e novas emoções.

Com o passar do tempo e o aumento da demanda por esse tipo de atividade, o ecoturismo ganhou destaque como meio de incrementar, primeiramente, a economia local, pois enquanto o volume de negócios ainda era modesto, apenas a localidade envolvida sentia o "aquecimento" na economia, diretamente ligada ao comércio de bens (geralmente artesanais), produtos e serviços (alimentação, pousadas, festas populares e tradicionais etc.).

Hoje, o ecoturismo movimenta milhões de dólares em todo o mundo, o que o coloca na mira do mercado financeiro, principalmente nos países com potencial para desenvolver a atividade. Eis o ponto crucial: esses países são, na maioria, aqueles que não se industrializaram, não se desenvolveram ou, como é o caso do Brasil, viveram um desenvolvimento desordenado, com zonas extremamente industrializadas e desenvolvidas, com acesso a todas as modernidades que a tecnologia propicia, e, em contrapartida, zonas de verdadeiro atraso tecnológico, com falta de infraestrutura, saneamento básico etc.

Essas regiões são justamente o "alvo" dos ecoturistas, principalmente os estrangeiros, pois em seus países a máquina do progresso já remodelou as paisagens conforme a necessidade da sociedade local e paisagens intocadas são vistas somente em fotografias antigas. No Brasil, no entanto, a abundância de biodiversidade proporcionada pela imensidão de seu território é um convite ao inusitado, pois sem deixar o território brasileiro pode-se visitar a floresta de araucárias, o cerrado, a floresta tropical, a restinga de praias paradisíacas[6], entre outros.

É justamente o montante de dinheiro movimentado pelo ecoturismo que o torna atraente para levar o desenvolvimento, junto com a infraestrutura básica, a essas localidades. Porém, como visto anteriormente, esse desenvolvimento deve ser assistido de perto, sob pena de descaracterizar a localidade, comprometer as manifestações culturais, enfim, torná-la menos atrativa aos anseios dos ecoturistas.

---

6 Ver Capítulo 14.

Se especialistas como antropólogos, sociólogos, biólogos, geólogos etc. fossem reunidos, não seriam encontrados profissionais suficientes para acompanhar e controlar as interações culturais que acontecem nas comunidades tradicionais que se encontram em locais onde é praticado o ecoturismo e que tiram seu sustento dessa atividade. No entanto, se os governos unissem forças com ONGs e empresas que já assumiram sua responsabilidade social e ambiental, por meio de convênios, certamente os resultados do desenvolvimento levado a essas localidades teriam maior chance de alcançar a sustentabilidade que tanto se busca.

A manutenção da diversidade de ecossistemas associada à grande extensão territorial do nosso país é um desafio, pois tanto regulamentar e controlar o uso sustentável quanto fiscalizar para coibir atos predatórios é uma tarefa que exige grande esforço. É preciso determinação e dedicação dos órgãos governamentais, bem como "cobranças" por parte da sociedade. Como alega Barretto et al. (2003, p. 17):

> A preservação acaba sendo uma proposta que leva, muitas vezes, à destruição gradativa do patrimônio por falta de condições financeiras para obras de restauro ou da simples manutenção, e a conservação é o que permite evitar a deterioração dos bens, ou seja, é o que permite proteger o bem dos efeitos do tempo. A ideia não é manter o patrimônio para lucrar com ele, mas lucrar com ele para conseguir mantê-lo.

Percebe-se que há uma grande diferença prática e conceitual entre preservar e conservar. Preservar não garante, necessariamente, a conservação do bem. Para preservar, apenas, basta proibir o acesso, porém esta não é uma atitude sustentável, pois no termo sustentabilidade subentende-se o uso, o acesso e o aprendizado a partir daquele bem. Com relação à conservação do patrimônio, evidentemente as atitudes dos visitantes são primordiais, mas não são suficientes para promover a conservação do bem natural; é necessário, ainda, manter a equipe de especialistas analisando, pesquisando, e diagnosticando a localidade periodicamente, pois, por exemplo, as atitudes e recomendações feitas em determinado momento podem não ter mais a mesma eficácia em um momento futuro.

Todo esse trabalho de acompanhamento, diagnóstico, avaliação etc. do bem natural, por demandar mão de obra especializada, tem seu custo, e este custo é alto, pois as localidades preferidas para o ecoturismo possuem, normalmente, grandes extensões, o que exige um número considerável de profissionais.

O governo brasileiro não é totalmente apático a essa situação, mas não consegue cobrir todas as localidades, pois as verbas sempre acabam sendo direcionadas para os serviços prioritários (saúde, educação, segurança). Assim, o ecoturismo acaba tendo que ser o responsável por gerar lucros capazes de subsidiar suas próprias necessidades, entre elas a conservação da localidade.

A geração de renda para as comunidades locais

A geração de emprego e renda advindos do turismo deve necessariamente ser sustentável, pois o que se pretende é justamente consumir o que é produzido de forma artesanal, segundo aquelas técnicas que foram passando de geração em geração. Quanto mais original for o artesanato produzido, melhor será sua aceitação pelo mercado dos turistas que procuram justamente essa "carga" de cultura agregada ao bem.

Outras atividades, no entanto, são estimuladas na comunidade, pois se faz necessário o investimento em infraestrutura para recepção do turista. As famílias sentem-se atraídas a oferecer suas próprias residências para servirem de pouso para o ecoturista, o qual busca esse contato com a população local, e, por conseguinte, com a cultura.

Essas atitudes são decisivas quando se quer manter a população e sua cultura na localidade, pois, uma vez que por meio do turismo desenvolvido na região é possível gerar emprego para os habitantes locais, não há motivo para que eles abandonem sua terra de origem em busca de outros mercados de trabalho.

O turismo é uma dessas atividades que traz autossuficiência às localidades nas quais é desenvolvido, sendo que seus impactos negativos devem ser constantemente revistos para que sejam minimizados ao máximo. Por meio do turismo, as comunidades são capazes de gerar sua própria renda apenas produzindo o que já produziam, só que em uma maior escala e, dessa vez, voltada para o comércio.

O papel do empresariado na gestão responsável dos negócios ecoturísticos

Além de depender de uma gestão responsável dentro da empresa para ter continuidade, o empresariado depende também da aceitabilidade por parte dos consumidores. Não se trata apenas daquelas empresas que trabalham diretamente com o mercado do turismo, mas do empresariado em geral, pois cada vez mais a sociedade cobra das organizações uma postura responsável em relação ao meio ambiente.

O mercado consumidor volta-se não somente para a qualidade do que lhe é oferecido; o consumidor procura algo mais, e esse algo mais é justamente o retorno que a empresa dá à sociedade, ou seja, o consumidor exige do empresariado ações que comprovem o reconhecimento de sua responsabilidade para com o meio ambiente. Não basta mais ser somente uma empresa idônea que produza bens confiáveis; hoje, a empresa deve estar atuante no que diz respeito a sua responsabilidade enquanto parte de uma sociedade.

Uma empresa que vise somente maximizar lucros sem levar em conta os danos que provoca ao ambiente deixa de ser uma empresa confiável aos olhos do consumidor, pois são justamente esses consumidores os formadores de opinião com condições de mobilizar grupos e, a partir daí, cobrar atitudes responsáveis do empresariado. Rocha (2000, p. 131) argumenta, ainda, que:

> No fundo, nada muito diferente do que já se defendeu antes. Assim, a evolução dos problemas e de suas possíveis soluções vai assumindo uma conotação cada vez mais política, pois as condições materiais para tanto o Brasil parece possuir. Mergulhamos, então, numa espécie de círculo vicioso perverso: para que mude a política, é preciso que o povo pressione, para que o povo pressione, é necessário que tenha acesso à educação, e para que ele tenha esse acesso é preciso que mude a política do Estado.

Embora não seja muito interessante, principalmente para os que lucram com a desinformação da população, que todos os membros da sociedade reúnam condições de cobrar posicionamentos e soluções para todos os problemas que se apresentam em uma sociedade, já é possível observar algumas ações de cidadania até então inexistentes. Com informações e orientações trazidas principalmente por ONGs envolvidas com a questão ambiental, já se percebem "nichos" da sociedade engajados a essa causa e, por conseguinte, promovendo ações e cobrando atitudes por parte do governo e da iniciativa privada.

Hoje o governo já se vê estimulado a apresentar projetos voltados para a proteção do patrimônio ambiental, pois o aparecimento de ONGs por todo o território nacional, com suas ideias inovadoras e contagiantes em relação à proteção e conservação do meio ambiente, vem trazendo cada vez mais adeptos às ações e práticas saudáveis para com a natureza, e isso, aliado ao fato de que as preocupações socioambientais vêm crescendo no mundo todo, acaba por trazer o estímulo que faltava ao governo para apoiar e promover a criação de novas políticas públicas que têm como meta a proteção e a conservação ambiental.

O empresariado, por sua vez, percebe que não basta mais adotar a pracinha da cidade, urbanizando-a, para mostrar seu envolvimento com a questão ambiental. A sociedade já tem o conhecimento para diferenciar atos que servem apenas para "ilustrar" uma realidade que não existe daqueles que realmente denotam que o empresariado está assumindo sua parcela de responsabilidade no que concerne à questão ambiental.

As empresas ligadas a atividades ecoturísticas devem estar ainda mais atentas às exigências de seu público, pois é justamente ele que impulsiona o surgimento de ações ambientalistas para o turismo. Esse é o público que exige a continuidade do patrimônio natural para as gerações futuras, pois já aceitou a questão ambiental como meta para a perpetuação da espécie humana no planeta. Empresas turísticas com certificação internacional já conquistaram seus lugares de destaque na preferência do consumidor, indicando que, em um mercado altamente competitivo, o empresariado está realmente em busca de um diferencial que o solidifique.

Assim, cabe às empresas que atuam no ramo do turismo o cuidado de selecionar pessoas que realmente tenham afinidade com as questões ambientais, bem como tenham consciência da importância de suas responsabilidades enquanto agentes que divulgam e multiplicam as boas práticas para com o meio ambiente. A essas pessoas que terão contato direto com o turista cabe fazer funcionar o caráter educativo da atividade; elas são a principal ferramenta de conscientização da importância da adoção dessas práticas para a conservação da natureza.

Sustentabilidade socioambiental do negócio: fornecedores, funcionários, prestadores de serviços e empresários

A empresa que já assumiu sua parcela de responsabilidade em relação à recuperação e à conservação do meio ambiente deve também levar essa responsabilidade a seus *stakeholders*, ou seja, os outros atores que interagem com a empresa: fornecedores, funcionários, prestadores de serviços etc.

É de suma importância que a empresa assuma sua parcela de responsabilidade, no entanto, isso não é o suficiente. Essa empresa deve estar sempre atenta às mudanças e adaptações que o mercado consumidor exige, pois, se não acompanhar essas mudanças, ela corre o risco de perder mercado, uma vez que o consumidor está cada vez mais atento e exigente em relação à qualidade "global" dos produtos que consome. Não basta, ainda, a empresa melhorar seus processos para atingir graus de sustentabilidade cada vez melhores em sua produção se ainda tomar serviços de outras empresas ou até mesmo de trabalhadores autônomos ou avulsos que não têm o mínimo compromisso com a causa da sustentabilidade. Para uma empresa, a sustentabilidade socioambiental não envolve somente os processos que acontecem em suas dependências. Trata-se de um fenômeno muito mais abrangente, que ultrapassa os limites de atuação de sua administração direta.

Cabe à empresa zelar pelas boas condições de trabalho que proporciona a seus empregados e também acompanhar a vida de seus empregados no que diz respeito às suas condições de moradia, acesso à educação e à saúde para seus filhos e dependentes etc. A empresa que não cria programas de desenvolvimento pessoal a seus empregados, bem como aperfeiçoamento profissional, não pode ser vista como uma empresa que assumiu seu papel de responsabilidade ambiental diante da sociedade, pois essas ações estão subentendidas quando se fala em sustentabilidade.

Verificar quem são seus fornecedores deve ser regra da empresa. Ela precisa, necessariamente, certificar-se de que seus fornecedores também estejam comprometidos com a questão da sustentabilidade, bem como os trabalhadores que lhes prestam serviços eventualmente, pois além da coerência e ética isso terá influência direta no caso de a empresa tentar obter certificações.

Diferentemente do que acontecia no passado, o investimento nos funcionários não é mais visto como prejuízo ou aumento de gastos. Um funcionário bem preparado, com perspectivas de crescimento profissional, acaba dando retorno favorável em sua atuação na empresa.

O funcionário mais capacitado, os fornecedores que apresentam produtos desenvolvidos a partir de tecnologias que consideram os princípios da sustentabilidade e os prestadores de serviços que observam o ecologicamente correto em seus processos têm, certamente, maiores chances de se manterem atuantes no mercado de trabalho. A capacitação constante do funcionário deve vir não somente do seu investimento pessoal, mas também de incentivos empresariais, pois a empresa pode contratar serviços especializados para promover treinamentos no próprio estabelecimento. A observação dos princípios de sustentabilidade por parte dos fornecedores pode facilmente ser constatada por meio de certificações, bem como visitas a essas empresas. Os prestadores de serviço devem ser observados e sempre estimulados a executarem suas atividades profissionais, mantendo os padrões de qualidade aliados às exigências do "como ser sustentável".

Os fornecedores que têm o comprometimento com a sustentabilidade não serão, certamente, os que ofertam os menores preços do mercado, no entanto, são aqueles que trabalham de acordo com as diretrizes procuradas pelo mercado consumidor. Assim, é muito mais vantajoso para o resultado final que se trabalhe com esse fornecedor, mesmo tendo um custo ligeiramente maior, pois o retorno será garantido junto àqueles consumidores que já estão preparados para essa nova realidade de recuperação e conservação da natureza .

As empresas procuram cada vez mais a presença do "líder" em seu quadro de funcionários, em substituição ao "gerente", o qual possui subordinados em vez de colaboradores. Mais que uma ação de estímulo aos funcionários da empresa, essa atitude coloca-os como parte importante e indispensável para o bom andamento do negócio, pois hoje se sabe que a principal parte da empresa é o fator humano, pois é ele que trava as relações diretamente com o cliente. É o ser humano que abre as portas da empresa para a entrada do cliente, a razão da empresa existir.

Procuram-se, incansavelmente, inovações que atuem como diferencial nos negócios, pois com a concorrência acirrada, aqueles que não evoluírem, ou não se adequarem, não se manterão operando nesse mercado. As ações de sustentabilidade são o diferencial que tem dado maior e mais rápido retorno às empresas que as inserem em seus processos de produção.

Como responsabilidade é algo que vai do particular para o coletivo e empresarial, vale aqui registrar *Os dez princípios da vida responsável*, elaborados pelo Clube Internacional de Budapeste (COB)[7]:

1) atenda suas necessidades básicas e deixe que os outros tenham o mesmo direito;
2) respeite o direito dos outros de viver e se desenvolver;
3) respeite o direito à vida de todas as coisas que existem na Terra;
4) busque a felicidade conservando a natureza e permitindo que os outros possam fazer o mesmo;
5) exija do seu governo uma atitude de paz e cooperação com os outros povos e países;

---

7 O Clube Internacional de Budapeste (COB) foi fundado em 1993 pelo filósofo e cientista Ervin Laszlo em resposta à urgente necessidade de mudança individual e social generalizada no sentido da sustentabilidade e da paz.

6) exija das empresas o interesse verdadeiro por toda a sociedade e pelo meio ambiente;
7) exija que os meios de comunicação divulguem informações confiáveis, para que você e os outros possam tomar decisões corretas sobre a sua saúde, o seu desenvolvimento e o seu futuro;
8) abra espaço em sua vida para ajudar os que estão em dificuldades a viverem com dignidade. Ajude a preservar ou restaurar os equilíbrios essenciais do meio ambiente;
9) para perceber a união essencial da família que é toda a humanidade. Para aceitar e apreciar as diferenças individuais e culturais. Para perceber que a consciência de que o planeta é nossa casa é vital para a sobrevivência da humanidade no século 21;
10) ajude os outros a se desenvolverem, para que possam tomar decisões corretas sobre as questões importantes que decidirão o futuro da humanidade.

Box 10.1 – FreeWay Brasil Adventures: vanguarda em ecoturismo

A FreeWay Brasil é uma operadora especializada em ecoturismo, pioneira neste segmento, criada em 1983 pelo engenheiro civil Edgar Werblowsky com o objetivo de integrar o homem e a natureza por meio da realização de cursos.

A empresa é referência de turismo com responsabilidade social e ambiental, marca que alcançou por meio de várias causas sociais, como uma campanha contra o turismo sexual infantil, plantio de árvores da Mata Atlântica, entre outros projetos, promovidos ou gerenciados pela empresa.

Opera mais de 60 roteiros de ecoturismo no Brasil e no exterior. Está diretamente envolvida com projetos e parcerias de turismo sustentável. É a única operadora brasileira a participar do Tour Operators Initiative for Sustainable Tourism (TOI), uma câmara do Programa da Organização das Nações Unidas para o Meio Ambiente (PNUMA).

Está dividida em departamentos: operacional, internacional, de vendas, sênior, comercial, financeiro, de promoção e de marketing. Criou os departamentos Aleve e Ecossível. O primeiro dosa espiritualidade e diversão para proporcionar experiências enriquecedoras em busca de atividades diferenciadas que acrescentem significado à vida dos turistas. É especialmente programado para aqueles que buscam valores opostos aos adotados no universo material, prezando, assim, seu bem-estar pessoal por meio de práticas espirituais e terapêuticas capazes de proporcionar reflexões e questionamentos intrínsecos. O Ecossível é responsável por roteiros acessíveis, todos pensados e elaborados por usuários de cadeiras de rodas, uma médica fisiatra e uma funcionária da empresa que é cadeirante.

Por ser conhecida mercadologicamente como pioneira em ecoturismo e praticante de ações cidadãs, a empresa precisa manter essas práticas coerentes com a missão que determinou para o empreendimento. Para alcançar o almejado êxito comercial, a operadora visa manter uma equipe harmônica, coesa, motivada, e desenvolver um sentimento de orgulho nos funcionários, afinal responsabilidade social começa internamente, a fim de que seus funcionários sejam os principais atores e divulgadores de boas práticas. A FreeWay consegue estabelecer uma relação entre a empresa e os clientes focada na oferta de serviços de qualidade, fornecendo aos clientes novos roteiros de ecoturismo, proporcionando emoções ao ter contato com a natureza, promovendo a interação do homem com o meio ambiente, primando identificar, desenvolver e formatar novos roteiros de ecoturismo – ferramenta de conscientização dos clientes sobre a necessidade de desenvolver o turismo sustentavelmente.

A empresa, que hoje possui uma clientela fiel, atribui todo o sucesso aos relacionamentos transparentes e justos com parceiros identificados com a filosofia FreeWay, a fim de surpreender os ecoturistas que procuram os serviços da mesma em todas as etapas que envolvem a viagem: desde o primeiro contato até o retorno. Para manter esse padrão de qualidade em serviços e seguir a filosofia e princípios do ecoturismo, a operadora privilegia a aquisição de serviços e produtos de fornecedores que respeitem o meio ambiente, a cultura e o bem-estar das comunidades locais. A FreeWay tem se dedicado a conduzir as práticas sociais e ambientais de acordo com essa missão.

Sua filosofia é baseada na interação com o meio ambiente de uma maneira responsável, atentando-se para os impactos sociais e ambientais naturalmente causados e ainda a minimização de impactos negativos. A empresa, por meio de uma política coerente, descobre novos roteiros e desenvolve práticas cidadãs que visam proporcionar melhorias nas condições sociais da população afetada e envolvida na produção e consumo destes roteiros, desenvolvendo os destinos de maneira sustentável e estreitamente ligados ao turismo ético, primando pela diversidade e valores culturais das populações envolvidas, fazendo desta uma atividade cidadã.

A fim de que os destinos tenham uma participação cada vez maior nos benefícios gerados pelo ecoturismo e que parte da riqueza gerada no local seja transferida para a melhoria efetiva das condições de vida dos locais, especialmente na questão da educação, a FreeWay pratica o turismo ecológico e participa de diversos projetos que envolvem preservação e comunidades nos mais carentes destinos comercializados.

Fonte: Adaptado de Barros et al. (2008, p. 1-15).

Box 10.2 – Cacauí: eventos com responsabilidade socioambiental

"Cacauí é uma empresa de eventos que busca estabelecer uma relação de simbiose entre fornecedores, consumidores e o meio ambiente, desenvolvendo suas atividades com base nos princípios do equilíbrio ambiental, do comércio ético-solidário e do consumo consciente e saudável.

Os produtos oferecidos pela Cacauí são adquiridos de cooperativas, associações comunitárias, projetos sociais e pequenos produtores rurais orgânicos. O objetivo é fortalecer a organização social, a capacitação profissional e o aumento da renda destes fornecedores, bem como conscientizar os participantes dos eventos sobre os benefícios socioambientais e de saúde deste padrão de produção e consumo, e, indiretamente, garantir a continuidade destes projetos.

Os utensílios dos eventos oferecidos são adquiridos de artesãos de diferentes regiões do Brasil, contribuindo para a divulgação de seus trabalhos e para o escoamento dos seus produtos. Através da utilização dos artesanatos e da parceria com projetos que apóiam culturas tradicionais – caiçara, quilombola, cabocla e indígena, a Cacauí vem divulgando a importância de preservar e dar continuidade às características singulares destas culturas.

A Cacauí busca minimizar a geração de resíduos sólidos utilizando materiais não descartáveis, sendo os resíduos gerados encaminhados para cooperativas de reciclagem.

A Cacauí tem como proposta implementar o modelo de gestão em rede que visa fomentar o comprometimento social e ambiental de todos os envolvidos na sua cadeia de produção – parceiros e fornecedores, funcionários da empresa e clientes.

Esse modelo se desenvolve baseado na transparência das relações com definição clara de papéis, na potencialização e fomento ao desenvolvimento de habilidades individuais e do grupo, no incentivo a uma gestão de recursos humanos horizontal, na multiplicação de conhecimento, na compreensão e prática da cidadania e no desenvolvimento do sentimento de solidariedade.

A Cacauí foi criada com base em vivências na área socioambiental e em estudos acadêmicos sobre a viabilidade da implementação e gestão de empresas socioambientalmente responsáveis. Foram levantados diversos temas partindo do desenvolvimento sustentável, passando pelos princípios que integram este conceito, como a conservação ambiental, as relações comerciais mais justas, o consumo mais consciente, e muitos outros.

A partir daí, a Cacauí surgiu com a intenção de atuar como um canal de desenvolvimento sustentável para os fornecedores da cadeia produtiva da empresa, atendendo a três problemáticas observadas. A primeira é o fato de que havia no mercado de eventos um espaço para a prestação de um serviço diferenciado que fosse ao encontro dos princípios de empresas e outras instituições que têm como missão a responsabilidade social e ambiental, possibilitando a essas empresas a prática do comércio ético solidário e do consumo consciente e saudável no momento da realização de seus eventos. Por outro lado, depois de alguns anos atuando junto a comunidades rurais e de baixa renda, observou-se também a grande dificuldade de acesso destes grupos, muitas vezes já organizados, como projetos sociais, pequenos produtores rurais, cooperativas e associações comunitárias, aos mercados convencionais e à profissionalização.

Ao contratar nossos serviços, as empresas estão apoiando este novo modelo de empreendimento socioambiental. Podemos comprovar, nestes anos, que é possível gerir empresas que contribuem para a melhora da realidade brasileira, criando oportunidades de geração de renda e profissionalização aos menos privilegiados, cuidando dos recursos naturais, valorizando a cultura brasileira e se deliciando com alimentos nacionais, mais artesanais e mais saudáveis.

A fidelidade dos nossos clientes, a crescente procura pelos nossos serviços, as melhorias obtidas em infraestrutura e o crescimento da autoestima dos nossos parceiros são alguns dos fatores que comprovam este sucesso.

Entre os princípios da ação da Cacauí destacam-se:

- relação de comércio ético-solidário;
- utilização de produtos orgânicos e biodinâmicos;
- minimização de resíduos;
- estímulo ao consumo consciente."

Fonte: http://www.cacaui.com.br.

Questões para reflexão

1) Que ação você sugeriria para uma empresa que queira aderir à causa do "ecologicamente correto"?
2) Que vantagens as empresas recebem por serem ecologicamente responsáveis?
3) Que fatores devem ser considerados antes de se propor a ser uma empresa do ramo do ecoturismo?
4) De que formas a prática empresarial do segmento do ecoturismo pode contribuir para a conservação dos recursos naturais do planeta?

Referências

BARRETTO, M.; BURGOS, R.; FRENKEL, D. **Turismo, políticas públicas e relações internacionais.** Campinas: Papirus, 2003 (Coleção Turismo).

BARROS, A.E.A., SILVA, L.L.; SILVA, P.L.A . Freeway Brasil Adventures: um estudo de caso sobre responsabilidade social e ambiental em Turismo. In: **Anais do II Seminário Internacional de Turismo Sustentável 2008**. Fortaleza, junho de 2008, p. 1-15.

BRUNO, L. ; FONSECA, M. C. L. O papel de uma Educação Omnilateral na Relação Trabalho/Educação. **Revista da Faculdade de Educação (USP)**. São Paulo, Vol. 21, nº 2. Jul/Dez, 1995.

HEISE, E.; RÖHL, R. O romantismo alemão como marco da modernidade. In: MUTRAN, M.H.; CHIAMPI, I. (Orgs.). **A questão da modernidade.** Cad. 1. Departamento de Letras Modernas da FFLCH/USP, São Paulo,1993.

LAZLO, E. **Como viver a macrotransição.** São Paulo: Axis Mundi/Antakarana/WHH, 2002.

LOTZ, É.G.; RAMOS, S.E.V. **A responsabilidade social corporativa como estratégia de diferenciação para o setor turístico brasileiro.** Observatório de Turismo do Paraná, Paraná, 2000.

ROCHA, J. **Brasil em três tempos: 1500 a 2000: a história é essa?** São Paulo: FTD, 2000.

SOUZA, V.S.F.; SAMPAIO, C.A.C. Em busca de uma racionalidade convergente ao ecodesenvolvimento: um estudo exploratório de projetos de turismo sustentável e de responsabilidade social empresarial. **Revista de Administração Pública,** Rio de Janeiro, v.40, n.3, 2006.

SUPINO, F.. A Responsabilidade Social em Parques de Diversões: A Potencialidade do Lazer. **Caderno Virtual de Turismo,** Rio de Janeiro, 30 set. 2004. Disponível em: <http://www.ivt.coppe.ufrj.br/caderno/ojs/include/getdoc.php?id=146&article=47&mode=pdf> Acesso em: 26 de fevereiro de 2009.

11 Turismo em território indígena

Tiago Juliano
Andréa Rabinovici

Ninguém respeita aquilo que não conhece. Precisamos mostrar quem somos, a força, a beleza, a riqueza da nossa cultura. Só assim vão entender e admirar o que temos.

(Wabuá Xavante)[1]

Introdução

O turismo, enquanto prática social e atividade comercial, pode assumir uma versão étnica quando vivenciado, sobretudo, por meio de atividades de ecoturismo em comunidades tradicio-

1 Pensamento retirado de http://www.ideti.org.br/projetos.

nais. Parece, também, atender a uma demanda contemporânea de satisfação de expectativas de consumidores pós-modernos em relação ao contato e à vivência com grupos étnicos, tais como indígenas, quilombolas, entre outros, detentores de traços culturais peculiares e, muitas vezes, considerados exóticos. Nesse sentido, o turismo desenvolvido em terras indígenas é, segundo Leal (2007), motivado por interesses direcionados à cultura dessas comunidades, buscando conhecer seus costumes, tradições e crenças.

Além disso, a vulnerabilidade social, econômica e política na qual se encontra a maioria das comunidades indígenas brasileiras somada à necessidade de sustentabilidade e participação nas esferas globais faz com que essa modalidade turística, se bem planejada e implementada, seja uma das alternativas menos impactantes de sobrevivência comunitária. Faria (2005, p. 73) denomina como ecoturismo indígena

> aquele praticado dentro de terras indígenas através do planejamento/gestão participativa e comunitária respeitando os valores sociais, culturais e ambientais dos diferentes povos envolvidos onde a comunidade é a principal beneficiada.

O ecoturismo indígena apresenta como missão fundamental aprimorar o nível de "atividades e bem-estar das populações locais, preservar a identidade cultural e os ecossistemas, fortalecendo as capacidades municipais para promover o turismo sustentável e competitivo" (Luíndia, 2008, p. 26) e vem se apresentando interessante para comunidades indígenas, dentre diferentes fatores, pela importante presença desses grupos em zonas rurais, pelo cuidado ambiental e interação dos turistas com as formas de vida comunitária (Luíndia, 2008).

Assim, ao se considerar essa modalidade de turismo, vislumbra-se um leque de transfigurações dentro da própria comunidade, uma vez que o indígena não assume apenas a função de atender necessidades do turista, mas é ele, em si, a própria atração exibida (Grünewald, 1989). O turismo indígena, quando tomado como alternativa econômica, pode ser considerado um produto turístico a ser consumido por segmentos especializados do mercado globalizado (Müller, 2004).

Além de territórios indígenas, terras de outras comunidades consideradas tradicionais sofrem as transformações decorrentes da reorganização para a recepção e o contato com visitantes, sendo interessante, portanto, sublinhar algumas considerações conceituais a respeito das comunidades tradicionais.

De acordo com Diegues (1994), as comunidades tradicionais, muitas vezes referidas como comunidades locais, possuem como principais aspectos determinantes a dependência dos recursos naturais renováveis presentes em seu ambiente e seus ciclos de vida; detêm conhecimentos profundos desses recursos, fato que se reflete em estratégias de uso e manejo transferidas oralmente de geração em geração; tomam o território enquanto *locus* de reprodução social e econômica; delegam maior importância às atividades de subsistência; possuem uma reduzida acumulação de capital; consideram fundamentais os aspectos simbólicos e a unidade familiar; apresentam relações de compadrio e parentesco; e utilizam-se de técnicas simples de baixo impacto ambiental. Esse mesmo autor ainda nos lembra que um dos fatores mais preponderantes para se definir uma população tradicional é o "reconhecer-se como pertencente àquele grupo social particular" (Diegues, 1994, p. 88), remetendo à questão da identidade.

O conceito de identidade, por sua vez, está atrelado ao sentimento de pertencimento a uma comunidade, cujos membros partilham referências comuns, como uma história ou uma tradição. Assim, a manutenção do legado cultural, seja material, seja imaterial, constitui parte de um processo amplo, correspondente à recuperação da memória de uma comunidade (Barretto, 2000). Essa relação é profunda, pois "o imaginário histórico cultural se alimenta dessas [memórias, identidade, referências culturais] para se auto-sustentar e se reconhecer como expressão particular de um determinado povo" (Batista, 2005, p. 29).

Segundo Luíndia (2008), a busca por novas estratégias de administração de projetos comunitários, que os articulem com aspectos do mundo moderno, é um desafio para o turismo, o qual encontra espaço privilegiado na interpretação de processos relacionados com desenvolvimento e identidade. A afirmação da identidade étnica de uma comunidade é a base de sua organização, de sua relação com outros grupos e de seu agir político, sendo que a maneira pela qual os grupos definem sua própria identidade depende de uma série de fatores determinados endogenamente e relacionados a uma ancestralidade comum, às estruturas políticas e sociais e a elementos linguísticos e religiosos (Silva e Carvalho, 2008).

Essa etnicidade, quando explorada pelo turismo, busca no passado um conjunto de símbolos que serão atualizados no presente. A partir dessa perspectiva, ela atua enquanto ideologia, cimentando práticas e pensamentos do grupo social, dando margem ao conceito de "lealdade ao grupo" e "identidade local" (Santos, 2007, p. 13).

Como exemplo, Monteiro (1984) cita que, em um curto espaço de tempo, a identidade dos indígenas situados no estado de São Paulo, definida por uma autoimagem, bem como pela perspectiva dos dominadores, evoluiu de acordo com o norte tomado pelas relações interétnicas. Em outras palavras, de membro de uma comunidade independente o índio passou historicamente à condição de integrante de uma camada inferior em um sistema escravista, para mais tarde se transformar em um elemento isolado e pobre (material, cultural e espiritualmente) e dependente de um Estado muitas vezes distante e indiferente. Nessa mesma linha de raciocínio, Rangel (1984) afirma que, mesmo culturalmente transfiguradas, as comunidades indígenas acabam por assumir uma etnicidade estereotipada, visando garantir as parcelas de terra que lhes são reservadas e, no caso do turismo, uma visibilidade que atraia os visitantes, despertando-lhes a curiosidade.

É nesse âmbito que muitas das propostas de turismo em territórios indígenas são criticadas, dado que o turismo passa a ser tomado enquanto fator intensificador de um processo de exotismo, que apenas contribui para consolidar uma nova e questionável identidade assumida por essas comunidades, porém, em um processo de estereotipização e espetacularização mais amplo e cujos determinantes não são apenas de caráter turístico. Pereira e Ornelas (2005) sugerem que o turismo talvez seja a dimensão cultural moderna que mais expressa o caráter utilitário dos estereótipos, posto que o destino das viagens não é apenas motivado pelos atrativos naturais ou históricos do local, mas também pelo "encontro com pessoas diferentes, com práticas poucos usuais, costumes exóticos e hábitos distintos daqueles do viajante" (Pereira e Ornelas, 2005, p. 10). Pode-se considerar, ainda, que esses estereótipos exercem um papel formador de motivações e desejos, permitindo a construção da identidade do local turístico e, consequentemente, de seu povo.

Defende-se, a partir de certa perspectiva, que essa busca pelo exótico é destrutiva, devido à transfiguração desenhada pelas influências de turistas sobre os nativos, de forma que a própria presença do visitante acaba resultando em uma nova situação do elemento local, menos exótico e tradicional, com comportamentos, muitas vezes, diferentes dos usuais apenas para corroborar a percepção de atrativo para o turista (Grünewald, 1989).

Cabe ressaltar, todavia, que a atividade turística pode caminhar no sentido oposto. Com efeito, quando reforçada a natureza de prática social do turismo, pensando além das limitações impostas pela consideração restrita das dimensões comerciais da atividade, ele tem potencial para se configurar como uma nova forma de intensificar as relações sociais de uma comunidade, bem como promover a valorização e a manutenção de determinados aspectos culturais tradicionais. Segundo Barretto (2000), apesar de em alguns lugares serem realizadas reconstituições equivocadas do passado, nada impediria que estudos contribuíssem para se atingir com maior criticidade e autenticidade o costume, a tradição ou outro fator cultural que será oferecido pela comunidade aos turistas, à mídia e a outros agentes, configurando o que na antropologia é denominado de ressurgência étnica (*ethnic revival*). A relação entre turismo e cultura pode, dessa forma, ser reconhecida por meio da troca de vivências e da interpretação da herança patrimonial da comunidade pelo visitante (Silva e Carvalho, 2008).

Ressalta-se que tais transformações não podem ser atribuídas somente ao turismo, visto que as comunidades indígenas recebem influências diversas, dentre elas a da própria mídia, o contato cada vez maior com o meio urbano, com diferentes projetos sociais, econômicos e políticos que as assistem, além, é claro, do processo histórico em si, ao qual todos estão sujeitos.

A expressão índio turístico, na maior parte das vezes entendida a partir de uma conotação pejorativa, pode, assim, assumir outro tratamento. Grünewald (1989) afirma que, ao contrário daqueles que desejam ver os indígenas isolados na mata e produzindo artefatos considerados autênticos e de uso tradicional, essa noção de índio turístico pode ser encarada enquanto sua inserção, em certo sentido dinâmica e positiva, em novas relações culturais e econômicas, assumindo um papel de agente integrante ou até mesmo fundador.

Essa dimensão de encenação na esfera turística cria as condições materiais para responder à demanda por autenticidade, atendendo os interesses do imaginário humano moderno. O turismo é, portanto, uma linguagem por meio da qual se articula um conjunto de valores da modernidade, possibilitando o encontro com o outro (Araújo, 2001). Dessa forma, as atividades de turismo desenvolvidas em terras indígenas teriam, no modo de vida dessas comunidades, o bem econômico e o símbolo da troca com o mercado globalizado e a sociedade multicultural (Müller, 2004).

O que é vivenciado, ou ao menos visto, pelo turista em um território indígena pertence ao arcabouço de sua cultura imaterial, cuja proteção é extremamente complexa, haja vista que as mudanças das antropossociedades são acompanhadas por uma nova configuração de sua cultura, sendo relevante lembrar que "mudanças mais rápidas podem ocorrer quando se lhes colocam desafios internos ou externos a serem respondidos" (Sofiati, 2002, p. 19), tal como ocorre na relação comunidade indígena-turismo.

Segundo Leal (2007), apesar de, a princípio, as impressões concernentes ao turismo se vincularem a um processo de aculturação, a partir dos anos de 1970, o turismo passou a ser encarado como uma possibilidade de reforçar a etnicidade local e promover uma revitalização cultural. Essa estudiosa também aponta que

> a etnicidade que vem sendo reconstruída pelos povos indígenas passa a ser o lugar em que emergem identidades capazes de possibilitar a participação e a convivência com o turismo, sendo o resultado das relações dos povos indígenas no contexto das transações comerciais globais. E, por isso, não podem ser vistas como inautênticas, já que resultam de ações criativas dos próprios grupos. (Leal, 2007, p. 24)

Portanto, nesse ponto de vista se considera que o turismo pode ser estudado a partir de uma abordagem na qual ele é uma das formas de relacionamento de comunidades tradicionais, entre elas as que vivem em territórios indígenas, com uma sociedade globalizada e multicultural. Devemos considerar, ainda, que na modernidade encontramos a identidade mais flexível, ou seja, passível de mudanças e renovações e dependente da relação com os outros, de maneira que deve ser percebida enquanto construção social mutável, ao passo que no período pós-moderno observa-se um contexto de fragmentação identitária, com um sujeito pós-moderno detentor de múltiplas identidades coexistentes (Barretto, 2000), caracterizando o contexto no qual se desenha uma relação dialética entre turismo e unidades culturais fundamentais, como identidade e autenticidade.

Etnodesenvolvimento, etnoconservação e turismo em território indígena

A teoria do "bom selvagem", baseada na figura simbólica do indígena, em voga no século XIX, que contou mais tarde com o reforço de ecologistas, os quais defendiam que essas comunidades deveriam ser as guardiãs dos recursos naturais, até então preservados em seus territórios, enfraqueceu-se ao longo dos anos pelas grandes transformações ambientais, sociais, culturais e econômicas sofridas pelas comunidades e por projetos de silvicultura, empreendimentos madeireiro-minerais, bem como por outros atores sociais. Os nativos passaram, então, a lutar por reconhecimento e demarcação de suas terras e, em outra etapa, pela busca de alternativas econômicas de desenvolvimento (Luíndia, 2008). Este seria o cenário no qual o turismo se insere enquanto estratégia. A isso, somam-se alguns escândalos ocorridos em terras indígenas, que denunciam ações ilícitas dos próprios índios na utilização dos recursos naturais e, por outro lado, a visibilidade internacional de algumas lideranças indígenas consideradas ambientalistas. Ambos os fatos revelaram à sociedade em geral novos pontos de vista sobre os indígenas, não mais romantizados, mas observados em suas contradições sob um olhar ainda bastante ignorante, preconceituoso e curioso.

Em termos históricos, Müller (2004) aponta que a maior parte dos projetos desenvolvidos e direcionados a comunidades indígenas resumiu-se a iniciativas com caráter de demarcação territorial e de assistência sanitária, e que as propostas de ecoturismo e turismo cultural, também enquanto alternativas econômicas para essas sociedades, estão inseridas em um cenário bastante recente e ainda pouco definido. Essas propostas devem levar em conta, no entanto, que as comunidades indígenas passaram por um processo de inserção compulsória à sociedade dominante, caracterizado como um processo marcado por violência exacerbada, o qual correspondeu ao estreitamento de seus territórios, à sua redução demográfica e à introdução forçada de novas atividades econômicas (Borelli e Luz, 1984).

Dessa perspectiva, o turismo em terras indígenas é considerado por muitos uma das estratégias mais viáveis para essas sociedades, tendo em vista que pode gerar ingressos, postos de trabalho, evitar o êxodo de jovens da comunidade, impulsionar o artesanato local e revitalizar valores simbólicos (Luíndia, 2008). Ainda, Rousset (2008) considera que o turismo pode contribuir potencialmente para a visibilidade e o protagonismo das comunidades em conjunturas sociais e políticas delicadas e com baixa capacidade de negociação em seu local de vivência, sendo que a opção pela abertura ao turismo pode colocá-las em contato com organizações no âmbito global, fortalecer-se na sociedade civil internacional e obter maior "preponderância dos meios de comunicação na formação da opinião pública internacional" (Rousset, 2008, p. 19).

Essas propostas se alicerçam como ferramentas dos conceitos de etnodesenvolvimento e etnoconservação. Silva e Carvalho (2008) lembram que apesar de a noção de etnodesenvolvimento abranger o conceito de desenvolvimento sustentável de comunidades tradicionais, ela é mais complexa, porque se assume enquanto elemento revitalizador do patrimônio cultural e identidade étnica, envolvendo questões mais amplas:

> O etnodesenvolvimento pressupõe e exercita a capacidade social dos atores tradicionais, por meio de projetos definidos de acordo com seus valores e anseios, alicerçados nos recursos reais e potenciais disponíveis no seu território, na utilização de seus significados e experiências históricas e coletivas, [para] guiar de forma autônoma seu desenvolvimento. (Silva e Carvalho, 2008, p. 5)

Batalla (apud Faria, 2005), por sua vez, utiliza-se do termo etnodesenvolvimento para indicar a capacidade de uma comunidade tradicional gerir seu próprio desenvolvimento, ao passo que Stavengahem (apud Faria, 2005) defende que o conceito de etnodesenvolvimento deve ser empregado para indicar o desenvolvimento que garante a manutenção do diferencial étnico da comunidade, não se relacionando com indicadores de crescimento, mas com o controle do grupo em relação a seus recursos, terras, organização e cultura.

O conceito de etnoconservação, por sua vez, deriva, segundo Diegues (2000), da necessidade por parte dos povos do Sul em construir um novo conservacionismo, ou prática conservacionista, aliada às suas necessidades culturais e ambientais. Ainda segundo o autor:

> Esses movimentos enfatizam, como faz o novo naturalismo, a necessidade de se construir uma nova aliança ente o homem e a natureza, baseada, entre outros pontos, na importância das comunidades tradicionais indígenas e não indígenas na conservação das matas e outros ecossistemas presentes nos territórios em que habitam. A valorização do conhecimento e das práticas de manejo dessas populações deveria constituir uma das pilastras de um novo conservacionismo nos países do Sul. (Diegues, 2000, p. 41)

Pensar o turismo em território indígena preconiza, enquanto condição *sine qua non*, uma avaliação detalhada das especificidades culturais de cada comunidade, a fim de não ocorrerem riscos de estereotipização do atrativo. Deve-se considerar também o caráter de autogestão do projeto, no sentido de a comunidade ser suficientemente empoderada para definir o norte das decisões. Há também que se pensar na promoção da atividade em uma escala pequena, não massificada, além de se atentar à difusão de uma cultura que consiga fazer os diferentes atores considerarem o turismo enquanto complementação econômica e não como fonte principal de recursos para o grupo social, no sentido de não gerar dependência das comunidades em relação à atividade, sempre sujeita a sazonalidades e crises econômicas, entre outros fatores.

Portanto, essas considerações se aproximam do conceito de turismo desenvolvido em base comunitária, ou seja, aquele turismo cujo grupo é proprietário dos empreendimentos e principal beneficiário dos retornos, atrelado ao despertar de uma consciência ambiental e valorização cultural, à transparência do uso dos recursos e a uma distribuição justa, desempenhando, assim, um papel relevante no etnodesenvolvimento da comunidade (Silva e Carvalho, 2008).

Faria (2005) lembra, ainda, de outros princípios ou questões fundamentais para o desenvolvimento do turismo em território indígena, tais como o prevalecimento da tradição cultural indígena sobre o turismo, a consideração do grau de contato da comunidade indígena com outras sociedades, participação em todo o processo sob suas terras e a potencialidade na geração de ingressos.

Mendonça (2004) alerta para o fato de que a gestão não participativa do turismo indígena confronta ou ignora premissas definidas em diferentes fóruns de discussão. O Fórum Social Mundial de 2005, por exemplo, estabeleceu que um dos temas cruciais "é apoiar e institucionalizar o exercício das empresas de turismo comunitário sob o apoio dos direitos coletivos dos povos indígenas, consagrados na Convenção n. 169, da Organização Internacional do Trabalho" (Aremandáriz e Serrano, 2005, p. 59), denotando a essencialidade da participação comunitária no curso das decisões.

Visando manter ou aprimorar os benefícios comunitários por meio do turismo, torna-se interessante o estabelecimento de parceria e outras formas de articulação institucional (Silva e Carvalho, 2008). No mais, Luíndia (2008) ressalta que experiências baseadas em doações acabam por não promover a melhoria das condições de vida do grupo indígena nem mesmo a maior coesão entre os membros da comunidade.

De forma geral, as experiências de turismo em comunidades indígenas que têm gozado de melhores oportunidades econômicas pertencem a empreendimentos localizados em destinos turísticos consolidados, ou próximos a eles, com fácil acesso e melhores condições de logística e transporte. Além desses aspectos estruturais, os maiores benefícios sociais são diagnosticados em comunidades com maior coesão social e organização comunitária e quando os atrativos turísticos estão envolvidos com os modos (re)produtivos da comunidade. Por outro lado, verifica-se a ausência de programas de educação ambiental nas experiências oferecidas, incapacidade por parte das comunidades em identificar os impactos ambientais, bem como a necessidade de complementaridade entre turismo e outras fontes de economia de subsistência (Luíndia, 2008).

Logo, uma das primeiras providências é permitir que a comunidade trace o cenário futuro que anseia por meio do turismo, depois, possibilitá-la compreender o que é o ecoturismo e quais são os impactos dele advindos (Faria, 2005). Evita-se, dessa maneira, criar falsas expectativas e decepções e permite-se que o grupo social decida o que dispor ao turista (Rousset, 2008).

Entre o escopo das experiências de turismo em território indígena, Luíndia (2008) identifica caminhadas pelos diferentes ambientes de vivência e reprodução cultural da comunidade indígena, observação de aves, banhos em rios, pesca, passeios em canoa, atividades em jardins de plantas medicinais, natação e jogos de arco e flecha, complementadas por atividades culturais como cerimônias de rituais xamânicos e rituais festivos que permitam a presença de estrangeiros, oficinas de artesanato, contos, visitas a cultivos de subsistência e museus indígenas, degustação de comidas típicas e aprendizagem de palavras da língua. Faria (2005), por sua vez, defende que a prática de atividades turísticas pelos indígenas fora de suas terras não desqualifica esse tipo de turismo, uma vez que "a cultura e a identidade permanecem com eles, podendo ser realizado nos núcleos populacionais de modo que não afete negativamente a cultura dos povos" (Faria, 2005, p. 73).

É nesse contexto que diferentes autores identificam símbolos culturais de comunidades tradicionais indígenas incorporados pela atividade turística, bem como exemplos de empreendimentos e projetos nesse âmbito. A efeito de ilustração, podem ser citados os rituais xamânicos dos Asuriní, povo da Amazônia estudado por Müller (2004), que registrou a manutenção de valores étnicos e culturais, traduzidos em sua maneira de entender o mundo, por meio, sobretudo, de rituais; e Leal (2007), que ressalta o hotel ecológico Tataquara, localizado em uma ilha do rio Xingu, a oeste do estado do Pará, próximo ao município de Altamira, inaugurado pela Cooperativa Mista de Produtores e Extrativistas (Compealta), formada por índios de nove etnias diferentes e que contou com financiamento de organizações não governamentais (ONGs) e instituições internacionais em parceria com a Fundação Nacional do Índio (Funai).

A produção artesanal e as manifestações imateriais constituem um dos aspectos mais característicos dessa relação entre turismo e cultura indígena, sendo sua autenticidade objeto de intensa discussão. Grünewald (1989), por exemplo, ao estudar a comunidade Pataxó, nota que há uma percepção prévia de um aspecto aculturativo desse povo por parte dos próprios turistas, e corroborada por meio das informações prestadas por diferentes agentes turísticos, como guias e donos de pousadas, a qual justifica e sustenta uma contrapartida por parte dos indígenas. Esses decidiram, de fato, definir sua cultura enquanto atrativo turístico e, para tanto, elaboram um trabalho de resgate cultural de grande efeito no mercado turístico. Todavia, Müller (2004) destaca os projetos que visaram trabalhar com o artesanato entre os Asuriní e foram fadados ao fracasso, em sua maior parte devido à, sobretudo, inadequação à vida social e à cultura dos produtores.

Faria (2005), por sua vez, ao pesquisar o turismo indígena na região Norte do país, identificou alguns municípios pertencentes ao Polo de Ecoturismo do Amazonas com potencial para o turismo indígena. A estudiosa cita o município de São Gabriel da Cachoeira, que conta com 23 nações e 22 línguas diferentes de três famílias (Tukano, Aruak e Maku), as quais apresentam uma riqueza cultural indígena expressiva, como as manifestações de Jurupari, Kapiwaiá e Dabucari. No entanto, essa riqueza é subvalorizada pelas agências de turismo da região e, em parte, pelo poder público, que concentra a promoção no atrativo Pico da Neblina, deixando desconhecido o potencial das tradições indígenas para o turismo. Faria (2005) menciona também um hotel de selva em Barcelos, onde se encontram Yanomami, Tukanos, Dessanas, Baniwas, Barés, Piratapuias e Waimiri-Atroaris, o qual promove a segregação da população, uma vez que o turista recém-chegado ao aeroporto é conduzido diretamente ao porto e, a partir dele, ao hotel, sem conhecer a cidade ou as comunidades. Experiência diferente ocorre em Silves, onde vivem índios Barururus, Caboquenas e Guavenas e se localiza a Pousada Ecológica Aldeia dos Lagos, estruturada como modelo de turismo comunitário e cuja renda é revertida para a manutenção do sistema de lagos de pesca da região e melhoria de vida dos ribeirinhos (Faria, 2005). De maneira geral, Faria (2005) considera que o turismo verificado no estado do Amazonas é um modelo voltado para o turista estrangeiro, no qual quase toda a infraestrutura pertence a oligarquias políticas da região e corporações estrangeiras, as quais visam lucratividade imediata e tomam as comunidades tradicionais enquanto mão de obra barata e as excluem das deliberações.

Percepções e estereótipos do "índio exótico" e do "turista negociador"

Como já exposto, o turismo em território indígena encontra, substancialmente, seu fator motivacional em uma busca contemporânea pelo "outro", o indígena, a princípio idealizado enquanto "bom selvagem", com seu padrão de vida tradicional congelado no tempo, em um ambiente rústico e exótico na visão daqueles que o procuram. Assim, é naturalmente compreendida a expectativa do turista em encontrar os membros do grupo nas condições em que seu imaginário moderno desenhou e que influencia sua percepção em relação àqueles que encontrará na comunidade.

As representações sociais, apesar de produto da coletividade, que as transforma em cultura imaterial, são singulares e intransferíveis para o indivíduo (Sofiati, 2002). Isso indica que cada pessoa em contato com a comunidade a interpretará de determinada forma, e seu nível de interação com as pessoas e os símbolos indígenas durante vivências do turismo depende de uma série de fatores, entre eles a abertura para uma nova cultura. É nesse sentido que Pires (2004) lembra que, ao chegar a um destino, o turista não abandona seu padrão cultural para receber a referência cultural local, levando consigo "todos os hábitos e comportamentos de consumo para a região de destino, independente [sic] de qual seja a destinação escolhida" (Pires, 2004, p. 16).

Dessa forma, a maneira de sentir e interpretar os símbolos do grupo indígena é assentada na formação inconsciente de estereótipos. Trata-se, segundo Silva e Carvalho (2008), de uma questão na qual tanto o turista alenta uma percepção estereotipada do atrativo, ou seja, das culturas tradicionais, quanto estas alentam uma percepção estereotipada dos turistas. Em outras palavras, os visitantes preestabelecem como se comportar diante da cultura nativa, bem como os indígenas desenvolvem um conjunto de percepções de como interagir e até mesmo negociar com o turista (Silva e Carvalho, 2008).

Um grande problema se instaura quando o grupo passa a criar ou alterar símbolos culturais para reforçar o inconsciente do turista de que o nativo é um atrativo. Desenha-se, então, um conflito que acarreta a perda da base de referência do visitado com sua cultura, devido à absorção do padrão de comportamento do turista, ao mesmo tempo em que há uma frustração por parte deste, genuinamente motivado pela busca de uma experiência em um universo cultural diferente do seu habitual (Pires, 2004).

Portanto, desenha-se uma relação ambígua: a percepção do indígena enquanto nativo em condição peculiar e exótica na contemporaneidade e do turista enquanto observador passivo e negociador. Cabe ao turismo desenvolvido em comunidades indígenas potencializar uma gama de possibilidades de formas diferentes para a interação entre esses grupos, a fim de promover uma experiência mais rica em termos de aprendizado e percepções novas para o turista e de permitir que o visitante possa ser recebido com base em novas relações de troca, não limitadas aos aspectos comerciais de sua visita.

Impactos potenciais e desafios do turismo para as comunidades indígenas

O potencial do segmento de turismo étnico no Brasil é bastante significativo, tendo em vista a quantidade e a diversidade de culturas, especialmente dos povos indígenas existentes. Todavia, raras são as experiências emblemáticas e, entre elas, poucas iniciativas podem ser consideradas de sucesso (Boxes 11.1, 11.2 e 11.3). No entanto, elas estão espalhadas por vários estados do país, com especial concentração na região amazônica.

A introdução de uma nova atividade, cuja natureza gera necessariamente intercâmbio cultural e possibilidades de ganho por parte de diferentes atores, bem como traz em seu cerne uma confluência de interesses, é acompanhada por uma série de fatores que podem ser convertidos em ameaças ao projeto e, em uma perspectiva mais negativa, à própria estrutura, organização e cultura das comunidades indígenas. Nesse sentido, um dos primeiros fatores observados é que a terra, na organização da sociedade tribal, é responsável pelo fornecimento das condições básicas de existência, não sendo apropriada por nenhum instrumento jurídico. O turismo vivenciado em terras indígenas, portanto, parece, a princípio, alterar esse valor de uso da comunidade, uma vez que o pertencimento à comunidade é a condição preliminar para possuir o acesso aos recursos do grupo (Rangel, 1984) e a atividade introduz membros estrangeiros para usufruir parte desses recursos.

Em consequência, é de suma relevância: planejamento, monitoramento e avaliação dos efeitos do turismo indígena. Rousset (2008) propõe que a decisão em promover ou não o turismo no grupo demanda uma fase de análise de custo-benefício minuciosa, com o intuito de otimizar a antecipação e a correção dos riscos.

Sobre os impactos potenciais do turismo em terras indígenas, lembra-se que os benefícios e retornos econômicos podem não alcançar as economias locais, principalmente quando geridos por grupos externos e sem vínculo com a comunidade; existe a oscilação promovida pela sazonalidade turística, comum para outras modalidades de turismo; a ocupação por parte dos membros da comunidade dos piores postos de trabalho e salários baixos; maiores impactos ambientais em ecossistemas mais frágeis, onde o grupo pode manejar parte de seus recursos; e novas demandas de infraestrutura para atender necessidades dos visitantes, tais como estradas e importação de gêneros (Luíndia, 2008).

Há, no entanto, risco de ocorrência de impactos cuja natureza sociocultural é mais sutil de ser mensurada ou mesmo observada que os econômicos, ressaltando, desde o início, que a influência do visitante sobre o visitado é maior que aquele na direção oposta (Pires, 2004). Os próprios benefícios econômicos podem alterar o comportamento da comunidade, promovendo, por exemplo, migração e proibição ou abandono de atividades tradicionais (Brandon, 1996, apud Luíndia, 2008).

Essa categoria de impactos pode apontar para uma espécie de neocolonialismo, com mudanças mais profundas no grupo social para acompanhar e atender o ritmo e o comportamento dos turistas, tais como abandono paulatino de atividades produtivas tradicionais como cultivos, ou, ainda, divisão política e econômica entre os moradores locais, potencializando conflitos comunitários até então não estabelecidos (Luíndia, 2008). Batista (2005) também alerta para a possibilidade de modificação da cultura, apontando os riscos de descaracterização de uma manifestação originalmente espontânea, não atuando como vetor de revalorização cultural do cotidiano da comunidade, mas, ao contrário, inventando manifestações culturais para se mostrar ao turista.

Essa relação é alimentada pelo valor de troca das coisas, sendo que o indígena passa a se ver em um universo de apelos consumistas e outras necessidades e hábitos estranhos à realidade local e que são incorporados à cultura do nativo, em uma nova lógica que se reflete na visão de mundo do membro da comunidade, atribuindo novos usos e valores ao fazer cultural indígena, transformado-o, assim, apenas em "produto cultural" (Pires, 2004). É isso que acontece com grande número de projetos com etiquetas ecoturísticas, sem que o sejam na realidade, devido à ausência e à confusão na "convergência na determinação do que é o ecoturismo" (Luíndia, 2008, p. 23).

Há caminhos alternativos para esses riscos, em grande medida concernentes à questão da participação comunitária:

> Os impactos em grande parte dos problemas podem ser reduzidos se a comunidade tiver coesão social e capacitação, estiver envolvida desde a implantação

até a operação e principalmente se as atividades de turismo forem desenvolvidas em conjunto com os modos produtivos e reprodutivos das comunidades receptivas. (Luíndia, 2008, p. 25)

Assim, ao mesmo tempo que reconhecemos uma série de impactos potenciais decorrentes do turismo em um território indígena, podemos traçar um rol de desafios para esses projetos e, principalmente, para os membros das comunidades. Nesse sentido, os grupos indígenas passam a assumir um papel determinante na adoção de um padrão de desenvolvimento aliado às suas necessidades e à manutenção de seu meio, reforçando sua ligação com seu território e com suas paisagens culturais, de forma que esse desenvolvimento com base na preservação cultural e ambiental se transforma em desafio contínuo para os mesmos (Silva e Carvalho, 2008). A comunidade passa, então, a negociar seu desenvolvimento com uma série de diferentes agentes envolvidos com o turismo indígena, contexto que demanda a otimização de sua articulação interna e de seu poder de decisão.

Mendonça (2004) ressalta que um dos desafios é tornar a participação comunitária o caminho para a melhoria da qualidade de vida e para o aumento dos benefícios locais e indaga sobre como implantar um processo que permita, de fato, ouvir a comunidade, contribuindo para atingir os objetivos determinados pelo grupo social e que resulte na melhoria do padrão de qualidade de vida dos indígenas. Além dos mecanismos de inserção social, determinar até que ponto o turismo é economicamente vantajoso para as comunidades e não apenas uma fonte de ingressos para operadores turísticos, sobretudo estrangeiros. Da mesma forma, ausência de conhecimento por parte dos membros locais, desorganização comunitária, conflitos de interesses em diferentes âmbitos, rivalidades étnicas e estratificação dentro da comunidade são dificuldades a serem ministradas e que podem constituir fatores de insucesso (Luíndia, 2008).

Projetos comunitários são, via de regra, permeados por diferentes visões de mundo entre os grupos envolvidos, as quais se refletem em diversas formas de interação ser humano e natureza, minando maiores dificuldades de integração entre atores que não compartilham códigos e saberes, cenário que resulta, muitas vezes, em uma exclusão não apenas material, mas também simbólica, ameaçando a existência de um espaço de diálogo participativo (Ranauro, 2004).

Luíndia (2008), por fim, sugere que a grande dificuldade em conseguir definir quais são os aspectos aparentemente positivos do turismo indígena pode resultar, a partir de outro ângulo, na introdução de lógicas nocivas à cultura tradicional em nome do desenvolvimento. Para tanto, a autora estabelece que o turismo também pode ser adotado, em caráter de um novo desafio, enquanto uma estratégia de controle das populações indígenas sob seu território, o que ocorreria em diferentes níveis de controle, a saber, 1) de seu território propriamente dito: gerir conflitos instituídos entre os atores locais; 2) no manejo de seus recursos; 3) cultural: mecanismos utilizados pela comunidade para revitalização de sua língua, seus costumes, seus saberes e seu orgulho étnico; 4) social: impactos na qualidade de vida do grupo; 5) econômico: estratégias para comercialização de artesanato e distribuição dos recursos gerados pelo turismo; e 6) político: nível de autonomia política da comunidade.

Participação comunitária no ecoturismo em território indígena

Apesar das comunidades indígenas não estarem inseridas eficazmente nos padrões da economia de mercado, esses grupos podem ser autogestores dos projetos de turismo em seus territórios, contando com suporte de políticas públicas e das entidades não governamentais, visando reforçar a estrutura organizacional da comunidade, uma vez que se tem verificado que os benefícios socioculturais são mais expressivos em comunidades socialmente coesas e de posse de algum tipo de capital social (Luíndia, 2008). Portanto, pressupondo-se que uma das principais metas dos projetos de desenvolvimento dessa natureza seja a autonomia das comunidades indígenas, deve-se partir do princípio de autogestão da atividade na qual é envolvida (Müller, 2004), sendo que Leal (2007, p. 23) também defende essa perspectiva ao afirmar que "o que se deve fazer é não subestimar a capacidade dos povos indígenas em planejar, empreender e conduzir o desenvolvimento turístico em seu território".

A participação da comunidade indígena pode ser entendida como a instrução a respeito do que é o turismo, seus riscos e potenciais benefícios, bem como a capacidade da comunidade em tomar decisões. Quando os mecanismos de participação social são disponibilizados aos comunitários, há também um compartilhamento do poder, no que tange à decisão política, valendo lembrar, no entanto, que o grupo se tornará mais resistente às diretrizes do mercado apenas se houver maior liberdade também em termos de sustentabilidade econômica, social e política (Mendonça, 2004).

Logo, a importância do caráter participativo torna-se evidente quando se considera a inclusão dos membros da comunidade enquanto necessidade operacional para o sucesso dos projetos. Apenas por meio da sensibilização dos indígenas, no sentido de preservar os traços culturais e os recursos naturais, será garantido o bom desempenho de um programa. Este, por sua vez, pode levar em consideração, como nortes do turismo desenvolvido nessas comunidades, a conservação do patrimônio natural, o respeito e a valorização da cultura indígena, a minimização dos impactos negativos, a segurança dos visitantes e a visitação planejada, disciplinada e controlada, observando-se a legislação (Müller, 2004).

Colvin (1996, apud Luíndia, 2008), por sua vez, defende que uma experiência de turismo só pode ser considerada efetivamente viável quando a população tradicional se insere na ordenação da atividade e dela obtém benefícios econômicos. Além disso, é por meio dessa inserção que os custos sociais do turismo para os membros locais podem ser minimizados (Pires, 2004).

Surgem, assim, novos modelos que reforçam o turismo enquanto prática social, no sentido de induzir o protagonismo local, por meio de projetos de base comunitária, nos quais o turismo valoriza a promoção social, dinamiza a economia e torna-se uma atividade cultural, de forma que "para o turismo de base comunitária, a participação dos moradores locais é premissa para assegurar a legitimidade, a representatividade e o sucesso nas ações do projeto" (Silva e Carvalho, 2008, p. 11).

Da mesma forma, parece ser evidente a existência de riscos relacionados à não participação local. Esse cenário, de acordo com Mendonça (2004), corrobora a situação da comunidade receptora como o "nativo mudo" de Krippendorf (1989). Em outras palavras, desconsiderar, negligenciar e dar pouca participação ao membro local no turismo que se desenvolve em seu território é um dos fatores mais relevantes para as consequências deletérias da atividade e para os benefícios inexpressivos para as comunidades receptoras.

Ponderações necessárias

A teoria de Hardin, difundida a partir de 1968 e conhecida como *A tragédia dos comuns*, de forma sucinta alertava que os bens comuns, como oceanos, florestas e rios, estariam fadados à degradação ambiental em massa, tendo em vista que cada indivíduo explora esses recursos comuns conforme seus interesses, sendo os impactos distribuídos pelos demais membros da comunidade. Propondo uma analogia com o turismo, essa teoria nos apontaria que a única maneira de preservação dos *comuns* seria a renúncia da liberdade do visitante, dos comunitários, e a conservação dos ambientes (Luíndia, 2008).

Nesse âmbito, o conflito estabelecido entre expectativas e necessidades do turista e do visitado, em nosso caso a comunidade indígena, dá margem a uma série de questões e aspectos polêmicos que parecem, até então, não apresentar um consenso ou desfecho. A partir de uma das perspectivas, é apontado o caráter ameaçador do turismo em território indígena, no que tange à desagregação da organização grupal tradicional (sua estrutura, atividades tradicionais, traços culturais, modos de vida, visões de mundo) e ao risco de transfiguração da etnicidade nativa em mero produto cultural inautêntico, ao passo que, em outra abordagem, o turismo é tomado por essas comunidades enquanto uma estratégia contemporânea de inserção na ordem global, econômica e cultural, visando a alcançar um modelo de desenvolvimento vinculado aos aspectos ambientais, sociais, culturais e econômicos das comunidades, bem como reforçar sua identidade étnica, por meio de um processo de reforço dos valores ancestrais.

O que se pode afirmar é que o turismo em territórios indígenas pode caminhar nos dois sentidos. Os desdobramentos dessa atividade dependem de uma série de variáveis correlacionadas, a começar pela heterogeneidade cultural, social, geográfica e histórica dos grupos em questão, além dos interesses e da natureza dos atores envolvidos com as propostas, das características comunitárias (processo histórico, transfigurações ocorridas, fragilidade, nível de abertura para grupos externos, ambiente ocupado pelo grupo etc.), da filosofia do projeto (o que queremos com as propostas de turismo indígena?), da natureza das atividades a serem desenvolvidas nas comunidades, da visão dos nativos em relação ao turismo, da qualidade do visitante a receber, dentre outros aspectos que emergem de acordo com as especificidades de cada comunidade. Portanto, dependendo de como se desenvolve, essa atividade pode potencializar uma rica experiência de troca entre distintos padrões de sociedade, historicamente desencontrados e cujas relações podem ser intensificadas por meio da interpretação patrimonial proporcionada por experiências de turismo indígena.

De qualquer maneira, essa modalidade de turismo com base comunitária prioriza a comunidade enquanto beneficiária maior dos projetos, sendo possível apenas por meio da consolidação participativa e protagonista da comunidade na esfera de decisão e discussão do turismo em seu território. É importante ressaltar que a autogestão, aqui discutida, não significa que a comunidade indígena não deva receber suporte e orientação técnica de atores não endógenos. Ao contrário, os projetos de turismo desenvolvidos em comunidades indígenas vêm demonstrando que a falta de parcerias e de articulação se constitui como um dos fatores-chave de insucesso. Essa participação pode ser compreendida como seu empoderamento no rumo da atividade e sua instrução sobre o novo universo social com que terá interface por meio do turismo.

No entanto, antes de se falar em gestão do turismo pelas comunidades, cabe a reflexão sobre a vontade e a liberdade destas em optarem ou não pela atividade em suas terras. Sem essa opção, de pouco adiantarão as metodologias e ferramentas participativas aplicadas posteriormente. No Brasil, são conhecidos os casos de indígenas que não foram consultados sobre a implantação do turismo, nem pelos órgãos gestores privados ou públicos (Box 11.3), nem pelos próprios turistas que, muitas vezes, visitam as aldeias sem autorização.

A vulnerabilidade social e econômica dos indígenas brasileiros os impele a aceitar quaisquer alternativas de sobrevivência que lhes forem apresentadas, porém, ressalta-se que a liberdade de escolha deve ser perseguida a todo custo.

Muitas das experiências e propostas para esse tipo de turismo são polêmicas, duvidosas e perigosas. Deve-se ter todo cuidado de fazer adaptações específicas a cada realidade, além de ouvir a todos os interessados. Experiências como as dos índios Jenipapo-Kanindé, de Aquiraz, no Ceará, são emblemáticas: o que foi proposto à comunidade pelo poder público e o que se pretendia eram projetos completamente diferentes. O que era para ser o primeiro Pólo Turístico Indígena do Ceará buscava, na verdade, ser uma experiência de turismo de base comunitária, demonstrando em âmbito local a contradição pela qual passa o estado do Ceará como um todo – representante de um tipo de turismo de sol e praia e de *resorts* muito conhecidos, é também protagonista de experiências pioneiras de turismo de base local.

Portanto, a discussão do turismo em território indígena parece ser delicada, entre outros fatores, porque propõe a possibilidade de uma comunidade idealizada tradicional pela sociedade moderna entrar em contato, em uma relação detentora de novos símbolos e significados, com o "outro", cujo interesse por um suposto modo de vida "exótico" é o fator motivacional de seu deslocamento. São muitas as percepções e expectativas que se desenham quando esses dois universos socioculturais distintos se encontram e dão margem ao pano de fundo no qual essas discussões se desenvolvem.

Os traços culturais de quaisquer comunidades são mutáveis, incorporam e abandonam elementos e símbolos de acordo com o contexto e processos sofridos pelo grupo social. A cultura é, naturalmente, dinâmica. Dessa maneira, o turismo parece ser um dos principais veículos de expressão das comunidades indígenas para comunicar as mudanças sofridas e suas necessidades de relação com o homem pós-moderno, talvez por elas possuírem, em si, uma condição peculiar nessa sociedade, e, por meio do turismo, quererem vocalizar seus valores culturais e o processo histórico pelo qual passaram, em grande parte esquecido por esse "outro", que hoje procura reencontrá-las em seu tempo livre.

Box 11.1 – Os Pataxós de Coroa Vermelha (Reserva de Jaqueira), BA: entre o ecoturismo e o turismo de massa

A área urbana de Coroa Vermelha está localizada em um sítio histórico, entre a praia e a rodovia BR 368, ao sul de Santa Cruz Cabrália e ao norte de Porto Seguro, compondo a chamada Costa do Descobrimento, no extremo sul da Bahia. A demarcação oficial de suas terras ocorreu em 1997, após um período de conflitos com o governo federal, fazendeiros e madeireiros. Ao longo da história, os Pataxós foram retirados de seus territórios para a construção de estradas e projetos conservacionistas, como o Parque Monte Pascoal. Em 1951, sofreram um massacre e se distribuíram por diferentes aldeias, tornando-se mão de obra barata para diferentes projetos econômicos. A partir de 1970, foram estimulados a se dedicar à produção e à comercialização de artesanato.

Apesar da consolidação turística da região de Porto Seguro, em termos de fluxo turístico e infraestrutura, os Pataxós não obtiveram vantagens quanto aos postos de trabalho criados. A partir de 1998, um grupo de dez Pataxós iniciou a construção de parte da infraestrutura turística da atual Reserva de Jaqueira.

Os Pataxós de Coroa Vermelha deixaram de ser coletores, caçadores, pescadores e agricultores. Seu modo de reprodução cultural e econômica atual reflete as mudanças sofridas pelos contatos com diversos atores, pela comercialização intensa de artesanato, pela consolidação do turismo em Coroa Vermelha e pela infraestrutura turística a partir dos anos de 1990.

Em entrevista realizada durante o II Seminário de Turismo Sustentável, em Fortaleza, 2008, Jaguatiry Pataxó, membro da aldeia de Coroa Vermelha, falou sobre o ecoturismo realizado na aldeia, próxima a Porto Seguro, região amplamente explorada pelo turismo massificado. O membro da comunidade afirma ser um projeto pioneiro na região, o qual é composto por uma palestra sobre a cultura Pataxó, as transformações ao longo dos anos e as lutas pela demarcação das terras da comunidade, a qual era concentrada em uma única aldeia até 1950, data de um massacre, a partir do qual a população Pataxó se dividiu em 23 aldeias, sendo 20 na Bahia e 3 em Minas Gerais, totalizando cerca de 15 mil Pataxós neste início do século XXI.

No entendimento da comunidade, o ecoturismo é uma forma de explorar a aldeia sem causar impactos ambientais. A atividade vem sendo praticada há dez anos e surgiu da necessidade de usar o território, ocupado por mata primária (Mata Atlântica) sem agredir os recursos, bem como pela influência de se viver em uma região turística e pelo anseio em receber visitantes que não vissem o indígena apenas enquanto objeto de exposição. Espera-se, portanto, um visitante que não apenas compre o artesanato e vá embora, mas que respeite as regras da comunidade, seus membros e valores.

As rendas geradas pelo ecoturismo na aldeia são destinadas à escola indígena, ao posto de saúde e às associações que não possuem local físico para trabalhar, como associação de pescadores indígenas, cooperativa de habitação, associação comunitária e associação de agricultores indígenas. Um dos próximos desafios é criar um roteiro entre as associações da aldeia.

Jaguarity afirma que a comunidade de Coroa Vermelha já foi procurada por agências que atuam com turismo convencional, de massa, porém, o importante para o grupo não é a quantidade, uma vez que com o turismo massificado, os Pataxós não conseguiriam passar sua mensagem. De forma geral, o membro da comunidade Pataxó considera que o ecoturismo caminha positivamente na aldeia, cabendo, contudo, realizar constantes adequações e melhorias para trazer mais benefícios para a população, melhorando a qualidade de vida e transmitindo a importância da cultura indígena para o país, o que fortalecerá a forma de vida e a cultura Pataxó.

Fonte: Baima, A. Experiência de ecoturismo promove geração de renda, conservação ambiental e valorização da cultura indígena na reserva de Jaqueira – BA. Disponível em: www.sits2008.org.br/oktiva.net/1893/nota/92093; Luíndia (2008).

Box 11.2 – Índio aceita "branco" na aldeia, mas apenas de vez em quando

"Dançar para o 'branco', cantar para o 'branco', passear na mata com o 'branco' e vender artesanato para o 'branco'. É o que querem os cerca de 300 índios da aldeia guarani Krukutu. Mas só de vez em quando.

'A gente não é igual ao homem branco. A gente não tem intenção de receber ônibus todo dia aqui. O 'branco', se deixar, vem todo dia. Para a gente, uma vez por mês já está bom', diz Olivio Zeferino da Silva, ou Olivio Jekupé, escritor e presidente da Associação Guarani Nhe'ê Porã, formada para defender os interesses da aldeia.

A Krukutu é uma das três aldeias indígenas da capital. É vizinha, em Parelheiros, da aldeia Tenonde Porã. A outra fica no Jaraguá, zona oeste. As duas comunidades vizinhas estão integradas ao projeto de turismo da região. Paga-se por todos os serviços e produtos que os índios oferecem nas aldeias.

'Sempre vinha turista aqui e pedia para a gente dançar para eles. Já que eles vinham mesmo, resolvemos cobrar. Pelo menos gera renda para a comunidade. E o turismo ajuda um pouco. Pelo menos, é uma maneira de vender nosso artesanato', afirma Jekupé.

O presidente da associação diz que o Turismo, além de ajudar a manter a comunidade, é uma forma de divulgar o amor que os índios têm pela natureza. A cada grupo que chega é apresentada uma palestra sobre a cultura guarani e a vida na aldeia. Depois, os turistas são levados a fazer trilha na mata ou a nadar nos rios da área. No final, a 'passadinha' na lojinha de artesanato é quase obrigatória.

As duas aldeias de Parelheiros têm, cada uma, 25 hectares. Na Tenonde Porã, moram cerca de 800 índios. A maior parte não fala português. Mesmo os que aprenderam 'a língua dos brancos' precisam, antes, aprender o guarani. A meta, diz Jekupé, é preservar a cultura.

Mesmo sem falar português, os índios adotaram a modernidade. A aldeia tem site, o cacique tem telefone celular e todos os índios têm acesso à internet. 'Os índios aqui mexem com Orkut, com e-mail. É uma maneira de conversar com outros índios.'"

Fonte: Notícia publicada em 26/10/2008, no jornal *Folha de S. Paulo*.

Conheça a Aldeia

"O Projeto de ecoturismo na Aldeia Krukutu é um dos trabalhos desenvolvidos pela Associação Guarani Nhe'ê Porã, que trabalha com o princípio do turismo sustentável com objetivo de geração de renda para nós, indígenas.

Um dia agradável conhecendo o canto e a dança, a casa de reza e o artesanato Guarani Mbya, é o que o visitante encontrará em sua visita à Aldeia Indígena Krukutu, na capital paulista, dentro da Área de Proteção Ambiental Capivari-Monos, às margens da represa Billings.

O visitante tem um contato com o modo de vida guarani e é recebido pelo cacique, lideranças e monitores. Percorre as duas trilhas da aldeia conhecendo aspectos da vida na comunidade, assiste a palestras e vídeos onde aprenderá um pouco da cultura guarani. Através de oficinas (combinadas com antecedência) conhece o artesanato e a culinária típica. Assiste e participa da apresentação do grupo Kyringué Vy'a, conhecendo a dança e canto tradicional do nosso povo. Na aldeia, ainda há um campo de futebol que pode ser usado pelos visitantes."

Fonte: http://www.culturaguarani.com.br/local.html.

Box 11.3 – Etnoturismo pode ser implantado no Acre sem consulta aos indígenas

"Em relação à ideia recentemente divulgada pelo governo do Acre de lançar roteiros turísticos com destino a aldeias indígenas amazônicas, o coordenador regional do Conselho Indigenista Missionário (Cimi) da Amazônia Ocidental, Lindomar Dias Padilha, disse que, até agora, desconhece a oposição pública de qualquer entidade indígena ao projeto e acredita que isso se deve ao fato de os índios não terem sido consultados sobre a implantação do plano. Segundo Lindomar, o Cimi não pretende tomar uma atitude pública com relação ao assunto, mas buscará conversar com as diversas comunidades envolvidas para lhes fornecer informações sobre os riscos que o turismo em aldeias pode trazer e o que realmente está por trás de um plano como esse. 'Só escolhe autonomamente quem possui informação adequada', concluiu.

O coordenador também acredita que o estado do Acre tem intenção de aumentar sua arrecadação de tributos com essa iniciativa, mas o maior interesse em jogo é dos ricos, que precisam aliviar o peso da culpa pelo mal que causam ao meio ambiente, demonstrando valorizar a cultura de quem mais vem sofrendo com essas intervenções. 'Mas não se pergunta se isso será bom para os povos indígenas', acrescentou.

Segundo as informações do Serviço de Apoio às Micro e Pequenas Empresas (Sebrae) do Acre, que ajuda a estruturar os roteiros turísticos às aldeias da região, os próprios índios pediram ajuda do governo para explorar a atividade turística na área onde vivem. De acordo com a entidade, alguns dos indígenas teriam, inclusive, comprado um barco maior para transportar os visitantes e também construído banheiros de padrão rústico nas aldeias.

Lindomar rebate essas declarações, dizendo que é difícil acreditar na ideia de os habitantes das aldeias terem pedido para participar de um projeto de turismo, já que muitos deles vivem em estado de abandono. Segundo o coordenador do Cimi, quando o governo diz que algo é bom e o faz de forma repetitiva acaba por convencer. 'A questão de fundo é: como os povos indígenas vão viver dignamente em suas terras sem que precisem de presentinhos?', questiona.

Ainda de acordo com ele, não há dúvida de que a possibilidade de alguns indígenas terem aceitado o ecoturismo, ou etnoturismo, decorre da influência de uma parte da sociedade que pretende transformar esses povos em seres exóticos, transpostos do passado para o presente, na forma de museus vivos, passíveis de receber visitas.

Ele também se pergunta quando o país assumirá a dívida histórica que tem com os índios. 'Só nesta regional da Fundação Nacional do Índio (Funai), falta a demarcação de 17 terras indígenas. Em circunstâncias como essa, o turismo parece engodo', acrescenta."

Obras de infraestrutura e impactos ambientais

"De acordo com informações do Sebrae, para o turista que exige um nível mínimo de conforto, já há pousadas ou áreas de camping nas proximidades dos locais onde vivem os índios acreanos. Quanto à possibilidade de se construírem outras obras de infraestrutura nas aldeias como forma de oferecer mais conforto, Lindomar diz que a medida seria bem-vinda, caso voltada a beneficiar os povos indígenas. No entanto, conforme o coordenador, tais melhorias somente foram pensadas no instante em que passaram a ser convenientes para satisfazer eventuais visitantes.

Os estudos de impacto ambiental são exigências decorrentes de normas adotadas pelo Ministério do Meio Ambiente para a liberação de qualquer obra de infraestrutura, sendo que tais empreendimentos inevitavelmente geram impactos ao local de sua execução. Diante disso, para Lindomar, é preciso que se calculem quais serão os efeitos da realização de obras nas aldeias, antes que essas sejam iniciadas."

Choque cultural

"Para o coordenador, as possíveis consequências do contato com o homem branco, aos índios que ainda preservam sua cultura, são várias e podem trazer doenças para os índios ou até mesmo a extinção de um povo. Lindomar diz que a relação com o universo não índio pode criar, aos indígenas, um modismo (o turismo, por exemplo) ou a perda total da sua língua materna, bem como a destruição de grande parte de sua estrutura social tradicional."

O projeto do governo do Acre

"O governo do Acre divulgou recentemente o plano de incentivar a realização de roteiros turísticos em aldeias indígenas da Amazônia. O anúncio foi feito durante a feira e o congresso da Associação Brasileira de Agência de Viagem (Abav). Os pacotes turísticos incluirão a hospedagem de visitantes em aldeias, onde será possível praticar atividades nativas, como caça e pesca, além de conhecer a culinária indígena. Os locais previstos aos passeios são as aldeias dos Poyanawa, Ashaninka e Yanawa, povos mais bem estruturados entre as 14 etnias acreanas.

Durante a apresentação do projeto, a gerente estadual de serviços turísticos, Ediza Pinheiro de Melo, disse que os primeiros turistas a demonstrar interesse pela ideia foram os estrangeiros, mas há a intenção de se despertar tal curiosidade por uma experiência cultural diferente também nos brasileiros. 'A oportunidade é extraordinária', disse ela."

Fonte: http://www.amazonia.org.br.

Questões para reflexão

1) Quando o turismo passa a oferecer vivências e atividades de lazer em um espaço de produção e reprodução de uma comunidade indígena, o que podemos enumerar como fatores relacionados à atividade turística que contribuem para a transfiguração da cultura, estrutura, visão de mundo e organização do grupo?
2) Aqui o turismo foi apontado enquanto uma linguagem por meio da qual a comunidade indígena se comunica com uma sociedade multicultural e globalizada. Qual é o papel do indígena nesse contexto globalizado, antes e depois do turismo em suas terras?
3) Diferentes autores defendem que as comunidades tradicionais indígenas devem ser autogestoras de projetos de turismo. No entanto, quais são os aspectos de gestão da atividade turística que a comunidade pode levar a cabo independentemente? E para quais ela demanda necessariamente apoio técnico e/ou de atores externos?
4) Você acredita ser possível desenvolver um turismo indígena não exótico, sobretudo quando consideramos que o principal fator motivacional, muitas vezes, é o próprio exotismo da cultura e do modo de vida dos membros da comunidade?
5) De que maneira a comunidade deve se organizar para distribuir os potenciais benefícios originados pelo turismo em seu território? Quem deve administrar esses recursos? Em que eles devem ser gastos?
6) É possível o indígena ser, ao mesmo tempo, ator/protagonista do turismo em seu espaço e objeto de observação/atrativo do turista?

Referências

ARAÚJO, S.M. Artifício e autenticidade: o turismo como experiência antropológica. In: BANDUCCI, A; BARRETO, M. (Orgs.). **Turismo e identidade: uma visão antropológica**. Campinas: Papirus, 2001, p.49-63 (Coleção Turismo).

AREMANDÁRIZ, P; SERRANO, H. O turismo de base comunitária como uma estratégia para o desenvolvimento. In: FÓRUM SOCIAL MUNDIAL. **Um outro turismo é possível: reflexões sobre desigualdades, resistências e alternativas no desenvolvimento turístico**. Porto Alegre: Fórum Social Mundial, 2005.

BARRETTO, M. **Turismo e legado cultural: as possibilidades do planejamento**. Campinas: Papirus, 2000 (Coleção Turismo).

BATISTA, C. M. Memória e identidade: aspectos relevantes para desenvolvimento do turismo cultural. **Caderno Virtual de Turismo**, Rio de Janeiro, vol. 5, n. 3, 2005. Disponível em: http://www.ivt.coppe.ufrj.br. Acesso em: 18 fev. 2009.

BORELLI, S.H.S; LUZ, M.L.M. **Índios no estado de São Paulo: resistência e transfiguração**. Vários autores. São Paulo: Yankatu, Comissão Pró-Índio de São Paulo, 1984.

DIEGUES, A.C.S. (Org.) **Etnoconservação: novos rumos para a conservação da natureza**. São Paulo: Nupaub – USP/Hucitec, 2000.

______. **O mito moderno da natureza intocada**. São Paulo: Nupaub – USP, 1994, 163p.

FARIA, I.F. Ecoturismo: etnodesenvolvimento e inclusão social no Amazonas. **Pasos: revista de turismo y patrimonio cultural**, v.3, n.1, 2005.

GRÜNEWALD, R.A. Turismo e o "resgate" da cultura pataxó In: BANDUCCI, A.; KRIPPENDORF, J. **Sociologia do turismo**. Rio de Janeiro: Civilização Brasileira, 1989.

KRIPPENDORF, J. **Sociologia do turismo**. Rio de Janeiro: Civilização Brasileira, 1989.

LEAL, R.E.S. O turismo desenvolvido em terras indígenas sob o ponto de vista antropológico. **Caderno Virtual de Turismo**, Rio de Janeiro, v.7, n.3, 2007.

LUÍNDIA, L.A. **Ecoturismo de pueblos indígenas: propuestas sostenibles**. Fondo para el Desarrollo de los Pueblos Indígenas de America Latina y el Caribe, Secretaría Técnica, Comissión de Desarrollo con Identidade, 2008.

MENDONÇA, T.C.M. **Turismo e participação comunitária: Prainha do Canto Verde, a "Canoa" que não virou, a "Fonte" que não secou?**. Rio de Janeiro, 2004, 209f. Dissertação (Mestrado). Programa de Estudos Interdisciplinares de Comunidades e Ecologia Social (EICOS), Instituto de Psicologia (IP) da Universidade Federal do Rio de Janeiro.

MONTEIRO, J.M. **Vida e morte do índio: São Paulo colonial. Índios no Estado de São Paulo: resistência e transfiguração**. Vários autores. São Paulo: Yankatu, Comissão Pró-Índio de São Paulo, 1984, p.21-45.

MÜLLER, R.P. Duas décadas de projetos de desenvolvimento em terras indígenas: da resistência à frente de expansão do capitalismo nacional à globalização e ambientalismo dos anos 90. **Revista de Estudos e Pesquisas**, Funai, Brasília, v.1, n.1, p.181-203, 2004.

PEREIRA, M.E.; ORNELAS, T. Estereótipos e destinos turísticos: o uso de estereótipos nos folders de uma agência de fomento ao turismo. **Caderno Virtual de Turismo**, Rio de Janeiro, v.5, n.3, 2005.

PIRES, E.V. Impactos socioculturais do turismo sobre comunidades receptoras: uma análise conceitual. **Caderno Virtual de Turismo**, Rio de Janeiro, v.4, n.3, 2004.

RANAURO, M.L. Sustentabilidade numa perspectiva endógena: contribuição das "comunidades" no plano simbólico do desenvolvimento sustentável. **Caderno Virtual de Turismo**, Rio de Janeiro, v.4, n.4, 2004.

RANGEL, L.H. Vida em reserva. In: **Índios no estado de São Paulo: resistência e transfiguração**. Vários autores. São Paulo: Yankatu, Comissão Pró-índio de São Paulo, 1984. p.145-148.

ROUSSET, C. El turismo responsable como instrumento de sensibilización social y política para el pueblo Saharaui. In: **Anais do II Seminário Internacional de Turismo Sustentável**. Fortaleza, 2008.

SANTOS, M.O. Turismo étnico: estudo de caso de um programa. **Caderno Virtual de Turismo**, Rio de Janeiro, v.7, n.3, 2007.

SILVA, R.E; CARVALHO, C.D. O turismo de base comunitária como alternativa para o etnodesenvolvimento da comunidade quilombola de Filipa – MA. In: **Anais do II Seminário Internacional de Turismo Sustentável**. Fortaleza, 2008.

SOFIATI, A. A proteção da cultura imaterial e seus impasses. **Caderno Virtual de Turismo**, Rio de Janeiro, v.2, n.3, 2002.

12 Marketing responsável: o papel das empresas, do governo e da mídia

Patrícia Castello Bucioli
Zysman Neiman

Introdução

Um plano de marketing empresarial vai além da divulgação de produtos e serviços; é um conjunto de estudos com a finalidade de colocar o produto certo no melhor local, caminhando além da simples negociação entre produtores e distribuidores (Cobra, 1986). O profissional que atua nessa área deverá ter uma visão ampla, de maneira a identificar tendências a novos produtos e renovação dos já existentes, mercados consumidores em potencial e os atuais, práticas de políticas de preço e métodos de divulgação e ascensão do produto e satisfazer as necessidades dos clientes e da empresa. Por isso, o marketing é fundamental para alcançar os objetivos organizacionais, já que identifica as necessidades e desejos do consumidor, proporciona eficiência e eficácia na satisfação dos seus clientes e posiciona a empresa um passo à frente de seus concorrentes (Kotler e Armstrong, 1993).

No turismo, o conceito de marketing torna-se mais complexo, na medida em que o setor de serviços possui características mercadológicas relacionadas à intangibilidade e à interdependência entre todos os membros do *trade* turístico. A dimensão econômica da atividade também exige ações não somente dos empreendimentos, mas também do governo em nível local, regional, nacional e internacional, tornando cada vez mais integrada a sistemática do marketing.

O marketing dentro do setor do turismo envolve processos de criação e venda de destinos, instalações e serviços, identificação de mercados em potencial e determinação de preços e produtos. Todas as etapas são planejadas considerando a comunicação com o mercado-alvo e com os consumidores, tendo como meta a satisfação destes e agindo de acordo com os objetivos empresariais (McKercher, 2002). O marketing, portanto, é uma ferramenta fundamental para que se alcance a qualidade da atividade turística, garantindo a satisfação do cliente com relação ao serviço oferecido.

Marketing responsável e marketing verde

Na sociedade contemporânea houve uma mudança no consumo de bens e serviços, pois os indivíduos estão agindo de acordo com seus valores em suas decisões de compra, e, na tentativa de proteger o planeta, estão modelando uma tendência denominada *consumismo ambiental*, a qual consiste na aquisição de produtos considerados menos prejudiciais à natureza (Ottman, 1994).

Os consumidores do turismo estão cada vez mais exigentes quanto aos empreendimentos, e isto faz com que empresas assumam uma postura correta em relação ao meio ambiente, posicionando seus produtos à frente no mercado e criando um processo de fidelização com esse segmento. Os empreendimentos passaram a assumir posturas legalmente corretas com o meio ambiente, adaptando suas metas e objetivos e incluindo a adoção do marketing responsável.

Para fortalecer sua marca, é imprescindível que o marketing seja praticado com ética, legalidade e responsabilidade social e, sobretudo, ligação com os princípios do ecoturismo e do desenvolvimento sustentável. Os serviços associados ao ecoturismo devem seguir essa premissa de maneira a evitar a associação direta do turismo ao conceito "ecológico" ou à sua localização geográfica e aspectos da paisagem natural sem, no entanto, seguir os princípios do turismo sustentável. Assim, devem ressaltar a conduta de ações realmente responsáveis e preocupadas com a sustentabilidade do meio (Brasil, 2008a).

Ser responsável envolve não apenas o próprio empreendimento, mas todos os outros agentes do processo; o cliente poderá ficar insatisfeito ao comprar um pacote de ecoturismo e se hospedar em uma pousada que não respeita a comunidade e o meio ambiente, apesar de ter conhecido a mais bela das unidades de conservação (UCs). Deve-se evitar a falsa propaganda e interligar todos os participantes do *trade* para que o empreendimento não se torne apenas mais um a usar a sustentabilidade como atrativo econômico. Ao contrário, faça com que a sustentabilidade justifique a existência do empreendimento e seja sua diretriz principal. O marketing turístico responsável contribui para o bem-estar cultural e ambiental, realçando os atrativos por meio de produtos que apoiem os princípios do ecoturismo e do turismo comunitário e assegura que a divulgação não seja apenas um artifício de venda, mas uma prática ambiental (Kanni, 1997).

Uma das ferramentas utilizadas no marketing responsável é o marketing verde, o qual supre a necessidade de informar aos consumidores, clientes, fornecedores e funcionários as práticas e políticas adotadas pela empresa com relação ao meio ambiente e ao social. O principal objetivo da comunicação verde é mostrar um artigo ecologicamente correto, bem como ações feitas em prol do meio ambiente, sensibilizando o consumidor para que ele também participe desse processo e mostrando que a responsabilidade é de todos (Teixeira, 2008).

Portanto, pode-se afirmar que os principais motivos para se adotar o marketing responsável são: modificar comportamentos prejudiciais ao meio ambiente, contribuir para a formação de valores na sociedade, estimular ações que beneficiem o meio ambiente e informar sobre ações sociais e desenvolvimento sustentável. Assim, obtêm-se como benefício, não apenas a oportunidade de conservar o meio ambiente e prezar pelo bem-estar social, mas também a conquista de uma nova parcela de consumidores fiéis às empresas que atendem seus objetivos. Um novo posicionamento do produto no mercado garante seu diferencial, a redução de custos pela diminuição de impactos ambientais e a qualidade do produto.

Marketing mix e ecoturismo

O marketing mix é um conjunto de ferramentas básicas que o empreendedor deve analisar na elaboração de seu plano de marketing, com o intuito de conciliar os desejos da empresa com os dos consumidores. O marketing mix ou "composto de marketing" é formado por quatro principais variáveis: produto, preço, praça e promoção. Esse composto foi criado tendo como base o estudo do consumidor, portanto, é necessário que antes de trabalhar com essas variáveis, o empreendedor conheça o perfil do ecoturista.

Os adeptos do ecoturismo apresentam diversos perfis diferenciados em função da grande gama de atividades motivacionais desse segmento. Geralmente, esses turistas querem ver, sentir, cheirar, tocar e comer o inusitado, buscando uma experiência sensitiva diferente da comum ao seu ambiente; são pessoas bem informadas que desejam obter o maior número de dados possíveis antes, durante, ou depois da visita (Brasil, 2008a).

Esse segmento do turismo apresenta consumidores em sua maioria com ensino superior e oriundos de grandes centros urbanos. Buscam mais informações sobre a área e são muito mais exigentes em relação ao cumpri mento das leis e normas ambientais; como possuem uma renda alta, esperam encontrar serviços qualificados nas localidades que visitam, nas quais a permanência média é de cinco dias (Brasil, 2008a). De maneira geral, esse perfil procura vivenciar uma experiência autêntica e cria afinidade com o ambiente no qual se insere, esperando aprender e conhecer cada vez mais profundamente a natureza e o ambiente.

Portanto, conseguir satisfazer as necessidades desses clientes garante a fidelidade e o sucesso do empreendimento. Obter o apoio dos consumidores mantém a lealdade e cooperação necessárias, educando-os quanto as questões ambientais e a forma de resolvê-las (Ottman, 1994).

O primeiro item do marketing mix é o *produto* propriamente dito. Este não é apenas algo a ser consumido, principalmente quando se trata de turismo; ele possui um conjunto de variáveis que o tornam singular. O produto turístico é formado pelas atrações, facilidades e acesso. No caso do ecoturismo, a atração pode ser um ambiente natural, uma paisagem, uma UC etc. As facilidades estão baseadas na infraestrutura turística (hotéis, restaurantes, meios de locomoção, estruturas de lazer) e no acesso, que pode tornar-se um facilitador ou uma barreira para a localidade. O ecoturista, muitas vezes, não está interessado na modernidade dos meios de acesso, mas na facilidade de locomoção, a qual pode ser determinante na qualidade da sua experiência, como: em vez de um jipe em uma UC, pode ser que o turista prefira uma trilha, de maneira a permitir e facilitar a observação da fauna.

O produto turístico é o conjunto de bens e serviços que são utilizados para o consumo turístico por determinados grupos de usuários. Para Cobra (2005), ter um bom produto é o primeiro e mais importante passo para atender às expectativas dos consumidores.

O produto turístico, em sua essência, possui um grupo de características típicas do setor de serviços. Segundo Sancho (2001, p. 42),

> a estruturação do produto turístico é complexa, uma vez que se caracteriza por englobar elementos intangíveis e tangíveis – bens e serviços –, além de estar baseado na interação entre o provedor do serviço e o consumidor do mesmo.

As características peculiares ao setor turístico que devem ser consideradas dizem respeito diretamente ao produto: a intangibilidade (impossibilidade de segurá-lo ou dimensioná-lo), a variabilidade da prestação de serviços (a interdependência dos componentes do *trade*, se um deles falhar, os outros serão afetados), a inseparabilidade (produção e consumo simultâneos) e a perecibilidade (impossibilidade de estoque). Outras características são próprias da demanda, mas afetam diretamente o produto, tais como: a elasticidade (crescimento e diminuição do fluxo de visitante durante certo período), a sensibilidade (mudanças que podem afastar ou atrair turistas) e a sazonalidade (períodos de visitação, como a baixa e a alta temporada, que dependem de vários fatores, por exemplo, o clima).

Finalmente, o empreendedor precisa garantir a qualidade de seu produto e serviço, mostrando comprometimento ambiental e social e utilizando-se do marketing verde para mostrar ao seu cliente que ele poderá confiar na transparência de suas ações.

Já o fator *preço* está relacionado às condições básicas pelas quais vendedor e comprador estão dispostos a realizar a troca. Pensado de maneira correta e responsável, o preço do produto deve garantir retornos financeiros justos ao empreendedor e satisfação ao consumidor.

A fixação de um preço está ligada a diversos fatores, tais como base da concorrência e custos de produção e manutenção (OMT, 2001). Fixar um preço abaixo do praticado no mercado gera concorrência desleal, que pode levar ao total desequilíbrio na cadeia mercadológica, pois os concorrentes irão retirar-se do mercado, o produto vai se tornar supervalorizado e a demanda procurará produtos que substituam o comercializado.

O produto turístico, por causa de suas singularidades, deve adequar sua política de preços. Como já exposto anteriormente, orientar seu preço para o consumidor garante satisfação e rentabilidade, pois é um fator determinante na atração da demanda, podendo interferir na percepção desta sobre os atrativos (Corrêa, 2006). A influência de fatores internos e externos também deve ser considerada, na medida em que a atividade é fortemente dependente da sazonalidade, tendo que adaptar seus preços às baixa e alta temporadas (fatores internos), assim como depende da economia do setor em todas as partes do mundo devido às variações cambiais e mudanças econômicas (fatores externos) (Corrêa, 2006).

Com relação ao ecoturismo, além deste ser influenciado pela demanda e por fatores internos e externos, o preço pode ser um elemento que garante a sustentabilidade do negócio. Segundo Dias (2007), o preço dos produtos de ecoturismo pode ter um custo maior devido aos cuidados necessários para a preservação das áreas protegidas. Ou seja, muitas vezes o preço pode ser usado como um meio para controlar a capacidade de carga, já que se sabe que o ecoturista está disposto a pagar um pouco mais caro pela qualidade do empreendimento e, assim, ter a certeza de que este esteja de acordo com as diretrizes que garantam sua sustentabilidade ambiental. Assim, o preço pode agir como "um freio" para uma demanda excessiva ou que não esteja de acordo com a filosofia do empreendimento.

O terceiro fator, a *praça*, é a união de todos os agentes envolvidos na disponibilização do produto para o mercado-alvo, de forma que esteja acessível quando o cliente precisar (McCarthy, 1976). Esta união é fundamental quando se trata de marketing e promoção do produto, pois a produção é simultânea ao consumo e o produto não pode ser fisicamente avaliado antes da compra (Corrêa, 2006). Assim, a distribuição do produto está fortemente ligada à sua promoção.

O produto ecoturismo não possui um diferencial no que se refere à praça; sua distribuição se dá nos mesmos canais que os outros produtos turísticos, podendo ser realizada diretamente, ou seja, no próprio atrativo turístico, ou indiretamente, em lojas, agentes de viagens, internet e representantes autônomos (Cobra, 2005).

Com relação à praça, o mais importante é lembrar dos elos que os participantes do *trade* turístico têm uns com os outros, portanto, escolher canais de distribuição atrelados às questões ecológicas garante maior confiabilidade no produto.

Contudo, é fundamental para o sucesso do empreendimento a análise dos elementos do marketing mix, de maneira a garantir a autenticidade do produto, seu posicionamento correto no mercado e seu preço justo, garantindo a sustentabilidade do projeto, a responsabilidade social e a transparência com o mercado e com o consumidor.

Promoção: o papel da mídia

A última variável do marketing mix, a *promoção*, merece destaque devido à sua importância junto ao mercado consumidor. É indispensável comunicar as características e os benefícios do serviço ao mercado-alvo. Como já discutido, é fundamental que o consumidor conheça as características do produto antes de adquiri-lo, principalmente no ecoturismo, cujo público é extremamente exigente e possui conhecimento suficiente para avaliar as condições do empreendimento. Esse item também é o que merece maior atenção na área de responsabilidade social, pois é facilmente modulado pelos agentes de marketing e envolve a persuasão de clientes.

Para realizar sua escolha adequadamente, o consumidor necessita de informações verdadeiras, persuasivas, claras e competitivas. Os distribuidores também têm o poder de interferir na imagem proposta, distorcendo-a ou realçando-a. Ainda que a realidade seja completamente diferente, a imagem apresentada tem maior influência sobre o turista (Ottman, 1994).

Dias (2007) completa esse raciocínio afirmando que no turismo a promoção necessita de diferenciação e atenção por parte do consumidor, por causa do uso abusivo dos termos “ecoturismo” e “ecológico”, muitas vezes sem fundamento ou como chamariz para atrair pessoas de determinada classe econômica.

Há várias maneiras e canais para a divulgação de um produto, cabe ao empreendedor escolher o método mais eficiente e eficaz de atingir o público desejado. Essas estratégias são chamadas de “composto promocional”, sendo seus principais componentes: venda pessoal, na qual o vendedor procura contato pessoal com o consumidor a fim de divulgar seu produto e fechar negócios; propaganda e publicidade, que são mensagens, pagas ou não, transmitidas ao público por meios de comunicação em massa com a finalidade de persuadir o consumidor; promoção de vendas, a qual espera resultados em curto prazo e baseia-se, geralmente, em amostras gratuitas, prêmios, materiais informativos e participação em eventos, e pode ser voltada ao consumidor e ao varejista; relações públicas, que administram o contato com o cliente de maneira a conhecer sua opinião, resolver problemas institucionais com relação à imagem da empresa e executar planos de comunicação espontânea (não pagos e não planejados, como notícias jornalísticas sobre a poluição na água do litoral paulista, que podem diminuir a demanda da localidade); o *database*, marketing que utiliza banco de dados para divulgar informações, como internet, e-mail, mala-direta, telemarketing etc.; e o *merchandising*, que é a inserção do produto em cenas cinematográficas e produções dramáticas (Feijó, 2002).

A comunicação em turismo

A comunicação no turismo é uma cadeia complexa que abrange, além do marketing, todos os participantes da atividade, não apenas os envolvidos no processo produtivo, mas também todos os cidadãos e o próprio turista, ou seja, empresas direta ou indiretamente ligadas ao turismo, poder público, moradores locais e visitantes interagem entre si com uma extensa gama de informações que são adquiridas e fornecidas diariamente. Assim, a comunicação é portadora de imagens emitidas pelos veículos de mídia, profissionais da área e turistas que trocam diferentes informações e percepções sobre o produto (Yasoshima, 2004).

Além dos fatores humanos já citados, há os diferentes meios utilizados para a transmissão de informações e sua finalidade. São inúmeras as fontes de informação sobre uma localidade, que, muitas vezes, não tem como função principal estimular o consumo do produto turístico, como produções cinematográficas, romances, documentos, novelas, reportagens etc.; e inúmeras fontes diretas de informação, como materiais informativos, panfletos, vídeos institucionais etc.

Assim, a sociedade contemporânea é inspirada na velocidade da informação e do uso do conhecimento inseridos em um mundo globalizado (Cazzali, 2006). Ottman (1994, p. 24) afirma que "os consumidores querem até mesmo mais informações de que as atualmente disponíveis de produto e em propaganda. Parecem dispostos a ir bem além para obtê-las".

Pode-se perceber que a promoção de um atrativo ou serviço vai além das premissas do marketing, e que os canais de informação tornam cada vez mais autônomos os consumidores de ecoturismo; por isso, deve haver um planejamento estratégico e uma política pública que oriente formatos para a promoção do produto turístico, visando a prospecção dos produtos aos mercados-alvo detectados por meio da cadeia distributiva (Brasil, 2008a).

Tipos de Mídia

Segundo Feijó (2002), há diversos tipos de mídias em que a informação pode ser aplicada. Elas podem ser: ao ar livre (*outdoors* e placas em geral), visuais internas (*displays*, cartazes de balcão, cartazes de gôndola, giratórios), auditivas (rádio, telefone, alto-falantes, vendedores), gráficas (jornais, revistas, livros), visuais externas (vitrines, cartazes em murais, anúncios em ônibus), alternativas (embalagens, estampas, objetos promocionais), subsidiários (folhetos, catálogos, amostras) e audiovisuais (televisão, cinema, internet).

A mídia tem como principal função tornar pública a mensagem transmitida pelo emissor e atingir o receptor em quaisquer lugares nos quais ele possa estar.

O alcance dos diversos tipos de mídia tornou-se tão abrangente que empreendedores passaram a focar o mercado desejado, analisando os meios de comunicação e identificando os que seriam mais apreciados pelo público-alvo. Desta forma os empreendedores podem encaminhar suas inúmeras mensagens e suas fontes a uma audiência que se torna cada vez mais seletiva, aprofundando a segmentação e intensificando o relacionamento entre emissor e receptor (Jappe, 2005).

Com relação ao turismo, o importante na divulgação é saber direcionar a mensagem para o público-alvo, utilizando a linguagem apropriada. A mídia impressa é a mais utilizada na promoção, pela oportunidade de atingir um público mais especializado ao escolher publicações diárias, semanais ou mensais que promovam o turismo e o meio ambiente de modo responsável (McKercher, 2002).

A *mídia impressa* é basicamente formada por jornais, revistas, folhetos, periódicos, boletins informativos e mala-direta. O surgimento da mídia impressa permitiu uma democratização do conhecimento e, hoje, é o principal modo de atingir um mercado segmentado devido às publicações altamente especializadas.

Esse tipo de mídia requer uma publicação mais elaborada, pois o mercado turístico trabalha com o imaginário, agregando valores sociais e culturais, portanto, o marketing alimenta, reforça e renova o imaginário (Gastal, 2003). O consumidor escolhe um destino pela imagem que tem em sua mente, assim, a imagem é o elemento mais importante nesse meio de comunicação e deverá ser explorada com responsabilidade pelo empreendedor, pois se as estruturas física, ambiental e social não condizem com a realidade, elas podem causar o efeito oposto e afastar os turistas do atrativo (Sá, 2002).

Entre as mídias impressas, as mais apropriadas para o trabalho com imagens são revistas e folhetos. As revistas possuem maior possibilidade de uso de cores devido ao material e ao tipo de impressão. Os folhetos, além da qualidade do material, se pertencentes à própria empresa, permitem uma divulgação livre dos padrões estabelecidos pelas revistas, além da livre criação no material.

Já a *mídia eletrônica* é formada por rádio, televisão, cinema, telefone e internet. A particularidade desse tipo de mídia é a acessibilidade para todos os tipos de classe social, permitindo maior abrangência de divulgação (Jappe, 2005). Um fator importante com relação a esse meio é a popularidade atingida nos últimos anos, passando a influenciar o *ranking* de movimentação de recursos; considerando a crescente expansão das TVs a cabo e da internet, o setor continuará em crescimento (Luchiari, 2007).

A televisão e o rádio representam os principais meios de comunicação no Brasil e no mundo (Jappe, 2005), porém, divulgar produtos nesse meio pode custar uma grande quantia de dinheiro. Esse investimento pode não ser tão rentável para o ecoturismo, pois a grande abrangência terá um custo alto e, apesar de o segmento estar em crescimento, ainda atinge a uma pequena parcela de brasileiros.

Outro meio de comunicação que representa uma revolução para o marketing do turismo é a internet. O canal mundial da comunicação em alta velocidade, embora possua alguns problemas como segurança e autenticidade de informações, propõe grandes mudanças na comercialização de produtos turísticos, assim como no desenvolvimento de ferramentas de pesquisa (Bissoli, 2002).

Além do caráter informativo, empresas já utilizam a internet para vendas de pacotes, passagens aéreas, reservas em hotéis, passeios, convites para espetáculos, e inúmeras outras atividades que envolvem o turismo. A adaptação à facilidade de acesso ao cliente garante o sucesso do produto ou serviço.

Na mídia eletrônica, o fundamental é a criatividade. Para garantir que o consumidor lembre-se do produto, uma abordagem diferente, inusitada e criativa garante fixação e estimula o consumo.

O bom marketing, portanto, não depende apenas de atitude responsável e da análise das variáveis do marketing mix, mas também da utilização do meio de comunicação correto para atingir as expectativas dos diversos agentes comunicadores do turismo. Porém, ainda que os componentes do *trade* e dos empreendimentos complementares à atividade cumpram seus papéis, algumas instituições governamentais são responsáveis pela divulgação do país em nível nacional e global, já que essa tarefa não cabe à iniciativa privada.

Ética no marketing

Em contraponto à filosofia da sustentabilidade, o sistema capitalista faz com que o mundo aceite viver em uma sociedade guiada pelo consumo sem limites, adotando um discurso baseado em "nós produzimos deste jeito suprindo suas necessidades, porém, se o planeta não agüentar veremos o que faremos depois" (Cazzali, 2006, p. 70). As logomarcas são reconhecidas e compreendidas em qualquer lugar do mundo, independentemente de sua origem.

A evolução dos meios de comunicação, porém, não trouxe apenas a aceleração do consumo. A população mundial, mediante catástrofes ambientais, começa a questionar esse tipo de atitude e procura mudar suas ações no planeta, obtendo informações que antes eram acessíveis apenas aos meios científico e acadêmico de maneira ágil e confiável (Cazzali, 2006).

Dessa forma, o principal papel do marketing verde é, além do marketing propriamente dito, o de construção de uma ética que norteie a relação entre consumo e consciência ambiental (Dias, 2007). Se essa vertente do marketing não existisse, todo o processo de colocação do produto no mercado estaria de acordo com os padrões do capitalismo, visando vender cada vez mais, independentemente dos impactos ao meio ambiente. O marketing verde visa vender, porém escolhe a quantidade, o lugar e o público certo para seu produto, além de ser um potencial agente de conscientização dos cidadãos.

Assim, no ecoturismo, o marketing verde pode atuar como um agente limitador da expansiva demanda. Alguns destinos, quando trabalhados sem uma premissa de sustentabilidade, incluindo seu plano de marketing, podem se tornar alvos do turismo de massa mal implementado, como as praias do litoral paulista e de Santa Catarina, que foram exploradas ao máximo em prol do lucro do capitalismo e sofrem com suas consequências até os dias de hoje, sendo sua recuperação um desafio para autoridades e sociedade.

O marketing verde direciona a divulgação dos produtos para uma demanda específica; dessa maneira, as capacidades de carga podem ser respeitadas com um contingente controlado da demanda, evitando a degradação ambiental. Ressalta-se que a divulgação nos meios corretos atinge a demanda esperada, evitando a presença de "visitantes indesejáveis" que não respeitem as regras ambientais.

Os empreendedores devem tomar cuidado com a propaganda falsa. Adotar uma postura ambiental e socialmente correta nem sempre torna as atitudes fáceis de serem tomadas e realizadas, expondo o consumidor ao risco de uma propaganda enganosa, considerando que o turismo é um segmento da economia que visa o lucro, assim como todas as outras atividades. Dessa maneira, os oportunistas do mercado não dão valor adequado à matéria-prima de seus produtos, ao meio ambiente e à cultura (ecoportunismo), chamando de "ecoresort" um hotel apenas por estar situado à beira-mar, desconsiderando as emissões de dejetos na água ou a destruição da flora nativa na sua construção[1].

Outro fator de grande magnitude e que influi diretamente na quantidade de visitantes em área natural, como as unidades de conservação, é a divulgação destas pela mídia. De acordo com a Lei federal n. 9.985 de 2000 (Snuc), para a divulgação de qualquer UC é necessário obter autorização prévia do órgão responsável. Para a gestão de um parque nacional, especialmente nas situações em que ainda não existe uma estrutura de visitação adequada, é fundamental que essa norma seja seguida, caso contrário corre-se o risco de que a atividade de turismo se torne muito superior à sua capacidade de suporte. Além disso, as informações fornecidas podem ser equivocadas ou incompletas, com consequentes problemas para a gestão, tais como atrair o turismo de massa ou pessoas que desconhecem as especificidades do local a ser visitado, as quais muitas vezes não sabem que estão em uma área especialmente protegida para a conservação da natureza. Quantos exemplos se conhece de localidades que foram divulgadas de forma precipitada, ou até mesmo irresponsável, criando sérios problemas ambientais e estruturais nos atrativos divulgados? Os tais "paraísos ainda desconhecidos", ao aparecerem na mídia, são imediatamente transformados em desejos de consumo que, por sua vez, são estimulados por empresários inescrupulosos, que os vendem como pacotes de turismo conhecidos pelo apelo de "visite antes que acabe", chamando a atenção à possibilidade do turista conhecer o lugar pioneiramente, ou antes de sofrer as influências das alterações climáticas, que poderão, a curto, médio ou longo prazo, destruir o "atrativo".

1 Ver Capítulo 8.

Marketing responsável: o papel do governo

A primeira responsabilidade que caberia ao governo não tem ligação direta com o turismo. Garantir à população infraestrutura básica, como saneamento, energia, condições de transporte, saúde, educação, limpeza e segurança, são deveres para a sociedade local e um fator fundamental para o visitante (Corrêa, 2006). A infraestrutura garante o bem-estar da população e seu desenvolvimento econômico, trazendo melhorias para a comunidade local e satisfação para o visitante, que encontra um lugar com qualidade de vida. Para o ecoturismo, a atuação do governo é extremamente importante, pois conciliar desenvolvimento econômico e preservação ambiental ainda é um desafio para muitos.

Com relação ao turismo, o governo tem como obrigação organizar e integrar todos os participantes diretos e indiretos da atividade turística, como as supracitadas infraestrutura básica e turística (o *trade* propriamente dito) e a criação de uma superestrutura (leis e regimentos) que estabeleça diretrizes para o bom desenvolvimento da atividade (Martins e Silva, 2006).

Outra função do órgão oficial de turismo no Brasil, o Ministério do Turismo (MTur), é promover o país como destino turístico no mercado mundial. Para isso, foi criada a Empresa Brasileira de Turismo (Embratur), que cuida exclusivamente da promoção do país. Essa instituição ganhou destaque e força no início dos anos de 2000, quando foi criado um plano de marketing para colocar o país no mercado global. As atitudes tomadas pelo MTur para a promoção do país nesse período foram: desenvolvimento do *Plano de Marketing do Turismo Nacional* e *Plano de Marketing do Turismo Internacional*; criação de uma marca que caracterizasse o país e seu produto, que ficou conhecida como a Marca Brasil; participação em eventos internacionais relacionados ao turismo; e renovação do material promocional com o *Plano Nacional do Turismo 2007-2010* (2007)[2].

Um dos macroprogramas estabelecidos pelo *Plano Nacional do Turismo* para o período de 2007 à 2010 consistiu na "Promoção e apoio à comercialização", com base na consolidação da imagem de um país moderno, alegre, hospitaleiro e capaz de oferecer serviços de qualidade para todos os visitantes.

O primeiro passo tomado pelo Ministério, no período de 2003 a 2007, foi realizar um estudo completo do produto turístico brasileiro e analisar a identidade turística, de maneira a criar uma marca que representasse o

---

2 Ver Capítulo 9.

país no exterior: o *Plano Cores do Brasil* (Brasil, 2008b). Essa fase do plano representou o componente do marketing mix relacionado ao produto. O governo analisou os roteiros oferecidos no país, a situação do serviço turístico, a opinião da demanda e o valor real dos serviços. Esse estudo inicial focou o turista doméstico e suas características como renda, tempo de permanência, gastos, principais destinos, sazonalidade dessa demanda, motivações e percepções. O Ministério do Turismo, após o conhecimento das características do cliente, iniciou seus estudos do produto, analisando os principais roteiros brasileiros, os empreendimentos do *trade* turístico, a acessibilidade e os segmentos mais visitados.

Após o detalhamento do produto houve o estudo da praça, ou seja, dos locais onde os produtos nacionais estão sendo comercializados. Nesse caso, o Ministério focou as agências de viagens, analisando os principais produtos vendidos, inclusive os internacionais, para saber o grau de preferência pelo turismo doméstico entre os brasileiros, a opinião dos agentes sobre as destinações, características e preferências da demanda e preços comercializados. Dentro da pesquisa, as agências foram questionadas quanto ao preço do produto turístico, e os resultados apontados pelos vendedores revelaram que o preço é um fator que inibe a demanda doméstica no país.

O último ponto de estudo foi a promoção dos roteiros existentes, realizado no Salão do Turismo, o principal evento de turismo doméstico no Brasil. Foram analisados os materiais gráficos utilizados, as informações fornecidas, a atratividade, o poder de persuasão e a aparência física de onde estava localizado o ponto de informação. Dentro da comunicação em turismo, a análise mostrou um resultado decepcionante, pois, apesar da grande quantidade de destinos, o material informativo era precário e com qualidade inferior ao serviço oferecido. Também foram analisados os canais de comunicação pelos quais os turistas souberam da destinação, e, além dos já especificados anteriormente, os turistas revelaram a importância das recomendações de parentes a amigos.

O *Plano Aquarela*, segundo passo do Ministério, teve como finalidade a divulgação do país no exterior, e seu planejamento teve início no ano de 2005 (Brasil, 2008c).

Assim como o *Plano Cores do Brasil*, o *Plano Aquarela* teve por base os estudos do produto turístico nacional e elaborou uma pesquisa para a demanda internacional. Com esta etapa concluída, foi elaborado o *Macro Programa Geral*, que apresentava as diretrizes para a confecção de um novo material informativo para o país e estratégias de posicionamento desses materiais no mercado internacional, além de uma estratégia de armazenamento e aquisição de dados relativos ao mercado turístico; a posição de uma estratégia de comercialização; e, finalmente, um plano de operacionalização para que os objetivos traçados fossem alcançados.

A principal atitude com relação à divulgação do país foi a criação da *Marca Brasil*, em 2005 (Figura 12.1), por meio de um concurso popular, como um símbolo que consolida o país em materiais publicitários, a fim de criar uma identidade mercadológica para o produto turístico nacional.

Figura 12.1 Marca Brasil. Plano Aquarela 2007-2010.
Fonte: BRASIL (2008c).

As cores foram selecionadas para representar as principais características brasileiras: verde para as florestas, amarelo para o sol e as praias, o azul dos céus e águas, o vermelho das festas populares e o branco da religião popular. Assim, como todo produto tangível tem uma marca que fortaleça suas características no mercado, o Ministério do Turismo promoveu essa marca para fortalecer a imagem do Brasil em suas campanhas internacionais.

Portanto, o *Plano de Marketing* do Ministério abrange todos os segmentos do turismo, procurando ressaltar a beleza cultural do país. Assim, é fundamental que os estados e municípios trabalhem com o Ministério na promoção de suas cidades, principalmente as que possuem atrativos ecoturísticos, pois é indiscutível o potencial brasileiro nesse segmento.

Da retórica para a ação

O marketing do turismo, em especial o do ecoturismo, deve seguir todos os passos recomendados e pertinentes a qualquer atividade econômica, mas, como em todas as atividades que têm ligação direta com ambientes naturais, muitos deles extremamente frágeis, ele deve estar bastante atento aos preceitos éticos e responsáveis que a atividade exige. O mais comum na contemporaneidade é a tentativa de associar o prefixo "eco" em toda e qualquer atividade: o chamado eco-oportunismo. A empresa inglesa Futerra Sustainability Communications, em seu *The Greenwashing Guide*[3] cita dez características do eco-oportunismo, que a empresa denomina *Greenwash*: divulgar palavras bonitas sem consistência; oferecer produtos verdes em empresas sujas; divulgar imagens enganosas; focar uma pequena ação verde; emitir a autocertificação; confundir, menos poluente não é verde; usar jargão pseudocientífico; ter amigos imaginários; não apresentar provas; mentir sem escrúpulos.

Todas essas ações podem ser encontradas com facilidade nas empresas que lidam com turismo, direta ou indiretamente. Por exemplo, nos diários de bordo de companhias aéreas, poluidoras em potencial, são divulgadas ações mínimas de cuidados ambientais, geralmente insignificantes, mas que na propaganda parecem ser cuidados muito importantes. Nas operações de ecoturismo as incoerências são muitas, desde a locação de transporte poluente, até a oferta de alimentos bastante artificiais; nas empresas de turismo de massa, a oferta de pacotes de turismo na natureza com o mesmo formato do turismo massificado, mas promovido em áreas naturais; a associação de empresas poluentes com organizações não governamentais (ONGs) ou outros parceiros (reais ou imaginários) para parecer sustentável, e assim por diante.

Todos querem ter sua imagem associada a belas paisagens, a boas ações, inclusive os turistas ou os cidadãos que querem estar na "moda", por isso, cabe aos profissionais de marketing e de turismo tomarem todos os cuidados para que a promoção dos produtos, dos destinos, seja extremamente responsável e ética[4].

Sabe-se que a maioria das ações de sustentabilidade é somente retórica e midiática. A ideia da sustentabilidade está na agenda das corporações em suas estratégias de marketing, mas ainda não configura um aspecto relevante quando se trata de questões comerciais ou de atitudes e valores da própria empresa.

O ecoturismo é uma imensa oportunidade de se mudar o panorama, uma vez que seus adeptos são formadores de opinião, e parece haver maior disponibilidade das empresas em assumir uma forma coerente de busca da incorporação dos ditames da sustentabilidade.

---

3 Disponível em: http://www.futerra.co.uk/downloads/Greenwash_Guide.pdf.

4 Vide capítulos 10, 13 e 15.

Box 12.1 – Passaporte Sustentável – WWF e Central de Intercâmbio (CI)

O passaporte sustentável consiste em uma cartilha produzida pelo WWF Brasil em parceria com a agência de viagens CI e tem a finalidade de conscientizar o usuário para o turismo sustentável, por meio de dicas que podem ser colocadas em prática antes, durante e depois da viagem.

Em seu conteúdo encontram-se questões relativas ao turismo sustentável com uma breve abordagem do tema, medidas tomadas antes da viagem (como a escolha do meio de transporte utilizado, incentivo ao consumo de produtos tipicamente brasileiros, e excesso de bagagens que podem resultar em excesso de resíduos), durante (como a participação e o respeito pela cultura e meio ambiente local, evitar desperdícios, incentivo ao consumo de produtos típicos e bom relacionamento interpessoal com os moradores) e ao término da experiência (reciclagem de resíduos e preservação da boa imagem do destino).

Assim, a cartilha cumpre o seu papel na divulgação tanto do WWF Brasil quanto da agência de turismo CI, fazendo com o que o consumidor se interesse em conhecê-los e ao mesmo tempo aprenda com o conteúdo disponibilizado, tornando-se um ótimo exemplo de marketing verde.

Fonte: Adaptado de WWF-Brasil, disponível em www.wwf.org.br

Box 12.2 – A comunicação da sustentabilidade: desvios e desafios

"Não é preciso ser um observador arguto para perceber que a sustentabilidade, assim como foi a qualidade em outros tempos, está se transformando em atributo para a construção de marcas de grandes empresas no Brasil.

Qualquer um que tivesse ficado perdido, por dois anos, em uma ilha asiática qualquer, e retornasse agora pela manhã ao país, ficaria com a impressão de que as grandes corporações brasileiras resolveram incluir no seu *core business* a salvação da humanidade e do planeta. Páginas e páginas de revistas e jornais, *spots* de rádio, portais na internet e milhares de minutos em horário nobre na televisão – a um custo que poderia ajudar a preservar a Amazônia do desmatamento – trazem, todos os dias, mensagens reforçando os compromissos socioambientais de empresas, o que leva a concluir que consideram este um diferencial importante e desejam, de fato, ser identificadas com ele.

Apesar de convencional, muito bem escorado nos fundamentos da propaganda, o expediente utilizado pelas empresas parece receita de sucesso garantido: uma boa mensagem criativa que sirva para 'embalar' as ações socioambientais, martelada com intensa freqüência nos meios de comunicação de massa, em torno de um tema que o consumidor e a sociedade valorizam, criará invariavelmente a percepção de que a e empresa é sustentável, atraindo para este posicionamento simpatia e admiração públicos. Será? Há um elemento novo que pode confundir o resultado líquido e certo da equação: a desconfiança crescente das pessoas em relação a propagandas desse tipo, algo que, de algum modo, uma pesquisa do Ibope constatou há dois meses. Cerca de 46% dos brasileiros — apontou o estudo — acham que as ações de responsabilidade social e ambiental constituem apenas uma estratégia de marketing.

Qualquer um que se proponha a conversar com pessoas nas ruas, estar nos seminários especializados ou freqüentar os círculos de formadores de opinião, sabe que persiste uma certa cisma de que, em sustentabilidade, as corporações fazem menos do que apregoam e bem menos do que fariam se o tema não representasse um valor para os negócios na percepção dos consumidores e da sociedade. Diante desse quadro, cabe refletir sobre as razões pelas quais as pessoas duvidam das mensagens da propaganda sustentável. Com certeza, não existem respostas conclusivas. Há sabidamente uma natural tendência de desconfiar de tudo o que vem de empresas e um preconceito – equivocado como qualquer outro – de achar que, por instinto, elas jamais deixariam de colocar o lucro acima de valores e princípios socioambientais. Dados os devidos descontos, o fato é que parece mesmo haver excesso de marketing.

Em alguns casos, o marketing tem assumido, nas empresas, o pensamento estratégico sobre sustentabilidade – uma decisão que, em si, denota um contrassenso, na medida em que sustentabilidade pressupõe mudança organizacional mais ampla de cultura, modelos de produção e revisão de estratégias de negócio; e que revela sobretudo a intenção da empresa de associar o tema aos produtos, negócios e marca. A simplificação, o imediatismo de resultados e a crença na autossuficiência da propaganda são três dos vícios que o marketing transfere para o tema.

Abrigar as ações sociais e ambientais sob um slogan criativo pode até impactar o consumidor, mas não diz tudo o que a empresa faz. Pior do que isso, acaba por desinformá-lo. O tom emocional das campanhas, reforçado por imagens poéticas e metáforas grandiloquentes, não comunica fatos, resultados e nem conduz a transformações positivas na vida das sociedades e do planeta. Isso leva o consumidor a desconfiar de que a mensagem é apenas mais um truque publicitário.

Não são poucos os eventos técnicos nos quais profissionais de marketing defendem o investimento em propaganda de práticas socioambientais como um "diferencial estratégico" para a marca. Também não são raros os fóruns em que experts abordam eventuais resultados do "atributo sustentável" para o *branding*. Muito embora todos aclamem o tema e o distingam como novo "componente de marca" poucos são, no entanto, os que se dão ao trabalho de mensurar o seu peso relativo ou os seus resultados concretos, o que não os impede de tentar alcançá-los com um senso de urgência típico do marketing.

Anda meio fora de moda achar que a propaganda resolve tudo. Ela tem evidentemente o seu papel. E é legítimo que as empresas recorram a ela para comunicar sua atitude sustentável, observando – claro – cuidados em relação à forma, ao conteúdo e à quantidade. Mas ela só deve ser utilizada, no caso da sustentabilidade, se as práticas socioambientais estiverem, de fato, integradas à estratégia da empresa. Em suas campanhas, as corporações devem assegurar a transparência dos fatos comunicados, reforçarem boas práticas que possam ser disseminadas, evitar o tom laudatório e, principalmente, equilibrar os recursos investidos em mídia e nas práticas de sustentabilidade.

Mais importante do que a propaganda são as ações de comunicação voltadas para os diferentes públicos de interesse. Realizadas com planejamento, ajudam a consolidar a percepção sobre a relação dos grandes temas da sustentabilidade com a identidade da empresa. Não se pode construir imagem sem antes fortalecer a reputação. E reputação se constrói nas relações com os *stakeholders*. Quem quiser queimar etapas, corre o risco de continuar contando com a desconfiança dos consumidores e da sociedade."

Fonte: Voltoni (2007).

Questões para reflexão

1) A variável ecológica das propagandas é real ou apenas uma apelação mercadológica para atrair novos consumidores e atender exigências legais?
2) A complexidade da análise mercadológica, estudada no capítulo, impede que algumas empresas do ramo do turismo se utilizem da propaganda responsável, optando por uma alternativa mais barata e nem sempre responsável a fim de minimizar custos e tempo?
3) A comunicação no turismo é realmente eficiente em todas as variáveis da comunicação, ou seja, todos os envolvidos no mercado do turismo estão conscientes de seu papel nesse mercado?

Referências

BISSOLI, M.A.M.A. **Planejamento turístico municipal com suporte em sistemas de informação**. São Paulo: Futura, 2002.

BRASIL. [MTur] Ministério do Turismo. **Ecoturismo: orientações básicas**. Brasília: Mtur, 2008a.

______. **Plano Cores do Brasil**. Brasília: MTur, 2008b.

______. **Plano Aquarela**. Secretaria Nacional de Políticas de Turismo, Departamento de Estruturação, Articulação e Ordenamento Turístico, Coordenação Geral de Segmentação. Brasília, 2008c.

CAZZALI, A.R. **Comunicação e meio ambiente no fortalecimento da marca**. São Bernardo do Campo: Universidade Metodista de São Paulo, 2006.

COBRA, M. **Marketing de turismo**. São Paulo: Cobra Editora e Marketing, 2005.

______. **Marketing essencial: conceitos, estratégias e controle**. São Paulo: Atlas, 1986.

CORRÊA, W. **Ações estruturadas de comunicação e marketing para o desenvolvimento sustentável de um produto turístico**. São Paulo: Escola de Comunicação e Artes da Universidade de São Paulo, 2006.

DIAS, R. **Marketing ambiental: ética, responsabilidade social e competitividade nos negócios**. São Paulo: Atlas, 2007.

FEIJÓ, F. **Marketing hoteleiro**. Curso Técnico em Hotelaria, 2002. Disponível em: http://scholar.google.com.br/schhp?hl=pt-BR. Acessado em: 3 dez. 2008.

GASTAL, S. Turismo na Pós-Modernidade: agregando imaginários. In: GASTAL, S.; CASTROGIOVANNI, A. (orgs.) **Turismo na pós-modernidade (des) inquietações**. Porto Alegre: EDIPUCRS, 2003, p. 51-60.

JAPPE, M. **Turismo e os meios de comunicação: a divulgação do turismo rural no município de São José dos Ausentes/RS**. Santa Maria: Universidade Federal de Santa Maria, 2005.

KANNI, F. **Plano diretor de desenvolvimento turístico de Ribeirão Grande**. Ribeirão Grande: PMRG, 1997.

KOTLER, P.; ARMSTRONG, G. **Princípios de marketing**. Rio de Janeiro: Prentice-Hall, 1993.

LUCHIARI, M.T.D.P. **Patrimônio, natureza e cultura**. Campinas: Papirus, 2007.

MARTINS, J.X.; SILVA, W. G. Estratégias de Políticas Públicas como Subsídio ao Planejamento Turístico no Estado de Mato Grosso do Sul: o Caso da Grande Dourados. In: **Revista Faces da Academia.** Vol 1, n1, Uniderp, Campo Grande, 2006.

McCARTHY, E.J. **Marketing básico: uma visão gerencial**. Rio de Janeiro: Zahar, 1976.

McKERCHER, B. **Turismo de natureza: planejamento e sustentabilidade**. São Paulo: Contexto, 2002.

[OMT] Organização Mundial do Turismo. **Introdução ao turismo**. Trad. Dolores Martin Rodriguez Corner. São Paulo: Roca, 2001.

OTTMAN, J.A. **Marketing verde**. São Paulo: Makron Books, 1994.

SÁ, R.B.V. de. **A imagem do Brasil no turismo: construção, desafios e vantagem competitiva**. São Paulo: Aleph, 2002

SANCHO, A. **Introdução ao turismo**. São Paulo: Roca, 2001.

TEIXEIRA, A. **Marketing ambiental**. Disponível em: http://scholar.google.com.br/schhp?hl=pt-BR. Acessado em: 2 dez. 2008.

VOLTONI, R. A comunicação da sustentabilidade, desvios e desafios. **Revista Idéia Socioambiental**, 14 dez. 2007.

YASOSHIMA, J.R. A comunicação turística como manifestação da hospitalidade de um destino. In: **Anais do X Celacom**. São Paulo: Universidade Metodista de São Paulo, 2004.

13 Certificações na atividade turística

Renata Fronza Saraceni
Zysman Neiman

Introdução

Fazer com que o turismo, enquanto atividade econômica inserida no modelo neoliberal em uma sociedade do consumo, do descartável e da volatilidade seja sustentável é um grande desafio. Como preservar localidades para as gerações futuras, ou dar um atendimento com qualidade em um setor com alta rotatividade de funcionários que, na maioria das vezes, detêm baixa escolaridade?

Alguns autores já fizeram suas reflexões sobre o assunto. Para Barretto (2005, p. 56)

> o desenvolvimento sustentável de uma localidade requer crescimento econômico, acompanhado de uma distribuição equilibrada da renda e da devida proteção dos recursos naturais – base das suas potencialidades –, com vistas a assegurar uma qualidade de vida adequada tanto

para as atuais como para as futuras gerações. Esse processo se viabiliza com a participação efetiva da sociedade tanto nas atividades de planejamento como nas de gestão das atividades para o desenvolvimento.

De acordo com a Organização Mundial de Turismo (OMT, 2001), a sustentabilidade dessa atividade só será viável se o poder de conservação dos lugares turísticos essenciais for administrado e, em seguida, rigorosamente implantado por meio de um sistema eficiente de controles de operação e planejamento. Nesse sentido, muitos estudos e regulamentações precisam ser realizados, de modo que possam se constituir os alicerces de longo prazo dos projetos e estratégias da administração da atividade.

Os Sistemas de Gestão Ambiental (SGA)[1] visam à redução dos impactos das atividades humanas no meio ambiente, e, para que se atinja esse objetivo, os processos de certificação ganham importância fundamental.

São inúmeras as certificações no Brasil e no mundo. Para que haja de fato controle e planejamento eficientes do turismo, a estratégia segura pode ser a implantação de um SGA por meio da escolha de um entre os diversos "selos" de certificação de qualidade disponíveis, para que se encontre o mais adequado à realidade local. Além disso, mais do que "certificar-se", os empreendedores e profissionais do turismo precisam adotar uma nova consciência de suas responsabilidades, acreditando e apostando em estratégias sustentáveis, ou seja, que os métodos adotados sejam mantidos, por meio de controle, manutenção e correção quando necessário.

Certificação: o que é?

As certificações ganharam força na década de 1990, quando as discussões sobre meio ambiente entraram em voga no mundo. Segundo Gonçalves (2004), a norma pioneira foi a britânica BS7750 (Specification for Enviromental Management Systems).

As certificações configuram-se pela criação e aplicação de ações que têm como meta o aperfeiçoamento dos negócios e que são representadas em forma de selo, proporcionando um incentivo de mercado. O selo, ou logotipo de marketing, será fornecido para empreendimentos que alcançarem um determinado padrão de eficiência e desempenho, demonstrando

1 Ao longo do Capítulo 7 foram discutidas as possibilidades de planejamento e gestão das áreas naturais, com a ordenação das diversas atividades existentes, entre elas o turismo.

as credenciais ambientais e sociais que permitam aos consumidores identificar empreendedores responsáveis.

Tais selos simbolizam as certificações e são conquistados pelas empresas que procuraram um órgão certificador, que não necessariamente é o mesmo que irá supervisionar se as metas estão sendo cumpridas de acordo com aquelas estabelecidas para a certificação.

No setor ecoturístico, as empresas passíveis de certificação podem ser: meios de hospedagem, operadores, agências de viagens, parques naturais, restaurantes e afins, serviços etc.

Para iniciar um processo de certificação, é necessário o levantamento e o diagnóstico de tudo o que é necessário ser feito para que se obtenha o selo desejado. O segundo passo consiste em traçar meios de se atingir os objetivos e metas recomendados pelo órgão certificador. Por parte da empresa a ser certificada, deve haver comprometimento e cumprimento dos prazos.

O trabalho deve ser visto com seriedade e a qualidade do serviço certificado deve se tornar a própria filosofia de trabalho do empreendimento. Não basta pensar que a certificação é apenas uma forma de se dar maior visibilidade ao negócio, com consequente aumento de público, melhor inserção no mercado, ou obtenção de mais lucro. Se uma coisa não estiver desvinculada de outra, a empresa poderá obter diversas vantagens, entre elas, o lucro obtido ao final do processo será naturalmente maior. Um dos sistemas de certificação mais conhecidos mundialmente é desenvolvido pela ISO (International Organization for Standardization), uma federação mundial não governamental fundada em 1947 que conta com a participação de 111 países, sediada em Genebra, Suíça. Seu objetivo é propor normas e padrões relativos a medidas, procedimentos, materiais e seu uso praticamente em todos os setores de atividades. Os trabalhos da ISO resultam em acordos internacionais que são publicados como normas a serem seguidas por todos. A Associação Brasileira de Normas Técnicas (ABNT) representa o Brasil nesse grupo.

No entanto, nem todas as certificações são vinculadas aos sistemas da ISO, sendo que a maioria possui métodos próprios, e diversas maneiras para a construção de SGA. Algumas se baseiam nas normas da ISO, já que estas são um padrão de referência muito conceituado, e propõem adaptações a cada realidade, mantendo o objetivo comum desses programas, ou seja, a conservação do meio ambiente, com a redução dos impactos gerados pela empresa e a melhoria da qualidade dos produtos oferecidos, sejam eles quais forem.

Cada setor mercadológico possui as certificações específicas para sua área. No setor turístico e ambiental podem ser citadas: Hóspedes da Natureza; Roteiros de Charme; Programa Aventura Segura; Programa de Certificação da Qualidade no setor de Turismo (parceria entre o Instituto de Hospitalidade e a ABNT); Eco Certificações, ISO 14001; Green Touris; Green Globe 21; CST; Emas (Eco-Management and Audit Scheme, que é uma alternativa à ISO 14001, permitida apenas na União Europeia); Viabono (certificadora Alemã); Green Leaf (exclusiva para hotéis); EU flower; Biosphere Hotels; Ecolabel Austrália; Ecolabel Áustria; Nordic Swan; e o Programa de Certificação em Turismo Sustentável (PCTS).

Desses vários programas já criados com a finalidade de reduzir os impactos ambientais causados, fica a critério de cada empresa verificar o mais adequado aos seus padrões, após analisar os métodos de implantação, de avaliação, de correção e dos custos propostos.

As "ecocertificações" podem ter como requisito itens que, para se alcançar a viabilidade ecológica, englobem: qualidade e manutenção dos atrativos naturais, impactos construtivos, eficiência energética, conservação e gestão do uso de água, seleção e uso de insumos ambientalmente corretos, benefícios para a comunidade local etc.

Como exemplo nacional, há o "Programa Aventura Segura", implantado inicialmente em quinze destinos, que exige que sejam estabelecidas normas para a qualificação profissional no setor, a assistência técnica a empresas que venham a adotar um Sistema de Gestão da Segurança, e o apoio na parte técnica no que tange aos equipamentos utilizados nessa área. A adesão a esta certificação se dá de forma voluntária (Box 13.1).

Box 13.1 – Qualificação e certificação em turismo de aventura

O Programa de Qualificação e Certificação do Turismo de Aventura – Programa Aventura Segura é uma iniciativa do Ministério do Turismo em parceria com o Sebrae Nacional, executada por meio de um convênio com a Associação Brasileira das Empresas de Turismo de Aventura (Abeta). Consiste na soma das ações de fortalecimento institucional, geração e disseminação de conhecimento, qualificação de pessoas e empresas, subsídio à avaliação da conformidade para condutores e empresas, e formação de grupos voluntários de busca e salvamento (GVBS).

O Programa foi iniciado em janeiro de 2006 e sua concepção contemplou ações de abrangência nacional, por exemplo, as metas de geração e disseminação do conhecimento e os cursos de educação à distância. Visando concentrar esforços e maximizar resultados, o Ministério do Turismo, em parceria com o Sebrae e a Abeta, definiram os quinze primeiros destinos turísticos a serem apoiados pelo programa, com base no Programa de Regionalização – Roteiros do Brasil.

Para a seleção dos destinos, também foram adotados critérios como o potencial para comercialização internacional, o número de atividades ofertadas, a concentração de empresas, a capacidade de mobilização e articulação, entre outros.

Os quinze destinos turísticos nacionais priorizados nessa fase foram: Rio de Janeiro (RJ); Fortaleza (CE); Bonito (MS); Chapada Diamantina (BA); Chapada dos Veadeiros (GO); Florianópolis – SC; Vale Alto Ribeira – SP; Serra do Cipó – MG; Foz do Iguaçu – PR; Serras Gaúchas (RS, SC); Brotas (SP); Serra dos Órgãos (RJ); Lençóis Maranhenses (MA); Manaus (AM) e Recife (PE).

Objeto do Programa Aventura Segura

Fortalecer, qualificar e estruturar o segmento do turismo de aventura no Brasil, realizando iniciativas voltadas para o desenvolvimento com qualidade, sustentabilidade e segurança.

O Programa Aventura Segura divide-se em seis metas:

1. geração e disseminação de conhecimento do turismo de aventura
2. estímulo ao associativismo – a união do turismo de aventura
3. qualificação profissional – qualidade e aperfeiçoamento para guias e condutores
4. qualificação de empresas – gestão segura para o negócio de turismo de aventura
5. subsídio à certificação – certificado de segurança para empresas e condutores
6. formação e capacitação de grupos voluntários de busca e salvamento (GVBS)

Resultados Esperados

O projeto, por sua abrangência, capacidade de mobilização e impacto, buscou transformar significativamente o cenário do turismo de aventura no Brasil. Esperava-se, com isso, fortalecer o segmento, aumentar a qualidade e a segurança das atividades de turismo de aventura ofertadas, qualificar os destinos, conhecer a própria realidade e, assim, poder traçar estratégias e ações futuras adequadas, nacional e internacionalmente.

Com isso, o turismo de aventura brasileiro tem tudo para se estabelecer como uma atividade promissora, e ganha o Brasil, que se tornará um destino à altura do turismo de aventura mundial.

Fonte: adaptado de Programa Aventura Segura, Abeta (www.abeta.com.br)

A ISO emitiu a norma ISO 14001, específica para o SGA, apontando os requisitos para implantação, manutenção, auditoria e melhoria. A ABNT adotou essa norma como brasileira, dando-lhe o nome NBR ISO 14001. Somente empresas que adotam uma série de procedimentos para evitar danos ao meio ambiente obtêm esse certificado.

O Instituto de Hospitalidade (IH), em estreita colaboração com o Conselho Brasileiro de Turismo Sustentável (CBTS), coordenou o desenvolvimento de normas no âmbito do PCTS (Box 13.2). Segundo esse programa, para que um empreendimento consiga o selo de certificação é necessário que cumpra algumas etapas, para que se alcance o objetivo final. Em primeiro lugar se faz necessário planejar, ou seja, estabelecer metas; após o planejamento vem a fase da implementação; em seguida, a verificação dos resultados positivos e negativos deve ser feita, e só então a realização de ações para a melhoria, fechando assim o ciclo denominado PDCA (do inglês *Plan – Do – Check – Act*) (Conselho Nacional da Reserva da Biosfera da Mata Atlântica e Instituto de Hospitalidade, 2005).

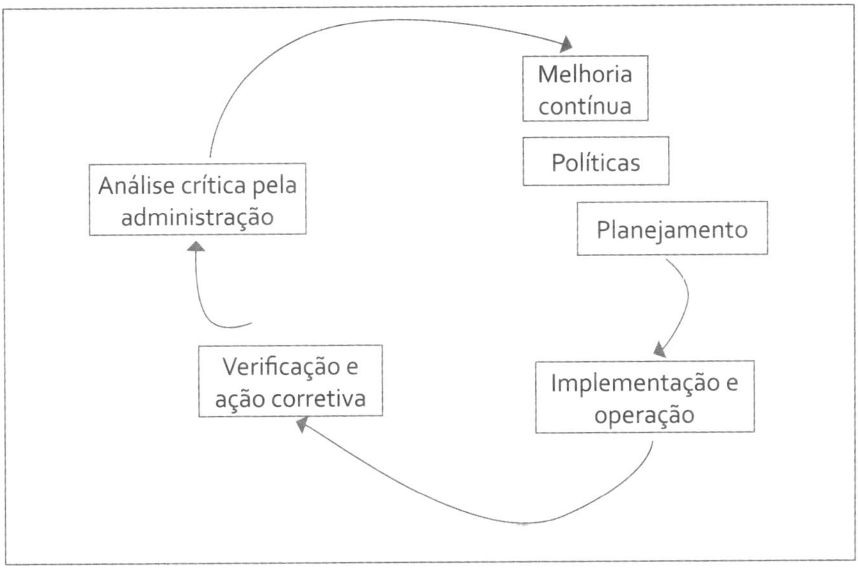

Figura 13.1 Esquema ilustrativo do Plan-Do-Check-Act (PDCA) adaptado.
Fonte: Conselho Nacional da Reserva da Biosfera da Mata Atlântica e Instituto de Hospitalidade (2005).

Box 13.2 – Instituto de Hospitalidade e ABNT juntos para potencializar o Programa de Certificação da Qualidade no Setor do Turismo

O Instituto de Hospitalidade (IH) fez parceria estratégica com a Associação Brasileira de Normas Técnicas (ABNT) para Certificação da Qualidade no Setor de Turismo.

Ao longo da última década (1990), o IH estabeleceu, em âmbito nacional, referências conceituais e práticas e de efeito multiplicador que geraram novas formas de ver, pensar e agir no setor de turismo, visando o aproveitamento do enorme potencial desse setor para gerar benefícios à sociedade.

"O IH liderou a criação de referências para avaliar e certificar a qualidade no turismo brasileiro. Em 10 anos gerou todas as 80 normas de qualidade para o setor", diz Wagner Fernandes, Presidente Executivo do IH.

A parceria com a ABNT, entidade que se constitui no fórum nacional de normalização e uma das maiores certificadoras brasileiras, permitirá que essa associação assuma o compromisso de potencializar e expandir as iniciativas da área de certificação, por meio do recebimento do conhecimento construído pelo IH nessa área de atuação, nele incluído o Sistema da Qualidade e respectivas tecnologias, desenvolvido em caráter pioneiro e com liderança no setor de turismo no Brasil.

O IH é líder e pioneiro na normalização e certificação para o setor turístico brasileiro, com destaque para a certificação de profissionais e para a normalização dos setores relacionados ao turismo sustentável e ao turismo de aventura. As normas técnicas criadas pelo IH para avaliação e certificação de pessoas e empresas são hoje referências e padrões de qualidade para o turismo brasileiro.

Em virtude desse pioneirismo, em 2006 o IH se tornou o primeiro organismo certificador de pessoas no setor de turismo no mundo a ter o processo de certificação acreditado de acordo com a norma ISO 17024. A acreditação constitui a expressão formal do reconhecimento, pelo Instituto Nacional de Metrologia, Normalização e Qualidade Industrial (Inmetro), da competência técnica do IH para realizar certificações de pessoas, tendo como referências as normas brasileiras para o setor.

A acreditação do Inmetro é válida para os processos de certificação referentes às ocupações relacionadas aos meios de hospedagem (atendente de reservas, auditor noturno, camareira, capitão-porteiro, chefe de governança, chefe de recepção, chefe de reservas, concièrge, gerente de camping, gerente de meios de hospedagem, mensageiro, recepcionista em função especializada, recepcionista em função polivalente e reparador polivalente) e às agências de viagens (agente de viagens e gerente de agência de viagens).

Fonte: adaptado de Programa de Certificação em Turismo Sustentável, www.pcts.org.br.

Certificação, qualificação e profissionalismo

Infelizmente, parece acontecer com as certificações o mesmo fenômeno que ocorre com a maioria das novidades implementadas no mercado, para as quais se observa um *boom* seguido de um acentuado declínio, que pode levar a extinção ou a normalização do produto. Pode ser que uma eventual estagnação dos processos dos programas de certificações se dê pelo fato de que estes não envolvem todas as faces necessárias (social, política, econômica, cultural/ambiental), ou talvez por haver casos nos quais as empresas tenham sido levadas a implantar um SGA apenas por pressão do mercado, enquanto isso foi uma tendência, mas, com foco apenas no âmbito econômico, tenham tomado poucas medidas ambientais, e utilizado da certificação apenas como tentativa infrutífera de promoção.

Segundo Gonçalves (2004), há uma forte tendência de que a busca pela qualidade ambiental deixe de ser um problema e passe a ser um fator de competitividade empresarial e, sobretudo, de responsabilidade social. A redução do consumo de energia e de água, a reciclagem de lixo e a otimização dos processos são algumas das medidas que podem tornar os empreendimentos mais eficientes do ponto de vista da gestão sustentável[2].

As certificações são um sinal de qualidade, porém é necessário ficar atento para a continuidade do processo, pois algumas empresas estão interessadas em obter o selo e depois não prosseguem de acordo com as normas. Além disso, em momentos de crise financeira, com redução de custos, as questões referentes ao atendimento às normas ambientais podem ser vistas como supérfluas e, dessa forma, cortadas. Padronizar é garantir que o serviço de excelência seja o mesmo em todos os estabelecimentos que possuem o selo, para reconhecimento também do cliente, que já saberá o que esperar daquela marca. No entanto, qualidade é muitas vezes algo subjetivo: alguns clientes podem acreditar que ser bem atendido basta; outros levam em conta, além desse item, a parte social da empresa, por exemplo, ou ambiental. Segundo Salvati (2004, p. 87):

> Não basta existirem produtos e serviço social e ambientalmente sustentáveis aos olhos do consumidor. É preciso haver cuidados com a qualidade na prestação dos serviços, índices confortáveis de satisfaçao e, se possível, superação das expectativas do cliente.

A qualidade não deve ser apenas aquela medida pelo cliente e sua satisfação, embora seja plausível acreditar que sim, pois um cliente satisfeito é um consumidor em potencial e um veículo de propaganda muito eficiente. Contudo, deve-se levar em consideração a satisfação de todo o corpo de funcionários, pois estes trabalham e atendem melhor e exercem suas funções com mais prazer quando estão satisfeitos com a empresa. São eles, também, os principais colaboradores da corporação, uma vez que, ao trabalhar diretamente com o cliente, estão aptos a perceber quais suas exigên-

2 Ver Capítulos 8 e 10.

cias, o que os satisfaz ou não e a transmitir essas informações à gerência, por exemplo. Dessa forma, para que se prime pela qualidade é preciso ter profissionais treinados, capacitados, bem colocados em suas funções e bem remunerados[3].

Ainda segundo Salvati (2004, p. 88),

> no caso da certificação do turismo, o estabelecimento de padrões a serem seguidos pode diminuir a chance de os produtos de autenticidade diferenciada e que ofereçam conceitos inovadores de qualidade em serviço, se desenvolverem e se manterem no mercado.

Mesmo correndo esse risco de perda de autenticidade, deve-se lembrar que muitas pessoas buscam a padronização por justamente poder antecipar o padrão de qualidade que procuram. Estas costumam não gostar de serem surpreendidas, o que poderia significar a transformação de uma experiência satisfatória em desastrosa.

No ecoturismo, a qualidade do serviço não depende apenas de selos, padronização e serviços bem prestados, mas também de outros fatores. Por exemplo, as condições climáticas – pode chover ou fazer muito calor, o que compromete a experiência do cliente. Isso sem mencionar que pode também haver fornecedores que, ao contrário de atender com a mesma qualidade de prestação de serviços do empreendimento, não cumpram horários e não prezem pela segurança e conforto, comprometendo toda a cadeia produtiva.

Vantagens e desvantagens da certificação

As certificações são o reconhecimento, por meio de selos ou logomarcas, das medidas tomadas pela empresa com o intuito de minimizar os impactos ambientais, ou seja, melhorar o relacionamento interno (todos os membros que a compõem, independentemente de hierarquia) e externo (fornecedores, sociedade, concorrentes, meio ambiente) da empresa, por meio da adoção de práticas denominadas SGA.

Para a adoção das práticas citadas anteriormente, é necessário que a empresa interessada faça uma análise minuciosa dos benefícios que estas trarão ao seu negócio, bem como das dificuldades em se adotar tais medidas. Fatores essenciais na decisão por um SGA são: custos, tempo, concor-

---

3 Ver Capítulo 10.

rentes, posição no mercado, público-alvo, fornecedores, enfim, tudo o que está de alguma forma relacionado à atividade exercida no negócio.

Nesse sentido, pode-se fazer a análise de algumas vantagens e desvantagens desse processo.

Segundo Diniz (2008, p. 2), as vantagens e desvantagens para a empresa de um SGA são:

Vantagens:

- aperfeiçoamento dos processos tecnológicos das empresas e diminuição dos consumos específicos de energia, matérias-primas e recursos naturais;
- minimização do impacto ambiental das atividades da empresa e melhoria da imagem perante a opinião pública;
- acesso a determinados mercados e concursos em que a certificação ambiental é obrigatória. Melhoria da posição competitiva em face dos concorrentes não certificados;
- melhoria da organização interna e aumento da motivação e envolvimento dos colaboradores internos;
- redução de riscos e redução de auditorias por parte de outras entidades.

Desvantagens:

- dificuldades no cumprimento dos requisitos legais (base de qualquer SGA) e de sensibilização/formação interna para a necessidade de alterar hábitos (desde a gestão de topo às bases da organização);
- questões que não dependem das próprias empresas: formalização e celeridade dos licenciamentos.

No que tange às vantagens, ressalta-se que a diminuição do consumo de energia, água etc., implica benefícios ao meio ambiente e à empresa, pois há redução de custos. A mudança de comportamento que proporcionará a redução de desperdício desses recursos pode ser obtida pela conscientização dos clientes e fornecedores, com pequenos gestos como fechar torneiras e apagar luzes, ou a compra de equipamentos que façam isso automaticamente após determinado tempo.

Se o SGA for implantado conforme as normas, haverá um entendimento maior acerca do assunto pelos funcionários, que, ao compreender os processos, poderão executá-los com maior eficiência. Além disso, poderão estender medidas (como a reciclagem, por exemplo) para seus lares, em um importante efeito multiplicador.

Podem ser destacados, ainda, outros benefícios: os riscos quanto a não conformidade com a legislação ambiental serão menores e, portanto, haverá redução nas penalidades por desacordo com a lei vigente; as auditorias, por parte do certificador, as quais sempre ocorrerão, se a empresa seguir a risca todos os procedimentos necessários para sua conquista e manutenção terão o selo garantido.

Uma grande dificuldade é o complexo processo educativo de conscientização, que exige continuidade, treinamento e controle, pois se houver desacordo em alguma exigência do certificador, a empresa pode estar descumprindo a lei e perder o selo.

Observa-se que há outra dificuldade no que concerne ao grande número de SGA que tem surgido no mercado, muitas vezes gerando indecisão, quanto à melhor escolha para cada caso. Uma vez decidido, cada empresa deve buscar informações a respeito dos selos, das empresas que são certificadas por eles e examinar qual se adequa melhor às suas características.

Quanto aos SGAs, é difícil garantir a continuidade dos programas; muitas vezes são implantados, conquista-se o selo e em seguida não há manutenção e continuidade do programa. Segundo Gonçalves (2004), a maioria do empresariado não encara a atuação ambiental como fonte de vantagem competitiva para seus negócios, mas sim como custo. Adquirem o selo apenas para se inserirem de forma equivalente aos seus concorrentes no mercado. Em alguns casos, porém, a não continuidade ocorre devido aos custos de implantação e manutenção, ou seja, a empresa não consegue levar adiante os objetivos por não dispor de capital necessário para a implantação e/ou manutenção do SGA. Outro problema é a alta rotatividade de funcionários em alguns setores, o que eleva os custos com treinamento e planos de conscientização.

Mesmo diante desse contexto, é evidente que as vantagens transpõem as dificuldades, pois o SGA contribui para uma empresa mais saudável no que tange a relacionamentos internos em geral e com o mercado, o público, os fornecedores e o ambiente que a circunda. Esse é um processo que poderá aumentar a visibilidade da empresa e melhorar sua imagem, podendo assim ampliar o seu lucro, pois além da redução de custos, pode haver aumento de público devido a um melhor posicionamento no mercado. Além disso, gera visibilidade e coloca a empresa dentro da tendência do mercado, melhorando sua relação com os *stakeholders*[4].

A questão da padronização dos serviços

As certificações não impedem o crescimento e o aumento da lucratividade de um empreendimento, porém podem limitá-lo quanto à autenticidade do produto ou serviço oferecido. Esse é um fator importante a ser considerado, uma vez que, ao perderem genuinidade, passam por um processo de massificação que pode afastar o cliente, fenômeno observado desde a introdução de modelos de produção em série, sobretudo com o início na Revolução Industrial, com o modelo de Henry Ford.

Essa descaracterização é mais recente nos setores de serviços, sendo possível afirmar que ficou mais evidente a partir da década de 1990. No âmbito dos processos de certificação, observa-se um crescimento acentuado de selos baseados nas normas ISO.

Com o surgimento de cadeias de empreendimentos, nas quais existe uma matriz que dita as características que devem ser implantadas nas diversas filiais, a padronização tornou-se necessária, pois só assim a "marca" controla a qualidade do que está sendo oferecido ao cliente, dando credibilidade ao produto ou ao serviço. Nesses casos, há uma aparente vantagem na padronização, pois ela facilita a fiscalização e oferece ao consumidor a previsibilidade daquilo que estará consumindo, uma vez que conhece de antemão o serviço que é oferecido por qualquer empreendimento filial daquela marca. No entanto, apesar deste ser o ponto positivo da padronização, isso não significa que ela precise ser obrigatoriamente "engessada". Uma maior liberdade às filiais poderia ser interessante, pois daria flexibilidade para adequações regionais do serviço prestado, conferindo certa originalidade capaz de surpreender o cliente, superando suas expectativas, sem abrir mão da filosofia do empreendimento ou do padrão ao qual está submetido.

Essa tendência à padronização tem sido uma característica do chamado turismo de massa (não no sentido de um turismo para os menos abastados, mas sim o turismo de uma grande maioria), e tem produzido

---

4 Segundo a Wikipédia (http://pt.wikipedia.org/wiki/Stakeholder), *Stakeholder* ou, em português, parte interessada ou interveniente, refere-se a todos os envolvidos num processo, por exemplo, clientes, colaboradores, investidores, fornecedores, comunidade etc. O processo em questão pode ser de caráter temporário (como um projeto) ou duradouro (como o negócio de uma empresa ou a missão de uma organização sem fins lucrativos).

um barateamento dos serviços prestados. Como contrapartida, vem provocando uma elevação dos custos do turismo mais autêntico, ou que oferece um serviço mais personalizado. De acordo com Prochnow e Vasconcelos (2008, p. 35):

> Durante o Acordo de Mohonk, ocorrido na cidade de New Paltz, Nova York, EUA, em 2000, foram discutidos e nivelados os princípios e componentes que devem fazer parte de todo programa sólido de certificação. Os participantes reconheceram que os programas de certificação de turismo necessitam ser ajustados às características geográficas locais e aos respectivos segmentos turísticos, definindo os componentes universais que devem fundamentar todo programa de turismo sustentável e de ecoturismo.

Os órgãos certificadores precisam, portanto, estar atentos a essas questões. Até que ponto os critérios de qualidade necessários para a obtenção de selos interferem na genuinidade do serviço oferecido? Como garantir a diversidade, o particular, se os empreendimentos e os serviços precisam adequar-se a normas rígidas que, inclusive, aumentam consideravelmente os custos operacionais? Seria possível a criação de sistemas de certificação regionais, ou locais, com critérios de exigência mais afeitos às características socioculturais e econômicas de cada realidade? Qual seria a "legitimidade" dessas certificações? Essas são perguntas para as quais ainda será preciso muita reflexão caso se deseje que os sistemas de certificação realmente colaborem para a sustentabilidade dos negócios sem que se promova a exclusão dos pequenos empreendedores locais ou da comunidade e a pasteurização das experiências dos consumidores.

Certificações *versus* Custos

O setor da atividade turística abrange diversos segmentos e, com isso, empresas de vários portes, com tamanho, capital para investimentos e lucratividade distintos. Quando se deseja medir a qualidade de um estabelecimento por meio da certificação simbolizada por um selo, é preciso que se leve em conta essa heterogeneidade. O custo da implantação das certificações é uma das grandes dificuldades que devem ser enfrentadas por aqueles que buscam seus benefícios.

Tendo em vista a incorporação do tema ambiental pelos consumidores e pelo mercado, devido, entre outros fatores, ao aumento do rigor da legislação, e da percepção de necessidade de uma maior responsabilidade social, a elaboração de estratégias competitivas tornou-se uma questão de sobrevivência para as empresas se manterem frente à concorrência. Mas como podem o pequeno e o micro empreendedor enfrentarem a concorrência das grandes empresas se estas possuem melhores condições financeiras para arcar com os custos de uma certificação?

Se os pequenos empreendedores tiverem clareza da qualidade do serviço que podem oferecer, e conhecimento suficiente para adequar seu estabelecimento aos padrões mínimos de qualidade, é possível que, por meio de estudos que promovam pequenas mudanças, eles, por conta própria, consigam ter boa visibilidade perante seus consumidores, por intermédio de ações de marketing bem planejadas. Inclusive porque (e isso é cada vez mais óbvio para os clientes mais esclarecidos) a conquista de um selo de qualidade não garante que o estabelecimento tenha, de fato, incorporado a ética daquilo que está certificando. Podem ter obtido a certificação apenas porque conseguiram atender às exigências técnicas, mas encaram essa conquista meramente como questão mercadológica que aumenta sua lucratividade.

Um bom planejamento, com estratégias de curto, médio e longo prazos e controle e correção de rumos, pode conferir aos pequenos empreendedores um diferencial que faça concorrência àqueles que possuem maior capital de investimento em certificações. Entre essas estratégias, pode-se citar a diferenciação de preço, de público e de atrativos, por exemplo.

Deve ser lembrado, no entanto, que para a certificação cumprir seus objetivos, os consumidores devem estar atentos para que os estabelecimentos cumpram as metas propostas pelo certificador. Deve-se garantir através de fiscalização, que, por exemplo, não haja corrupção nas auditorias periódicas, com eventual suborno ao auditor, de modo que os indicadores realmente sejam confiáveis.

É necessário que o consumidor esteja atento aos sinais que podem levá-lo a descobrir se a empresa é realmente ambiental, social e economicamente responsável. Para isso, deve conversar com os colaboradores acerca de seu trabalho, de como é o funcionamento cotidiano e quais os procedimentos habituais. Com as respostas, podem ser obtidas informações valiosas, entre as quais se há a separação de lixo, sistemas de sensores que controlam água e luz, o que é feito com o óleo utilizado, se os funcionários recebem em dia, entre outros.

Em relação à diversidade das certificações, é plausível que não haja grande quantidade de certificações locais, pois o consumidor pode não saber realmente em quais confiar. É preferível que se tenha uma certificação internacional, porém flexível a adaptações locais, pois assim a credibilidade seria maior.

Os rumos da regulamentação e da certificação

Conforme estudos do WWF-Brasil (Salvati, 2004), a certificação do turismo no mundo conta, atualmente, com mais de 250 tipos de mecanismos entre prêmios e selos que atestam a qualidade de produtos e serviços de turismo. Entre estes, mais de cem tipos de diferentes certificações emitem algum tipo de selo. Para Prochnow e Vasconcelos (2008), paradoxalmente, essa proliferação, que evidencia o interesse em transformar o turismo em uma atividade sustentável, acaba por gerar descrédito e confusão nos mercados consumidor e investidor. A proliferação das concessões dos selos e dos endossos confundiu consumidores a tal ponto que eles têm preferido ignorar essas mensagens "verdes" (Font, 2002).

Criado em 2001 – antecipando-se à Conferência Mundial de Ecoturismo, no Quebec, Canadá – o PCTS teve como objetivo planejar e implementar uma estratégia de certificação para toda a cadeia de turismo sustentável no Brasil, desde roteiros de ecoturismo e esportes de aventura até componentes do turismo convencional. A criação do CBTS, em 2003, por iniciativa do WWF-Brasil e da SOS Mata Atlântica, foi um marco importante para a implantação do PCTS, conferindo uma nova visão para o turismo no país (Brasil, 2004).

Inicialmente, poucas agências e operadoras de turismo brasileiras se inscreveram no PCTS. As primeiras normas do programa foram então direcionadas aos meios de hospedagem, iniciando os trâmites na ABNT, convertendo-se na primeira Norma Brasileira (NBR) voluntária: "Meios de Hospedagem – Sistema de Gestão da Sustentabilidade – Requisitos", cujo código é ABNT NBR 15401: 2006.

O site oficial do PCTS[5] divulga que ele foi desenvolvido e implementado pelo Instituto de Hospitalidade (IH), entre 2002 e 2006 (Box 13.2). Segundo o site, o programa teve abrangência nacional e visou aprimorar a qualidade e a competitividade das micro e pequenas empresas de turismo, que, segundo dados divulgados no site, são responsáveis por mais de 90% dos empreendimentos do setor. O PCTS apoiou os empreendedores no sentido de melhorar o desempenho de suas organizações nas dimensões

5 http://www.pcts.org.br.

econômica, ambiental e sociocultural, por meio da realização de oficinas, visitas e assistência técnica.

Mesmo com essa iniciativa pioneira, o processo de certificação no Brasil no final da primeira década do século XXI ainda é insipiente. Contudo, em função da preocupação da sociedade com o meio ambiente e as evidentes agressões a ele impostas, é de suma importância que haja avanços nesse sentido.

Desde 2006 houve um esvaziamento do PCTS e parte de seus idealizadores concorda que não há espaço para a certificação acontecer no Brasil. Tal constatação vem do fato de que o público que concorda em pagar por elas, apesar de crescente, ainda é pequeno. O que vem ocorrendo é a associação, parceria ou adesão dos empreendimentos a ONGs, as chamadas grifes ambientalistas, que acabam funcionando como importantes certificadoras, já que o marketing delas costuma ser bastante eficiente e a opinião pública em relação a elas é extremamente simpática (Rabinovici, 2009).

Certificações e comunidade

Apesar do processo de certificação visar primordialmente à diminuição de impactos ambientais, os empreendedores que a perseguem estão, no fundo, atrás das vantagens lucrativas que ela pode oferecer. Caberia à comunidade, nesse ciclo, o papel de monitorar os procedimentos certificados e verificar se eles estão sendo cumpridos, bem como as leis, visto que a maximização da redução do lixo, a reciclagem e a responsabilidade social (pagamento em dia, planos de saúde aos funcionários, cumprimento de prazos, entregas, prática de responsabilidade social etc.) podem beneficiar direta e indiretamente os moradores locais. A verificação desses itens pode ser feita pelos usuários dos empreendimentos certificados e pela comunidade, que pode fazer visitas para perceber, no dia a dia, se há algo errado, conversando com os funcionários, fornecedores, clientes.

O ideal é que os empreendimentos tenham uma postura pró-ativa em prol da localidade, capacitando a população por meio de parcerias com órgãos públicos, inserindo-a no mercado de trabalho, respeitando suas tradições e, se possível, ajudando com incremento da renda e divulgando sua cultura, de modo a assegurar sua autenticidade.

Assim, é razoável imaginar que os processos de certificação passem a exigir, entre diversos outros fatores técnicos necessários para a garantia da sustentabilidade ambiental, que o envolvimento com a comunidade seja quesito valioso para a obtenção de selos de qualidade. Aspectos sociais são recorrentemente preteridos quando se fala em conservação de recursos naturais, mas, como já exposto, são de importância crucial para que esse objetivo seja alcançado.

A autocertificação, uma possibilidade de participação comunitária, pode ser uma solução inicial que garanta que os interesses locais sejam resguardados, enquanto os grandes selos ainda não tiverem incorporado os critérios sociais em suas exigências. Um bom exemplo de autocertificação no Brasil é o da Associação de Hotéis Roteiros de Charme (Box 13.3).

Box 13.3 – Roteiros de Charme

Os hotéis associados ao Roteiros de Charme foram selecionados segundo os seus variados perfis, mantendo sua independência e personalidade. Em comum há o respeito às tradições da hospitalidade, integradas a modernos conceitos de conforto e serviços, tudo pelo prazer de bem receber.

Classificação

Para a Associação de Hotéis Roteiros de Charme, a expectativa do cliente deve ser plenamente atendida. Além de charme, espera-se que os hóspedes encontrem exatamente aquilo que buscam de cada um dos estabelecimentos conveniados.

Nos Roteiros o cliente encontra desde refúgios ecológicos e pequenas pousadas cujo atendimento é despretencioso e singelo, até hotéis muito confortáveis, com estilo, requinte e serviço esmerado. Para orientar sua escolha, o Guia de Roteiro de Charme utiliza pedras preciosas do rico solo brasileiro. Elas identificam, da seguinte forma, os diversos tipos de hospedagem oferecidos por toda a cadeia Roteiros de Charme:

Esmeralda: aconchegante hotel ou pousada com conforto, instalações e serviços que atendam os padrões de exigência da tradicional hotelaria internacional.

Topázio Imperial: hotel ou pousada muito confortável, bem equipado, aconchegante, com serviços esmerados, estilo e decoração requintada.

Água Marinha: hotel ou pousada confortável, cuja decoração, serviço singelo e capricho refletem os costumes locais.

Ametista: pousada ou refúgio num paraíso ecológico, onde o serviço despretensioso e a decoração guardam identidade com a região.

Cristal: indica todos os hotéis, pousadas e refúgios ecológicos durante o ano de seu ingresso na Associação.

Candidaturas

Não basta possuir um hotel ou pousada para ingressar na Associação Roteiros de Charme. Afinal, há uma filosofia comum a ser partilhada e exigências a serem atendidas. O mapa de identificação dos hotéis associados deve apontar, respeitadas as individualidades, opções exclusivas.

Passo 1 – Identificando o Chame: na diversificada listagem da Associação, há refúgios ecológicos, fazendas, hotéis confortáveis e alguns bastante sofisticados. O Charme é um conceito subjetivo que significa uma união entre bom gosto, atenção com detalhes, paixão de servir, conforto compatível com expectativas dos hóspedes, localização privilegiada, construção adequada ao meio ambiente e à região, enfim, o conjunto de fatores que emprestam personalidade única ao local e ao próprio hotel.

Passo 2 – Perfil do Candidato: o hotel deve estar em funcionamento há pelo menos 2 anos sob a mesma administração, para que tenha consolidado seu perfil e padrão de serviços. Deverá ter de 10 a 60 apartamentos e/ou suítes. Localização preferencial em pontos de interesse turístico, histórico ou ecológico.

Passo 3 – Inscrição: conceitos aceitos, etapas cumpridas, o processo de inscrição inicia-se com a remessa de correspondência que inclua carta de intenção, descrição das instalaçoes e serviços, fotografias, folhetos e, se for o caso, matérias publicadas na imprensa.

Passo 4 – Avaliação: de posse das informações, a Diretoria da Associação iniciará as avaliações que incluem visita anônima de um diretor. Se categórica, a posição negativa resultará em correspondência afim. Se a apreciação for positiva, a diretoria da Associação, em contato direto com os proprietários, informará sobre os princípios associativos, estatutos e demais normas da Associação.

Fonte: Adaptado de Associação de Hotéis Roteiros de Charme, disponível em http://www.roteirosdecharme.com.br.

Salvati (2004) aponta alguns aspectos sobre a participação da comunidade nos processos de certificação que devem ser considerados. Para o autor, só se promove a conservação ambiental e a sustentabilidade ampla de áreas prioritárias, se houver o desenvolvimento do turismo de base comunitária no Brasil, com influência nas políticas públicas e privadas que apoiem a criação de instrumentos de regulamentação e certificação do turismo responsável.

Questões para reflexão

1) Será que as certificações conseguem englobar todos os aspectos necessários para minimizar, de fato, os efeitos causados por um empreendimento no meio ambiente?
2) Até que ponto é bom que haja uma variedade de certificações? Será que essa gama não confunde os consumidores e até os administradores?
3) Será que os selos realmente são formas de garantia de um estabelecimento ambientalmente responsável?

Referências

BARRETTO, M. **Planejamento responsável do turismo**. Campinas: Papirus, 2005 (Coleção Turismo).

BRASIL, S.A. O turismo que dá certo. **Revista Host Hospitalidade & Turismo Sustentável**. São Paulo, p.28-36, ago.-set., 2004.

CONSELHO Nacional da Reserva da Biosfera da Mata Atlântica; Instituto de Hospitalidade (Orgs.). Certificacão em turismo sustentável: norma nacional para meios de hospedagem - requisitos para a sustentabilidade. ih-54, 2004. **Cadernos da Reserva da Biosfera da Mata Atlântica**. Caderno n. 30, São Paulo: Secretaria de Meio Ambiente do Estado de São Paulo - SMA, 2005, p. 1-61

DINIZ, A.M. **A certificação e o turismo sustentável**. Lisboa: Café Portugal, 2008.

FONT, X. Environmental certification in tourism and hospitality: progress, process and prospects. **Tourism management**. v.23, p.197-205, 2002.

GONÇALVES, L.C. **Gestão ambiental em meios de hospedagem**. São Paulo: Aleph, 2004 (Série Turismo).

[OMT] Organização Mundial do Turismo. **Introdução ao turismo**. Trad. Dolores Martin Rodriguez Corner. São Paulo: Roca, 2001.

PROCHNOW, W.E.; VASCONCELOS, E.C. O estado da arte das ações para certificação em ecoturismo. **Caderno Virtual de Turismo**, v.8, n.3, 2008, p.29-40.

RABINOVICI, A. **Organizações não governamentais e turismo sustentável: trilhando os conceitos de participação e conflitos**. Campinas, 2009. Tese (Doutorado em Ambiente e Sociedade). Instituto de Filosofia e Ciências Humanas e Núcleo de Estudos e Pesquisas Ambientais da Unicamp

SALVATI, S.S. (Org.). **Turismo responsável: manual para políticas locais**. Brasília: WWF-Brasil, 2004.

14 Potencial turístico do Brasil

Maria Carolina Ruas Vernalha
Zysman Neiman

Introdução

Um dos atrativos principais do turismo é a paisagem da localidade a ser visitada, o poder de atração visual que esta pode exercer sobre as pessoas, acentuando seu imaginário e atraindo-as ao contato presencial. O apelo imagético que tanto atrai o visitante reflete a ideia de "paraíso" que a natureza representa, um local perfeito, edênico e distante de sua realidade. Dessa forma, o turismo apresenta-se como uma oportunidade de resgate do "paraíso perdido" pela civilização, o local ideal e remoto, mas que agora pode ser re-encontrado por meio de uma experiência pessoal e única. O indivíduo se aproxima de tudo o que lhe falta nas cidades, na casa e no trabalho: a "sensação do novo" ao percorrer uma trilha em meio a animais e plantas desconhecidos, a emoção de nadar em um rio e a ilusória sensação de "volta às suas raízes", sem obrigações, prazos e regras, tudo remete ao prazer que a viagem proporciona.

As unidades de conservação (UCs) no Brasil e no mundo foram criadas e expandiram-se, entre outras finalidades preservacionistas e utilitárias, para proporcionar aos seus visitantes momentos de lazer e educação ambiental, servindo como estratégias de geração de renda para sua manutenção e para as comunidades do entorno.

O retorno financeiro que o turismo proporciona não deve ser excludente das práticas sustentáveis. A atividade necessita cumprir com princípios básicos que admitam que a natureza não é um equipamento turístico e, portanto, não pode ser explorada como tal. O turismo sustentável poderia ser não só uma alternativa para o desenvolvimento da atividade turística do país, mas também uma prática que, se realizada adequadamente, produz menor impacto negativo, colabora na educação ambiental da população e valoriza a cultura e o trabalho das populações locais.

Ecoturismo no Brasil

O ecoturismo surgiu no Brasil na década de 1980, mas ganhou mais visibilidade e passou a crescer como atividade econômica em 1992, após a Conferência das Nações Unidas para o Meio Ambiente e o Desenvolvimento (Rio-92), na qual o conceito de desenvolvimento sustentável foi amplamente discutido e divulgado como premissa do mundo contemporâneo. O ecoturismo passou, então, a ser estudado como uma alternativa à massificação da atividade turística e tornou-se objeto de pesquisas científicas.

Em 1997, foi desenvolvido pela Empresa Brasileira de Turismo (Embratur) o projeto "Pólos de Desenvolvimento de Ecoturismo no Brasil", identificando as potencialidades de determinadas regiões brasileiras para a prática do ecoturismo. Segundo Magalhães (2001, p. 68),

> são considerados pólos ecoturísticos áreas onde as atividades ecoturísticas já vêm sendo desenvolvidas com sucesso, sendo promovidas por um número variável de agentes, ou locais com condições naturais especiais mas poucas atividades devido à falta de infra-estrutura e de organização.

O Brasil destaca-se mundialmente por sua diversidade natural e cultural. Possui vários ecossistemas e populações tradicionais que constituem uma potencialidade ecoturística. Além disso, é o quinto maior país do mundo em extensão territorial, com 8.514.876,599 km^2 de área total.

Entretanto, os dados estatísticos mundiais de turismo demonstram resultados pouco satisfatórios para o país. Comparando-se informações sobre o total de turistas estrangeiros nos países que mais recebem visitantes do continente americano em 2007 (World Tourism Organization, 2007) e de sua população total neste mesmo ano, é possível perceber que o Brasil encontra-se em grande desvantagem, inclusive em relação a países muito menores (Tabela 14.1).

TABELA 14.1 – RELAÇÃO DE TURISTAS POR HABITANTES EM 2007 NOS PAÍSES DO CONTINENTE AMERICANO.

País	Turistas	População	Turistas para cada 100 habitantes
Bahamas	1.528.000	331.277	461,2
Jamaica	1.704.000	2.713.782	62,8
Canadá	17.931.000	32.876.045	54,5
Uruguai	1.752.000	3.339.701	52,5
Costa Rica	1.973.000	4.467.626	44,2
República Dominicana	3.980.000	9.759.665	40,8
Panamá	1.103.000	3.343.374	33,0
México	21.424.000	106.534.878	20,1
El Salvador	1.339.000	6.857.330	19,5
Cuba	2.119.000	11.267.884	18,8
Estados Unidos	55.986.000	305.826.244	18,3
Chile	2.507.000	16.634.758	15,1
Nicarágua	800.000	5.603.192	14,3
Honduras	831.000	7.106.001	11,7
Argentina	4.562.000	39.531.118	11,5
Guatemala	1.448.000	13.353.914	10,8
Equador	953.000	13.341.199	7,1
Peru	1.812.000	27.902.760	6,5
Venezuela	771.000	27.656.833	2,8
Brasil	5.026.000	191.790.900	2,6
Colômbia	1.193.000	46.155.958	2,6

Fonte: World Tourism Organization (2007).

A Costa Rica, que vem investindo no ramo por muitos anos, tornou-se referência mundial, o turismo é uma de suas maiores indústrias. Em 2007, obteve a marca de 44,2 turistas para cada 100 habitantes, e isso se deve, principalmente, à considerável procura por sua beleza natural: seus famosos parques nacionais, cachoeiras, vulcões e praias.

Sem dúvidas, o Brasil tem a maior biodiversidade passível de ser visitada entre todos os países desse ranking. No entanto, a maioria consegue receber, proporcionalmente, mais turistas atraídos pelas suas paisagens naturais que nosso país.

Por muito tempo afirmou-se que o Brasil encontra-se em grande desvantagem no recebimento de turistas estrangeiros devido à sua distância considerável dos países mais ricos do mundo. Esse fator explica parte dos problemas que o país enfrenta com o turismo internacional, mas essa dificuldade foi superada por outros países na mesma situação, como a Tailândia, a Austrália, a Nova Zelândia e países sul-americanos, vizinhos ao Brasil.

Muitas das políticas públicas voltadas ao turismo no país apresentam diversos problemas de origens distintas. Empresas privadas parecem colidir com o poder público e o enxergam, muitas vezes, como uma ameaça, quando deveriam formar uma única indústria, que trabalha pela mesma finalidade. Além disso, vários destinos, em vez de aliarem-se entre si, acabam por competir, dificultando a integração de um só produto turístico a ser ofertado.

A verba pública voltada ao turismo, em muitos casos, divide-se em diferentes regiões, estados e cidades, mas o país como um todo dificilmente é contemplado por políticas públicas estáveis, eficazes e bem estruturadas a longo prazo. Há também o fato de que alguns cargos públicos são ocupados para atender a interesses políticos. Caixeta (2004) afirma que

> a dificuldade do Brasil em se tornar um destino turístico de primeira linha resulta de um conjunto de equívocos no qual se misturam falta de rumo, falsas prioridades, amadorismo e uma enorme dispersão de esforços e recursos.

Em relação ao ecoturismo no país, existem políticas voltadas ao desenvolvimento adequado da atividade, mas ainda não são comuns e não conseguem atingir consideravelmente o público internacional. Além disso, o marketing internacional de ecoturismo do Brasil muitas vezes se confunde com todos os outros apelos que se faz do país, como o turismo de negócios, o carnaval, o futebol e até o turismo sexual. Fazer com que o país seja reconhecido primeiramente por sua oferta ecoturística significa vencer estereótipos que o Brasil vem carregando por anos.

A infraestrutura turística também é outro aspecto problemático para o recebimento de visitantes. Algumas das regiões com maior oferta turística do país, como o Norte e o Nordeste, por exemplo, possuem poucos voos internacionais, o que dificulta o acesso de estrangeiros a essas localidades e limita suas viagens a locais mais conhecidos, como São Paulo e Rio de Janeiro.

Os turistas brasileiros que almejam conhecer outros estados e regiões do país distantes de seu local de origem também encontram problemas de infraestrutura (como estradas precárias e falta de alojamento, principalmente no caso de UCs) além de preços altos. Os pacotes de ecoturismo são, muitas vezes, caros e demandam a aquisição de equipamentos igualmente dispendiosos, em detrimento dos pacotes que contemplam os destinos de massa, mais baratos ou que fazem seus clientes acreditarem que compensam mais.

As regiões brasileiras

Os ecossistemas brasileiros constituem aspectos naturais que em muito se diferenciam ao longo do território, de modo que visitar qualquer região brasileira permite contemplar paisagens únicas, com características e elementos peculiares. Cada bioma representa um clima, uma vegetação, fauna e flora próprias, além de oferecer práticas vivenciais distintas. Esse é o diferencial do Brasil em relação aos outros.

O país possui sete principais ecossistemas: Floresta Amazônica, Caatinga, Cerrado, Biomas Costeiros, Pantanal, Mata Atlântica e Campos Sulinos, distribuídos em cinco regiões, Norte, Nordeste, Centro-Oeste, Sudeste e Sul. Cada região possui diferentes características, tanto no que diz respeito a suas paisagens quanto a sua cultura, como é demonstrado a seguir.

Região Norte

Compreende a Floresta Amazônica, cortada pelo maior rio do planeta, o Rio Amazonas. As diversas paisagens amazônicas misturam-se com sua cultura e seu folclore. Algumas etnias podem ser visitadas e expõem seu artesanato e suas danças; outras evitam ao máximo o contato com as culturas urbanas.

A paisagem na região amazônica é formada por florestas, várzeas, campos abertos, igapós e até Cerrados, onde vive uma enorme variedade de espécies vegetais e animais, representando o maior banco genético do planeta. As chuvas, sempre presentes, fazem parte do espetáculo natural da Amazônia. A floresta possui 1/5 de toda a água doce disponível na Terra. Os solos e o relevo são variados devido às diferenças de temperatura e de precipitação.

A população do norte cultiva seu folclore, suas tradições, sua culinária e a pesca de subsistência. Boto, Curupira, Iara, Macunaíma, guaraná, vitória-régia, mandioca, pirarucu, Boi-Bumbá... As lendas misturam-se aos animais, às plantas e às comidas. Cada etnia indígena possui um tipo de dança, artesanato e técnicas de caça distintos.

O turismo nessa região do Brasil tem se mostrado uma importante alternativa para o desenvolvimento econômico local, com atividades menos impactantes do que a mineração, a pecuária, a extração de madeira e a implantação de hidrelétricas. A Floresta Amazônica, e todos os elementos que a envolvem, é o atrativo principal que estimula o imaginário de pessoas não só da região como também de todo o mundo. Suas espécies raras de pássaros, peixes, répteis, mamíferos e plantas são só algumas das muitas características que fazem da Amazônia um dos locais mais misteriosos e encantadores do mundo para se visitar.

São muitos seus adjetivos: maior floresta tropical, maior rio, alguns dos maiores anfíbios, répteis e insetos do mundo, além de o maior peixe de água doce do mundo também se encontrar ali: o pirarucu, que chega a medir 3 m de comprimento. A maioria de suas espécies, contudo, nunca foi catalogada. Algumas etnias indígenas são praticamente desconhecidas até mesmo pelos antropólogos e outros especialistas em diversidade cultural. Ainda há muito que conhecer sobre a Amazônia e toda a região Norte.

Junto da biodiversidade regional há a sociodiversidade, representada por populações tradicionais para as quais a convivência com a natureza faz parte de sua história por muitos anos. Esses povos se utilizam dos animais, das plantas, dos rios, do solo e da chuva para sua subsistência, e suas experiências servem de exemplo de práticas conservacionistas dos recursos naturais.

Os estados brasileiros que formam o Norte do Brasil são Acre, Amapá, Amazonas, Pará, Rondônia, Roraima e Tocantins.

O Acre possui vegetação composta por florestas tropicais abertas e densas e o clima é quente e úmido. Há muitas terras preservadas, nas quais o acesso é restrito. Contudo, outros locais e características atraem ecoturistas ao estado, como "a variedade de suas plantas, entre as quais inúmeras espécies de palmeiras, a fauna e os rios com corredeiras e cachoeiras" (Magalhães, 2001, p. 14). Além disso, há também reservas extrativistas de áreas de seringais e castanhais (como a Reserva Extrativista Chico Mendes), sítios arqueológicos e históricos (principalmente ligados às etnias indígenas[1]), passeios fluviais e pescaria.

O Parque Nacional da Serra do Divisor é uma importante UC do Acre. Localiza-se em uma área de depressão, na fronteira do Brasil com o Peru, e possui fauna muito rica, inclusive de espécies ameaçadas de extinção. A Floresta Nacional de Santa Rosa dos Purus e a Floresta Nacional São Francisco promovem o manejo de recursos naturais, hídricos e da biodiversidade, além de realizarem educação ambiental e a recuperação de áreas que foram degradadas.

O Amapá, localizado no extremo norte do Brasil, possui vegetação caracterizada por floresta de terra firme (que ocupa 70% de seu território) e floresta de várzea, que ocupa uma área menor. Devido ao isolamento do resto do país, sua natureza permaneceu mais conservada, e, de acordo com o Ministério do Turismo (Brasil, 2009), somente 2% de sua área original foi desmatada, fato que se caracteriza como um forte atrativo para turistas.

Seu patrimônio natural inclui praias, grande variedade de aves migratórias, a região dos lagos e da Serra do Navio e o fenômeno da pororoca. O patrimônio cultural do estado abrange manifestações de cultura indígena, festas religiosas, o quilombo da vila de Caraú, o marco zero da linha do equador e o maior forte construído por portugueses no Brasil: a Fortaleza de São José.

A visitação em UCs no Amapá tem ocorrido, principalmente: (1) no Parque Nacional Montanhas do Tumucumaque, o maior do Brasil (e o maior em extensão de floresta tropical protegida do mundo), que possui variada e exuberante vegetação; (2) no Parque Nacional do Cabo Orange, localizado em frente ao mar e de ecossistemas costeiros com a presença de espécies raras como o peixe-boi e a tartaruga-de-couro, a maior do mundo; e (3) na Floresta Nacional do Amapá, que realiza o manejo sustentável de recursos florestais.

O estado do Amazonas, considerado pelo Ministério do Meio Ambiente (MMA) referência para o ecoturismo, ocupa 18% do território brasileiro. Sua paisagem se caracteriza pela presença de igarapés, lagos,

---

1 Para uma discussão sobre turismo em território indígena, ver Capítulo 11.

cachoeiras, do Rio Amazonas, vegetação heterogênea e diversas espécies de animais ameaçadas de extinção. As chuvas são frequentes e marcam sua fisionomia; os rios servem como transporte e meio de subsistência para as comunidades locais.

Algumas das principais UCs da região são o Parque Nacional do Pico da Neblina (onde se situa o ponto de maior altitude do país, de mesmo nome, com 3.014 m), o terceiro maior parque brasileiro; o Parque Nacional do Jaú, o segundo maior parque natural da América Latina, muito importante por proteger totalmente uma Bacia do Rio Jaú, preservando ecossistemas de águas pretas; as Reservas de Desenvolvimento Sustentável de Mamirauá, Amanã e Piranha, que têm por objetivo integrar o desenvolvimento social à conservação da natureza, por meio da realização de atividades econômicas sustentáveis; e o Parque Nacional da Amazônia, com exuberante fauna e flora. Também existem diversas florestas nacionais, cachoeiras, corredeiras, cavernas, locais próprios para a prática da pesca esportiva e passeios fluviais.

O estado do Pará é marcado pela presença de serras, ao sul e ao norte, rios com potencial pesqueiro e energético (com destaque para o Tapajós, Xingu e Tocantins), florestas de terra firme, áreas de Cerrado, campos, manguezais, florestas de igapó e praias. A fauna rica e variada do estado ocorre, principalmente, pela mistura da água doce dos rios e a salgada do mar (Magalhães, 2001). Seus maiores atrativos estão relacionados à preservação de sua floresta tropical, às diversas áreas de proteção ambiental, rios próprios para a prática de pesca esportiva e passeios de barco, praias fluviais, cachoeiras, encontro das águas em diversos rios e seu amplo patrimônio histórico-cultural.

As UCs do Pará realizam programas de pesquisa, educação e turismo que representam novas possibilidades de desenvolvimento à região. A Reserva Biológica do Rio Trombetas foi criada para a sobrevivência de ecossistemas amazônicos, da tartaruga-da-amazônia, de áreas encachoeiradas e de outros aspectos da fauna e flora regionais, assim como o Parque Estadual dos Martírios/Andorinhas, que concilia a proteção da biodiversidade com a sua utilização para educação ambiental, pesquisas, recreação e turismo. Há outras importantes UCs, como diversas florestas nacionais e a Área de Proteção Ambiental de São Geraldo do Araguaia.

O estado de Rondônia está localizado em uma área de transição entre os ecossistemas de Floresta Amazônica e de Cerrado, apresentando variadas paisagens e diversidade natural. O estado é caracterizado pela presença de rios grandes e piscosos (como o Madeira, maior afluente do Amazonas) que também marcam muitas das práticas turísticas locais. Cultura indígena, monumentos históricos, sítios arqueológicos, festas populares e religiosas e comidas típicas aparecem como atrativos socioculturais da região.

O ecoturismo de Rondônia ainda é pouco explorado, apesar de seu enorme potencial. Além dos elementos já citados, há também as Reservas Extrativistas de Curralinho e Pedras Negras; o Hotel Ecológico Pakaas Palafitas Lodge; o Parque Nacional de Pacaás Novos, que possui um importante patrimônio cultural indígena; o Parque Nacional da Serra da Cutia, de grande diversidade de aves e primatas; diversas florestas nacionais, estaduais e territórios indígenas. Os principais atrativos do estado de Roraima relacionam-se às suas paisagens variadas de florestas úmidas, savanas, colinas e montanhas da Serra Pacaraima. A cultura viva de diversas etnias ainda está presente, bem como alguns sítios arqueológicos.

As UCs de destaque do estado são a Floresta Nacional de Roraima; o Parque Nacional do Monte Roraima, que protege parte da Serra Pacaraima e territórios indígenas dos Ingaricós; o Parque Nacional do Viruá, que apresenta fauna e flora de ambientes alagados, como buriti, açaí, garça-branca e jaçanã; Parque Nacional da Serra da Mocidade; e Estação Ecológica da Ilha Maracá, umas das que mais desenvolve pesquisas na Amazônia Ocidental.

A vegetação do Tocantins caracteriza-se, predominantemente, por Cerrado, áreas de várzeas e florestas remanescentes. Possui a maior ilha fluvial do mundo, a Ilha do Bananal, além de rios cristalinos, cachoeiras, praias de rios, locais para a prática de pesca, passeios de barco, cânions e paredões de escalada. Também é possível observar pinturas rupestres e outros traços da presença de indígenas na região, patrimônio que pode tornar o estado notável destino turístico.

Algumas das principais UCs são o Parque Nacional do Araguaia; o Parque Estadual do Cantão; a Estação Ecológica da Serra Geral de Tocantins e o Parque Estadual do Jalapão, que possibilita atividades como caminhar nas dunas e nas praias de areia branca, banhar-se nos Fervedouros (águas borbulhantes), lagos ou apreciar seu conjunto de montanhas. Essas UCs localizam-se em áreas de transição entre Cerrado e Floresta Amazônica, além de algumas áreas de Pantanal.

Região Nordeste

O Nordeste brasileiro encanta pessoas do Brasil e do mundo que procuram a região por sua beleza natural e cultural. As paisagens são extremamente variadas: falésias, bancos de arrecifes, dunas, manguezais, praias paradisíacas, recifes de coral, sertões e areias coloridas.

A cultura é muito marcante e diversas manifestações tradicionais misturam-se em seus nove estados: Maranhão, Piauí, Bahia, Sergipe, Alagoas, Pernambuco, Paraíba, Rio Grande do Norte e Ceará. A culinária é uma das mais famosas do país e diversos turistas anseiam por provar a tapioca, o acarajé, o vatapá ou a cocada, alguns de seus mais famosos pratos.

A Caatinga, bioma presente na região, conhecida como semiárido nordestino, ocupa uma área de 6,83% do território brasileiro. Tem a mais baixa pluviosidade do país mas, mesmo assim, "apresenta grande variedade de paisagens, relativa riqueza biológica e endemismo" (Ibama, 2009). Lagartos, serpentes, quelônios e anfíbios fazem parte de sua fauna. Grande parte das terras da Caatinga foram ocupadas por sistemas de capitanias hereditárias e sesmarias, e são utilizadas para o plantio de cana-de-açúcar, extração de madeira, agricultura de sequeiro e pecuária.

Os Biomas Costeiros, presentes na costa brasileira, também caracterizam a Região Nordeste. Os manguezais e as restingas, de extrema relevância na reprodução da vida marinha, são palco de muitas das práticas de turismo da região, apesar de muito explorados, poluídos e destruídos por ações humanas.

O litoral do Nordeste inicia-se na foz do Rio Parnaíba e se estende até o Recôncavo Baiano. Possui recifes calcíferos e areníticos e dunas que quando perdem sua cobertura vegetal movem-se com o vento. O peixe-boi marinho e as tartarugas têm esta região como seu habitat (Ibama, 2009). O litoral nordestino e algumas faixas no interior da região também são caracterizados pela presença de Mata Atlântica. O Cerrado é outro ecossistema existente nessa região, inclusive em áreas de transição como a Caatinga e a Mata Atlântica.

Por compreender tantos biomas e diversidade cultural, o Nordeste apresenta muitas possibilidades de prática do turismo, em diferentes paisagens, realidades e vivências.

O Maranhão é um estado bastante variado no que diz respeito à sua vegetação: localiza-se entre áreas de Cerrado, Floresta Amazônica e semiárido. Seu litoral possui dunas, ilhas, manguezais, bancos de areia, restingas e lagoas. A cidade de São Luís é Patrimônio Histórico da Humanidade, e com Alcântara, que tem suas ruínas tombadas pelo Instituto do Patrimônio Histórico e Artístico Nacional (Iphan), formam um dos patrimônios histórico-culturais mais importantes do país. As manifestações culturais e religiosas também são únicas, como a Romaria de São José do Ribamar.

O ecoturismo no Maranhão é realizado no Parque Nacional Lençóis Maranhenses, com suas famosas lagoas de água doce em meio às dunas; nas Áreas de Proteção Ambiental (APA): (1) Baixada Ocidental Maranhense – Ilha dos Caranguejos, (2) Foz do Rio Preguiças, (3) Delta do Parnaíba e Serra da Tabatinga; e nas Reservas Extrativistas: (1) Quilombo do Frechal, (2) Mata Grande e (3) do Ciriaco.

O Piauí também se encontra em uma área de transição entre diferentes ecossistemas e, diferentemente de outros estados nordestinos, possui litoral pouco extenso. Por esse motivo, seu turismo se apoia "na riqueza ambiental do Delta do Parnaíba e no potencial arqueológico do Parque Nacional da Serra da Capivara, declarado Patrimônio Cultural da Humanidade pela Unesco" (Magalhães, 2001, p. 54). Outras importantes UCs são o Parque Estadual da Cachoeira do Urubu e os Parques Nacionais de Sete Cidades (transição entre o Cerrado e a Caatinga) e da Serra das Confusões, que também possui inúmeros sítios arqueológicos.

A Bahia possui a maior planície litorânea do Brasil, e também depressões e planaltos. Suas praias estão entre as mais famosas do país, como Ilhéus, Itapoã, Trancoso e Praia do Forte (Box 14.1). Há também diversas ilhas, manguezais, rios, grutas e cachoeiras. A cultura baiana foi amplamente difundida pelo território nacional, mas só no estado é possível observar suas características mais marcantes, como as tradições africanas, por exemplo, presentes na culinária, na religião e na música. Diversas cidades históricas, fortes, faróis e museus complementam seu patrimônio.

Algumas das principais UCs da Bahia são: Parque Nacional Marinho dos Abrolhos, de rica diversidade de ecossistemas marinhos e de mamíferos aquáticos (como a baleia jubarte, as arraias e as tartarugas), que atraem turistas do país e do mundo; Parque Nacional de Monte Pascoal, localizado onde se acredita que os portugueses teriam desembarcado no Brasil; Parque Nacional da Chapada Diamantina, que "em pleno sertão baiano [...] agrupa serras verdes repletas de rios e cachoeiras" (D'Antona, 1994, p. 103); e os Parques Nacionais Pau-Brasil e do Descobrimento. Há também a Costa dos Coqueiros, do Dendê, do Cacau, das Baleias e do Descobrimento.

Sergipe é o menor estado do Brasil, coberto por Mata Atlântica no litoral e por Caatinga no interior. O estado é visitado, principalmente, por suas praias, mas também há a foz do famoso rio São Francisco, conhecido pelo "encontro das águas". As dunas e os passeios náuticos também marcam o turismo, bem como atrativos culturais: sítios arqueológicos, feiras, festas religiosas e populares e o Encontro Cultural de Folcloristas. A Reserva Biológica de Santa Isabel compreende uma das sedes do projeto Tartaruga Marinha (Tamar).

O estado do Alagoas atrai turistas principalmente em busca de suas praias, manguezais, dunas e coqueirais. Na Praia Paripueira existe uma estação de proteção aos peixes-bois que permite visitação, e na Praia do Peba encontram-se áreas de desova de tartarugas marinhas. O estado possui piscinas naturais, cachoeiras, ilhas, sítios arqueológicos, festas populares, artesanato de barro e passeios náuticos no Rio São Francisco. As APAs de Santa Rita, Marituba do Peixe, Catolé e Piaçabuçu protegem os ecossistemas costeiros do estado.

Pernambuco, de acordo com Magalhães (2001), tornou-se um dos maiores centros turísticos do Brasil. As cidades de Recife e Olinda atraem turistas em todas as épocas do ano, sobretudo no carnaval, em busca de traços de sua cultura, como os bonecões, o frevo e o maracatu. Suas praias paradisíacas possuem 187 km de extensão, onde é possível encontrar coqueirais, mangues, enseadas, baías, ilhas, bancos de areia e piscinas naturais. É possível também observar golfinhos rotadores, tartarugas e aves marinhas.

A UC mais famosa de Pernambuco é o Parque Nacional Marinho Fernando de Noronha, onde é possível realizar trilhas e observar espécies raras de sua fauna. Há também outras APAs, como a de Rio Carro Quebrado e do Rio Una e a Reserva Florestal Tabatinga.

O estado da Paraíba possui faixas de Mata Atlântica em seu litoral e vegetação de Caatinga no interior. "A cidade de João Pessoa é considerada a de maior área verde em todo o Brasil" (Magalhães, 2001, p. 68). O estado tem atraído muitos turistas para visitar o Vale dos Dinossauros, onde é possível observar pegadas de animais pré-históricos. Além disso, há diversos rios piscosos, praias desertas, locais para mergulho e sítios arqueológicos.

Algumas das principais UCs da Paraíba são a Área de Relevante Interesse Ecológico dos Manguezais da Foz do Rio Mamanguape, a APA da Barra do Mamanguape, a Reserva Biológica Guaribas e a Reserva Florestal Mata do Buraquinho.

O Rio Grande do Norte está localizado no semiárido do Nordeste. Seu litoral é caracterizado por vegetação de Mata Atlântica, restingas e manguezais, e o interior possui vegetação de Caatinga. Sua capital, Natal, é uma das mais visitadas do Nordeste. Turistas vão ao estado em busca de sítios arqueológicos com pinturas rupestres e fósseis indígenas, construções históricas, além de suas praias, dunas e lagoas. O Parque Estadual Dunas do Natal é um dos maiores parques urbanos do Brasil (Magalhães, 2001, p. 64) e localiza-se na capital do estado.

O Ceará é muito procurado por turistas em busca não só de sua capital, Fortaleza, como de vilas de pescadores como Canoa Quebrada e Jericoacoara. O Ceará apresenta diversas oportunidades para a prática do turismo, como cavernas, cânions, cachoeiras, paredões rochosos, praias paradisíacas, falésias, dunas, piscinas naturais, sítios arqueológicos e festas populares. Algumas das suas principais UCs são a Área de Proteção Ambiental de Jericoacoara, o Parque Ecológico de Guaramiranga, a Floresta Nacional Araripe-Apodi, e o Parque Nacional de Ubajara.

Box 14.1 – Estudo de Caso – Porto Seguro

A cidade de Porto Seguro localiza-se no sul da Bahia e, atualmente, é um dos locais mais turísticos do país. Na década de 1970, contudo, suas praias eram praticamente desertas. A população utilizava geradores elétricos e poucos "turistas alternativos" visitavam o local. Suas praias paradisíacas, vegetação de Mata Atlântica, arquitetura do período colonial e cultura dos pescadores representavam todo seu potencial ecoturístico.

Com a interligação da cidade às grandes rodovias do estado, o turismo de Porto Seguro teve um expressivo e rápido crescimento, bem como sua população que, em 1980, era de aproximadamente 5 mil habitantes, passando para 114.459 em 2009, segundo o IBGE (2009). Porto Seguro era uma vila de pescadores calma e pacata. A constante expansão urbana resultou em favelas no manguezal, condições precárias de saneamento básico e casas de veraneio construídas em meio à vegetação nativa, impactando negativamente não só a comunidade, mas também os ecossistemas locais. Grandes lotes residenciais foram criados para abrigar pessoas que se mudaram para a cidade em busca de emprego nos novos empreendimentos turísticos, e hoje representam espaços periféricos, "carentes", mas que cumprem à lógica atual do turismo, de permanecerem distantes da visão dos turistas (Costa et al., 2002).

A década de 1990 foi marcada por um processo de desmatamento e destruição de remanescentes de Mata Atlântica. Atualmente, os espaços naturais de Porto Seguro vêm sendo cada vez mais invadidos por atrativos artificiais, amplo comércio e espaços voltados para o entretenimento. Segundo Costa et al. (2002, p. 21): "Porto Seguro é o retrato da produção do espaço subordinada a grandes interesses econômicos que simultaneamente possibilitam a inserção da população, porém à custa de elevados riscos sociais e ambientais".

O potencial ecoturístico de Porto Seguro foi transformado em um turismo massivo, predatório e que não tem a natureza como palco principal das viagens, mas sim as pessoas, as festas, os shows e a vida noturna. Seus visitantes, em vez de adquirir noções de conservação e admiração do ambiente natural, passaram a tê-lo como um "plano de fundo", um "embelezamento" de suas viagens.

Fonte: Adaptado de Costa et. al. (2003).

Região Centro-Oeste

A região Centro-Oeste do Brasil é formada pelo encontro de três biomas: Pantanal, Cerrado e Floresta Amazônica, o que a transforma em uma mistura de cores. As paisagens, dessa forma, são variadas e sua fauna encanta turistas de todo o mundo: tuiuiú, ariranha, garça, jacaré, lobo-guará, tamanduá, ema, arara e macaco-prego. Os rios são piscosos e de água transparente. A pesca esportiva é muito procurada, bem como diversas atividades de esporte radical: canoagem, *rafting*, rapel, mergulho e visitação de cavernas.

No Centro-Oeste é possível visitar o Pantanal, entre os estados do Mato Grosso e Mato Grosso do Sul. Esse ecossistema, bastante ameaçado, principalmente pela agropecuária, abriga uma biodiversidade incrível e "representa o elo de ligação [sic] entre o Cerrado, no Brasil Central, o Chaco, na Bolívia, e a região Amazônica, ao Norte, identificando-se, aproximadamente, com a bacia do Paraguai" (Ibama, 2009). O Pantanal é, certamente, um dos melhores locais para a sensibilização dos turistas a respeito da necessidade de preservação ambiental, por tratar-se de um local paradisíaco, de beleza cênica única e visivelmente muito ameaçado.

Outra vegetação característica do Centro-Oeste é o Cerrado, constituído, basicamente, por árvores baixas, arbustos e gramíneas, com a aparência de uma vegetação seca. As chuvas são bem marcadas em determinadas épocas do ano, e as queimadas naturais fazem parte de sua dinâmica. Contudo, as queimadas provocadas pelo ser humano, o uso de agrotóxicos e a agropecuária têm colaborado para sua avançada destruição.

A necessidade de conservação desse bioma se deve, entre outras motivações, ao fato de ser reconhecido, segundo o Ibama (2009), "como a savana mais rica do mundo em biodiversidade". A possibilidade de conhecer uma realidade distinta, a facilidade do contato com a fauna e a flora do Cerrado e seu leque de atividades diversas fazem da região grande promissora para a prática do turismo, apesar deste ainda não ser muito desenvolvido no local.

O tererê faz parte do dia a dia dos moradores da região, e sua culinária contempla empada goiana, peixe com banana, arroz com pequi e sopa paraguaia. As maravilhosas praias não são "de mar", mas "de rio"... Violeiros, cavalhada, berrante, banhos de rio e etnias indígenas são os elementos que fazem da cultura e da paisagem do Centro-Oeste tão peculiares, os quais merecem ser aproveitadas em práticas turísticas bem desenvolvidas.

Os estados formadores da região Centro-Oeste são o Mato Grosso, Mato Grosso do Sul, Goiás e o Distrito Federal.

O Mato Grosso é amplamente conhecido por suas belezas naturais e por sua cultura singular. Terceiro maior estado do Brasil, ele abrange três biomas: Floresta Amazônica, Cerrado e Pantanal. Às margens do Rio Paraguai, o trecho do Pantanal permite a observação de diversos animais, banhados, vegetação única e prática de pesca esportiva.

No Parque Nacional da Chapada dos Guimarães é possível conhecer inscrições rupestres, cavernas, grutas, fósseis, o Centro Geodésico da América do Sul – considerado místico e esotérico –, cachoeiras, rios e paredões rochosos. Em Alta Floresta também há uma região procurada para a prática do ecoturismo, pela observação de fauna e flora, realização de trilhas, passeios de barco e pesca esportiva. O Parque Nacional do Pantanal Mato-Grossense, localizado no município de Poconé, é uma importante UC que protege o bioma das ações de fazendeiros, principalmente.

O estado de Goiás localiza-se em uma área de Cerrado muito ameaçada pela agricultura e a pecuária, e que tem em suas UCs grande esperança de proteção desse bioma. O ecoturismo tem se desenvolvido na região em grande parte pela presença de Parques Nacionais de extrema beleza e diversidade faunística.

O Parque Nacional da Chapada dos Veadeiros atrai não só amantes de cachoeiras, rios, cânions e de seu complexo espeleológico, mas também aqueles que estão em busca da aura mística do turismo esotérico. O Parque Nacional das Emas possui o famoso efeito da bioluminescência, que faz com que, à noite, o Cerrado se assemelhe a um céu estrelado, devido ao brilho dos cupinzeiros iluminados por larvas de vagalumes. Além disso, a observação de animais é muito comum, facilitada pela baixa vegetação.

A vegetação típica também pode ser observada no Parque Estadual da Serra dos Pireneus, em Pirenópolis (cidade muito procurada por turistas), Serra Dourada e São Miguel do Araguaia.

No Distrito Federal é possível encontrar o Parque Nacional de Brasília, parque nacional urbano que protege o ecossistema do Cerrado.

O Pantanal e o Cerrado caracterizam a vegetação do Mato Grosso do Sul. O clima do estado é bastante variado: o verão é úmido e quente e o inverno é ameno e seco. O turismo, atualmente, é um dos principais braços da economia do estado e baseia-se, sobretudo, em práticas em meio à natureza, observação de fauna e flora, pesca esportiva, passeios de barco, mergulho, visitação de grutas, cachoeiras e prática de esportes radicais.

Os municípios que mais atraem turistas são Corumbá, Miranda, Aquidauana, Maracaju, Coxim e Porto Murtinho, que formam o "Pantanal Sul" e os que se localizam na Serra da Bodoquena: Jardim, Bodoquena e Bonito, nos quais é comum a prática de esportes radicais e de mergulho nas águas transparentes da região. O Parque Nacional da Serra da Bodoquena, localizado nessa região, protege uma biodiversidade de grande importância. Destaca-se, também, o município de Costa Rica, pelos seus atrativos para o ecoturismo.

Região Sudeste

A região que mais recebe turistas do país não representa só as grandes cidades de São Paulo e do Rio de Janeiro. Há muito a ser visto nos quatro estados do sudeste brasileiro: Minas Gerais, São Paulo, Rio de Janeiro e Espírito Santo.

As paisagens compreendem praias, serras, manguezais, cavernas e a Mata Atlântica, um dos biomas característicos da região. Segundo o Ibama (2009), a Mata Atlântica foi "identificada como a quinta área mais ameaçada e rica em espécies endêmicas do mundo". Sua área atual é bastante reduzida em relação à original e sua conservação tem sido amplamente discutida, sendo que as diversas UCs da região Sudeste têm colaborado na preservação desse ecossistema.

O patrimônio histórico-cultural do Sudeste é um dos mais importantes do país e do mundo, e a região encanta com suas cidades históricas. As culturas caiçara (do litoral) e caipira (do interior) marcam as festas, tradições e hábitos de grande parte da população. Doce de leite, feijoada, pão de queijo, goiabada e tutu fazem parte de sua culinária.

Algumas cidades representam o misticismo, outras a paz da montanha ou da praia. Os esportes de aventura contrastam com a calmaria da natureza. As frutas e o vinho também movem o turismo local, com suas festas típicas. O Pico das Agulhas Negras (RJ/MG) é procurado por montanhistas de todo o país, e as ilhas de Angra dos Reis (RJ) encantam os praieiros.

A principal oferta turística de Minas Gerais, sem dúvidas, é seu patrimônio histórico, artístico e cultural, o mais notável do país. As cidades históricas são conhecidas mundialmente: sua arquitetura, igrejas, museus, ruínas, caminhos e rotas. Mas não é só esse patrimônio que destaca o estado no ramo do turismo, sua ampla diversidade natural também é importante: os Parques Nacionais da Serra da Canastra, Serra do Cipó, Serra do Caparaó e Grande Sertão Veredas e os Parques Estaduais do Ibitipoca e da Serra do Brigadeiro são alguns exemplos da potencialidade do estado.

Minas Gerais possui estâncias hidrominerais, fontes de águas termais e medicinais. Suas serras, como a da Mantiqueira, na divisa com o Rio de Janeiro e São Paulo, são procuradas por amantes da caminhada e da escalada. Algumas cidades, como São Thomé das Letras, Aiuruoca e Varginha, são conhecidas pelo turismo esotérico e o misticismo que as envolve.

A vegetação do estado de São Paulo é caracterizada por Mata Atlântica e faixas de Cerrado. Possui também um extenso litoral, e essa variedade de ecossistemas aliada a uma ótima infraestrutura turística têm possibilitado o desenvolvimento de diversos polos de ecoturismo no estado.

O turismo rural é bastante comum em áreas de fazenda. Nas serras paulistas (onde as temperaturas podem chegar a 0°C no inverno) é comum a prática de caminhadas, escaladas, voos de asa-delta e *paraglider*. As marcas do ciclo do café também são visíveis nas fazendas históricas. O Vale do Ribeira é conhecido por suas cavernas e Mata Atlântica preservada, principalmente no Parque Estadual Turístico do Alto Ribeira (Petar).

O litoral paulista é um diferencial que complementa a oferta turística do estado (Box 14.2). As praias são muito distintas e têm perfil que varia ao longo da costa, abrangendo cidades como Peruíbe, Santos, Guarujá, São Sebastião, Ilha Bela e Ubatuba, muito diferentes entre si. O Parque Estadual da Serra do Mar apoia a conservação da serra de mesmo nome, que acompanha todo o litoral paulista (desde o Espírito Santo até o sul da Santa Catarina).

O Rio de Janeiro, de acordo com Magalhães (2001, p. 132), é o "principal centro turístico brasileiro". A beleza natural de suas praias e montanhas e seu acervo histórico e arquitetônico fazem do estado um polo turístico notável. A Mata Atlântica é a vegetação que forma o Rio de Janeiro e acompanha seus 636 km de litoral.

A área litorânea do Rio de Janeiro, além da capital e de Niterói, compreende muitas cidades onde a prática do turismo é comum, como Paraty (que também é uma das mais importantes cidades históricas do país), Angra dos Reis e Armação dos Búzios. Nas regiões serranas, encontram-se os Parques Nacionais da Serra da Bocaina, do Itatiaia (primeiro Parque Nacional do Brasil) e da Serra dos Órgãos, além das famosas cidades de Petrópolis, Teresópolis, Nova Friburgo, Penedo e Visconde de Mauá.

A prática do turismo no Espírito Santo é favorecida devido às suas diversas paisagens naturais: praias, manguezais, serras, cachoeiras, parques e reservas naturais. O Parque Nacional Serra do Caparaó compreende o Pico da Bandeira, o terceiro mais alto do Brasil. Outros pontos interessantes para a prática turística são as diversas bases do Projeto Tamar existentes no estado, a Estação de Biologia Marinha e a Estação Ecológica de Santa Cruz, o Parque Estadual de Itaúnas, o Parque Estadual da Pedra Azul, a Reserva Biológica Córrego do Veado e o Museu de Biologia Mello Leitão. Os aspectos culturais e históricos também podem ser explorados por meio das tradições dos imigrantes, festivais de música e monumentos históricos.

Região Sul

A menor região do país nada tem de pequena quando o assunto é cultura. Suas tradições remetem à sua colonização europeia, principalmente alemã e italiana. As festas, a culinária, os costumes, a arquitetura e até as roupas típicas são facilmente identificados no sul do Brasil. O chimarrão é característico de sua cultura, assim como o vinho, a chula, o fandango e a congada.

Os Campos Sulinos, ou Pampas, caracterizam a vegetação da região, rasteira e predominantemente herbácea. O clima é temperado e, no inverno, muito rigoroso, chegando a nevar em algumas cidades. Foz do Iguaçu possui as cataratas, famosas por sua grandeza e imponência. Alguns parques nacionais possuem belas Matas de Araucária.

Mas nem só de campos, grandes altitudes e frio vive o turismo do Sul. Os três estados que formam a região (Paraná, Santa Catarina e Rio Grande do Sul) possuem praias belíssimas que, no verão, são ensolaradas e muito procuradas para práticas turísticas.

O Paraná possui tanto uma pequena faixa litorânea quanto picos de vegetação de altitude. O Parque Nacional do Superagui faz parte do Complexo Estuarino Lagunar, que compreende Cananeia, Iguape, Paraná, Ilha do Superagui, Peças, Pinheiro e Pinheirinho. Considera-se que essa região possui um dos mais importantes ecossistemas costeiros.

O Parque Estadual do Pico Marumbi é um dos principais atrativos turísticos do estado, localizado em Morretes. Outras UCs com bastante visitação no Paraná são os Parques Estaduais de Vila Velha e Guartelá, mas o de maior visitação, não só do estado, mas também do país, é o Parque Nacional do Iguaçu, com as Cataratas do Iguaçu, que estão dentre as maiores do mundo.

O litoral recortado, com baías, manguezais, banhados e restingas, e as serras e vales da Região do Planalto caracterizam o estado de Santa Catarina. Destacam-se a Mata Atlântica e a de Araucária, além dos ecossistemas litorâneos. Os imigrantes, principalmente alemães, marcam a cultura e muitas das tradições locais. O Vale do Itajaí é adequado à prática de esportes de aventura, trilhas, além da possibilidade de visitação do Museu da Estrada de Ferro.

Na região de Florianópolis se encontram o Parque Estadual da Serra do Tabuleiro, a Reserva Biológica Marinha do Arvoredo e a Área de Proteção Ambiental de Anhatomirim. No Planalto Serrano, há o Parque Nacional de São Joaquim, de vegetação de Campos e de Mata Atlântica, de altitudes elevadas e clima frio. Nessa região também ocorrem festas regionais (do Pinhão e da Maçã), além de atividades de pesca esportiva, canoagem e esportes náuticos.

O Rio Grande do Sul apresenta as Serras Gaúchas como principal atrativo: local de topografia e vegetação únicas que favorecem a prática de um turismo diferenciado em relação aos outros estados brasileiros. Os costumes, as tradições e a arquitetura são próprios dos imigrantes alemães e italianos, favorecendo, mais uma vez, a unicidade da região.

A vegetação é predominantemente de Campos Sulinos. Os Parques Nacionais de Aparados da Serra, da Serra Geral e da Lagoa do Peixe são alguns dos mais procurados para a prática do ecoturismo. A Rodovia Turística Transerrana percorre 22 municípios, desde Paraíso do Sul a Santiago.

Box 14.2 – Estudo de Caso – Ilha do Cardoso (SP)

A Ilha do Cardoso, localizada na região do Baixo Vale do Ribeira, no Estado de São Paulo, é um parque estadual desde 1962, e faz parte do Complexo Estuarino Lagunar de Iguape-Cananeia-Paranaguá. O local apresenta diversos tipos de vegetação de Mata Atlântica, que resultam em uma enorme diversidade biológica e em paisagens exuberantes.

Toda a beleza natural da Ilha do Cardoso e a possibilidade de praticar atividades no meio natural têm sido reconhecidas nos últimos anos por ecoturistas de todo o país. Moradores do próprio Estado de São Paulo que antes procuravam outros locais distantes para praticar ecoturismo passaram a perceber que na Ilha do Cardoso é possível encontrar tanta riqueza natural quanto em lugares muito mais conhecidos e famosos.

Apesar do destaque que a Ilha do Cardoso adquiriu como destino ecoturístico, a prática vem sendo realizada de modo que o impacto negativo sobre a natureza e a cultura de suas comunidades seja o mínimo possível. Quando se tornou uma UC, o local abrigava comunidades caiçaras que estiveram a par das propostas de programas de ecoturismo existentes para a ilha, além de comporem o Comitê de Apoio à Gestão do Parque. Segundo Rodrigues (2003, p. 91), "a experiência de gestão ambiental participativa da Ilha do Cardoso é considerada exemplar no Brasil e internacionalmente. A singularidade do trabalho do Comitê de Gestão da Ilha do Cardoso reside no fato de terem sido criados mecanismos de co-gestão da área. Um processo de diálogo direto e continuado entre membros das comunidades caiçaras e de representantes de instituições ligadas ao meio ambiente (governamentais ou não) resultou numa série de avanços na resolução de conflitos locais ligados à proteção ambiental da Ilha".

Em 1999, foi determinada a capacidade de suporte de visitação na Ilha do Cardoso, o que colaborou para que o impacto no ambiente natural fosse controlado. Esse número é estabelecido de acordo com a capacidade disponível nos meios de hospedagem (pousadas-residência, casas de aluguel e campings).

A Associação dos Moradores de Marujá (Amomar), comunidade da ilha, realiza mutirões de limpeza de praias e do manguezal, além de orientações aos moradores sobre a separação correta do lixo e fiscalização da capacidade de carga dos meios de hospedagem da ilha.

Apesar de a Ilha do Cardoso ter sido apontada por alguns estudiosos como um exemplo da cultura caiçara sendo substituída por atividades estritamente ligadas ao turismo, a atividade tem complementado a renda familiar dos moradores locais. Além disso, as comunidades da ilha ainda mantêm fortes vínculos com sua identidade e cultura próprios (Rodrigues, 2003).

Fonte: Adaptado de Rodrigues (2003) e Associação dos Moradores de Marujá (2009).

Por que, então, o ecoturismo no Brasil é incipiente?

O potencial do Brasil para o turismo é inegável. As experiências que as pessoas podem adquirir no contato com os diversos ecossistemas brasileiros são extremamente importantes para que incorporem valores de conservação de ambientes naturais e de culturas. Toda essa diversidade proporciona momentos tão únicos e especiais às pessoas que estas facilmente percebem a necessidade de conservar a biodiversidade do planeta e se dão conta de que é necessário, no seu cotidiano, adotar atitudes que colaborem nesse sentido. Neiman (2005, p. 34) afirma que

> um passeio pelo Pantanal, pelo fato de permitir procedimentos que impressionam muito os turistas, pode ser um instrumento eficaz de Educação Ambiental, pois desperta nos visitantes um sentimento de vínculo com o espaço, uma percepção subjetiva de sua beleza selvagem.

No Brasil já se observa que alguns destinos estão aprendendo a utilizar adequadamente o seu potencial turístico, permitindo a visitação controlada de seus ecossistemas protegidos por UCs. Entretanto, como exposto nos Boxes 14.1 e 14.2, algumas regiões ainda não possuem planejamento adequado da atividade turística, o que acaba por deteriorar os ecossistemas presentes e os costumes das comunidades locais, massificando a visitação dessas regiões.

Além disso, a falta de infraestrutura turística acaba por impedir que pessoas interessadas em certas localidades possam conhecê-las. Dessa forma, percebe-se a necessidade de um equilíbrio no desenvolvimento do turismo em qualquer localidade, que alie condições mínimas de visitação (como estradas e trilhas acessíveis, por exemplo) a ações que "freiem" a visitação descontrolada e predatória (como a adoção da capacidade de suporte).

O turismo aparece como uma alternativa, tanto para o crecimento econômico do país, quanto para o desenvolvimento de uma atividade que contribua para a conservação de toda sua cultura e belezas naturais, alterando-as o mínimo possível e, ao mesmo tempo, difundindo a educação ambiental como possibilidade de modificar hábitos predatórios modernos.

No entanto, analisando-se todo o potencial turístico do Brasil, é difícil entender os motivos exatos que fazem o país ser ainda incipiente no ramo, em comparação com outros. A notoriedade mundial de sua grandeza, beleza e de elementos como a Floresta Amazônica não é suficiente para o Brasil se destacar no turismo mundial. Outros países de menor dimensão e biodiversidade (e tão "periféricos" quanto o Brasil) são mais conhecidos por atividades que também são realizadas aqui, muitas vezes em maior proporção. Cabe aos profissionais, principalmente de turismo, averiguar quais são os fatores que vêm impedindo o país de liderar o ramo, corrigir as falhas e fortalecer suas potencialidades.

Alguns fatores podem ser apontados como desfavoráveis, dentre os quais vale destacar a discutível qualidade dos profissionais que atuam no planejamento e gestão de atividades turísticas em áreas naturais. As operadoras de turismo, principalmente as especializadas em ecoturismo, não estão empenhadas em formular seus pacotes de modo a cumprir as premissas da sustentabilidade. Os destinos explorados já são conhecidos e consolidados, havendo pouca oferta para localidades nas quais o turismo ainda é apenas uma promessa.

Os estudos de caso apresentados neste capítulo permitem que se visualize tanto o bom funcionamento como a falibilidade das práticas de ecoturismo em áreas naturais. Apesar de a Ilha do Cardoso ser apontada como um caso de sucesso, existem outras UCs nas quais as práticas turísticas não ocorrem satisfatoriamente, por não haver infraestrutura ou fiscalização adequadas, entre outros fatores. Dessa forma, questiona-se se a atividade, que é controlada nas áreas protegidas, pode ser praticada de forma sustentável em outras localidades.

Por fim, vale uma reflexão sobre a disparidade existente na visitação aos diferentes biomas brasileiros. Cada ecossistema representa, para o turismo, experiências diferenciadas, cada qual com suas características e potencialidades próprias. Contudo, no Brasil, percebe-se que a visitação dos biomas não acontece de forma igualitária. A Mata Atlântica e o Pantanal, por exemplo, parecem ser mais atraentes e acabam por receber mais visitantes do que o Cerrado e a Caatinga. Os primeiros estimulam o imaginário das pessoas no sentido de que há mais verde, mais água, mais animais, mas, na prática, isso é só parte da verdade. A observação de fauna, por exemplo, é muito mais factível no Cerrado do que na Mata Atlântica, devido às características da vegetação: suas árvores mais baixas e espaçadas favorecem esta atividade, entre outros motivos (Neiman, 1989).

Todos os ecossistemas possuem elementos que não poderão ser observados em outros e, no Brasil, isso parece não ser muito considerado, pois as visitações limitam-se, geralmente, aos locais mais famosos e onde, erroneamente, acredita-se que haja mais atrativos.

Questões para reflexão

1) Qual a melhor forma do Brasil superar suas dificuldades em relação às baixas taxas de visitação que apresenta e de que maneira o poder público pode colaborar para o fortalecimento do turismo internacional no país?
2) Quais seriam as melhores estratégias para alavancar o turismo em destinos e biomas brasileiros não tão visíveis no *trade*, modificando uma visão estereotipada que as pessoas têm sobre eles?
3) A partir dos estudos de caso, reflita acerca da "fronteira" que separa a prática sustentável do turismo das ações degradantes que este pode adquirir, abordando os aspectos que podem ser decisivos no futuro não só turístico, mas principalmente socioambiental de uma localidade.

Referências

ASSOCIAÇÃO DE MORADORES DE MARUJÁ. **Amomar**. Disponível em http://maruja.org.br/amomar.htm. Acessado em: 13 ago. 2009.

BRASIL. Ministério do Turismo. **Amapá**. Disponível em http://www.turismobrasil.gov.br/. Acessado em: 13 ago. 2009.

CAIXETA, N. Como atrair mais turistas ao Brasil. **Portal Exame**, 6 out. 2004. Disponível em: http://portalexame.abril.uol.com.br/degustacao/secure/degustacao.do?cod_site=35&cod_recurso=211&url_retorno=http://portalexame.abril.uol.com.br/revista/exame/edicoes/0828/negocios/m0041255.html. Acessado em: 22 fev. 2009.

COSTA, H.S.M; OLIVEIRA, A.M; RAMOS, M. População, turismo e urbanização: conflitos de uso e gestão ambiental. In: **Anais do XIII Encontro da Associação Brasileira de Estudos Populacionais**. Ouro Preto, 2002, p.21.

______. População, turismo e urbanização: conflitos de uso e gestão ambiental. **GEOgraphia** (UFF), Niterói, v. V, n. 10, p. 93-112, 2003.

D'ANTONA, A. de O. **Brasis: viajando pelos parques nacionais**. Campinas: Mercado Letras, 1994.

[IBAMA] Instituto Brasileiro do Meio Ambiente e dos Recursos Naturais Renováveis. **Ecossistemas**. Disponível em: http://www.ibama.gov.br/ecossistemas/home.htm. Acessado em: 15 jan. 2009.

[IBGE] Instituto Brasileiro de Geografia e Estatística. **Cidades**. Porto Seguro. Disponível em: http://www.ibge.gov.br/cidadesat/topwindow.htm?1. Acessado em: 7 fev. 2009.

MAGALHÃES, R.W. de. **Pólos de ecoturismo: planejamento e gestão**. São Paulo: Terragraph, 2001.

NEIMAN, Z. **Era verde? Ecossistemas brasileiros ameaçados**. São Paulo: Atual, 1989.

NEIMAN, Z. Natureza e cultura brasileiras: matérias primas do ecoturismo. In: NEIMAN Z.; MENDONÇA, R. (Orgs.). **Ecoturismo no Brasil**. Barueri: Manole, 2005, p.17-40.

RODRIGUES, A.B. (Org.). **Ecoturismo no Brasil: possibilidades e limites**. São Paulo: Contexto, 2003.

[WTO] World Tourism Organization. **Panorama del Turismo Internacional**. Ed. 2007. Disponível em: http://www.unwto.org/facts/eng/pdf/highlights/UNWTO_hightlights08_sp_LR.pdf. Acessado em: 27. jan. 2009.

15 Ética e ecoturismo

Débora de Moura Mello Antunes
Andréa Rabinovici

Introdução

O turismo é uma atividade que vem crescendo de forma significativa e que, na maioria dos casos, gera expectativas de soluções rápidas aos problemas econômicos e sociais que afligem especialmente as comunidades receptivas, mas, além delas, os demais agentes envolvidos com a atividade. Tais promessas reais ou ilusórias de resolução de problemas, a partir da implementação de atividades turísticas, muitas vezes incorre na realização de um turismo descuidado de suas premissas mais básicas, como as questões éticas, raramente lembradas.

Assim, quando a atividade turística é realizada de maneira desordenada, sem averiguação constante de impactos, sem respeito às normas de regulamentação e de segurança e sem a preocupação com a dimensão socioambiental, cultural e ética, pode causar danos irreversíveis, potencializando obstáculos que culminarão em uma situação de conflitos e problemas, cada vez mais complexa e de distante solução.

Não é fácil encontrar exemplos concretos de turismo que sigam à risca todos os preceitos e a filosofia que definem e conceituam a prática da atividade, especialmente se a intenção é demonstrar que houve melhoria visível e causada pelo ecoturismo. Assim, há muita expectativa que envolve a atividade, da qual se espera compromissos muito sérios, difíceis de serem cumpridos e que dependem de um trabalho conjunto dos vários atores envolvidos e, de que todos conheçam, respeitem e sigam à risca suas questões éticas.

Como foi apresentado ao longo deste livro, no ecoturismo, todo o processo, desde o planejamento, a discussão dos impactos, o local de atuação e a inserção da comunidade em todas as etapas, deve acontecer em acordo com os preceitos éticos, com cautela, precisão e detalhes bem definidos, pois os principais alvos de visitação são sensíveis à massificação, podendo incorrer na extinção de patrimônios naturais e culturais preciosos. Porém, todos esses métodos de identificação de atrativos, elaboração de roteiros e desenvolvimento local para melhor atender os turistas são pensados com um enfoque estritamente racional, que comumente relega a segundo plano questões importantes, tais como: quais modificações serão acarretadas no cotidiano local com a presença constante de visitantes; de que forma acontecerá a participação da comunidade local nas atividades turísticas; que tipo de turista será recebido; a comunidade receptiva está realmente preparada a deparar-se com o diferente?

Por essa razão, a determinação de alguns métodos, além de ser, obviamente, muito importante para o delineamento de objetivos e o alcance de êxito, deve-se adicionar a ela novas questões que ajudem a chegar a um patamar daquilo que deveria ser o verdadeiro ecoturismo. As questões a serem abordadas referem-se à inserção e consideração de postura ética junto às comunidades locais, aos turistas, aos planejadores relacionados, principalmente, à cultura e ao ambiente, pois só assim esta atividade será realizada com a devida qualidade e atingindo seus propósitos.

Ética ambiental

Mas, para começar, o que é ética? E o que seria ética ambiental? A definição encontrada no dicionário Aurélio (Ferreira, 1999, p. 280) é: "Estudo dos juízos de apreciação referente à conduta humana suscetível de qualificação do ponto de vista do bem e do mal, seja relativamente a determinada sociedade, seja de modo absoluto".

A ética é um conjunto de regras morais que regulam as condutas humanas. Moral são costumes individuais que ditam alguns comportamentos, logo eticidade – qualidade da conduta ética – são valores que nos permitem a vida em sociedade.

Quando a variável ambiental é introduzida na questão da ética, segundo Silva (2002, p. 176),

> vem, paulatinamente, o entendimento de que justiça social abarca também elementos intangíveis que formam um conjunto chamado qualidade de vida, que chega até mesmo ao direito universal ao usufruto estético, contemplativo, das belezas naturais.

Para Sem (2004), no que se refere ao entendimento do que seria o conceito de desenvolvimento sustentável, faz-se necessário perguntar qual a ideia de ser humano que o conceito abarca e se esta é suficientemente abrangente. Para o autor, muito mais do que necessidades a serem satisfeitas por várias gerações, as pessoas "têm valores e, especialmente, valorizam sua capacidade de arrazoar, avaliar, agir e participar. Ver os seres humanos apenas em termos de suas necessidades pode nos dar uma visão um tanto insuficiente da humanidade". Seguindo o raciocínio do autor, nossas necessidades são traduzidas na vontade de agir com e pela liberdade. Neste sentido, os seres humanos possuem uma ética própria relacionada aos cuidados com os demais seres vivos e com o planeta, que seriam traduzidos em ações em prol da sustentabilidade, as quais ultrapassam a pura resolução dos problemas relacionados ao desenvolvimento e atendimento de necessidades.

A partir do entendimento de que somos cidadãos em um planeta sob ameaça de esgotamento, nos transformamos em cidadãos ou sujeitos ecológicos, ambientais, ou outras expressões correlatas que demonstram a tendência a priorizar as demandas ambientais em detrimento a outras que partem de interesses mais egoístas, antropocêntricos. Nessa perspectiva, a responsabilidade socioambiental seria, mais do que outro instrumento mercadológico, a desejada possibilidade de mudanças concretas.

O exercício da liberdade de escolhas, de exercer nossa cidadania, pode ser muito mais interessante quando é possível colocar em xeque diversas premissas e valores considerados comuns a todos e, nesse aspecto, a luta pela sobrevivência planetária e de diversas espécies, paisagens etc. não precisa estar diretamente vinculada às nossas necessidades, nosso padrão de vida, e sim a outros valores que prescindem da sua versão utilitária para quaisquer gerações.

Sem (2004) exemplifica com a necessidade de se preservar a coruja-pintada, que, em tese, não fará falta alguma para sustentar determinado padrão de qualidade de vida. Por essa razão, ela poderia ser extinta, sem problemas, assim como as belas paisagens que o turismo transforma em atrativos. Porém, sua proteção está diretamente relacionada aos nossos valores éticos. O autor cita Gautama Buda quando este defende que:

> Por sermos enormemente mais poderosos do que as demais espécies, é preciso que tenhamos alguma responsabilidade para com elas, em um esforço por minorar de alguma maneira essa assimetria. (Gautama Buda, apud Sem, 2004)

Aos esforços e cuidados que se pode ter para com os seres vivos em geral, está implícita uma ética embutida nos humanos que os torna, de alguma forma, responsáveis pelos demais seres, à medida que a sua suposta superioridade os torna capazes de definir pela vida ou morte de animais, plantas e paisagens.

Estimular medidas éticas, desvinculadas do antropocentrismo, segundo Sem (2004):

> Trata-se certamente de uma tarefa árdua, mas, se as pessoas forem de fato agentes dotados de raciocínio (e não apenas pacientes, sempre carentes), então pode existir uma abordagem que envolva discussão pública e emergência e sustentação de prioridades favoráveis ao ambiente, acompanhadas de um alargamento da compreensão quanto às dificuldades ecológicas que estamos enfrentando. Isso, igualmente, deveria nos conduzir a um reconhecimento da capacidade dos seres humanos para pensar e julgar por si sós – uma capacidade que valorizamos, hoje, e uma liberdade que gostaríamos de preservar para o futuro. (Sem, 2004, s/p)

Os valores éticos e estéticos, aliados à participação política e aos processos cognitivos (informação, aquisição de conhecimentos, conscientização por meio da razão) são variáveis sem as quais não há possibilidade de equilíbrio no que tange à temática ambiental. Assim, vários fatores demandam a consideração, cada vez maior, da questão ambiental em todos os processos, áreas de conhecimento e de profissionais, o que se traduz no respeito ao direito difuso, na preocupação com os bens comuns ou coletivos, na consciência de que os problemas e as soluções são de ordem global, de interesse comum e assim por diante, de forma que "da demanda por equilíbrio ecológico decorre, portanto, que ele não pode existir isoladamente: será sempre produto de uma sociedade equilibrada em seu todo" (Silva, 2002, p. 176).

Há uma grande diferença quando se trata da ética vinculada à questão ambiental: "O ambientalismo coloca para cada um de nós o debate sobre a relação da humanidade com o planeta, a relação das sociedades com a natureza" (Gonçalves, 2002, p. 260).

Tudo o que se refere ao meio ambiente, portanto, perpassa e possui sentido ético e filosófico. O autor cita as questões a seguir como exemplo disso:

> Que destinos dar à natureza, à nossa própria natureza de humanos? Qual é o sentido da vida? Quais os limites da relação da humanidade com o planeta? O que fazer com o nosso antropocentrismo quando olhamos do espaço o nosso planeta e vemos o quão pequeno ele é e quando passamos a saber que, enquanto espécie humana, somos somente uma entre tantas espécies vivas de que nossas vidas dependem? (Gonçalves, 2002, p. 260)

Questionamentos profundos como esses nos levam a concluir que "a problemática ambiental é, sobretudo, uma questão de ordem ética e filosófica" (Gonçalves, 2002, p. 261). Eles apontam para o risco que se corre quando se é estimulado a criar soluções pragmáticas e técnicas esvaziadas da questão ética, de questionamentos, reflexões e criatividade, afastando as reais soluções e, portanto, mantendo permanentemente os problemas que se julga estar resolvendo.

Ainda para o autor, a crença desmesurada de que para tudo há uma solução técnica e científica nos afasta, cada vez mais, das possíveis transformações necessárias rumo a soluções efetivas. Para Gonçalves (2002, p. 261),

> o debate ambientalista cada vez mais se torna um debate com fortes conotações esquizofrênicas, onde a gravidade dos riscos com que o planeta se defronta, aliás gravíssimos como frequentemente anunciamos, contrasta com as pífias e tímidas propostas do gênero "plante uma árvore", promova a "coleta seletiva de lixo" ou desenvolva o ecoturismo.

A dimensão ética nas questões que envolvem a sustentabilidade é básica, na medida em que as mesmas são caracterizadas por serem de interesse coletivo, comuns a muitas nações e indivíduos.

Dessa forma, deve-se trabalhar para o aprendizado e a aplicação prática de uma cultura política ética, em todas as atividades econômicas e políticas, de forma que os valores sustentáveis sejam referência constante nos diversos espaços públicos e deles surjam boas experiências para servirem de exemplo (Silva, 2002).

Turismo e questões éticas

O turismo tem potencial para ser um bom ou um mau exemplo. Quando bem feito, de acordo com seus preceitos, terá na ação local sua base. De acordo com Silva (2002, p. 181):

> As possibilidades que vão sendo construídas no nível local constituem hoje um espaço determinante de criação de alternativas de desenvolvimento, de dinâmicas sociais, de horizontalização do processo de tomada de decisões, de interação com o Estado, do plano local ao global; e, sobretudo, de experimentos de uma nova cultura política.

O ecoturismo, para Gonçalves (2002), faz parte dos projetos acríticos dos anos de 1990, os quais mantêm intactos os valores neoliberais embutidos no conceito de desenvolvimento sustentável. Para o autor:

> Se antes se fazia uma dura crítica à redução da vida à sua dimensão econômica, então vista como parte do problema ambiental, agora se vê, cada vez mais, a preocupação de se atribuir preço à natureza para que ela seja objeto de negociação no mercado (economia ecológica). (Gonçalves, 2002, p. 262)

Para ser ético, o turismo deverá assumir de fato e de direito a defesa de um interesse geral, sem atender a grupos específicos e, além disso, contemplar os direitos não humanos, dos outros seres vivos, quaisquer que sejam eles. Lembra-se, aqui, que decisões sobre vida ou morte de outros seres, a submissão deles, trazem embutidas em si a negação do outro, do diferente, o que por si só nega qualquer preceito da equidade, poder, justiça, liberdade, sustentabilidade e ética.

Outra questão importante trazida pelo ambientalismo é que se faz necessária a revisão, a transformação do estilo de vida, de forma radical, perpassando a questão do consumo. Dessa forma, para ser ético, o turismo deveria adotar outra lógica mercadológica, diferente do turismo de massa, que nada mais é do que uma nova indústria, com enorme potencial.

A relação entre seres humanos, natureza e cultura parte do pressuposto de que o homem respeita (ou deveria respeitar) seus semelhantes, todos os demais seres dotados de vida e todo e qualquer objeto ou bem independentemente de sua utilidade. Considerando essa afirmação, nos deparamos com a contradição inerente ao sistema capitalista que permite e incentiva a utilização, em larga escala, dos recursos naturais não renováveis, bem como a massificação ou opressão dos bens imateriais, dando preferência e aceitando somente aquilo que pode virar lucro ou que realmente seja conveniente para se transformar em algum tipo de bem ou serviço, tornando natureza e tradição simples meios de auxílio para a perpetuação do sistema.

Racionalidade e antropocentrismo na formação da sociedade de consumo

A supervalorização do lucro, do crescimento ilimitado, para quem pensa na questão ecológica em seus aspectos espirituais e filosóficos, mostra que a humanidade se tornou, ao longo dos tempos, uma espécie que não conhece limites, não zela por valores morais básicos e, assim, reduz tudo à condição de objeto utilitário para o momento e/ou para as futuras gerações. Esse modo de viver teve início com o Iluminismo, cujos pensadores desprezavam qualquer tipo de tradição, dizendo que elas eram "palácios magníficos construídos, porém, sobre areia e lama" (Grün, 2007, p. 53), pois sua grandiosidade e imponência eram notáveis, mas não seria possível construir algo novo sobre uma base tão frágil, fazendo uma analogia com um passado de valorização das tradições e um futuro a ser edificado com o ser humano no centro de todo o conhecimento verdadeiro e de uma certeza que não é garantida por costumes ou raízes.

É nesse período histórico que ocorre a formulação do que poderia ser, na época, considerado moderno: renegar ao máximo a transmissão informal de conhecimento e partir para uma visão cartesiana do saber. Como resultado, criou-se uma sociedade que não estava ancorada a um lugar, sendo que esse quesito é de fundamental importância para uma identificação pessoal e localização histórica, favorecendo a formação de um sujeito sem raízes e liberal, o qual existe independentemente de qualquer conjunto de testemunhos, ecossistemas, sentimento de pertença, guiado somente pela luz da razão (Grün, 2007).

Segundo Grün (2007), também nesse contexto, há a minimização da natureza e do lugar, figuras essenciais para a humanização do pensamento. A categoria de espaço, que tempos depois volta às mentes dos críticos, principalmente dos geógrafos, questionando exatamente a influência desse fator, apresenta-se de maneira diferenciada para cada civilização.

Questões físicas, ocupação territorial, disposição de recursos naturais e como estes foram utilizados durante a história, tornando-se um objeto de consumo; o fenômeno da globalização somado à valorização ou à desvalorização de espaços com transformações diversas, com a criação dos chamados não lugares, nos quais os turistas e moradores vivenciam um simulacro do que seria um lugar perfeito, são questões a serem observadas pelo turismo. Alguns destinos turísticos, em muitos casos, são somente adaptações das teorias iluministas, pois ainda apresentam um cunho totalmente racional, com a finalidade de apenas produzir novos espaços e estimular o desejo de consumir uma região perfeita, descolada da realidade, a fim de se obter proveito da incompreensão do público com relação aos méritos culturais e, logicamente, monetários.

Nessa construção histórica, que separa ser humano da natureza e que valoriza o antropocentrismo, se dá a origem da formação da sociedade contemporânea, com uma natureza despida de qualquer valor, sendo somente um recurso a ser utilizado.

Os críticos do pensamento racional começam a refletir sobre de que forma, ao longo dos tempos, a natureza foi se tornar invisível aos olhos do ser humano e como trazê-la ao centro das discussões novamente. Este é um dos papéis fundamentais da ética e da educação ambiental: discutir assuntos que antes eram remetidos à marginalidade do pensamento e suprimidos na formulação do conhecimento. Segundo Grün (2007, p. 75) seria a "tematização das áreas de silêncio". Segundo Unger (1992, p. 11), os "pensadores ambientalistas definem ética ecológica como a sabedoria necessária para redescobrir a prática de nossos deveres e obrigações em relação ao cosmos".

Sem esquecer, claro, dos mais antigos filósofos que justificavam a necessidade de um pensamento mais amplo, considerando natureza e cultura como parte não só da história do indivíduo, mas como ponto esclarecedor de várias dúvidas e fator de resolução de problemas. Somente no início da década de 1970 o mundo pôde presenciar a formação de movimentos, propriamente ditos, que abordavam exatamente essas necessidades, ainda que de modo bem superficial, contudo com alvos voltados para a construção de novos padrões sociais, transformação da dinâmica e dos objetivos do sistema, novas concepções de ciência agregados a fatores tradicionais, chamados pós-materialistas.

A crença na tecnologia moldando o antropocentrismo da contemporaneidade

Apesar das tentativas de desvios de um pensamento humanista, o homem ainda é reflexo dessas teorias e acredita poder modificar as situações conforme elas surgem, pois é dono da razão e, certamente, tem as melhores deliberações. Todavia, em curto prazo, não acatando as fronteiras e os limites das ordens naturais, não se atentando a linha tênue entre direitos e deveres para com o cosmos, corre-se o risco da escassez dos recursos e da ameaça à própria sobrevivência dos seres humanos no planeta.

Questões como essas, observadas em todas as esferas da sociedade contemporânea, prendem o homem a um universo obsoleto. Ora, como resolver problemas ambientais, de qualidade de vida, conservação da identidade, tradição, pertencimento a um lugar ou a um aprimoramento de valores, se estes são remetidos à beira das ideias? A solução tem que acontecer de forma bem elaborada, considerando o máximo de elementos, refletindo sobre todos os pontos positivos e negativos, incluindo todas as camadas do corpo orgânico, em um espaço de tempo desconhecido e, principalmente, fazendo com que todos possam compreender a necessidade de uma nova filosofia, que a vida e o sustento humanos dependem do ambiente natural e que o homem é apenas parte de um todo, não o centro.

Assim, recorre-se a ferramentas de cunho tecnológico, com esperanças de que estas possam mudar esse panorama e livrar-nos dessas condições e discussões no menor tempo possível, elaborando novos produtos e estudando para que haja avanço sempre em direção ao progresso, galgando uma visão de mundo mais moderna, que pode resolver todos os problemas possíveis e imagináveis e, de certa forma, encobrir as responsabilidades individuais e coletivas, além de mudar o centro dos debates.

Desse modo, neste início de século, tecnologia é sinônimo de riqueza, o que não significa somente o poder de adquirir um material de última geração. A riqueza está muito mais ligada à possibilidade de elaboração, o *know how*, o saber fazer, o inventivo. Está associada também à capacidade de materializar produtos naturais, como petróleo e carvão mineral, com maior facilidade e em tempo reduzido; o que a natureza levaria milhares de anos para produzir, podemos disponibilizar com a tecnologia, mesmo que o recurso seja finito. Teria-se também que repensar, além destas questões, o conhecimento dos povos tradicionais, que continua sendo desvalorizado pela sociedade contemporânea a qual teria que considerá-la para que uma melhor relação entre sociedade e natureza possa existir. Como apontado por Santos (1992, p. 17):

> Haveria então uma tecnologia habitual, moderna, e a tecnologia da natureza, que é seu processo de produção. E existiria também uma outra tecnologia,

a dos povos tradicionais, que hoje em dia é totalmente desvalorizada, mas também é um processo de produção, de transformação e de interferência na natureza, diferente do nosso; tecnologia que, por não ter valor para nós, não significa que não tenha e não venha a ter grande valor.

Nessa afirmação pode-se observar que o fator riqueza, na verdade, depende da tecnologia à qual se está referindo. Ao analisar sob a ótica da tecnologia da natureza e da tradicional, o Brasil torna-se um país abundante frente aos chamados países de primeiro mundo. Porém, esses países têm percebido a necessidade de unir essas várias formas de desenvolvimento, para que se possa sanar, da melhor maneira possível, os problemas econômicos, sociais e culturais de nosso tempo.

Todavia, algumas instituições privadas, ao notarem a repercussão da temática ambiental e das práticas social e ambientalmente justas, incluíram tais temas em suas agendas. Se estas realmente o fazem para contribuir e desempenhar seus papéis neste novo mundo, ou se é somente mais uma ferramenta de marketing para se ganhar mais espaço e manipular a opinião pública, é a reflexão que essa atitude desperta.

Os dilemas da "nova ética" para o setor produtivo: a sustentabilidade

Não se pode negar que os empresários, em sua maioria, desfrutam de uma consciência sobre o assunto, atentos que estão as tendências globais. Não há dúvida de que nunca se falou, escreveu e debateu-se tanto as questões socioambientais, politicamente corretas e sustentáveis. Há realmente uma preocupação econômica com a conservação da natureza que, se bem cuidada, pode ser uma fonte inestimável de lucros. Com isso, percebemos que não foram somente modismo ou atitudes parecidas que levaram as organizações a tomar partido da causa ambiental, mas sobretudo as preocupações econômicas em conservar recursos não renováveis para que continuem as suas produções.

Com isto, pode-se afirmar que as empresas, na verdade, sensibilizaram-se com a real possibilidade de ter que fechar as suas portas ou abrir mão de seus lucros por falta de matéria-prima e, com isso, retardar o esgotamento desses recursos torna-se ótimo negócio para se perpetuar as ideologias cartesianas, visto que a natureza seria um bem utilitário, uma variável de mercado, criando o chamado ambientalismo empresarial.

Como fruto dessa nova vertente do ambientalismo, há a criação de um novo consumidor, o consumidor verde, que vem crescendo significativamente em todas as partes do globo.[1] Para Layrargues (1998), esse consumidor exige pré-requisitos ambientais em 42 categorias de produtos para a importação – o que pode configurar uma barreira comercial não alfandegária. Logo, há uma espiral de problemas por não se debater o cerne do conflito e por encará-lo superficialmente.

Dessa maneira, o movimento ambientalista foi percebido mais como uma forma de oportunidades comerciais e de crescimento mercadológico do que uma questão que exige reflexão profunda nos nossos hábitos e modos de vida, podendo gerar credibilidade e premiação de corporações que seguem esses pontos de vista. Esses fatos são de fácil observação quando se depara com os discursos, os incentivos, os prêmios empresariais sobre sustentabilidade comumente expostos à opinião pública, na maioria das vezes, de forma totalmente contraditória, demonstrando a lógica que permeia essa mercantilização da questão ambiental.[2]

O turismo não difere dessa lógica, haja vista que é considerado uma solução econômica para muitas localidades. Assim, a atividade acompanha várias dessas tendências ao vender algumas destinações sob o rótulo de ecoturísticas por simplesmente apresentarem uma exuberância natural, uma cultura exótica, instalações simples e um cotidiano totalmente diferenciado daquilo que se tem nos grandes centros.

Claro que esses são pontos essenciais para o planejamento de um produto turístico desse segmento, porém, como já foi apresentado anteriormente, é de suma importância que se leve em conta outros fatores de ordem subjetiva, para que, além de se ter uma nova fonte de renda local, a população possa atingir uma melhor qualidade vida, o local possa ser melhorado, os visitantes aproveitem para se modificar, enfim, que a viagem seja uma maneira de aprendizado e autoconhecimento para todos os envolvidos, por meio do contato com o diferente.

Somente a partir dessas noções, o turismo e o turista, de certa forma, poderão contribuir com uma nova visão de mundo, pois o que atrai um sujeito a visitar outra localidade são suas manifestações culturais, tradições formadas com várias contribuições étnicas, biomas com beleza singular, relação entre população regional e ambiente, enfim, atrativos que, na sua fonte, têm informações que até então eram renegadas, jogadas à margem pelo conhecimento mecanicista. Agora, elas atraem justamente pelo fato

---

1 Ver Capítulo 12.

2 Debatida no Capítulo 12.

de que nelas é possível encontrar nossa identidade, seja pelo contato com o semelhante ou o divergente.

Dessa forma, todos os envolvidos na atividade turística, desde instituições de ensino – principalmente as públicas – que formam novos indivíduos para o mercado de trabalho, planejadores públicos e privados, guias de turismo, município e comunidades receptoras, têm a oportunidade de atuarem como sujeitos educadores a fim de propagar esses valores.

Códigos de ética para o turismo

O código de ética do turismo foi criado pelos membros da Organização Mundial de turismo (OMT) na Assembleia Geral em Santiago, Chile, em outubro de 1999[3]. No entanto, não existe um código de ética específico do ecoturismo, este deve guiar-se pelo código do turismo e pelas diversas campanhas especialmente criadas, como apresentado nos Boxes 15.1 e 15.2.

O código de ética do turismo tem seus princípios com base em dez artigos: contribuição do turismo para a compreensão e o respeito mútuo entre homens e sociedades; turismo, instrumento de desenvolvimento individual e coletivo; turismo, fator de desenvolvimento sustentável; turismo, fator de aproveitamento e enriquecimento do patrimônio cultural da humanidade; turismo, atividade benéfica para os países e para as comunidades de destino; obrigações dos agentes de desenvolvimento turístico; direito do turismo; deslocamento turístico; direitos dos trabalhadores e dos empresários da indústria turística e aplicação dos princípios do Código Mundial de Ética do Turismo.

Além desse, há inúmeros códigos e princípios de práticas e condutas (Box 15.1). De acordo com Scace et al. (1992), os códigos de ética se baseiam em valores e filosofias, enquanto os códigos de práticas/condutas constituem a aplicação prática e específica dentro das conjunturas concretas.

3 O Código de Ética no Turismo pode ser encontrado no site da OMT (World Tourism Organization), em língua portuguesa, no seguinte endereço: http://www.world-tourism.org/code_ethics/pdf/languages/Portugal.pdf

Box 15.1 – A ética de mínimo impacto em ambientes naturais

Atualmente, milhares de pessoas procuram os ambientes naturais para atividades de lazer, que vão desde um simples passeio até a prática de esportes de natureza. Nesses locais, a natureza precisa ser tratada com cuidado e respeito. O equilíbrio ecológico e a saúde dessas áreas dependem do bom estado de sua conservação. A proteção desses locais depende muito do comportamento dos visitantes.

Os princípios básicos do ecoturismo devem se traduzir, na prática, em baixo impacto sobre os ambientes, ênfase educativa, benefícios diretos aos moradores locais, crescimento econômico limitado, entre outros. Para isso ocorrer, diversas campanhas foram elaboradas para a conduta consciente em ambientes naturais, dentre elas destacamos as seguintes: Como ser um ecoturista consciente, Excursionismo de Mínimo Impacto, diversos códigos de ética para operadoras, agências, monitores e guias de ecoturismo, os Dez Mandamentos do Ecoturismo, os princípios do Leave No Trace: Outdoor Ethics, campanhas governamentais, tais como a Conduta Consciente em Ambientes Naturais e Conduta Consciente em Ambiente Recifais, além do Pega Leve!, descrito com mais detalhe a seguir.

Pega Leve!

Pega Leve! é mais que uma campanha para garantir o bom uso das trilhas e acampamentos limpos. É um programa voltado à convivência responsável com o ambiente natural, dedicado a construir a conscientização, apreciação e, além de tudo, o respeito por nossas áreas naturais. Uma ética que orienta a conduta adequada do cidadão consciente da importância da conservação da biodiversidade no Brasil.

Entre os benefícios diretos possíveis de se proporcionar com essa nova atitude estão a contribuição à sustentabilidade dos destinos ecoturísticos, a possibilidade de diversificação de atividades pela minimização dos impactos inerentes, a promoção da educação ambiental e o desenvolvimento de uma consciência de conservação e respeito ao meio ambiente.

As principais referências utilizadas foram as publicações da norte-americana Leave no Trace, o material do New Zealand Mountain Safety Council, o folheto Conduta Consciente em Ambientes Naturais, organizado e editado pelo Departamento de Áreas Protegidas da Secretaria de Biodiversidade e Florestas do Ministério do Meio Ambiente, em parceria com o Centro Excursionista Universitário (CEU), em cuja estrutura se baseia o

Pega Leve!, além do folheto Excursionismo Consciente, distribuído pelo CEU em 1989.

Essas regras de mínimo impacto são resumidas em oito princípios que dizem:

- planejamento é fundamental (pesquisar sobre o clima local, quais atividades podem-se fazer e se é necessário algum agendamento);
- cuide dos locais por onde passa, trilhas e acampamentos (mantenha-se nas trilhas pré-determinadas mesmo que molhadas, faça seu acampamento em locais que não sejam frágeis, protegendo os patrimônios culturais e naturais e não deixando evidências da sua passagem);
- deixe cada coisa em seu lugar (não construa nenhum tipo de estrutura, leve apenas fotos e a memória como lembranças);
- respeite os animais e as plantas (não retire plantas silvestres, observe animais à distância e não os alimente);
- você é responsável pela sua segurança (leve itens para sua segurança, pois socorro em áreas naturais são caros e complexos, calcule o tempo que passará viajando e avise a administração local sobre sua visita);
- traga seu lixo de volta;
- evite fazer fogueiras (utilize lampião ou lanternas para iluminação e fogareiro para cozinhar);
- seja cortês com outros visitantes e com a população local.

Fonte: Adaptado de http://www.pegaleve.org.br.

Box 15.2 – Os 10 mandamentos do ecoturismo

- Viaje com espírito de humildade e com o desejo de se encontrar e conversar com a comunidade local;
- Seja respeitoso com os hábitos culturais alheios e evite comportamentos agressivos;
- Cultive o hábito de observar e escutar, mais do que meramente ouvir e ver;
- Considere que as pessoas podem ter noções de tempo e padrões de pensamento diferentes dos seus;
- Em vez de buscar o exótico, procure descobrir a riqueza de outros modos de vida;

- Lembre-se de que você é apenas um entre outros visitantes;
- Ao pechinchar, não esqueça de que mesmo o comerciante mais humilde pode abrir mão do lucro, antes de desistir de sua dignidade pessoal;
- Não faça promessas que você não poderá cumprir às pessoas da comunidade ou a novos amigos;
- Reflita sempre sobre suas experiências e novos conhecimentos; o que é bom para você nem sempre é bom para os outros;
- Pense: se você quer uma casa longe de casa, para que viajar?

Obs: há muitas e diferentes versões sobre Os dez mandamentos do ecoturismo ou do ecoturista disponíveis. Esta foi localizada no site do Instituto Physis – Cultura & Ambiente (http://www.physis.org.br)

Deve-se ressaltar, no entanto, a necessidade fundamental de se diferenciar ética de exigências moralistas e regras meramente formais. A ética pressupõe participação, busca de consensos, aproximação de diferentes, vivência cotidiana com seus preceitos e sua lógica:

> Assim, mais do que um conjunto de regras éticas que se apresentem como imperativo categórico para a sustentabilidade, como alguns apresentam, devemos contrapor uma ética de procedimentos para que uma nova ágora seja o fórum para a busca de consensos verdadeiros, o que pressupõe que o dissenso seja o ponto de partida. Afinal, a verdade nunca está com ninguém, mas na relação. (Gonçalves, 2002, p. 276)

Como um reforço à inclusão desses princípios, particularmente nos centros acadêmicos, verifica-se a necessidade de uma formação mais completa e abrangente, para que seja possível observar a aplicabilidade e a necessidade de um conhecimento ambiental e a continuação da busca meticulosa para averiguação da realidade concreta por parte dos docentes e discentes.

> A prática acadêmica está impregnada de valores, e não pode estar distante das preocupações sociais. A formação ambiental, então, entra nesse cenário exigindo um redimensionamento das práticas pedagógicas, de outras diretrizes para um saber ambiental que não seja apenas livresco, mas articulado com a

> prática social e com uma estreita relação entre investigação, ensino, difusão e extensão do conhecimento. Nesse caso, a complexidade passa a ser um campo promissor para pensar/refletir sobre a universidade no momento atual. (Tristão, 2004, p. 70)

A possibilidade de modificação de um futuro próximo torna-se maior quando se trata de formar uma massa crítica, promissora, com uma gama de conhecimento variado, que, ao ser lançada no mercado de trabalho, poderá aplicar todas as informações recebidas. No caso do turismo, essa busca reflete-se em um número significativo de pessoas de várias áreas do conhecimento aliadas a outras sem perfil acadêmico, com a incorporação das questões ambientais e culturais, de forma a se conseguir criar uma visão não reducionista da questão.

Dessa forma, como será atingido esse estado ideal? Quais caminhos o Brasil está trilhando para atingir essas metas? Qual a contribuição do ecoturismo? Essas são questões que estão em voga, com uma proposta global repleta de anseios por uma vida revigorada, com qualidade e com o turismo, sobretudo o sustentável, servindo como uma ferramenta potencialmente transformadora, o que leva a novos dilemas e reflexões quanto às questões práticas e operacionais dessas novas fundamentações.

Quando se trata de desenvolvimento de modo geral, desconsiderando seus métodos e consequências, parte-se da premissa de que o ser humano sempre quer crescer, melhorar de vida e se reproduzir. Para ir em direção à sustentabilidade, é preciso introduzir a natureza nesse processo como um agente mantenedor de nossa existência, em coevolução constante com os seres humanos e, assim, incluindo nessas aspirações, uma democracia plena, para que todos possam ter acesso e sejam chamados a participar e se expressar.

Ecoturismo como novo princípio para as atividades turísticas

O Ecoturismo tem uma gama de ferramentas a serem utilizadas para tais modificações, principalmente sua possibilidade de proporcionar aos indivíduos o contato direto com a natureza, modificando a percepção que têm dela. Educação ambiental, políticas públicas, planejamento integrado entre poder público, iniciativa privada e sociedade, comercialização ética e responsável são requisitos básicos para haver coerência com o que se pretende modificar. Porém, deve-se quebrar um paradigma, pois o turismo, como outro bem ou serviço qualquer, parte do princípio de que somente as pessoas com poder aquisitivo podem adquiri-lo, fazendo parte de um dos tripés da compra do serviço turístico: motivação, tempo e dinheiro.

Dessa forma, não excluindo outras destinações que exigem investimento financeiro, é preciso pensar em alternativas para que as pessoas menos abastadas possam ter acesso a esse tipo de conhecimento e atividades e participar efetivamente do processo de mudança, aproveitando estruturas municipais, como parques e áreas verdes para a realização de atividades de sensibilização e de conscientização ambiental. Por fim, deve-se planejar alternativas disponíveis a todos, para que mesmo as pessoas que não têm acesso ao ecoturismo possam, de alguma forma, apreciar, entreter-se e edificar-se com qualidade.

Entretanto, independentemente de praticantes ou planejadores, não se pode esquecer dos chamados códigos éticos que alertam, no caso dos turistas, para uma postura considerada recomendável, e incentivam a cada um contribuir com sua parte, conservando ambientes naturais ou hábitos locais. Aos planejadores, recomendam o incentivo a prática de alguns segmentos do turismo que têm em seus conceitos a conscientização e a ética como pontos principais.

Por sua vez, os viajantes também devem fazer a sua parte para a colaboração na conservação ambiental, principalmente os exigentes ecoturistas, pois estes buscam e tentam inserir verdadeiramente esses valores ambientais em suas vidas e, por meio da viagem, procuram absorver o máximo conhecimento com a comunidade visitada. Para eles foram criados os códigos de visitantes, no intuito de contribuirem da melhor maneira possível para uma vida sustentável.

No Box 15.1 são apresentadas campanhas com conselhos para uma viagem sustentável, elaboradas por uma organização ambientalista transnacional que recomenda o bom uso das trilhas e acampamentos limpos, despertando a conscientização e o respeito pela diversidade das áreas naturais.

Importante ressaltar que várias iniciativas tomadas pela esfera pública buscam atrair mais visitantes às áreas naturais, tendo em vista o déficit de natureza percebido pelos moradores dos grandes centros urbanos, pela popularização da necessidade do contato com a natureza para a saúde humana, com diversos estímulos propagados pela mídia, ditando modas, além, é claro, da percepção que muitas pessoas têm da importância de vivenciar o contato com espaços naturais. Assim, a dúvida está em estimular ou não essas visitas, na medida em que possivelmente mais visitantes gerarão mais impactos, ou, pelo contrário, uma visitação bem planejada e conduzida,[4] no intuito de promover uma maior aproximação entre ser humano e ambiente e, quiçá, maior e melhor qualidade do contato, poderá trazer consequências concretas para uma melhoria da qualidade de vida nos locais de origem do turista.

Esses procedimentos estão começando a ser adotados por pessoas de todo o planeta, de maneiras diferenciadas, mas sempre com as mesmas causas. Se as recomendações e os procedimentos forem seguidos e se os responsáveis tiverem ajuda para divulgá-los, um número maior de pessoas preservará os lugares que estão sendo desfrutados hoje, mantendo-os sempre na melhor condição para todos, desta e das próximas gerações.

Respeitando essas regras simples será possível, por intermédio dos turistas, promover a reflexão sobre o tema em um número maior de pessoas, refletindo não só sobre as questões ambientais mas, acima de tudo, na vida dos homens, os moldes sociais nos quais todos estão inseridos, a produção, o lucro e a necessidade de uma nova filosofia a ser estabelecida. Modificações profundas em tudo o que se conhece hoje, como tecnologias, cultura, história e ideias que antes eram remetidas à marginalidade da construção do conhecimento, ao serem realizadas, podem contribuir significativamente para esse novo mundo rumo à sustentabilidade.

É inegável que são mudanças necessárias, porém não são facilmente aplicáveis, pois se trata de hábitos adquiridos há centenas de anos. O homem ainda não encontrou espaço no neoliberalismo para a execução do novo, pois a natureza continua com o seu papel de fornecedora de matérias-primas e com função utilitária enquanto o ser humano achar adequado. O meio ambiente ainda não foi visualizado em sua complexidade, com características que ditam nossa identidade e, acima de tudo, nossa existência no planeta.

A prática irresponsável do ecoturismo pode resultar em uma série de impactos socioambientais e culturais graves, desde os mais óbvios (poluição sonora e do ar) até os mais sutis, tais como impactos na vida dos animais que são observados em suas atividades, colocando em perigo a sobrevivência de espécies como ursos polares e golfinhos, entre outros, que podem, por consequência da visitação, perder peso, mudar seu comportamento, sofrer alteração do ritmo cardíaco, no nível hormonal, sofrer de estresse e até morrer.

---

4 Sobre este tema, ver Capítulo 4.

Tal raciocínio remete à outra grave contradição presente na questão da ética ambiental que permeia todas as questões socioambientais: a ética antropocêntrica que, conforme Gonçalves (2002), configura as contradições da vida humana no planeta, negando sua própria existência, quando transformada em nosso símbolo de progresso maior, passa a ser dominada e ameaçada.

Um convite para cada cidadão do planeta

Não cabe somente a uma pessoa ou instituição a responsabilidade do despertar para uma nova visão que inclua os ambientes naturais. É de responsabilidade de toda a nação e de todas as corporações, públicas e privadas, pois todos dependem dos recursos não renováveis fornecidos, principalmente no caso do ecoturismo, que necessita diretamente desses fatores sensíveis e subjetivos para sua existência e manutenção.

É necessário um planejamento detalhado, com regras muito bem definidas, conhecimento total sobre os impactos positivos e negativos, participação da comunidade local no planejamento e em sua execução, sendo que toda a verba gerada com a atividade deve ser revertida para o seu bem-estar, o que faz essa atividade ser bem específica e diferente de outras.

Entretanto, estamos à mercê de uma mudança voluntária de valores e pensamentos, pois sem essas atitudes espontâneas, por mais que sejam garantidas por lei, não será possível transformá-las em traço fundamental de nossa cultura. Ainda, tais valores não serão passados às próximas gerações, de modo que o discurso pode se esvaziar, passando ao campo da utopia, das palavras bonitas ou leis que não são realmente cumpridas.

Todavia, não se pode assumir uma posição tão pessimista diante dessa condição, desacreditando que o homem é capaz de tomar alguma atitude para mudar essa realidade. A proposta é começar com pequenos gestos, praticar valores tais como a simplicidade voluntária, a solidariedade, o respeito à diferença, o olhar crítico sobre o consumo que se faz de bens, de lugares, de pessoas, além de considerar a necessidade de ação concreta rumo aos objetivos, não fazendo promessas irreais. Retomar a dimensão ética dentro do contexto da sustentabilidade socioambiental é de fundamental importância e de absoluta e urgente necessidade para fazer valer o conceito e as práticas do verdadeiro ecoturismo.

Questões para reflexão

1) Na sua opinião, é possível incorporar a prática ecoturística à questão ética?
2) De que forma(s) o ecoturismo pode contribuir para mudanças estruturais na sociedade contemporânea?
3) A ética ambiental é diferente da ética em si? Quais fatores identificam a ética em sua face ambiental?
4) O que falta, na sua opinião, para que a dimensão ética da sustentabilidade seja lembrada sempre que se fala em sustentabilidade e/ou desenvolvimento sustentável?

Referências

FERREIRA, A.B.H. **Novo Aurélio século XXI: o dicionário da língua portuguesa**. 3.ed. 4. imp., rev. e ampl. Rio de Janeiro: Nova Fronteira, 1999, 2128p.

GONÇALVES, C.W.P. Ética e ethos: contribuição para uma ética da sustentabilidade. In: LEFF, E. (Org.). **Ética, vida, sustentabilidad**. México, D.F.: Programa de las Naciones Unidas para el Medio Ambiente. Red de Formación Ambiental para América Latina y el Caribe, 2002, p.259-287.

GRÜN, M. **Em busca da dimensão ética da educação ambiental**. São Paulo: Papirus, 2007.

LAYRARGUES, P.P. **A cortina de fumaça: o discurso empresarial verde e a ideologia da racionalidade econômica**. São Paulo: Annablume, 1998.

SANTOS, L.G. Humanismo e biocentrismo: o ecologismo como questão filosófica. In: UNGER, N.M. (org.). **Fundamentos filosóficos do pensamento ecológico**. São Paulo: Loyola, 1992, p.15-23.

SCACE, R.C., GRIFONE, E.; e USHER, R. **Ecotourism in Canada**. Relatório de consulta preparado para o Canadian Environmental Advisory Council, Hull, Quebec: Ministry of Supply and Services, 1992.

SEM, A. Por que é necessário preservar a coruja-pintada. Trad. Paulo Migliacci. **Folha de S. Paulo**, Caderno Ciência, 14 mar. 2004.

SILVA, M. Ética e sustentabilidade política. In: LEFF, E. (Org.). **Ética, vida, sustentabilidad.** México, D.F.: Programa de las Naciones Unidas para el Medio Ambiente. Red de Formación Ambiental para América Latina y el Caribe, 2002, p.174-183.

TRISTÃO, M. **A educação ambiental na formação de professores: rede de saberes**. São Paulo: Annablume, 2004.

UNGER, N.M. (Org.). **Fundamento filosóficos de pensamento ecológico**. São Paulo: Loyola, 1992.

Glossário

Acreditação: é um método de avaliação das organizações prestadoras de serviços, voluntário e periódico, que busca garantir a qualidade de assistência prestada, por meio de padrões previamente definidos. A característica de ser voluntário revela a responsabilidade e o comprometimento da direção da organização com a qualidade do atendimento. Uma organização prestadora de serviços que adere ao processo de acreditação estará comprometida com a segurança, com a ética profissional, com os procedimentos que realiza e com a garantia de qualidade do atendimento ao cliente.

Agenda 21: um dos principais resultados da conferência Rio-92. É um instrumento de planejamento para a construção de sociedades sustentáveis que concilia métodos de proteção ambiental, justiça social e eficiência econômica. Pode ser construída e implementada em municípios ou em quaisquer outros arranjos territoriais, como bacias hidrográficas, regiões metropolitanas e outros. Deve ser composta pelo governo e pela sociedade para que seja efetiva.

Alteridade: significa se colocar no lugar do outro na relação interpessoal, com consideração e valorização; dialogar com o outro. A prática da alteridade se conecta aos relacionamentos tanto entre indivíduos como entre grupos culturais religiosos, científicos, étnicos etc. É a concepção que parte do pressuposto básico de que todo o homem social interage e interdepende de outros indivíduos.

Áreas protegidas: espaços territorialmente demarcados, criados para garantir a sobrevivência por meio da proteção de todas as espécies de animais e plantas. Têm como principal função, portanto, a conservação e/ou preservação de recursos naturais e/ou culturais.

Biodiversidade: termo que se refere à variedade e à variabilidade de microrganismos a animais e plantas e às complexidades ecológicas nas quais elas ocorrem, descrevendo, assim, toda a riqueza do mundo natural. Pode ser considerada uma associação de vários componentes hierárquicos: ecossistema, comunidade, espécies, populações e genes em uma área definida.

Biomas: amplos conjuntos de ecossistemas terrestres ou aquáticos, caracterizados por tipos fisionômicos de vegetação semelhantes com diferentes tipos climáticos; compreendem várias comunidades bióticas em diferentes estágios de evolução, em vasta extensão geográfica; é a unidade ecológica imediatamente superior ao ecossistema.

Capacidade de carga: refere-se à medida que determina o número máximo de visitantes por unidade de tempo (hora, dia, mês, ano etc.) que uma determinada área consegue suportar com relação a subsistência e recursos ambientais disponíveis, para que ocorra o mínimo possível de alterações nos meios físico e social.

Conservação: ato de conservar; manutenção. Tem como objetivo, apesar de reduzida ou alteradamente, manter a singularidade local. No caso de unidades de conservação, são espaços ambientais que têm importantes características naturais e são legalmente instituídos pelo poder público com objetivos de conservação. Possuem limites definidos e existem sob um regime especial de administração, ao qual se aplicam garantias adequadas de proteção.

Contracultura: movimento de contestação de caráter social e cultural. Nasceu e ganhou força, principalmente entre os jovens das décadas de 1950 e 1960, a partir dos Beatniks (jovens intelectuais que contestavam o consumismo, o anticomunismo generalizado e a falta de pensamento crítico), seguindo pelas décadas posteriores até os dias atuais. Critica e questiona valores centrais vigentes e instituídos na cultura ocidental, principalmente o capitalismo e suas consequências, a cultura de massa e a indústria cultural. Também considera a sociedade por um outro viés, diferente do que é mostrado nas grandes mídias.

Crise ambiental: fenômeno associado ao desenvolvimento tecnológico e industrial, vincula-se a aspectos econômicos, políticos e sociais. Caracteriza-se por catástrofes mundiais e escassez dos recursos naturais, oriundos da atividade humana.

Cultura tradicional: cultura que apresenta traços característicos de determinado grupo social e possui elementos que o identificam; une e promove referenciais comuns, apesar da influência de outras culturas. Não recebeu por completo a interferência do mundo globalizado, uma vez que o hibridismo cultural é inevitável no contexto atual.

Degradação ambiental: processos gerados em função da alteração negativa do meio ambiente, provocados pela ação antrópica (do ser humano) e se caracterizam pelo esgotamento ou a destruição de elementos naturais.

Desenvolvimento sustentável: termo emergente na década de 1980 em função da dualidade vivida em todo o planeta, caracterizada pelo crescimento econômico e a conservação dos recursos naturais. Refere-se à capacidade de desenvolvimento atrelada à utilização racional dos recursos naturais existentes com vistas a preservá-los para as gerações futuras.

Desmatamento: destruição, corte e abate indiscriminado de matas e florestas, para comercialização de madeira, utilização dos terrenos para agricultura, pecuária, urbanização, qualquer obra de engenharia ou atividade econômica.

Ecossistema: sistema aberto que inclui, em determinada área, todos os fatores físicos e biológicos (elementos bióticos e abióticos) do ambiente e suas interações, o que resulta em uma diversidade biótica com estrutura trófica claramente definida e na troca de energia e matéria entre esses fatores. Complexo dinâmico de comunidades vegetais, animais e de microrganismos e seu meio inorgânico que interagem como uma unidade funcional.

Empoderamento: ato de delegar ou assumir poder sobre algo ou alguém. Ação coletiva desenvolvida pelos indivíduos quando participam de espaços privilegiados de decisões, de consciência social dos direitos sociais. Acontece à medida que se conquista e se distribui entre muitos o poder de realizar ações.

Espetacularização: aumentar, interferir, fantasiar ou criar fatos ou objetos com a intenção de tornar público. Servir de espetáculo ou dar espetáculo, ficar exposto às críticas do público, ser objeto de escândalo, de zombaria ou apreciação. Transformação radical de manifestações culturais em mercadoria.

Espiritualidade: característica que faz parte da essência do ser responsável pela ligação deste com o universo, com os "outros" e consigo mesmo. Não precisa estar vinculada à religiosidade e é importante para trazer qualidade de vida e dar sentido a ela.

Externalidade: efeito de comportamento de um indivíduo sobre uma determinada ação que interfere de maneira positiva ou negativa sobre um ou mais indivíduos, os quais não estão envolvidos no desenvolvimento dessa ação, sendo beneficiados ou prejudicados com ela.

Globalização: processo histórico, econômico, social que teve início no século XV e foi lentamente modificando os modos de produção com base no modelo capitalista, a integração entre os países foi ficando cada vez maior bem como o volume e a rapidez de trocas e informações. Sua concretude se dá por meio dos blocos econômicos e da eliminação espaço *versus* tempo e da informação *versus* tempo.

Impactos ambientais: ação ou conjunto de ações diretas e/ou indiretas que provoquem mudanças sobre o meio ambiente, tanto positivas quanto negativas.

Interdisciplinaridade: processo de integração recíproca entre várias disciplinas e campos de conhecimento por conta de um projeto ou de uma abordagem que lhes sejam comuns.

Meio ambiente: conjunto de todos os fatores físicos, químicos, biológicos e socioeconômicos que atuam sobre um indivíduo, uma população ou uma comunidade. Inclui a atmosfera, o meio aquático, o solo, os recursos naturais, a flora, a fauna, os seres humanos e suas respectivas interações.

Movimento social: reunião de pessoas que se unem pela conquista de um bem comum por meio da reivindicação do direito de acesso a esse bem. Série de atividades coletivas em prol de determinado fim.

Neoliberalismo: doutrina em "moda" a partir das últimas décadas do século XX que defende a redução do papel do Estado na esfera econômica do país. Reação à expansão da intervenção do Estado no ambiente econômico.

Paradigmas: grande junção de crenças e valores que determinam o modo de pensar e agir do ser humano em uma determinada época. Também pode ser entendido como padrão, modelo, princípios e regras.

Preservação: conjunto de medidas e estratégias de ordem administrativa, política e operacional que contribuem direta ou indiretamente para a proteção do patrimônio, tanto cultural como natural. Esse conjunto de medidas se caracteriza por ser resultante de uma consciência política, de cunho individual ou coletivo, particular ou institucional, que visa proteger e salvaguardar o patrimônio.

Qualidade de vida: condição de bem-estar social decorrente de fatores relacionados à satisfação das necessidades individuais e coletivas no âmbito da saúde, economia, segurança, educação, cultura, lazer, alimentação, ecologia e expectativas futuras, percebida diferentemente de acordo com o contexto do indivíduo.

Questões socioambientais: problemáticas de natureza coletiva relacionando, de forma sinérgica, a deterioração das condições naturais de diferentes ambientes e as causas ou efeitos que atingem grupos sociais nesses e em outros ambientes.

Recursos naturais: componentes, materiais ou não, da paisagem geográfica, mas que ainda não tenham sofrido importantes transformações pelo trabalho do ser humano e cuja própria gênese é independente dele, mas aos quais lhes foram atribuídos, historicamente, valores econômicos, sociais e culturais. Só podem ser compreendidos a partir da relação ser humano-natureza.

Sazonalidade: fenômeno caracterizado pela instabilidade entre oferta e demanda em determinados períodos do ano, mais especificamente, no caso do turismo, conhecidos como épocas de alta e baixa estação.

Índice remissivo

N

O

P

R